Main Idea로 푸는

호세아, 요엘, 아모스, 오바댜, 요나, 미가

HOLMAN Old Testament Commentary

Hosea & Joel & Amos & Obadiah & Jonah & Micah

General Editor Max Anders | Authors Trent C. Butler

Main Idea 로 푸는

호세아, 요엘, 아모스, 오바댜, 요나, 미가

맥스 앤더스(Max Anders) 책임 편집 | **트렌트 C. 버틀러**(Trent C. Butler) 지음 | **김창동** 옮김

디모데
Timothy Publishing House

사랑으로 우리 삶에

소망과 기쁨을 가득 채워준

두 아들 커티스(Curtis)와 케빈(Kevin)에게

이 책을 바칩니다.

트렌트 C. 버틀러

2005

추천의 글

요즘, 여러 사람들에게 읽히며 회자되는 목사님들의 설교나 글을 읽어보며 많은 생각을 하게 됩니다. 그 글들의 대부분은 성경보다는 성경 이후의 얘기나 성경보다 더 멋지게 말하려는 흔적들로 가득 차 있습니다. 그러한 글들이 처음에 쓰여질 때는 물론 성경에 근거를 두었겠지만 그 글에 영향을 입은 사람들은 성경은 없고 텍스트가 된, 성경과는 전혀 다른 모습의 인간상들을 만들어낼 가능성이 높아집니다.

변하지 않는 것이 있습니다. 사람은 변하지 않습니다. 그리고 하나님은 변하지 않습니다. 그러나 주위를 보면 변화되는 것들을 센스 있게 기록해놓은 것들로만 가득해서 변하지 않는 인간의 영혼, 그 깊숙한 곳의 문제들이 전혀 해결되지 않은 채 남아 있습니다.

영혼을 찔러 쪼개는 유일한 도구는 하나님의 말씀입니다. 그러므로 교회가 다시 성경의 근거를 마련하고 그 토대 위에 말씀을 세우는 작업을 놓쳐서는 안 됩니다. 이것은 이미 했다고 해서 무관심할 것이 아닌, 중단없이 계속되어져야 하는 것입니다. 제 이야기를 하자면, 제 속에서 변하지 않는 모습을 봅니다. 하나님 말씀에 불순종하는데 익숙한 제 모습입니다. 신앙 생활을 시작할 때 말씀 공부를 충분히 하면 어느 날엔가는 하나님의 말씀으로 풍성한 삶을 살 것이라 기대하며 오늘까지 달려왔습니다. 그러나 요즘 하나님 말씀에 불순종하는 변하지 않는 제 모습을 보며 경악합니다. 이런 제게 오직 주의 말씀이 은혜로 임할 때, 제가 그 말씀 앞에 순종하는 모습을 봅니다.

우리는 다시 성경을 보아야 합니다. 그 말씀이 무엇을 말하고 있는지 깊이 추적해야 합니다. 이 책, 「Main Idea 시리즈」는 하나님의 말씀에 순종하고자 하는 사람들에게 바른 길잡이이자, 말씀을 깊이 사랑하는 사람들에게 좋은 영향을 줄 책이라고 생각합니다. 또한 성경을 자신의 생각과 형편에 맞추어 해석하려는 것이 아니라 성경이 말하는 진정한 뜻을 찾는 사람들에게 큰 도움이 될 것입니다.

홍정길*(남서울은혜교회)*

우리 시대는 정보의 홍수 시대라고 할 만합니다.
문제는 이 홍수 속에서 우리가 향방 없이 떠밀려 내려가고 있다는 것입니다.
정보의 부재가 문제가 아니라 정보의 향방이 문제입니다.
우리 시대의 설교와 성경 공부가 동일한 위기에 직면해 있습니다.
이 책은 이런 위기를 돌파하는 예지를 제공합니다.
성경 텍스트의 메인 아이디어는 바로 메시지의 향방이어야 합니다.
저는 그래서 이 책이 모든 진지한 성경학도들과 설교자들을 위한
다윗의 물맷돌이기를 기도하며 추천하는 바입니다.

추천의 글

이 책은 명료한 요약, 명료한 주석, 명료한 적용, 명료한 결론이 명료하게 나타나 있습니다.
거기에 명료한 예문은 설교자의 구미를 돋구기에 가히 매력적입니다.
이 책의 매력에 중독되는 것이 오히려 한국교회 강단의 축복일 것을 예언하고 싶습니다.

감사와 기대를 담아
***이동원**(지구촌교회)*

Contents
차 례

Main Idea로 푸는 호세아, 요엘, 아모스, 오바댜, 요나, 미가

하나님의 말씀과 하나님의 백성들과의 관계는 물과 물고기의 관계만큼이나 절실하고 심각한 관계다. 하나님을 사랑하는 사람들은 성경을 통해 말씀하시는 하나님의 음성을 듣기를 갈망한다. 그 이름이 목사든, 전도사든, 선교사든, 교사든 하나님의 말씀을 가르치는 모든 일꾼들 또한 영적으로 굶주린 사람들에게 하나님의 말씀으로 풍성한 양식을 공급함으로 그들이 영적인 활력을 갖게 되기를 갈망한다. 그래서 하나님의 말씀을 보다 쉽게, 보다 재미있게, 보다 분명하게 가르칠 수 있도록 인도해줄 자료를 구하지만 쉽게 찾아볼 수 없는 것이 현실이다. 성경을 가르치는 사람에게는 책임이 있다. 누구를 가르치든, 어느 본문을 가르치든 성경

본문 구성

들어가는 글_ 대표적인 그리스도인 작가들이 쓴 주옥 같은 글을 인용함으로 각 개인과 그룹 모임을 하나님의 말씀으로 끌어들이는 토론으로 유도한다.

본문 이해_ 한 절 한 절을 쉽고 명쾌하게 해설한다.

Main Idea

메인 아이디어_ 각 장의 내용과 가르침을 요약하여 한눈에 파악하도록 돕는다.

결론_ 성경의 원리를 요약하고 그것이 삶과 연결되도록 다리를 놓는다.

에 대한 흥미를 자극하고, 성경에 대한 지식을 확대하며, 구체적으로 순종할 수 있는 성경의 원리를 발견하고, 발견한 진리를 삶에 적용함으로 그들의 삶에 변화가 일어나도록 해야 한다.

이 책은 구약 성경을 공부해가는 동안 이러한 역동적인 결과를 얻어낼 목적을 가지고 특별한 틀로 구성하였다.

이 작은 도구가 성경을 보다 더 쉽게, 더 분명하게, 더 정확하게 배우고 가르치기를 원하는 모든 하나님의 종들의 손에 들려짐으로 성경에서 막 튀어나온 듯한 건강한 하나님의 백성들을 세우는 성령의 도구로 쓰여지길 기도한다.

발행인 고종율

삶의 적용_ 현재의 삶과 성경의 진리를 연결하도록 돕는다.

기도_ 각 장에서 발견한 원리와 적용의 실행을 위해 기도할 수 있도록 돕는다.

티칭 가이드

티칭 가이드_ 성경 교사들을 돕기 위한 성경 교수 계획을 제시한다.

심층 연구_ 더 깊은 지식을 원하는 사람들을 위해 낱말과 어구와 주제에 대한 보다 깊은 연구로 인도한다.

호세아 서문

개요

이 책은 호세아 선지자의 결혼 생활(1-3장)과 그의 선포(4-7장) 가운데서 나온 교훈을 중심으로 구성되었으며, 소선지서 가운데 가장 분량이 많은 스가랴서에 이어 두 번째로 긴 책이다. 이 책의 메시지는 선지자의 마음과 그의 경험에서 나온 것이며, 다른 이방 신들을 좇아 간음을 행한 백성들을 향한 하나님의 사랑에 초점을 맞추고 있다. 십계명 안에 요약된 언약의 요구 조건들이 바로 하나님의 심판의 기준이다. 백성들을 올바르게 가르치지 않고, 죄책감의 무거운 짐을 지게 한 신실하지 못한 종교 지도자들에게 맹렬한 비난이 쏟아진다. 하나님은 종교적인 행위보다는 하나님을 알아가는 개인적인 관계와 신실한 사랑을 더 좋아하신다.

호세아는 몇몇 신약 성경 저자에 의해 인용되고 있다(마 2:15, 9:13, 12:7, 눅 23:30, 롬 9:25-28, 고전 15:55, 계 6:16). 저자의 신분에 대해서는 서문에서 유다의 왕들과 관련하여 밝히고 있는데, 실제로 그의 사역은 북왕국(이스라엘)에서 이루어졌다.

저자 소개: 선지자 호세아

호세아는 브에리의 아들인데, 브에리는 달리 알려지지 않은 인물이다. 호세아는 북왕국, 곧 그가 하나님의 말씀을 선포한 나라 출신임이 분명하다. 그의 이름은 '구원'을 의미한다. 이 이름은 여호수아가 원래 가졌던 이름(신 32:44) 그리고 이스라엘의 마지막 왕의 이름(왕하 17:1)과 동일하다. 호세아와 고멜의 결혼 그리고 그를 통해 낳은 세 아들들의 이름을 짓는 일은 1-3장의 상징적인 이야기의 토대를 형성하고 있다. 호세아 선지자는 이스라엘의 불성실에 대한 하나님의 비통한 마음을 전하고 있다.

독자 소개: 북왕국

이 책의 시대적 배경은 남왕국의 왕들인 웃시야, 요담, 아하스, 히스기야(주전 793-686년경으로 추산됨) 그리고 북왕국의 한 왕인 여로보암 2세(주전 793-753년) 무렵으로 추정할 수 있다. 호세아는 아마 주전 755년부터 715년경까지 이스라엘에서 하나님의 말씀을 선포했을 것이다. 그 시기는 이스라엘이 여로보암 치하 때의 막강한 힘을 잃고 호세아 왕 치하에서 멸망당하고 포로로 잡혀간 때이다(주전 732-722년). 이스라엘 백성은 부를 쌓았지만, 그것은 가난한 이들에 대한 부당한 대우를 통해 얻은 것이었다. 그들은 자신들의 종교적 유산을 자랑했으나 바알 숭배를 포함한 혼합 종교 행위 안에 깊이 빠져들었다. 제사장과 선지자들은 왕의 비위를 맞추고 개인적인 힘을 얻는 일에 자신의 직위를 사용했다. 호세아는 백성들의 불성실함을 질타하고 그들에게 미칠 재앙과 그 뒤에 있을 궁극적인 소망을 지적하면서 하나님의 신실한 사랑을 전했다.

호세아 1:1-2:1

불가능한 애정 관계

"(호세아의) 결혼은 이스라엘에 대한 하나님의 고발을 극적으로 보여주기 위한 야훼의 명령에 따르는 순종의 행위이다. 호세아는 몸을 파는 여자와 혼인함으로써 하나님이 이스라엘과 맺은 언약 가운데 어떠한 곤경에 처했는지를 드러내야 했다."

- 제임스 메이즈(James L. Mays)

하나님은 호세아 선지자에게 그의 가정을 통해 강력한 메시지를 선포하도록 명령하셨다. 그는 불성실한 이스라엘을 의미하는 매춘부와 결혼했고, 세 자녀에게 심판의 장소, 심판의 이유 그리고 심판의 결과를 상징하는 엉뚱한 이름을 지어주었다. 그러나 하나님은 장차 호세아의 가정과, 이스라엘과 하나님의 관계 가운데 신실함과 사랑의 관계가 회복될 것임을 암시하셨다.

들어가는 글

신실하지 못한 사랑에 미치는 재앙

세계 역사에서 베트남 전쟁은 현대 사상가들을 괴롭히는 복잡다단한 문제점들을 대량으로 만들어냈다. 뮤지컬 〈미스 사이공(Miss Saigon)〉은 동료 병사들로 가득한 술집을 찾는 한 외로운 군인의 모습을 그리고 있다. 그는 그곳에서 킴(Kim)을 만나는데, 그녀는 세상에서 가장 오래된 직업에 이제 막 뛰어든 젊은 여성이다. 주인공인 병사 크리스(Chris)는 킴과 함께 살기 시작하지만, 월맹군이 그 도시를 점령하기 전에 그 지역을 빠져나가면서 그녀를 버려두고 간다. 몇 년 뒤, 미국에 돌아와 결혼해서 가정을 이루게 된 크리스는 킴이 자기 아들을 낳았다는 사실을 알게 된다. 그가 그의 아들을 만나기 위해 베트남으로 돌아갔을 때 킴은 그 아들이 자유롭게 아버지와 함께 미국으로 돌아갈 수 있도록 자살하고 만다.

이 뮤지컬은 잘못된 방식으로 시작되어 결국 불행으로 끝이 난 비극적인 사랑을 그리고 있다. 몇몇 이스라엘 백성은 호세아가 창녀와 결혼한 것과 그녀가 그를 떠나 다시 옛날 직업으로 되돌아간 것으로 인해 그를 비웃고 조롱했다. 호세아는 자신이 처한 상황을 다르게 보았다. 하나님은 그를 결혼으로 인도하셨고, 그는 성실하고 깊은 사랑으로 그 결혼에 헌신했다. 그렇게 함으로써 하나님을 버리고 다른 신들과 놀아난 백성들을 향한 하나님의 사랑을 분명히 보여주었다. 호세아는 자신의 이야기를 숨김 없이 털어놓음으로써 이스라엘에 대한 하나님의 상심한 마음을 보여주고, 하나님께 대한 이스라엘 백성의 불성실이 그들에게 재앙을 가져올 것임을 분명히 지적했다.

하나님의 백성은 여전히 호세아의 교훈을 배우기를 어려워하고 있다. 우리는 도덕과 신학 분야에서 제멋대로 놀아나기를 원한다. 그러면서도 하나님이 우리의 배경이 되어 주시고, 우리가 원할 때에는 언제든 우리에게 복 주시기를 기대한다. 우리는 호세아가 들려주는 그의 개인적인 경험을 경청해야만 한다.

본문 이해

불가능한 애정 관계

Main Idea	하나님의 사랑은 신실하지 못한 백성에게 심판을 가져오지만, 또 한 그 백성을 회복시키사 세상을 향한 하나님의 계획을 완성시키신다.

A. 호세아가 받은 계시(1:1)

Supporting Idea	하나님은 구체적인 역사적 상황 가운데서 선지자들을 통하여 자신의 계시를 전하신다.

1:1. 선지서는 일반적으로 선지자에 대한 약간의 정보를 제공하고, 그와 그의 말이 차지하고 있는 역사적 상황을 자리매김하는 편집자적인 서문을 갖고 있다. 그런데 호세아서의 서문은 우리에게 선지자를 소개하고 있지 않으며, 다만 그가 성경 다른 곳에서는 알려져 있지 않은 브에리의 아들이라고만 말하고 있다. 하나님의 사랑을 전한 이 북왕국의 선지자에 대해 우리가 추론할 수 있는 매우 적은 내용이 이 책의 서론에 기술되어 있다.

호세아서의 서문은 호세아에게 임한 여호와의 말씀에 초점이 맞추어져 있다. 이 동일한 문구는 요엘, 미가, 스바냐서에도 등장한다. 여호와의 말씀이란 어구는 창세기 15장 1절부터 말라기 1장 1절에 이르기까지 히브리어 성경에 438회 나타난다. 이것은 성경에 바탕을 둔 기독교 특유의 모습, 즉 하나님은 계속해서 자기 백성에게 자신의 메시지를 알게 하신다는 특징을 보여준다. 문제는 그분의 메시지를 받고 순종하기를 거부하는 사람들에게 있다.

호세아는 이스라엘 역사에서 매우 중대한 시기에 하나님의 메시지를 전했다('심층연구' 참고). 그는 북이스라엘과 남유다가 권력과 부의 자리에서 종속과 빈곤으로 떨어지는 정치적, 경제적 운명을 목격했다. 그는 잘나갈 때나 힘들 때나 하나님의 말씀을 하나님의 신실하지 못한 백성들 앞에 선포하고 그대로 실천했나.

B. 심판의 자리: 이스르엘(1:2-5)

Supporting Idea	하나님은 그분의 백성이 하나님께 신실하지 못할 때 심판을 준비하신다.

1:2. 선지자의 실질적인 메시지는 다음과 같은 독특한 표현과 함께 시작한다. **여호와께서 비로소 호세아로 말씀하시니라.** 이어지는 내용은 하나님이 들려주시는 말씀이기보다는 하나님의 지시에 순종하여 살았던 호세아의 가정생활에 대한 간략한 일대기이다. 그리고 이 선지자의 가정생활이 얼마나 충격적인지 놀라지 않을 수 없다.

하나님이 처음 들려주신 말씀은 기쁨의 말처럼 보인다. **너는 가서 아내를 취하라.** 그러나 이어서 히브리 본문은 **음란한**이라는 미처 예상치 못한, 그리고 믿기 어려운 말로 그 아내를 묘사하고 있다. 더 나아가 하나님은 그와 동일한 히브리어인 **음란한 자식들**이라는 말을 사용하심으로 우리를 심란하게 하신다. 이 용어의 끔찍함은 이것이 언급되는 다른 문맥에서 찾아볼 수 있다(창 38:24, 나 3:4). 호세아의 아내와 잘 어울릴 만한 동료들은 다말, 오홀라(겔 23:4), 니느웨이다. 어떻게 하나님이 한 남자에게 그런 여자와 결혼하라고 명하실 수 있을까? 학자들은 이 신학적 난제를 해결하기 위해 많은 궁리를 했지만, 성경 본문은 어떤 출구도 제공하지 않는다. 하나님은 자기 백성에게 베푼 애정을 통해 자신이 직접 경험한 상처와 부끄러움을 자신이 세운 선지자 역시 동일하게 겪도록 하신 것이다.

선지자는 단지 하나님의 메시지를 전달할 뿐 아니라 그 말씀을 자신의 가정에서 구체적으로 드러내야 했다. 하나님은 호세아 선지자에게 왜 그런 일을 해야 하는지 설명하시면서 한 가지 이유만을 제시하셨는데, 그것은 이스라엘이 **여호와를** 떠나 크게 행음하였기 때문이다. 호세아의 사역은 어떻게 이스라엘이 하나님을 버리고 가나안 족속의 다산 숭배에 빠졌는지를 잘 보여주고 있다.

1:3. 호세아 선지자는 고멜과 결혼함으로써 하나님께 대한 그의 성실함을 분명히 보여주었다. 우리는 고멜이 하나님의 요구 조건을 충족하고 있다는, 즉 그녀가 창녀였다는 사실 외에는 그녀의 부친이나 그녀의 과거의 삶에 관해서는 아는 바가 없다. 호세아

와 고멜은, 고멜이 잉태하여 아들을 낳음으로(bore him a son) 하나님의 나머지 명령을 수행하였다. 히브리어 본문은 오직 이곳에서만 아들이 '그에게(to him)' 태어났음을 말하고 있다. 이는 고멜이 낳은 다른 두 자식의 아버지에 대해 의문의 여지를 남긴다.

주석가들은 본문이 말하는 것과 관련된 것들을 알려고 한다. 그래서 성경이, 하나님이 이런 방식으로 말씀하시고, 호세아 선지자가 그런 아내를 얻게 하신 것을 마음에 들어하지 않는다. 그러나 본문은 가장 엄격한 형태의 선지자의 순종을 보여준다. 하나님은 호세아 선지자가 이스라엘 민족에게 하나님의 요구 사항을 신실하게 수행할 것을 요청함으로 하나님의 메시지를 신실하게 수행하기를 기대하신다. 선지자는 아무리 힘들고 어려워도 하나님의 메시지를 기꺼이 구현해야 한다(사 20장). 그의 자녀들 역시 주님의 메시지를 자신의 삶 가운데 증거해야 한다.

듀앤 가렛(Duane Garrett)이 말한 것처럼 "그들의 출생에 관한 보고서는 실질적인 예언에서 슬프긴 하지만 부수적인 서문으로 받아들여서는 안 된다. 진정한 의미에서 그들 자신이 바로 예언이며, 나머지 모든 것은 단지 주해에 불과하다" (NAC 19A, 55).

1:4. 하나님은 호세아에게 누구와 결혼하고 어떤 자식을 낳게 될 것인지에 대해서만 말씀하신 것이 아니라, 그 자식들의 이름도 알려주셨다. 이 말씀은 호세아 선지자에게 한층 어려운 임무를 부여한다. 당신은 길에서 자기 자녀들을 찾기 위해 그 이름을 부르는 호세아의 모습을 상상할 수 있겠는가? 그 첫 번째 아이의 이름은 이스르엘로, 이 이름은 성경에 나오는 중요한 지리적 장소를 가리킨다(왕상 18:45-46). 그 성읍은 이스라엘의 왕이 겨울을 나는 수도로 사용되었다. 그리고 애굽에서 다메섹에 이르는 고속도로 가운데 이스르엘 골짜기를 지나는 중요한 지점이다.

하나님은 이스르엘의 역사 가운데 한순간을 염두에 두셨다. 여로보암 2세는 예후(주전 841-814년)에 의해 시작되고, 여로보암의 아들 스가랴(주전 752년)의 통치 기간 동안 끝난 왕조 가운데 마지막을 장식한 강력한 군주를 대표한다. 예후는 이스르엘 골짜기에서 이스라엘의 아합 왕과 유다의 아하시야 왕을 살해했다. 예후는 이스르엘 성읍에서 이세벨 여왕의 시종들에게 그녀를 창문 밖으로 던지라고 말했고, 그들은 그렇게 하여 그녀를 살해했다. 그리고 예후는 아합의 70명의 아들들을 죽이고 그들의 머리를 이스르엘에 있는 자신에게 가져오게 했다(왕하 9-10장). 따라서 이스르엘은 이스라엘 백성들에게 마치 9 · 11 테러 사건이 오늘날 미국인들의 마음에 가져다주는 것과 같은 공포를 느끼게 했다.

예후는 하나님의 명령에 따라 자기 일을 행했다(왕하 9:7). 그럼에도 불구하고 하나님은 호세아에게 예후의 왕조는 하나님을 기쁘시게 하지 못했다고 말씀하셨다. 예후의 뒤를 이은 왕들은 하나님이 그 선임자들을 징벌하셨던 것과 동일한 우상 숭배의 길을 따랐다. 그래서 하나님은 예후 왕조가 피의 통치를 시작했던 그 동일한 장소에서 동일한 운명에 처하게 될 것이라고 경고하셨다. 이것으로 이스라엘의 가장 오래된 왕조가 종말을 맞이할 뿐 아니라 이스라엘 족속의 나라가 폐할 것이었다. 따라서 호세아의 아들은 그 당시 정치 지도자들을 향한 심판과 재앙의 증표였다.

1:5. 이 간략한 구절은 하나님의 계획을 요약하고 있다. 그분은 자신이 선택한 날에 이스르엘 골짜기에서 이스라엘의 활을 꺾으실 것이다. 활은 그 나라의 군사력을 가리킨다. 그 힘은 이스라엘 왕에게 집중되어 있었다. 하나님은 이스라엘 군대와 그 왕정을 종식시키려고 계획하셨다. 이 일은 예후 왕조의 마지막 왕인 스가랴 왕이 살룸의 손에 죽임을 당했을 때 시작되었다. 히브리어 성경의 가장 오래된 번역본인 70인역(Septuagint)은 이 사건이 이스르엘 골짜기에서 일어났다고 기록하고 있다(왕하 15:10). 또한 그 계획은 앗수르의 디글랏빌레셋 3세가 이스라엘의 군대를 격파하고 그 골짜기 지역을 점령함으로써 완성되었다(왕하 15:29).

C. 심판의 이유: 사랑을 잃어버림(1:6-7)

Supporting Idea	인간의 죄는 하나님의 사랑과 용서로부터 인간을 분리시키지만, 하나님은 여전히 새로운 때에 새로운 방법으로 그 사랑을 자유롭게 표현하신다.

1:6. 고멜이 다시 임신하여 딸을 낳았다. 본문은 앞의 출생 기사에서 언급한 '그(호세아)에게' 라는 표현을 사용하지 않고 있다. 하나님은 호세아 선지자로 하여금 그 딸에게 무시무시한 이름인 '사랑받지 못함' 이라는 이름을 지으라고 명하셨다. 열왕기상 3장 26절, 시편 103편 13절, 이사야 49장 15절은 이 이름의 의미를 분명하게 보여주고 있는데, 이는 히브리어 '라함(racham)' 이 부모가 자식에 대해 갖는 따뜻한 사랑과 긍휼을 가리키기 때문이다(애 4:10). 어머니의 사랑은 본능적인 것이다. 자식을 사랑하지 않는

어머니는 생각할 수 없다. 그러나 호세아의 딸은 마을 거리를 돌아다닐 때 누가 자기 이름을 부를까 걱정할 수밖에 없었다. 왜냐하면 그녀는 사랑을 받지 못했기 때문이다. 마을 사람들은 그녀의 이름에서 그 부모에 관한 사실을 쉽게 알아챌 수 있었다. 즉, 호세아와 고멜이 자기 딸을 저버렸고, 그녀가 적자가 아니라고 주장하고 있음을 알 수 있었다. 그녀가 적자인지의 여부에 대해서는 본문에서 아무 말도 하지 않는다.

이 여식은 이스라엘을 향한 하나님의 말씀을 몸으로 보여주고 있다. 이스라엘 백성은 그녀가 당한 고통을 겪어야 했다. 그들은 그녀가 버림받은 것처럼 버림을 받아야 했다. 그들은 내가 다시는 이스라엘 족속을 긍휼히 여겨서 사하지 않을 것임이니라는 하나님의 무서운 말씀을 들어야 했다. 이것은 심판에 대한 최종 선언이다. 이스라엘은 하나님과 바알 사이에서 누구를 사랑할 것인지 견주는 가운데 오랫동안 주님의 사랑을 가지고 놀았다. 그러나 하나님은 그런 식의 경쟁을 하지 않으신다. 그분은 주님이시다. 그분은 이스라엘을 향한 자신의 사랑을 수없이 보여주셨다. 그런데도 그들이 하나님을 거부했기 때문에 하나님은 그들에게서 자신의 사랑을 거두려 하셨다.

6절의 마지막 행은 학자들로 하여금 저마다 다른 결론을 이끌어내게 한다. 듀앤 가렛은 내가 그들을 전혀 용서하지 않을 것이라는 NIV(New International Version) 성경의 번역을 들어 "히브리어의 번역으로 의문의 여지가 매우 많으며, 심지어 불가능한 번역"이라고 말한다(NAC 19A, 60). 히브리어 본문은 문자적으로 "들어올렸으므로(혹은 들어올렸지만) 내가 그들을 들어올릴 것이다"로 읽힌다. 그렇지만 이 문맥에서 '들어올리다'는 무엇을 가리키는가? '죄를 멀리 버리다, 혹은 죄를 용서하다, 백성들을 들어올려 그들을 포로로 잡혀가게 하다, 긍휼을 들어올려 가져가 버리다?' 어떤 학자들은 심지어 본문을 약간 변형시켜 이렇게 읽기도 한다. '내가 그들을 저버릴 것이다.' 혹은 '내가 그들에게서 철저히 배신을 당했기 때문이다.' 여기서 본문의 의미가 명확하지 않은 것은 분명한 사실이다.

히브리어 본문에 대한 한 가지 가능한 설명은, 하나님은 일관되고 엄격하게 이스라엘을 정죄하시며, 다만 유다에 대해서만 희망을 보이신다는 것이다. 이 경우, 그 번역은 '내가 그들을 반드시 포로로 만들 것이므로'가 된다. 비록 여기서 나타난 히브리어 동사의 용례가 매우 드문 것이기는 하지만, 이것이 본문의 의미임이 분명하다. 만일 이 번역이 옳다면, 하나님은 이스라엘 백성을 하나님이 그들에게 주신 땅에서 제거하심으로써 자신의 사랑을 돌이키셨음을 보여주실 것이다.

그러나 호세아는 다른 곳에서와 마찬가지로 여기서도 인간의 논리로는 전혀 이해할 수 없는 하나님의 모순된 본성을 드러낼 것이다. 만일 그렇다면, 그는 하나님이 전적으로 이스라엘에서 자신의 사랑을 철회하실 것이라고 밝히겠지만, 곧이어 "그래도 나는 그들을 반드시 용서할 것이다"라고 말한다. 하나님의 성품에는 모든 죄악을 멸하시는 거룩함과 자기 백성을 용서하시고 그들과 맺은 언약을 새롭게 하시는 사랑이 포함되어 있다. 듀앤 가렛은 이것을 "본문이 말하고 있는 그대로를 의미하는 놀라운 가능성"이라고 말한다. 그는 "이 모순은 상심한 사람의 아픔의 언어이며, 또한 이것은 그 길이 우리의 길보다 뛰어나신 하나님의 신비를 반영하고 있는 것이다"라고 설명한다. 그리고 듀앤 가렛은 이렇게 언급한다. "호세아서에는 절대적인 배척과 멸망이 아무런 변형이나 설명도 없이 완벽한 회복과 용서와 함께 제시된다. 그것은 다름 아닌 한 백성의 멸망이지만, 그와 동시에 하나님은 '내가 그들을 온전히 회복시킬 것이다' 라고 말씀하신다" (NAC 19A, 61, 64).

1:7. 포로로 끌려가고 제거되는 것으로 보는 6절 마지막 행의 해석은 7절 첫 구문의 지원을 받는다. "그러나 유다의 집에 내가 자비로운 사랑을 베풀고, 내가 그들을 구원할 것이다." 호세아의 말을 들은 청중들은 계속해서 북왕국(이스라엘)이었다. 호세아가 취할 수 있는 최악의 정치적 움직임은 어떤 방식으로든 남왕국(유다)을 지지하는 것이었다. 북왕국에는 심판을, 그리고 남왕국에 구원을 선포하는 것은 상상할 수 없는 일이었다. 호세아 선지자는 반역죄를 지은 것이다. 그러나 그는 자기 민족이 아니라 하나님께 자신이 성실했음을 입증했다.

호세아는 계속 이어지는 그 민족의 정치적 입지를 배신하는 진술에서 왜 남왕국이 구원받는지 그 이유를 언급했다. 그들은 어떤 군사적인 자원이나 인간의 능력을 의지하지 않았다. 그들은 이스라엘이 모세와 여호수아 시절에 행했던 것처럼 하나님이 친히 그 전쟁을 승리하시게 했다. 북왕국은 여로보암 2세의 군사력을 자랑하고 그의 군대가 거둔 승리에 교만해졌다. 여로보암 이후의 왕들은 앗수르로부터 자신을 보호하기 위해 수리아와 다른 작은 나라들과 정략적 동맹을 맺었다. 호세아는 그런 정치적, 군사적 술책들이 모두 실패할 것이라고 선언했다. 이스라엘의 주권자이신 하나님은 유일한 전쟁의 승리자이시며, 이스라엘이 아니라 유다 편이 되셨다.

D. 심판의 결과: 내 백성이 아니다(1:8-9)

Supporting Idea	하나님의 심판이 처절한 결과를 낳는 것은 그 언약이 더 이상 유효하지 않으며, 백성들이 더 이상 이스라엘의 하나님의 백성이라고 주장할 수 없기 때문이다.

1:8. 히브리 어머니들은 대개 자기 아이들이 세 살이 될 때까지 젖을 먹이며 키웠다. 이것은 자기 아내를 향한 호세아의 인내심과 이스라엘을 향한 하나님의 인내심을 보여준다. 고멜은 물론이고 이스라엘도 그들의 신실함을 입증하지 못했다. 양자 모두 마땅히 받아야 할 혹독한 심판을 받았다. 그러나 먼저 고멜은 둘째 아들을 낳았다.

1:9. 또다시 히브리어 본문은 하나님과 호세아 선지자의 이름을 빠뜨리고 있다. 이 간결한 본문은 오직 내 백성이 아니다라는 뜻의 아이의 이름만 강조하고 있다. 이 아이는 그가 내딛는 모든 걸음으로 이스라엘에 설교를 선포했다. 마치 '내 백성이 아니다'가 호세아의 적자가 아닌 것처럼 이스라엘은 하나님의 적법한 자녀가 아니었다. 그래서 하나님은 이스라엘과 맺으신 언약을 파기하셨다. 하나님은 더 이상 "나는… 너희 하나님이 되고 너희는 나의 백성이 될 것이니라"(레 26:12)라고 말씀하지 않으실 것이다. 둘 사이의 관계는 끝이 난 것이다.

E. 장래: 예상치 못한 결합(1:10-2:1)

Supporting Idea	하나님은 자기 백성에게 심판을 선언하셔야 하는 순간에도 그들을 재창조하실 계획을 갖고 계신다.

1:10. 앞의 심판에 대한 진술이 창세기 17장 7절의 아브라함과의 약속을 취소시켰다면, 이제 호세아 선지자는 아무런 준비나 설명 없이 창세기 22장 17절에 나오는 아브라함과의 언약 약속을 새로 갱신한다. 거의 죽음을 선고받았던 민족이 다시 살아나게 된 것이다. 이것은 에스겔이 본 마른 뼈가 다시 살아나는 환상과 유사하다(겔 37장). 하나님은 그 자비로 온 세상에 구원을 베풀기 위해 역사하신다.

하나님은 고멜이 낳은 셋째 아이를 통해 전에 분명히 보여준 심판을 철회하실 것이다. 내 백성이 아니었던 이들이 이제 살아 계신 하나님의 자녀가 될 것이다. 오직 여호와만이 살아 계신 하나님이시다(렘 10:10). 너무나 자주 바알을 풍요와 생명의 신으로 기념했던 이스라엘은 풍요와 생명 그리고 소망과 관련된 분이 오직 하나님뿐이심을 분명히 알게 될 것이다.

1:11. 죽은 나라를 되살리는 것으로는 충분하지 않다. 호세아 선지자는 청중들이 듣고 깜짝 놀랄 만한 소식을 전했다. 그것은 유다와 이스라엘이 큰 무리를 이루어 함께 모여 한 두목을 세우고 그 땅에서부터 올라올 것이라는 사실이다. 여기서 선지자는 백성들을 격려하고 그들의 소망을 북돋아준다. 그러나 이 소망은 그들의 생애 이후에 펼쳐질 것이다. 그들은 죽은 세대, 처벌받은 세대에 속하지만, 그들의 처벌은, 즉 하나님의 언약이 무효화되는 것은 그 민족을 향한 하나님의 마지막 말씀이 아니었다.

그 마지막 말씀은 미래의 희망을 이야기하고 있지만, 그것은 이스라엘의 미래의 희망에 대한 것이 아니었다. 호세아는 이스라엘이 큰 무리를 이룰 것이라고 예언했지만, 그 집회의 목적이 무엇인지 설명하지 않았다. 그 집회의 목적은 정보를 제공하기 위해(창 49:2), 전쟁을 위해(삼상 28:4), 공식적인 회개나 애곡을 위해(삼상 25:1), 재판을 위해(사 43:9), 포로로부터의 귀환을 위해(느 1:9), 예배와 제사를 위해(대하 15:10-11), 왕의 대관식을 위해(대상 11:11-3), 왕에게 반역하기 위해(대하 13:7), 심지어는 왕의 신붓감을 구하기 위해서였다(에 2:8, 19).

그 집회의 목적은 우리가 그 구성원이 유다와 이스라엘임을 알게 될 때 더욱 혼란스러워진다. 호세아 시대라면 그 집회가 서로를 대적하는 전쟁을 위한 것일 가능성이 크다. 그러나 이 경우에는 한 지도자를 임명하기 위한 것이다. 호세아는 그 지도자를 왕이라 부르지 않고, '두목' 이라고만 불렀다. 그러나 중요한 것은 한 사람이 유다와 이스라엘 모두를 다스리게 될 것이라는 사실이다.

그날은 어떤 날인가? 바로 이스르엘의 날이다. 여기서 우리는 호세아의 첫째 아들에게 돌아갈 필요가 있다. 그는 하나님의 심판의 장소를 보여주었고, 이제 하나님의 새로운 구원의 장소를 보여준다. 이날은 유다와 이스라엘 모두에게 위대한 날이 될 것이다. 왜냐하면 그들이 함께 모일 것이기 때문이다. 이것은 공격을 가리키는 군사 용어, 포로에서의 귀환을 가리키는 용어, 혹은 땅에서 자라나는 식물을 가리키는 농사 용어일 수 있다. 이스르엘이라는 이름은 '하나님이 심으시다' 의 뜻이며, 농사와 관련된 해석이 가능할 수도 있지만, 앞의 문맥에서 이스르엘은 군사적인 의미로 해석되었다.

이 새로운 날은 여러 가지 의미를 부여할 수 있다. 그날은 버림받은 땅에 새로운 풍성함이 찾아온 날일 수 있다. 그날은 전쟁에서 승리한 날일 수 있다. 그날은 하나님께 예배하기 위해 모이는 날일 수 있다. 그날은 회개와 예배를 위한 새 날일 수 있다. 그날은 새 임금이 즉위하는 정치적인 통합의 새 날일 수 있다. 아마도 호세아는 백성들이 이 암호 같은 낱말들 안에서 이런 여러 가지 의미를, 혹은 그 모두를 알아차리기를 의도했을 것이다. 그 구체적인 의미가 무엇이든, 하나님은 백성들이 새로운 희망, 곧 과거의 차별과 과거의 전쟁을 뒤로하고 새로 하나가 되어 모인 가운데 세워진 희망에 기뻐하기를 원하셨다.

2:1. 두 왕국의 통일은 하나님의 백성에게 새로운 정체성을 부여하고, 예언의 메시지를 담은 이름을 가진 호세아의 자식들의 이름을 새롭게 해석한다. 유다와 이스라엘 모두 그들의 아들들을 '암미' 곧 내 백성이라고 부르고, 그 딸들을 '루하마' 곧 '사랑을 받은 사람들' 이라고 부를 수 있다. 언약의 갱신이 완성되었고, 다시 하나로 통일되었다. 하나님의 백성은 멸망과 죽음으로부터 구원을 받았다.

Main Idea 복습	하나님의 사랑은 신실하지 못한 백성에게 심판을 가져오지만, 또한 그 백성을 회복시키사 세상을 향한 하나님의 계획을 완성시키신다.

결론

가족을 잃은 상심에서 벗어나라

사랑하는 누군가를 잃는다는 것은 너무나 가슴 아픈 일이다. 1956년 4월 15일, 나는 내 아내 메리를 땅에 묻었다. 그날의 아픔은 아직도 나의 삶 전반에 걸쳐 생생하게 남아 있다. 내가 메리를 잃었다는 고통에서 벗어나 내 앞에 놓인 삶을 마주하기까지는 많은 시간이 걸렸다. 그래서 나는 고멜과 결혼하여 가정을 꾸리고, 자식들에게 하나님이 자기 백성 이스라엘을 어떻게 다루실지를 보여주는 끔찍한 이름을 짓고, 결국 고멜이 이전처럼 창녀로 되돌아가는 것을 본 호세아의 아픔을 어느 정도 공감할 수 있다. 하나님이 내게 새 아내와 새 가정을 주심으로 나의 삶을 회복시키셨기에 나는 호세아가 아내를 다시 가족들에게 돌아오게 하고, 자녀들의 이름에서 새로운 의미를 발견했을 때 그와 함께 기뻐할 수 있었다.

내가 호세아의 모습과 동일시해야 하는 것은 가족과 관련된 부분만이 아니다. 나는 그가 보여준 비극적인 영적 측면도 그와 동일시해야 한다. 호세아의 가정생활은 이스라엘의 영적 생활을 반영하고 있다. 나는 하나님께 더 가까이 감으로써 내가 그분께 불순종했을 때 그분이 느꼈을 깊은 아픔이 내 영혼을 가득 채우게 해야 한다. 그리고 우리 가족을 대하는 것처럼 하나님께도 신실해야 한다. 나는 내가 하나님을 멀리 떠날 때에도 하나님은 그분과 나의 관계를 새롭게 하심을 신뢰하고, 그분께 영원한 소망을 두어야 한다.

▣ 진리 알기

- 하나님의 사랑은 그분으로 하여금 신실하지 못한 백성을 징계하고 처벌하도록 인도한다.
- 하나님은 종종 사람들의 가족 관계를 통하여 자신을 계시하신다.
- 하나님은 가장 큰 죄를 지은 사람을 사용하셔서 자신의 뜻을 성취하실 수 있다.
- 하나님의 용서는 하나님이 사랑 가운데 택하실 수 있는 하나의 선택이지, 우리가 요구할 수

있는 어떤 것이 아니다.

- 하나님은 성실과 사랑 가운데 자기 백성을 회복시키실 계획을 갖고 계신다.

▣ 적용하기

- 자신의 삶을 진지하게 반성해보고, 어떤 영역에서 하나님께 성실하지 못했는지 살펴보라.
- 하나님이 당신 삶의 어느 영역에서 징계와 벌을 내리셨는지 찾아보라.
- 하나님께 당신의 죄를 용서해달라고 간구하라.
- 하나님과의 사랑을 더욱 키워나가기 위한 영적 훈련을 실시하라.
- 하나님이 하나님 자신과 당신의 삶을 향한 하나님의 계획을 보여주실 것을 기대하라.

삶의 적용

가장 못생긴 사람 사랑하기

로이 앙겔(C. Roy Angell) 목사님은 그의 저서 「청동 방패(Shields of Brass)」에서 하나님의 사랑이 보잘것없는 인간의 삶에 무엇을 해줄 수 있는지를 훌륭하게 그리고 있다. 새디(Sadie)는 마을 외곽에서 살면서 대부분의 마을 사람들로부터 멸시를 받고 있었다. 그러던 어느 날, 두 여성이 새디를 마을 부흥 집회에 초대하기로 결정했다. 새디는 두 사람을 보고 코웃음을 치며, 만일 하나님이 자기를 구원한다 해도 교회 사람들은 자기를 받아들이지 않을 것이라고 주장했다. 두 여성은 그 자리를 떠났지만, 다음 날 다시 새디를 찾아와 이야기를 나누었다. 전날과 마찬가지로 새디는 냉소적 반응으로 그들을 떠나보냈다. 결국 세 번째 방문에서 새디는 집회가 열리는 천막 밖의 어두운 의자에 앉을 수 있다면 그 집회에 참석하겠다고 약속했다.

새디는 부흥사가 복음을 전파하는 5일 밤 내내 그 집회에 참석했다. 그리고 두 여성은 새디와 꼭 붙어 있었다. 여섯째 날, 새디는 천막 뒷줄로 이동했고, 결단의 시간에 가운데로 나아가 예수님을 자신의 구주로 영접했다.

주일 아침, 새디는 교회에 와서 뒷줄에 앉았다. 기이한 침묵이 교인들을 휘감았다. 그리고 그녀는 믿음의 초대에 올바로 응답했다. 회개와 두려움이 그 자리에 앉은 교인들 사이에 번져갔다. 그리고 갑자기 누군가가 자리에서 일어났다. 그 사람은 19세의 아름다운 성가대 대원이었다. 그녀는 통로로 나아가 두 팔로 새디를 감싸안고, 그녀의 이마에 입 맞추고, 그녀와 함께 강대상 앞으로 나아갔다.

또다시 격한 감정이 교인들을 움직였다. 이번에는 부끄러움과 눈물이었다. 그뒤 새디는 그 마을이 생긴 이후 가장 많은 사람이 모인 자신의 장례식 날까지 한 번도 주일 예배에 빠지지 않았다.

인간은 창녀나 못생기고 천한 사람과 함께 어울리는 것을 좋아하지 않는다. 그러나 하나님은 그렇게 하신다. 하나님은 그런 사람들을 택하셔서 자신의 왕국에 들어가게 하시고, 자신의 사역에 유용하게 사용하신다. 하나님은 그들의 죄를 심판하시지만 그들의 삶을 변화시키신다. 그리고 우리로 하여금 호세아가 고멜을 사랑한 것처럼, 또한 하나님이 우리를 깊이 사랑하시는 것처럼 그들을 사랑하도록 도전하신다.

기도

하나님 아버지, 우리는 편견에 사로잡혀 있습니다. 우리는 사람들의 어떤 특징을 가지고 그들을 무시하거나, 비판하거나, 혹은 그들을 부끄럽게 합니다. 이처럼 어리석은 우리를 용서해주십시오. 주님이 우리를 사랑하신 것처럼 그들을 사랑하도록 가르쳐주십시오. 아멘.

심층 연구

호세아서의 역사적 배경

호세아는 월터 카이저(Walter Kaiser)가 "북이스라엘의 모든 왕들 가운데 가장 위대한 왕"〔「이스라엘의 역사(A History of Israel, 크리스찬출판사)」〕이라고 불렀던 여로보암 2세(주전 793-753년) 치하에서 이스라엘의 황금기를 살던 사람들에게 말씀을 선포했다. 여로보암은 요나의 선포에 응답하여 이스라엘을 회복시키고, 이스라엘이 가장 많은 영토를 얻게 했다(왕하 14:25-28). 여로보암이 죽자 이스라엘의 운명은 급격히 쇠퇴하기 시작했다. 그의 아들 스가랴는 겨우 6개월간 통치하고 살룸에게 살해되었고(왕하 15:8-12), 유명한 예후 왕조가 몰락하게 되었다. 그후 얼마 안 되어 므나헴이 살룸을 살해했다(왕하 15:16-22, 주전 752-742년). 므나헴은 앗수르의 지배에 복속되어 이스라엘의 종말이 시작되는 서장을 열었다. 그는 자기 아들 브가히야에게 왕위를 물려주었는데(주전 742-740년, 왕하 15:23-26), 요단 강 동편 출신이자 그 통치 기간을 산정하기 어려운 그의 정적인 베가에게 살해당했다(대략 주전 750-731년, 왕하 15:25-29 참고).

교안

A. 들어가는 글

1. '신실하지 못한 사랑에 미치는 재앙' 이야기로 시작하라.
2. 배경 설명: 호세아서는 이스라엘뿐 아니라 세계사의 맥락 모두를 배경으로 하고

있지만, 그 서장은 호세아와 그 가족이 겪은 개인적인 경험에 초점을 맞추고 있다. 호세아의 비극적인 결혼은 신실하지 못한 이스라엘 백성과 하나님의 관계를 보여 준다.

3. 적용: 가정생활은 사랑과 희망이 가득해야 마땅하다. 그러나 호세아의 가정생활은 두 방향에서 어둠에 사로잡혔다. 창녀였던 그의 아내가 낳은 자녀 가운데 최소한 한 명의 아버지는 누구인지 분명하지 않았다. 그의 아내 고멜은 가정을 떠나 이전 직업으로 되돌아갔다. 하나님은 사람들을 아연실색하게 만드는 이름을 그 자녀들에게 지어주셨으며, 그와 동시에 이스라엘 백성에게 심판의 메시지를 선포하셨다.

B. 본문 이해

1. 호세아가 받은 계시(1:1)
2. 심판의 자리: 이스르엘(1:2-5)
3. 심판의 이유: 사랑을 잃어버림(1:6-7)
4. 심판의 결과: 내 백성이 아니다(1:8-9)
5. 장래: 예상치 못한 결합(1:10-2:1)

C. 결론: '가족을 잃은 상심에서 벗어나라' 를 읽어주라.

토의 질문

1. 하나님이 호세아로 하여금 창녀와 결혼하게 하시고, 그 자식들에게 도저히 감당하지 못할 이름을 주신 사실은 하나님의 어떤 점을 말해주는가?

2. 당신의 삶 가운데서 더 이상 하나님의 사랑과 긍휼을 경험하지 못할 때 당신은 어떤 기분이겠는가?

3. 만일 당신의 담임 목사가 갑자기 교인들에게 당신들은 하나님의 백성이 아니라고 선언하면 어떻게 반응하겠는가?

4. 당신의 교회가 다른 교회와 단절되거나 서로 조화를 이루지 못하고 있다고 느끼는가? 그들과 하나가 되고 그리스도인의 사랑을 회복하기 위해 당신이 할 수 있는 것은 무엇인가?

호세아 2:2-3:5

주님이 사랑하시는 것처럼 사랑하라

"하나님은 포기하지 않으신다. 그분은 슬픔이 기쁨이 되게 하시고, 불성실한 비극이 사랑의 승리가 되도록 역사하신다."

- 제임스 몽고메리 보이스(James Montgomery Boice)

하나님은 호세아의 결혼이라는 그림 언어를 사용하셔서 자기 백성 이스라엘의 불성실을 꾸짖으시고, 그들의 다산 종교와 그 땅의 비옥함을 멸망시킬 심판을 선언하신다. 그러나 하나님은 다시 이스라엘에게 사랑을 베푸시고, 그들이 신실하게 하나님을 사랑하게 이끄실 것이다. 그런 다음, 하나님은 그 땅의 비옥함과 그 백성의 공의를 회복시키실 것이다. 하나님은 호세아에게 그의 아내에 대한 결혼 서약을 갱신하게 하심으로써 하나님의 백성과 새 언약이 맺어졌음을 분명히 보여주신다.

들어가는 글

잊을 수 없는 저녁

나는 메리 마틴(Mary Martin)을 처음 만났던 그날 저녁을 결코 잊을 수 없다. 30년 동안 동반자가 되었던 아내를 장사지내고 겨우 몇 달 만에 가진 위로 모임에서 아내감을 만나려고 하는 사람은 없을 것이다. 그런데 이 자그마한 체구의 금발의 여인이 우리 모임에 걸어 들어와 둥글게 앉은 좌석 가운데서 내 건너편에 앉는 순간 나는 하나님이 내 삶에 무언가 특별한 것을 준비하셨음을 알 수 있었다. 나는 그녀에게서 동질감을 느꼈다. 나는 이미 그 위로 모임의 멤버들에게 모임 가운데서 서로에게 관심을 갖고 보살피라고 말하고 있었다. 그러나 나와 메리 마틴과의 대화는 점점 더 길어졌다. 그녀는 지혜와 관심과 이해심 같은 내게 절실히 필요한 것을 베풀어주었고, 나 역시 그녀에게 같은 일을 했음이 분명하다. 그리고 2년 뒤 우리는 결혼 계획을 세우고 있었다.

나는 메리 마틴과 함께했던 경험을 통하여 하나님은 인생의 가장 어두운 시기, 우리가 가장 외롭고 또한 그분과 떨어져 있다고 느끼는 순간에도 우리와 함께 일하신다는 사실을 배웠다. 우리가 어두운 골짜기를 그분과 함께 걸을 때 그분은 우리를 새로운 소망, 새로운 약속 그리고 새로운 사역으로 인도하신다.

호세아는 고멜과의 경험 가운데서 그녀와 하나님과의 새로운 시작을 즐기기 위해서는 인생의 어두운 측면에 직면해야 한다는 것을 발견했다. 그리고 그의 경험은 다시 이스라엘에게 살아 있는 교훈을 제공했다.

본문 이해

주님이 사랑하시는 것처럼 사랑하라

Main Idea	불성실한 사람에게는 하나님의 심판이 임하지만, 그것이 그의 최후는 아니다. 하나님은 그들이 다시 돌아오도록 계속 일하신다.

A. 간음한 아내와 이혼하기(2:2-15)

Supporting Idea	하나님은 남편이 부정한 아내를 대하듯이 불성실한 백성과 이혼하시고 그들의 권리를 박탈하신다.

2:2-3. 하나님은 이혼 소송에서의 검사처럼, 그리고 이혼을 청구한 원고이자 판결을 집행하는 재판장처럼 말씀하신다. 하나님은 먼저 1장에 나오는 호세아의 자식들에게 자기 친어머니를 고발하라고 말씀하신다. 그 자식들은 자기 어머니가 더 이상 자기 아버지의 아내처럼 행동하지 않는다는 증거를 제시해야 한다. 하나님은 그 두 사람이 더 이상 남편과 아내가 아니라는 자신의 증거를 기반으로 그렇게 말씀하신다. 저는 내 아내가 아니요 나는 저의 남편이 아니라는 표현은 아마도 한 남편이 자기 아내와의 결혼을 끝내려 할 때 사용할 수 있는 이스라엘 사람들의 이혼 공식을 가리키는 것으로 보인다.

음행은 인간과 하나님 양쪽 모두에게 이혼의 정당한 사유가 된다. 그러나 이 구절은 하나님과 그분의 백성의 관계를 강조하고 있음을 주목하라. 이 말씀은 인간 수준에서 서로 간의 관계를 끝내는 일을 정당화시켜주지 않는다. 히브리어 본문은 자녀들의 증거에 논지를 제공한다. 그들은 자기 어머니를 고발하여 그녀로 하여금 음란(혹은 행음, 호 1:2 참고)의 모습과 부정한 증거들로부터 돌이키게 만들어야 한다. '모습'과 '증거'는 문자적으로 그녀를 창녀나 바알 신을 섬기는 신전의 창기로 보이게 하는 화장이나 장신구를 가리킬 수도 있으나, 비유적으로는 가나안 족속과 바알 숭배자들의 음란한 이교도적 문화를 가리킨다. 하나님이 제기한 송사는 자기 아내의 명성과 미래를 파괴할 의도를 가진 분노한 남편의 것과 다르다. 하나님의 송사는 하나님과의 관계를 버리고 제 길로 간 사람들이 돌아오기를 바라는 필사적인 노력이다.

그러나 하나님은 그 관계를 진지하게 여기신다. 그분은 신실치 못한 사람들이 돌아와 그분과 신실한 관계를 맺기를 거부한다면 판결을 선고하실 것이다. 그녀는 사랑을 나누기를 좋아한다. 그분은 그녀의 모든 장신구를 제거하고, 그녀의 정부들 앞에서 그녀를 벌거벗길 것이다. 그분은 마치 그녀가 태어나던 날과 같이 그 몸을 적나라하게 드러내실 것이다. 달리 말하면, 주님은 이스라엘을 황무지나 혹은 광야로 바꾸실 것이다.

하나님은 다시 한 번 우리의 주목을 끌기 위한 언어를 사용하신다. 내가 그녀를 목말라 죽게 할 것이다. 하나님은 자기 백성에게 형벌을 내리는 집행인이 되셔서 그들이 물이 부족하여 고통 가운데 죽어가게 만드실 것이다. 하나님은 자신이 택한 백성에게 하나님이 그들과의 관계를 얼마나 진지하게 여기시는지를 분명히 알 수 있는 행동을 취하실 것이다. 그분이 만일 그렇게 되기를 선택하신다면 기꺼이 그들이 '내 백성이 아니다' 가 되게 하실 것이다. 그리고 그들을 기름진 이스르엘 골짜기에서 물 한 방울 없는 광야로 얼마든지 내보내실 것이다.

2:4-5. 하나님은 또한 자기 백성이 '사랑받지 못하는' 끔찍한 경험을 하게 하실 것이다. 왜냐하면 그들은 음란한 자식이기 때문이다. 그들은 하나님의 자녀, 곧 그분의 가정 안에서 그분을 사랑하도록 양육받은 이들이 아니다. 그들은 거짓 신을 아비로 둔 불법의 자녀이며, 거짓 신을 경배하도록 양육받았다. 그래서 하나님은 자기를 버린 그 자녀들을 버리실 것이다.

하나님은 자기 백성에게 집행될 판결문을 작성하신 다음에, 신실하지 못한 이스라엘을 보여주는 호세아의 아내의 모습을 다시 사용하시면서 그들에 대한 증거를 제시하신다. 그 판결은 그들의 어미가 행음하였고, 부끄러운 일을 행하였기 때문에 그들에게 내려진 것이다. 실제로 그녀는 나는 나를 연애하는 자들을 따르리니 저희가 내 떡과 내 물과 내 양털과 내 삼과 내 기름과 내 술들을 내게 준다고 말했다. 하나님은 정절을 지키기보다는 스스로 자기 몸을 판 탐욕스러운 가족을 가지신 셈이다.

2:6-8. 그러므로란 말을 선지자가 사용할 때는 항상 우리의 관심이 집중되어야 한다. 하나님의 심판의 선언, 범죄함과 그에 따르는 결과에 대한 선포는 일반적으로 '그러므로' 라는 낱말 뒤에 따라온다. 그 뒤에 오는 히브리어 본문은 문자적으로 '나를 바라보라' 를 의미하는 접사가 따른다. 하나님은 이스라엘의 문란한 생활을 가로막으셨다. 그분은 그 민족을 마치 말귀를 알아듣지 못하는 동물처럼 대우하셔서 가시로 울타리를 쳐

서 길을 잃어버리지 않게 하셨다. 하나님은 죄에 이르는 길을 막는 장애물을 설치하시기 위해 가능한 모든 일을 행하신다.

하나님은 이스라엘이 거짓 신을 **따르는** 것은 막지 않으시지만, 그 길이 성공에 이르는 것은 막으실 것이다. **그녀가 연애하는 자**는 어느 곳에서도 찾지 못하게 될 것이다. 결과적으로, 이 메시지는 온 이스라엘에 전달될 것이다. 거짓된 애인을 찾지 못한 그녀는 정신을 차리고 이렇게 결심할 것이다. '이제 내 남편, 곧 본래의 남편에게 돌아가야지.' **돌아가다**의 히브리어에는 여러 가지 의미가 담겨 있다. 사람은 죄에서 '돌이켜' 하나님께 돌아감으로 회개한다. 그는 외국의 포로 생활에서 '돌아옴으로써' 새로운 삶을 찾게 된다. 따라서 이스라엘은 죄에서 돌이킬 필요가 있지만, 외국에서의 포로 생활을 겪은 다음에야 그렇게 할 것이다. 이스라엘이 내세우는 논리는 순전히 이기적인 것이다. **그 때의 내 형편이 지금보다 나았음이라.** 하나님은 자기 백성이 돌아오도록 하시기 위해 경제적 이유와 이기적인 이유도 얼마든지 사용하실 것이다.

하나님께 돌아온 이스라엘은 자신에게 주어진 축복의 근거를 깨닫지 못했다. 그들은 이스라엘의 농부들이 하나님께 제물을 드리면서 암송했던 믿음의 고백(신 26:5-10)을 망각했다. **곡식**과 **새 포도주**와 **기름**은 하나님이 자기 백성에게 주셨던 경작과 관련된 모든 축복을 가리킨다(신 11:14). 이스라엘은 그 모든 곡식이 결실하도록 땅을 기름지게 하는 것이 모두 바알 덕분이라고 여겼다. 그리고 그 민족의 부를 가리키며 상거래에서 교환 수단으로 사용되는 귀금속도 바알 덕분이라고 고마워했다. 그래서 이스라엘은 **금과 은**을 가지고 바알의 신전과 바알 숭배 의식을 늘려갔다. 그러는 가운데 모든 축복의 참된 근거가 되시는 하나님과의 언약을 저버렸다. 그리고 포로로 잡혀가 더 이상 바알을 섬길 수 없게 되어서야 마지못해 여호와께 돌아왔다.

2:9-13. 그러므로는 다시 한 번 경고의 목소리를 들려준다. 이스라엘은 잘살기를 원했다. 그것은 하나님이 보시기에 용납할 만한 동기가 아니었다. 농사와 관련된 절기는 바알이 아니라 여호와가 주관하셨다. 그분은 이스라엘의 농산물을 돌이키시고 부자 농부들로부터 그들의 번성함의 근원을 빼앗으실 것이다. 그분은 이스라엘의 여인들이 입고 싶어하는 좋은 옷을 만드는 데 사용되는 **양털**과 삼을 가져가실 것이다. 이스라엘은 자신의 진정한 남편인 하나님을 저버렸다. 이제 이스라엘은 여호와 하나님이 더 이상 자기 아내에게 음식과 의복을 공급하는 남편으로서의 의무를 다하지 않을 것임을 보게

될 것이다.

하나님의 행동의 결과는 명백하다. 벌거벗은 몸을 나타내는 히브리어는 포로로 잡혀 가고, 정보를 폭로하고, 옷을 벗기우고, 함께 잠을 자는 것을 가리킨다. 그 기본적인 모습은 이스라엘의 '벌거벗음' [혹은 그 '은밀한 부분' , NIV 성경은 음탕함(lewdness)으로 번역함]을 사람들 앞에 드러내어 전에 사랑하던 이들로부터 부끄러움을 당하게 되는 것이다. 하나님은 이 일을 행하여 그 백성을 포로로 보내심으로써 이스라엘의 본성이 드러나게 하실 것이다. 왜냐하면 그들이 대적과 동침했기 때문이다. 그리하여 신명기 32장 39절의 언약의 저주가 성취될 것이다. 그 저주가 이스라엘에 이루어질 때 하나님의 손에서 그들을 건져낼 사람이 없을 것이다.

바알을 비롯해 하나님을 섬기는 이들은 농사 절기를 지키면서 이 풍성한 곡식을 주신 신에게 감사하고, 이 많은 수확이 다음해에도 거듭되도록 보장받으려 했다. 이스라엘은 이 절기들을 자기 역사 가운데 나타난 하나님의 위대한 구원 행위, 특히 애굽에서의 구원과 연결지었다. 바알을 섬기는 가나안 족속들은 모든 것을 노골적인 성적 행위로 가득한 주술적 종교 의식과 연계시켰다. 이스라엘은 가나안 족속으로부터 빌려온 의식 가운데 여호와께 예배드리는 시간을 기념하기 시작했다. 하나님은 이런 행위에 종지부를 찍으실 것이다(사 1:13).

여호와는 이스라엘이 그들의 기쁨을 표현할 구체적인 축제들(celebrations, 우리말 성경은 희락으로 번역 - 역주)의 목록을 제공하셨다. '하그(hag, 절기)' 는 하나님이 이스라엘 백성으로 하여금 중앙 성소를 순례하도록 명하셔서 유대인들이 지키는 세 가지 절기(유월절 혹은 무교절, 칠칠절 혹은 초실절, 초막절 혹은 장막절)를 가리킨다(신 16:16). 각각의 절기는 특정한 추수 때와 연결되어 있다. 유월절은 봄의 보리 수확, 칠칠절은 여름의 밀 수확, 초막절은 가을의 포도 수확 때이다. 이스라엘은 자신들이 이런 절기들을 영원히 누리게 될 것이라고 여겼다. 하나님은 그런 축제가 이스라엘의 역사 가운데 임한 여호와의 위대한 행동을 기억하는 것이 아니라 바알에게 성적 제물을 드리는 것으로 변질되자 그것을 종식시키셨다.

월삭(New Moons)은 매월 초에 하나님께 제물을 드리고(민 28:11), 나팔을 부는(레 23:23-24) 절기이다. 이날에는 거래와 업무가 중단된다(암 8:5). 안식일은 하나님이 창조 후에 안식하신 것과 이스라엘이 애굽에서 종노릇하던 처지를 생각하게 하는 주간 절기이다. 하나님은 이날에 이스라엘이 모든 노동과 여행을 금할 것을 요구하셨다.

하나님은 기쁨을 중단시키는 명령을 이렇게 요약하셨다. **모든 정해진 절기를 폐할 것**이다. 여기서 정해진 절기란 모든 정한 시기를 가리키지만(시 75:2), 구체적으로 이스라엘이 축제로 지키고 온 민족이 모이는 시기를 가리킨다(레 23:2). 그래서 하나님은 이스라엘의 중요한 예배 의식들을 종식시키셨다. 그분은 거짓 예배보다는 차라리 예배가 없는 것을 택하셨다.

이스라엘 백성은 사람들이 잘사는 것을 각자 자기 포도나무 아래와 무화과나무 아래 앉아 살아가는 것이라고 묘사했다(미 4:4). 포도와 무화과는 특히 맛있는 음식과 그 땅의 풍성함과 번창함의 증거로 여겨졌다(호 9:10). 호세아는 멸망과 황폐함을 무화과와 포도 열매를 잃어버렸다는 말로 묘사했다. 이스라엘의 절기들은 하나님이 약속을 지키시고, 이스라엘에 풍성한 포도 열매와 무화과 열매를 주신 것을 기리는 것이어야 했다. 하지만 이스라엘은 신실한 예배 대신에 바알이 포도와 무화과를 주었다고 노래했다.

하나님은 이 문제에 대해 신속한 해결 방법을 갖고 계셨다. 비옥한 포도원과 과수원은 거친 수풀, 혹은 인간이 추수할 수 없는 **잡목**이 될 것이다. 그리고 오직 **들짐승들**만이 하나님의 옥토에서 나는 것들을 누릴 수 있을 것이다. 이스라엘은 자신의 진정한 애인을 알아보지 못하고 오히려 거짓 연인에게 마음을 주었다.

하나님은 이스라엘의 죄를 **저가 나를 잊어버렸다**는 말로 간결하게 묘사하신다. 이스라엘 백성은, 자기 몸은 치장했지만 하나님은 무시했다. 하나님은 그들을 눈감아주지 않으셨다. 하나님은 이것을 다음과 같은 무서운 공식 어구로 강조하셨다. **나 여호와의 말이니라.** 이 말씀은 선지자가 전한 말의 출처를 강조한다. 심판의 선고는 이스라엘의 주권자이신 하나님께로부터 직접 온 것이다.

2:14-15. 그러므로는 장차 일어날 하나님의 행동에 대한 또 한 번의 경고이다. 여기서 우리는 처벌에 대한 선고를 듣게 될 것이라고 예상하지만, 오히려 흥미진진한 초대의 음성을 듣게 된다. 하나님은 이스라엘을 **개유하여**(allure, 알아듣도록 깨우쳐 타일러) **거친 들로 데리고 가실 것이다**. 히브리어 본문은 '연애' 뿐 아니라 '설득' 도 함께 의미할 수 있다. 이 말씀은 하나님이 이스라엘에게 벌을 주셔서 그들의 첫 남편에게 돌아가게 하시는 호세아 2장 7절의 내용과 어조를 완성시켜준다. 이제 하나님은 이스라엘을 많

은 무리와 그들이 유혹하는 바알 숭배에서 건져내셔서 외로운 광야로 인도하신다. 거친 들〔NIV 성경은 사막(desert)으로 번역〕은 하나님이 자기 백성을 애굽에서 시내 산의 광야로 인도하셨던 하나님과의 첫 번째 신혼 여행을 가리킨다(출 19:1). 그리고 다시 한 번 하나님은 오직 이스라엘과만 마음과 마음이 통하는 대화를 가지시며(문자적으로 '그의 마음에 말하며'), 이스라엘에게 단 하나의 현명한 선택은 자신에게 돌아오는 것임을 보여주실 것이다.

하나님은 일찍이 거친 수풀로 변하게 하셨던(12절) 포도원을 회복시키실 것이다. 여호수아가 행한 정복 사역에서 남긴 오점은 유다 족속과 베냐민 족속을 분리시킨(수 15:7) 아골 골짜기 정복에 대한 기록이다. 그곳에서 여호수아는 하나님이 명하신 전투 명령을 따르지 않은 이스라엘의 한 가족을 처벌하고 그곳에 묻었다(수 7:24-26). 호세아는 이사야와 함께(사 65:10) 범죄한 이스라엘의 미래를 약속하고 있다. '괴로움'의 골짜기라고 불렸던 그 골짜기는 이제 소망으로 불리게 될 것이다. 하나님은 하나님의 백성을 위한 새로운 날과 새로운 계획을 갖고 계셨다.

B. 새로운 헌신의 날(2:16-23)

Supporting Idea	하나님의 심판과 새로운 구애는 새로운 헌신과 예배의 날에 그분의 백성을 그분께 돌아오게 한다.

2:16. 호세아는 그날에라는 말로 이어지는 일련의 간략한 언급을 전달하고 있다. 여기서 우리는 호세아가 하나님과 하나님의 백성 사이의 온전한 관계를 다시 결혼이라는 비유와 언어를 통해 묘사하고 있음을 보게 된다. '그날에'는 성경에서 가르치는 여호와의 날과 연관되지만, 여호와의 날이 대부분 심판과 관련되어 묘사되고 있는 반면(사 7:18-23, 겔 38:10-19) '그날에'는 자기 백성을 향한 하나님의 미래 희망에 초점을 맞추고 있다(렘 39:16-17).

호세아는 언어 유희를 통해 이스라엘과 하나님의 결혼 서약을 갱신하고 있다. 히브리어 '이쉬(ish)'는 '남자' 혹은 남편을 의미하는 반면에, '바알'은 주인, '주님' 혹은 '남편'을 가리킨다. 이스라엘은 전에 여호와와 바알이 동일한 인물인 것처럼 행동했다. 이제 이스라엘은 하나님을 '내 바알'이 아니라 '내 남자' 혹은 '내 남편'이라고 부르게 될 것이다. 이 일이 일어난 것은 여호와가 말씀하셨기 때문이다.

2:17. 모든 성소나 예배처에는 각각의 특별한 신들이 존재했는데, 그들은 모두 또 하나의 거룩한 별명과 함께 바알이라는 이름으로 불렸다. 따라서 바알이라는 이름으로 하나의 신을 섬겨야 할지 혹은 많은 신을 섬겨야 할지 많은 혼란이 초래되었다. 유일하신 참 하나님은 이스라엘의 입술에서 바알이라는 이름을 완전히 없애버리실 것이다. 그들은 더 이상 이 악명 높은 이름을 발음하지 않을 것이다. 실제로 그 이름은 더 이상 기억되지도 않을 것이다. 이스라엘은 완전히 바알을 망각하고, 십계명의 첫 번째 계명이 명하는 대로(출 20:3) 오직 여호와만을 섬기게 될 것이다.

2:18. 바알이 물러가고 하나님이 다스리시면, 세상은 변화될 것이다. 하나님은 항상 언약을 맺는 분이시다. 하나님은 노아(창 9장), 모세(출 19-24장), 다윗(삼하 7장)과 언약을 맺으셨다. 그분은 예레미야에게 새 언약을 약속하셨다(31:27-34). 이 구절은 하나님의 새 언약의 일부이다. 하나님은 원 창조의 평화를 회복시키실 것이다. 전쟁의 도구와 전쟁 행위는 바알의 이름과 함께 사라질 것이다. 사람과 짐승이 두려움 없이 평안히 누울 수 있을 것이다. 호세아 2장 12절의 위협과 처벌은 더 이상 존재하지 않을 것이다. 이것이 자기 백성을 향한 하나님의 계획에 대한 하나님의 설명이다.

2:19. 하나님은 혼인 서약에 기꺼이 도장을 찍어 이스라엘과 결혼하고 자신의 새 신부를 위해 지참금을 지불하려 하신다. 어떻게 보면 이 사실은 히브리 율법을 완전히 뒤집어놓는 것이다. 율법은 약혼한 처녀를 다른 남자의 공격으로부터 보호하였는데, 누구든 그녀를 공격한 사람은 신부 지참금을 지불하고 그녀와 결혼하게 됨으로써 이혼으로 인해 혼인이 파기될 가능성을 배제시켰다(신 23:23-29). 그러나 본문의 경우, 신부인 이스라엘은 자진해서 자기 남편인 여호와를 떠나 바알을 맞이했다. 그렇지만 바알은 그와 결혼하지 않았다. 오히려 원래의 남편인 야훼, 즉 주님이 스스로 그 책임을 떠맡아 지참금을 지불하고, 약혼식을 치르고, 영원한 관계를 기대했지 이혼이나 그밖의 다른 어떤 것으로 말미암아 그 관계가 깨지는 것을 바라지 않으셨다.

어떻게 이런 일이 일어날 수 있을까? 하나님은 신부의 생활 방식을 변화시키실 것이다. 하나님의 성품이 지닌 모든 특징이 이제 그분의 신부인 이스라엘의 특징이 될 것이다. 호세아가 열거하고 있는 그 특징의 목록 가운데 첫 번째 부분은 더욱 깊은 탐사를 요구하고 있다. 그것은 의(righteousness)와 공변됨(justice) 그리고 은총(love, NIV 성경)

이다('심층 연구' 참고).

긍휼은 어머니가 그 자녀에 대해(왕상 3:26), 혹은 형제가 오랫동안 떨어져 있던 가족에게 갖는(창 43:30) 따뜻한 보호의 감정이다. 그런 감정은 하나님으로 하여금 분노 가운데 포로로 잡혀가게 하신 자기 백성을 회복하게 하신다(슥 1:16). 구원이나 도움을 받을 자격이 없음을 아는 사람이 여전히 하나님을 부르는 것은 그분의 긍휼을 의지하기 때문이다(삼하 24:14).

2:20. 하나님이 이스라엘을 신부로 맞이하기 위해 지불하시는 지참금의 마지막 요소는 하나님의 성품 가운데 너무도 자연스러운 진실함이다(애 3:23). 진실함은 거짓과 속임수의 반대이다(잠 12:22). 하나님은 미쁘신 분이시다. 그분이 이스라엘에게 하신 약속은 반드시 실현될 것이다(시 33:4).

하나님이 지참금을 지불하시고 믿음이 없는 이스라엘과 혼약하심으로 이스라엘이 '여호와를 알게 될 것이다'(NIV 성경에서처럼 여호와를 인정하는 것이 아님). 일반적으로 하나님이 행하심으로 사람들이 '내가 하나님임을 아는 것'은 구약 가운데, 특히 에스겔서에 70회 이상 등장하는 표현이다. 누군가 여호와를 안다는 긍정문은 오직 이곳과 미래의 약속에 대한 또 다른 예언의 약속인 예레미야 31장 34절에만 나타난다. 그 밖의 경우, 사람들은 이스라엘의 주권자이신 하나님을 알지 못한다는 것이 기본 진술이다(렘 4:22).

하나님은 자기 백성과 인격적이고 친밀한 관계를 맺기 위해 하실 수 있는 모든 일을 행하신다. 그러기 위해서는 그분의 백성도 하나님이 가지신 의와 공변됨, 언약에 대한 신뢰와 부모의 사랑 그리고 성실함을 가져야 한다. 그들이 이런 특징을 가져야 하는 것은 하나님이 그들과 맺은 새로운 언약 관계 안에서 그들에게 주실 것이기 때문이다.

2:21. 그러나 호세아는 이 새로운 언약의 관계를 장차 있을 달콤한 천국의 언어로 기술하고 있지 않다. 그는 농부들이 일상에서 사용하는 구체적인 언어를 사용하고 있다. 들짐승과 날짐승과 길짐승들이 새 환경 안에 속하게 될 것이다(호 2:18). 그리고 하늘과 땅에 펼쳐진 모든 농경 사회 역시 그렇게 될 것이다. 하나님은 비구름을 요청하는 하늘의 기도에 응답하실 것이다. 그러면 하늘은 다시 비를 구하는 땅의 요청에 응할 것이다. 이런 일이 일어나는 것은 '여호와께서 말씀하셨기' 때문이다(호 2:9-13 주석 참고).

2:22. 땅은 곡물 종자의 요청과 새 포도주를 만들어내는 포도원 그리고 감람유의 원

료인 감람나무의 요청에 광야가 아닌 농경지에 비를 내림으로써 응답할 것이다. 그러면 이 곡식들은 다시 이스르엘 골짜기의 비옥한 농경지에 응답하여 이스라엘의 곡창 지대가 될 것이다(호 1:4 참고).

2:23. 그러므로 우리는 다시 호세아 1장과 호세아의 자녀들에게 붙여진 흉악한 이름으로 돌아갈 필요가 있다. 이스르엘은 더 이상 군사적인 패배에 대한 기억을 가져다주지 않고 풍성한 농사로만 기억될 것이다. 긍휼히 여김을 받지 못하였던 자는 언제나 신실하신 하나님의 부모로서의 사랑을 경험하게 될 것이다. 내 백성이 아니었던 자는 바알에 대한 모든 기억을 버리고 하나님을 예배하는 가운데 자신이 하나님의 사랑받는 백성임을 알게 될 것이다. 깨어졌던 결혼 관계가 이제 영원히 회복된 것이다.

C. 영원한 사랑의 결말(3:1-5)

Supporting Idea	하나님의 심판의 목적은 자기 백성과의 관계를 회복시켜 그들이 다른 신이 아닌 하나님을 찾게 하는 것이다.

3:1-3. 1장과 3장 사이의 관계에 대해 학자들 사이에 많은 논란이 있지만, 가장 좋은 해결책은 하나님이 자신의 선지자로 하여금 신실하지 못한 그의 아내와의 결혼을 회복하게 하시는 것으로 보는 것이다. 고멜은 비록 호세아의 이웃이나 동료(개역한글과 NIV 성경은 타인)와 연애를 했지만, 호세아 선지자의 집으로 돌아가야 했다. 호세아는 간음한 아내를 자기 손으로 다시 안아야 했다. 호세아는 이 방식을 통해서만 여호와께서 이스라엘 자손을 얼마나 사랑하시는지를 보여줄 수 있었다. 이스라엘은 마치 호세아의 눈에 보이는 고멜의 간음처럼 자신의 죄가 하나님이 보시기에 타락했음을 반드시 알아야 했다. 실제로 이스라엘이 행한 다른 신들과의 영적 간음은 고멜이 행한 육체적인 간음보다 더 나쁜 것이었다.

건조시키고 압착시킨 포도로 만든 건포도 떡은 이스라엘의 음식 가운데 흔치 않은 별미였다(아 2:5). 그것은 분명 바알 숭배에서 치러진 다산 의식의 일부였을 것이다(렘 44:19). 그리고 그 떡은 이스라엘이 바알을 섬김으로써 얻었다고 생각한 대가의 일부를 가리켰다(호 2:12).

여호와는 기꺼이 법적인 혼인 절차를 진행하시고, 지참금을 지불하시고, 이스라엘을 자신의 아내로 회복시키려 하셨다. 그래서 호세아 역시 자신의 범죄한 아내를 다시 얻는 특권을 얻기 위해 마땅히 대가를 치러야 했다. 학자들은 호세아가 그 대가를 누구에게, 그리고 왜 지불해야 하는지를 놓고 많은 이견을 보인다. 호세아는 (1) 피폐해진 이 여인의 늘어난 빚을 갚아야 했는가? (2) 그녀를 노예로 삼은 새 주인에게 갚아야 하는가? (3) 그녀가 간음을 저지른 새 남편에게 대가를 지불해야 하는가? (4) 마치 이스라엘에게 비를 주신 하나님과 마찬가지로 고멜 자신에게 지참금을 주어야 했는가? (5) 신전 창기로 팔려갔던 신전에 대가를 지불해야 했는가? (6) 하나님이 이스라엘을 애굽에서 속량하신 후에 다시 그들을 구속하신 것처럼 그녀의 아버지에게 지참금을 지불해야 했는가?

본문은 이 질문에 대답하지 않는다. 가장 그럴듯한 대답은 하나님이 신부에게 지불하는 것과 같은 신부 지참금이 포함된 것이다. 호세아가 고멜을 위해 지불한 금액은 몇 가지 문제를 불러일으킨다. 세겔(우리말 성경은 은 열다섯 '개' 로 번역함 - 역주)은 무게를 재는 단위로 11.5그램 정도에 해당한다. 호멜은 곡물 220리터를 가리키며, 레덱(우리말 성경은 '반' 으로 번역함 - 역주)은 반 호멜을 가리키는 것이 분명하다. 이 가격은 과도한 것이 아니었다. 노예 한 사람은 30세겔에 팔렸다(출 21:32). 신명기가 기록되었을 때 신부 지참금은 오십 세겔이었다(신 22:29). 호세아는 아마 그 돈을 이곳저곳에서 긁어모아야 했을 것이다. 어쩌면 현금이 부족해서 일부는 곡식으로 지불했을 수도 있다. 중요한 것은 이 일을 행하는 선지자의 마음가짐이다. 그는 아무 질문도 없이 하나님께 순종했다.

새 결혼은 엄격한 제한이 있었다. 고멜은 호세아를 다시 '얻기' 전까지 많은 날 동안 참고 기다려야 했다. 이것은 단기간의 인간 관계에 익숙해 있던 창녀에게 새로운 경험이었을 것이다. 그녀는 다시 창녀로 돌아가지 말아야 했다. 그녀의 과거는 그 일이 고멜에게 얼마나 어려운 일인지 잘 보여준다. 그녀는 다른 남자와 성관계를 갖는 것이 금지되었다. 그것은 그녀의 일상생활이었다. 이 구절의 마지막 말씀인 '나도 네게 그리하리라' 는 고멜에게 호세아가 그녀와 친숙했던 사람들과 가졌던 성관계를 대신해줄 수 있는 도피처가 되지 않을 것임을 분명히 전하고 있다. 고멜은 마치 이스라엘이 "많은 날 동안"(호 3:4) 여호와께 그랬던 것처럼 이른바 '보호 관찰 기간' 을 거치고 있는 것이다.

3:4-5. 고멜에게 제한이 있었던 것처럼 이스라엘에게도 제한이 가해졌다. 그들은 마

치 고멜이 성적인 자유를 상실한 것처럼 정치적인 자유를 잃었다. 그들은 또한 종교적인 자유를 잃었다. 제사와 에봇이 본질적으로 악한 것은 아니지만, 그들이 그것을 우상숭배에 사용함으로써 타락하게 되었다. 이스라엘은 자기 조상들이 누렸던 종교적 행위에 참여할 수 없었다. 왜냐하면 그들은 그 행위를 바알 숭배로 변질시켰기 때문이다. 그들은 바알에게 바치는 제사, 주상(sacred stones), 계시를 위한 에봇 그리고 섬기고 장식할 드라빔(idol)을 가지고 예배의 기쁨을 누릴 수 없게 되었다. 이스라엘은 다시 하나님께 돌아가게 될 것이다.

주상은 가나안 족속들이 예배처에 세워놓는 커다란 기둥들이다. 고고학자들은 게셀(Gezer)에서 약 3미터에 이르는 기둥 몇 개를 발견했다. 그 기둥들은 일반적으로 하나님께 대한 변절을 가리킨다(신 7:5, 왕하 23:14). 그렇지만 몇몇 본문은 이스라엘 백성이 그런 돌기둥을 세움으로써 여호와 하나님께 대한 경배를 표현하고 있음을 보여준다(창 28:18).

에봇은 제사장, 특히 대제사장의 의복의 일부분이다. 에봇에는 흉패가 부착되어 있으며, 그 위에 우림과 둠밈이 들어 있어서 제사장은 그것을 통해 하나님께로부터 계시를 받게 된다(출 28:30). 그리고 이방 우상을 위해 정교한 에봇들이 만들어지기도 했다(사 30:22).

드라빔은 중요한 히브리어로 다양한 문맥 가운데서 '우상'을 의미하고 있다. 어떤 성경 학자들은 이방 신을 나타내는 일종의 가면을 가리킨다고 믿는다. 이런 것들은 다른 신들을 섬기는 예배 장소에서 사용되었지만, 가끔씩 합법적인 관행과 불법적인 관행이 혼합된 제사 가운데 사용되기도 했다(삿 18:17-20). 또한 이 드라빔은 신의 뜻이 무엇인지 결정하는 점술 행위와도 연결되었다(겔 21:21).

하나님이 이스라엘에게 시행하신 보호 관찰 기간에는 목적이 있었다. 그 기간은 이스라엘로 하여금 돌아와 여호와를 구하게 만들 것이다. '돌아오다'라는 낱말은 여러 가지 의미를 가리킨다. 그 말은 우상을 버리고 하나님께 돌아온다는 의미가 될 수 있다. 또한 죄를 회개하고 하나님을 섬긴다는 의미도 가능하다. 그리고 포로에서 돌아와 다시 고국에서 산다는 의미도 된다. 호세아는 이 모든 의미를 암시한다. '여호와를 구하다'는 여호와의 지시를 구하다(삼하 21:1), 혹은 그분의 은혜를 구하다(슥 8:21-22), 혹은 여호와를 의지하고 순종하다(잠 28:5)를 가리킬 수 있다. 하나님의 보호 관찰 기간은 이스라엘 백성이 오직 하나님만을 찾게 될 것을 의미한다. 그들은 회개 가운데 그분께 돌아와 그분만을 섬기게 될 것이다.

이렇게 하나님께 돌아오는 일은 감동적인 사건이 될 것이다. 이스라엘은 경외함으로, 즉 떨림(trembling, NIV 성경)과 두려움과 공포 가운데 여호와께 갈 것이다. 그들은 자신들이 그분 앞에 설 자격이 없다는 것을 잘 알고 있었다. 그들은 처벌받아 마땅한 자신들의 거듭된 범죄를 익히 알고 있었다. 그럼에도 불구하고 그들은 하나님께 돌아와 은혜와 소망을 구할 것이다. 그리고 말일에 그분의 은총을 발견하게 될 것이다.

호세아의 긴 연설은 끝이 났다. 그는 자신의 결혼 생활을 통해 하나님과 그분을 반역한 백성들 사이의 슬픈 이야기를 몸으로 표현했다. 이제 그는 하나님이 약속하신 이스라엘 민족의 미래가 어떻게 펼쳐질지 기다리는 가운데 자신의 결혼 생활을 기다려야 한다. 그러는 동안, 간음한 여인 고멜과 간음한 민족 이스라엘은 주님의 시간 계획이 완성되고 마지막 날이 이를 때까지 자신에게 주어진 보호 관찰 기간을 잘 마치도록 격리되어야 한다.

Main Idea 복 습	불성실한 사람에게는 하나님의 심판이 임하지만, 그것이 그의 최후는 아니다. 하나님은 그들이 다시 돌아오도록 계속 일하신다.

! 결론

끝이 좋으면 모든 것이 좋다

해피 엔딩. 책을 읽으며, 우리 인생을 살아오며 우리 모두가 바라는 것은 바로 이것이다. 호세아의 가정은 마침내 행복한 결말을 찾았지만, 그것은 수많은 시행착오와 수치를 겪은 뒤였다. 이 모습은 호세아가 이스라엘의 행복한 결말을 보지 못했다는 사실만 제외하고 이스라엘의 역사에도 그대로 반영되었다. 그 해피 엔딩은 수세기 이후에 그리스도의 도래를 통해서만 살짝 엿볼 수 있는 것이며, 우리는 마지막 승리의 대단원을 여전히 기다리고 있다.

■ 진리 알기

- 죄인들은 그 행실이 변화되거나 아니면 하나님의 심판을 받아야 한다.
- 부모의 죄는 그 자녀들에게 끔찍한 결과를 미칠 수 있다.
- 일시적인 쾌락을 좇는 일은 영원한 멸망을 가져올 수 있다.
- 모든 선하고 완전한 선물은 하나님께로부터 오는 것이지 다른 누구에게서 오는 것이 아니다.
- 하나님은 불순종하는 자기 백성들이 다시 돌아오도록 부르신다.
- 하나님은 인간의 죄를 해결하시고, 피조물들이 하나님이 정하신 목적에 부합하도록 회복시킬 계획을 갖고 계신다.

■ 적용하기

- 세상의 쾌락과 세상의 우선순위를 멀리하라.
- 하나님이 당신에게 기대하시는 공의와, 정의와, 사랑과, 긍휼과, 신실함에 부응하라.
- 주님이 유일하신 참 하나님이심을 인정하고 다른 것들을 섬기지 말라.
- 하나님이 약속하신 축복이 불가능해 보일 때라도 그것들을 소망하는 가운데 살아가라.
- 하나님의 명령이 인간의 논리와 상반될 때에도 기꺼이 그 명령에 따르라.

삶의 적용

예상치 못한 하나님

하나님은 때로 놀라운 방식으로 자기 백성을 인도하신다. 나는 22년 동안 한 가지 사역에 매진한 이후 새로운 인생길에 도전하기로 결심했다. 그러나 60세가 넘은 이 '젊은 이'를 누가 써주겠는가? 나는 직업 상담 전문가와 함께 상의하면서 이력서를 발송하고 직업 세미나에도 참석했다. 그러던 어느 날 오후 한 강습회에서 전시하고 있는 수백 권의 책을 훑어보던 중 조그맣게 손으로 쓰인 학술 편집인(academic editor)이라는 일자리가 눈에 띄었다. 그래서 그것에 대해 물어보았더니 "제인 씨를 만나보세요" 하는 것이었다. 그리고 석 달 뒤 침례교 목회자였던 나는 디사이플스 오브 크라이스트(Disciples of Christ) 사역의 출판 기관인 챌리스 프레스(Chalice Press)에서 일하게 되었다. 그리고 본사가 있는 세인트 루이스 대신에 테네시 주 갤러틴에 머물 수 있었다.

그렇다. 하나님은 자기 백성들을 위하여 전혀 예상하지 못한 방법으로 역사하신다. 하나님은 호세아의 결혼 생활과 가정 가운데 사랑과 따뜻한 인간관계를 회복시키신 것처럼 당신의 삶 가운데 필요한 것들을 회복시키실 수 있다. 그러나 당신은 먼저 그분을 신뢰하고 순종하는 가운데 당신의 것이 아니라 그분의 시간표에 따라 일하기로 동의해야 한다.

기도

하나님 아버지, 인생의 어려운 시기에 우리가 기대했던 것보다 더 좋은 결과로 역사하시고 인도해주셔서 감사합니다. 우리의 삶 가운데 계획하시는 당신의 길을 보여주십시오. 당신을 따를 수 있도록 믿음을 주십시오. 우리는 사랑하고, 신실하고, 공의롭고, 정의로우며, 긍휼히 여기는 사람이 되기로 다짐합니다. 아멘.

심층 연구

A. 의(Righteousness, 2:19, 개역개정은 '공의' 로 번역함)

의는 성경에서 매우 복잡한 개념이다. 공동체와 개인의 의는 "삶의 모든 영역에서 하나님의 명령에 따라 공평하고 합당한 사회 질서에 맞추어 합법적인 절차 안에서, 예배 의식 안에서 행동하는 것(힘없고, 가난하고, 압제받는 이와, 고아와 외국인들에게 공의를 베푸는 것)으로, 이 모든 것은 하나님의 의에 영향을 받는다" (J. J. Scullion, AB 5, 736). 의에 대한 이해는 하나님에 대한 이해와 밀접하게 연관되어 있다. 도널드 레이머(Donald Reimer)가 말한 것처럼 "정의에 관한 모든 현대적인 이해는 자동적으로 신학적인 입장에 의해 지배당하고 있다" (*NIDOTTE* 3, 746).

의는 하나님이 자기 백성을 위해 만드시고, 그들을 위해 유지하시는 평화와 온전함이라는 보편적인 명령을 유지시키는 행위이다. 자기 백성을 위한 하나님의 행동은 '체데콧(tsedeqoth)', 혹은 '구원이라는 의의 행동' 이라고 부르는데, 그것은 그 행동이 그분이 계획하신 질서를 재정립하기 때문이다. 사법부는 그 질서를 유지하고 바로 세우기 위해 만들어진 것이다. 인간의 잘못된 행동은 이 질서를 손상시키며 그것을 회복시키는 행동을 강제하게 만든다. 호세아서에서 하나님은 이스라엘을 위해 신부 지참금을 지불하심으로써 전에 만드신 질서를 다시 세우겠다고 약속하신다.

B. 공변됨(Justice, 2:19, 개역개정은 '정의' 로 번역함)

정의라는 성경 개념은 공의와 매우 밀접하게 관련되어 있다. 정의는 한 개인이나 사회가 공의라는 세상의 질서를 유지하려는 요구와 의무를 가리킨다. 모든 사법 체제와 그 각각의 구성 요소들은 '미쉬파트(mishpat)' 라고 불리는데, 그것은 사법부가 법을 제정하고, 하나님이 만드신 질서를 유지하고 재정립하기 위한 결정을 내릴 의무와 책임을 갖기 때문이다. 그래서 하나님은 호세아를 통해서 자신이 친히 주도권을 갖고, 정의를 세우시고, 자기 백성에게 원하시는 공의의 질서를 유지시키겠다고 약속하신 것이다.

C. 은총〔12:19, NIV 성경과 NLT(New Living Translation) 성경은 '사랑(love)' 으로 번역함〕

은총은 '헤세드(chesed)' 라는 강도 높은 히브리어로, 자신의 언약과 그 언약 백성을 사랑하시는 하나님의 신실하심을 가리키는 말이다. 이 용어는 구약에 246회 등장하는데, 대부분 "성도, 하나님의 백성 이스라엘, 그리고 인류 전체를 향한 하나님의 행위와 호의적인 행동" 을 가리킨다(D. A. Baer and R. P. Gordon, *NIDOTTE* 2, 211). 그런 신실한 사랑은 둘 사이의 관계에 대한 서로의 충성과 상호 간의 헌신을 근거로 한다. 하나님이 '은혜' 가운데 베푸시는 자기 백성을 향한 변함 없는 헌신은 위험에 처한 그들을 보호하시고 그들의 생명이 위태로울 때 그들을 지켜주신다.

'헤세드' 는 인간의 충성심처럼 쉽게 사라지거나 잠깐 동안만 있는 것이 아니다(호 6:4). 오히려 하나님의 신실하신 사랑은 영원하다(렘 31:3). 이스라엘은 그러한 하나님의 '은혜' 라는 영원한 속성의 확실한 증거이다(시 100:5). 하나님이 정의를 통해 공의로운 질서를 회복시키기로 결정하신 것은 그분의 신실하신 성품으로 인한 하나님의 선택이다.

고안

A. 들어가는 글

1. '잊을 수 없는 저녁' 이야기로 시작하라.
2. 배경 설명: 호세아에게는 아내와 이상한 이름을 가진 세 자녀가 있었는데, 이들은 자기 백성을 향한 하나님의 계획을 상징하는 것이다. 그리고 그 아내가 가정을 떠남으로써 상황은 더 악화된다. 하나님은 어떻게 이런 비극적인 상황에서 선한 것을 이끌어내실 수 있을까?

3. 적용: 하나님은 그 가정, 특히 타락한 아내를 징계하신다. 그런 다음, 그녀를 참을 수 없는 상황으로 인도하셔서 그녀로 하여금 가정으로 돌아오게 만드신다. 이 일은 호세아에게 문제를 불러일으킨다. 그는 그녀를 받아들일 것인가? 호세아는 하나님께 나아가 도움을 요청하고, 징계의 차원에서 그녀를 받아들여야 함을 깨닫는다.

B. 본문 이해

1. 간음한 아내와 이혼하기(2:2-15)
2. 새로운 헌신의 날(2:16-23)
3. 영원한 사랑의 결말(3:1-5)

C. 결론: '끝이 좋으면 모든 것이 좋다' 를 읽어주라.

토의 질문

1. 호세아서의 처음 세 장은 당신에게 가정 문제를 다루는 법에 관해 무엇을 가르쳐 주는가?

2. 하나님은 당신의 교회가 사랑과 긍휼을 어떻게 드러내도록 부르시는가?

3. 지금 당신의 교회와 지역 사회가 직면하고 있는 공의와 정의의 문제는 어떤 것인가?

4. 당신이 하나님께 신실하다는 것을 밝히 드러내기 위해 하나님이 당신의 삶 가운데서 분명히 보셔야 할 것들은 무엇인가?

5. 하나님이 당신으로 하여금 돌아와 하나님을 찾으라고 부르시는 순간을 당신은 어떻게 아는가?

호세아 4:1-5:15

무지함으로 인해 버려진 백성

"사람은 다른 사람이나 하나님과의 관계에서 성실함이 결여된 채로는 살아갈 수 없다. 어떤 이는 자신이 누구도 믿지 않으며 어떤 사람과의 관계도 의지하지 않는다고 퉁명스럽게 말할지 모른다. 그러나 그런 공허한 주장은 사실 그것이 없으면 누구도 인생의 충만한 의미를 누릴 수 없는 끈끈한 교제와 형제 간의 유대를 목말라하면서 자기 자신에게만 몰입해 들어가는 헛되고 무익한 노력에 불과한 경우가 대부분이다."

- 로이 허니컷 2세(Roy L. Honeycutt Jr.)

하나님은 자기 백성과 언약을 맺으시고, 그들이 언약의 백성이 되기 위해 반드시 순종해야 하는 조항들을 만드셨다. 이스라엘은 그 언약에 순종하기를 거부했다. 그들은 심지어 여호와가 자신들의 하나님이심을 인정하는 것조차 거부했다. 그들은 조상들이 섬겨왔던 거룩한 곳에서 대충 예배하는 것으로 때우려고 했다. 하나님은 그들의 예배를 정죄하시고 자신을 알지 못하는 백성들에게 심판을 내리셨다.

들어가는 글

잘못된 선택으로 인한 고난

도로시 켈리 패터슨(Dorothy Kelly Patterson)은 어리석은 선택이 고난을 가져온다는 것을 몸으로 직접 확인했다. 그녀는 남편과 함께 세미나에 가기 위해 주 경계선을 벗어났다. 남편은 가족들을 부양하기 위해 설교와 목회를 할 수 있는 기회가 곧 주어질 것이라고 기대했다. 그런데 그 기회는 천천히 찾아왔다. 그래서 도로시는 남편이 별로 내켜하지 않고, 혹시 자신에게 알레르기라도 일어나지 않을까 하는 걱정에도 불구하고 직장을 구하기로 마음먹었다. 그리고 세미나를 준비하는 과중한 업무 외에 세 가지 시간제 부업을 시작했다.

> 당신이 얼마든지 상상할 수 있는 것처럼 내 건강은 급속히 악화되었습니다. 처음에 약간의 수입을 통해 남편을 도우려던 내 바람은 내게 들어가는 치료비가 점점 늘어가면서 허사가 되고 말았습니다. 지금 이 순간까지도 우리 주님의 은혜의 손길에도 불구하고 나는 그 기간 동안 내 건강을 돌보지 않음으로 인해 내 몸에 남겨진 상처들을 부둥켜안고 살아가고 있습니다. 나는 많은 날 동안 어두운 방 안에서 침대에 몸을 기댄 채 가쁜 숨을 몰아쉬곤 했습니다. 그러나 이 고통은 의를 위하여 받는 고난이 아니었습니다. 그것은 내가 남편보다 우리 가정에 필요한 것들을 더 잘 안다는 완고한 교만에서 오는 것이었습니다. 잘못된 선택은 심각한 결과를 초래할 수 있습니다(도로시 켈리 패터슨, 「BeAttitudes for Woman」, 226-227).

호세아는 이스라엘 백성이 고난받는 것은 그들이 영적인 남편을 따르지 않고 그분의 율법을 알지 못하기 때문이라고 주장했다. 그 결과 그들은 하나님을 알지 못했다. 당신이 지금 겪고 있는 문제는 혹시 당신이 너무나 오랫동안 하나님이 명하신 것들을 거부했기 때문에 이제 더 이상 하나님이 어떤 분이신지 알지 못함으로 인하여 빚어진 것은 아닌가?

본문 이해

무지함으로 인해 버려진 백성

Main Idea	범죄한 하나님의 백성은 그분을 예배하는 것을 알지도, 찾지도 않는다. 그래서 결국 자신의 죄를 인정하고 그분을 섬기기 위해 돌아오기까지 멸망당하고 그분에게서 멀어지게 된다.

A. 하나님의 언약(4:1-3)

Supporting Idea	하나님의 백성은 그분을 알지 못하고, 그분의 기준에 맞추어 행하지 않으며, 그분이 언약 가운데 명하신 것들을 따르지 않는 죄를 범했다.

4:1. 이 법정은 피고인 이스라엘이 여호와의 말씀을 들으라는 명령을 받는 가운데 개정되었다. 검사이자 재판장이신 하나님이 이 재판을 주재하실 것이다. 이것은 일반적인 재판이 아니다. 이 사건의 고소장은 하나님의 말씀이다(이 전문 용어와 관련된 선지자적 표현에 대해서는 호 1: 1 주석 참고). 이스라엘 백성은 이 법정에 신적인 권위가 자리하고 있다는 것을 인식하고 자신들에 대한 긴 고소 내용에 귀를 기울여야 한다. 따라서 이스라엘은 여호와가 행하신 이 고소(charge, 개역한글은 '쟁변' 으로 번역함 - 역주)건에 대해 그 어떤 변명의 여지도 없는 것이다.

하나님은 개별적인 이름을 거명하지 않으신다. 그분은 그 땅에 살고 있는 거민들에게 말씀하신다. 전에 그 땅에 살고 있던 이들은 하나님이 이스라엘로 하여금 멸망시키라고 말씀하셨던(수 9:4) 가나안 족속이었다. 그리고 지금 그 땅의 거민은 하나님이 이제부터 멸망시키려고 하시는 이스라엘 백성이다.

하나님께는 충분한 이유가 있었다. 하나님은 이스라엘 백성들에게서 그 땅에 원래 거하던 자들과 다른 하나님의 백성임을 보여줄 수 있는 특징을 찾을 수 없으셨다. 그 첫 번째 특징은 진실(faithfulness), 혹은 성실함이다. 이 용어는 '견실함, 충성됨, 신뢰할 수 있음, 혹은 일관됨' 을 의미한다. 이는 분명히 이스라엘과 하나님의 관계를 가리키는 말이 아니었다. 그들은 다른 신들에게 추파를 던지고 여호와께 신실하기보다는 그들과 그들의 제사를 맡은 이들과 친밀한 관계를 가졌다.

이스라엘에게는 언약에 충실한 인애(love, 히. 헤세드, 호 2:21 참고)가 없었다. '하나님을 아는 지식' 역시 이스라엘의 중요한 특징 가운데서 찾아볼 수 없게 되었다. 이와 동일한 구절이 호세아서에 두 차례 반복되어 나타난다(4:1, 6:6). 그러나 이 구절과 조금씩 다른 표현을 통해 성경은 백성들이 하나님을 알지 못함을 자주 지적한다(렘 4:22). 그런 지식에는 인격적인 친밀한 관계, 하나님의 능력과 권세에 대한 인정, 하나님의 사랑과 보살핌에 대한 고백, 그리고 하나님의 뜻과 방법에 대한 복종이 포함된다. 그러나 하나님과 함께하는 이스라엘 백성의 삶 가운데 이런 모습은 조금도 나타나지 않았다. 그들은 출애굽 당시 바로와 하나님의 관계와 동일한 관계를 갖고 있었다.

4:2. 하나님은 이스라엘의 모습을 너무도 정확하게 묘사하는 여러 특징들을 알고 계신다(하나님의 십계명을 위반한 이 내용에 대한 더 자세한 토론을 위해서는 '심층 연구' 참고).

4:3. 이스라엘이 범죄했다는 증거는 분명했다. 그래서 여호와는 판결을 내리셨다. NIV 성경의 이로 인해(beacuse of this)는 '그러므로'를 뜻하는 히브리어 '알 켄('al ken)'을 가리키는데, 이는 범죄자가 반드시 따라야 하는 판결문을 소개할 때 사용되는 전형적인 형식이다. 뒤에 이어지는 동사들은 현재 시제가 아니라 미래 시제로 읽혀져야 한다(개역한글은 미래 시제를, NIV 성경은 현재 시제를 사용함 - 역주). 이 땅은 슬퍼할 것이고, 거기 거하는 자는 쇠잔할 것이다. 모든 피조물, 곧 땅과 하늘과 바다는 영향을 받았다. 의로우신 재판장이신 하나님이 그 판결문대로 집행하실 때 이스라엘 가운데 남아 있을 생명은 아무도 없을 것이다.

B. 인간의 법체계에 대한 하나님의 심판(4:4-10)

Supporting Idea	다른 사람을 고소하는 이와 율법을 가르치는 일을 소홀히 여기는 제사장들은 하나님의 심판을 받는다.

4:4. 당시의 역사적 상황은 암울했다. 하나님은 책임을 물으셔야 했다. 인간의 정의와 그 사법 체계는 완전히 실패했다. 사람들은 그것을 사용하여 정의와 공평이 아니라

개인의 이익만을 추구했다. 그래서 하나님은 인간의 사법 체계를 정지시키셨다. 그 어떤 인간도 이유를 불문하고 다른 사람을 법정에 끌고 갈 수 없었다.

4장 하반절의 언어는 피고에게 맞고소를 하지 말라고 경고하는 것처럼 보인다. 정의가 없는 사회는 경쟁과 법정 분쟁만 가득한 사회에 불과하다. 누구도 그곳에서 자유로울 수 없다. 심지어 어떤 이는 나라 안에서 가장 거룩한 인물을 법정에 세운다. 하나님은 법적 정의가 뒤집어졌다고 말씀하신다. 그분만이 자기 백성을 법정에 세울 분이시며, 그 누구도 그분의 고소에 항의하거나 다른 사람을 고소할 이유가 없다. 그 책임은 피할 수 없으며, 이스라엘의 모든 이들은 고소된 그대로의 죄를 범했다.

4:5. 여기서 등장하는 2인칭 단수는 4절에서와 마찬가지로 제사장이 아니라 이스라엘 백성을 지목한다. 그 백성들은 대적 앞에서 **거치거나** 쓰러질 것이다. 하나님의 뜻이 무엇인지 알고 그것을 사람들에게 말해줄 의무가 있는 **선지자들**이라도 넘어질 것이다. **낮과 밤**은 '지속성' 혹은 '전체'를 가리키는 시적인 표현이다. 선지자를 밤과 연관시킨 것은 거짓 선지자의 활동이나 하나님의 뜻을 밤의 장막 아래서 은밀하게 찾는 방식을 암시하는 것이다. 이스라엘은 제사장들을 법정에 세우고 선지자들로 하여금 하나님의 뜻을 발견하는 데 이교도들의 수단을 강구하게 만들었다. 모든 거민이 전쟁에서 쓰러지고 패배를 맛보는 것은 조금도 이상한 일이 아니다.

내가 네 어미를 멸하리라는 모든 해석자들에게 골치 아픈 문제로 다가온다. 거룩한 '나'는 누구도 생각할 수 없는 처벌에 직접적인 하나님의 개입을 강조한다. 가장 악한 사람이라도 자기 어머니는 보호하려고 한다. 따라서 하나님이 사람에게 행할 수 있는 가장 큰 위협은 그들의 모친을 멸망시키는 것이다. 호세아는 이런 언어를 사용하여 1-3장에 사용한 가족의 모습을 계속 이어가고, 이스라엘의 어머니는 고멜과 마찬가지로 더 이상 신실하지 못함을 지적한다. 따라서 그들은 멸망받아 마땅하다.

4:6. 하나님이 자기 백성을 향한 재판을 진행하심에 따라 그분의 감정은 더욱 격해진다. **그들은 내 백성이다. 그러나 그들은 망하는도다.** 왜 그런가? **지식이 없기 때문이다.** 이것은 하나님이 자기 백성에게 말씀을 주시는 것이 실패했음을 의미하는가? 물론 그렇지 않다! 호세아의 통렬한 사역은 그렇지 않음을 잘 보여준다. 하나님은 자신의 말씀을 보내셨다. 다른 선지자와 제사장들은 그 말씀을 신실하게 전하지 않았으며, 사람들은 그 말씀 듣기를 거부했다. 하나님의 백성은 하나님의 말씀을 듣고도 **지식을 버렸다.**

그들은 하나님이 말씀하신 것을 듣지도, 믿지도 않았다.

하나님이 내리신 벌은 무엇보다 우선적으로 제사장들을 향한 것이었다. 하나님은 백성들에게 자신의 말씀을 전해야 했던 제사장들을 버리셨다. 왜냐하면 제사장들이 하나님의 율법을 잊었기(NIV 성경은 무시했기) 때문이다. 부모들은 하나님이 주신 토라를 사람들에게 가르칠 책임이 있다(신 33:10). 제사장은 토라를 가르칠 전문적인 책임이 있다(겔 7:26). 그러나 하나님의 백성은 집에서나 성전에서 진리를 배우지 않고 있었다. 그래서 기억하시는 하나님(레 26:42, 45)이 잊으시는 하나님이 되신 것이다. 제사장 직분은 가문과 관련된 직업으로, 그 자녀들이 아버지의 자리를 물려받는다. 그러나 하나님은 그것을 멈추실 것이다.

4:7. 하나님은 아브라함을 부르실 때 자기 백성이 번성할 것을 약속하셨다(창 15:5). 그러나 이렇게 번성해진 백성들은 죄만 늘려갔다. 초기의 히브리 서기관들조차도 히브리 본문의 7절 하반절이 바르게 전달되었다고 생각하지 않았다. 본문은 이렇게 말한다. "그들의 영광을 내가 부끄러움으로 바꾸겠다." 그런데 서기관들은 이렇게 읽었다. "내 영광을 그들이 부끄러운 것으로 바꾸었다." 현대 해석자들은 종종 서기관들의 여러 변형 가운데 오직 하나만을 좇아서 NIV 성경과 마찬가지로 그들이 자신들의 영광을 부끄러운 어떤 것으로 바꾸었다라고 읽는다. 본문의 문맥은 이스라엘을 향한 하나님의 고발과 7장 하반절에 나타난 형벌에 대한 위협을 보여준다.

이스라엘 백성은 자신들이 여로보암 2세 치하 때 성공하고, 부유해지고, 강력해졌다고 생각했다. 하나님은 그들이 영광으로 여기는 모든 것과 그들의 성공을 상징하는 모든 것들을 취하시고 그것들 대신에 그들에게 부끄러움과 불명예를 가져오는 것들로 바꾸신다(잠 3:35). 여기서 우리는 또 하나의 언어 유희를 발견하게 되는데 그것은, 이스라엘은 오직 이스라엘의 영광이신 하나님 안에 있는 영광만을 발견해야 하기 때문이다(삼상 15:29). 그러나 그들은 부끄러운 우상을 섬겼기 때문에 부끄러움을 당할 것이다.

4:8. 하나님은 이제 저희가 내 백성의 속죄 제물을 먹는다고 고발하신다. 우리는 문맥상에서 '그들' 이 '내 백성' 이라고 예상할 수 있다. 이것은 하나님의 백성이 자신의 죄를 먹는다는 의미인데, 이는 가능하기는 하지만 있을 수 없는 표현이다. 먹는다는 표현은 제사장이 하나님을 기쁘시게 하지 않는 제물을 취하는 것을 의미한다. 하나님은 여기서 표적을 바꾸어 호세아 4장 6절에서처럼 제사장들을 정죄하시는 것이 분명하다.

그들은 이스라엘로 하여금 성전에 제물을 가져오도록 독려하면서 제사장에게 주어진 몫을 먹었다(레 7:28-38).

이 구절의 하반절은 다시 문맥상 의문을 제기하는데, 문자적으로 '그들은 그의(his) 영혼을 자신들의 부당한 행위(혹은 범죄)로 끌어올렸다' 로 읽힌다. 여기서 '그의(his)'는 집합의 의미로 사용되었거나 다른 히브리어 사본과 초기 번역에 맞추어 '그들의(their)' 로 바뀌어야 한다. 제사장들은 이스라엘 백성들로 하여금 더 많은 죄악된 제물을 가져와 제사장들이 더 부자가 되고 뚱뚱해지도록 하기 위해서 자기 영혼까지 팔았다. 여기서 '영혼' 은 그 개인의 기본적인 정체성과 그가 그 정체성을 얻기 위해 애써온 것을 가리킨다. 제사장들은 더 이상 하나님을 섬기는 일에서 자신의 정체성을 얻지 않았다. 그들은 먹을 것과 재물에 마음을 두었다.

4:9. 호세아 4장 6절은 그 백성의 멸망을 지적한다. '거룩하고', '구별된' 제사장이라고 조금도 나은 것이 없을 것이다. 제사장들도 죄를 범하고 심지어 사람들로 죄를 짓게 만들었다. 하나님은 자신의 기름 부음 받은 제사장들을 멸망에 처하실 것이다. 그들은 자신들의 범죄한 소행과 소위(ways and deeds, 행실과 행위)의 대가를 치를 것이다. 그 어떤 직책이나 종교 행위도 범죄한 사람을 죄에 대한 하나님의 형벌로부터 보호할 수 없다.

4:10. 하나님은 현재의 상황을 요약하시기 위해 음식과 수효가 느는 것을 반복해서 말씀하시는데, 이번에는 단수가 아니라 복수를 사용하신다. 백성들은 먹어도 항상 더 먹고 싶어하게 될 것이다. 음란한 세대(호 4:2)는 부도덕한 방식으로 예배를 계속하겠지만, 예배처에서의 성관계가 그들로 하여금 하나님이 약속하신 인구 증가에 대한 약속을 실현시켜주지는 않을 것이다. 하나님은 자기 백성의 수를 늘려주시겠다고, 혹은 '편만해질 것' 이라고 약속하셨다(창 28:14). 하나님은 그 약속을 어려운 시절에 성취하셨다(출 1:12). 그러나 가장 크게 번성할 때 그 약속을 저버리셨다. 그 이유는 백성들과 제사장들이 하나님께 대한 헌신을 버렸기 때문이다.

C. 간음한 백성들을 향한 하나님의 제안(4:11-14)

Supporting Idea	성(性)에 지배당하는 사회는 하나님이 약속하신 대로 멸망을 당한다

4:11. 하나님은 그 백성의 새로운 정체성을 한 마디로 요약하신다. 음행과 음주가 그들의 생각을 사로잡고 있는 것이다. 그들은 바알 숭배를 즐겼는데, 이는 그것이 엄청난 육체적 쾌락을 가져다주었기 때문이다. 이스라엘은 지금 이곳에서 좋은 시간을 보내기 위해 자기 역사와 민족과 미래를 팔았다. 백성들은 지식을 거부했다. 이제 그들의 탐닉은 그들의 지적 역량을 무디게 만들어 더 이상 지식을 받아들이지 못했다.

4:12. 하나님은 다시 그 백성을 향한 법적 고발을 행하신다. 이 소송에서 고소된 피고인은 내 백성이다. 계속되는 하나님의 감동적인 부르심은 그들의 이름과 행동이 일치하지 않고 있음을 보여준다. 그들은 하나님이 아니라 나무에게 물었다. 그들은 목자가 직업상 갖고 있는 도구이지만, 이제 이교도들이 점을 칠 때 사용하는 나무 지팡이를 가리키는 막대기로부터 계시를 받았다. 이스라엘로 하여금 이방 신을 좇고 가나안 풍습에 빠지게 만든 이 음란한 마음 혹은 난교가 마침내 그들을 미혹되게 만들었다(암 2:4).

마지막 구절은 이중적인 의미를 갖고 있는 것이 분명하다. 이 구절은 문자적으로 '그들은 자기 신(신들) 아래에서 몸을 팔았다' 이다. 그들은 여호와의 인도하심 아래 봉사해야 마땅했다. 그러나 그들은 오히려 다른 신들을 '연애하는 자' 로 삼고 그들을 좇았다. 그들은 바알 숭배라는 타락한 관행 가운데 바알 아래에 자기 몸을 던졌다.

4:13. 하나님은 그분이 지시하신 곳에서 이루어질 이스라엘의 예배에 관해 지시하셨다. 이스라엘은 하나님의 청사진을 실현하기를 거부하고 오히려 그들이 약속의 땅에서 남겨둔 일부 가나안 족속을 따랐다. 그들은 산 꼭대기에서 제사를 지냈는데, 그곳은 바알의 제단이 세워진 곳으로 보통 거룩하게 여겨지는 수풀과, 사람이 만든 우상과, 돌 기둥이 놓여 있었다. 어쩌면 많은 이스라엘 백성이 그 이교도의 장소에서 제사를 드리며 여호와의 이름을 거명했을 것이다. 그들은 여호와를 섬기는 진정한 예배와 오염된 예배를 혼동했다. 그들은 자연의 아름다움이 훤히 내다보이는 이 쾌적한 나무 그늘 아래에서 노골적인 성적 예배 행위를 했고, 심지어 자기 딸들과 며느리들을 바알을 섬기는 곳의 신전 창기로 바쳤다.

참나무는 크고 단단한 나무로(암 2:9), 예배자들에게 그늘을 제공하는 수풀의 일부분이 분명하다. 버드나무는 향기로운 진액을 생산해내는 때죽나뭇과의 나무이다. 그래서 백성들은 그 그늘 아래에서 상쾌한 나무 향기를 즐겼다(창 30:37). 상수리나무는 이교도의 제사와 연결된 거대한 나무이다(NIV 성경은 겔 6:13에서 이 나무를 참나무로 번역하고 있다). 따라서 하나님은 자기 백성이 부도덕하고 충실하지 못한 이유로 법정에 세울 충분한 근거가 있으셨다(호 14:1-2 참고).

4:14. 놀랍게도 여호와는 이렇게 도덕적으로 타락한 사람들 가운데 몇몇은 벌하지 아니하겠다고 약속하신다. 그분은 여인들이 간음한 것에 대해서는 책임을 묻지 않으실 것이다. 왜냐하면 남자들이 더욱 악했기 때문이다. 그들은 바알을 섬긴다는 이름으로 성적 행위에 깊이 빠져 있었다. 그들은 신전 창기들을 쉽게 찾을 수 있는 곳으로 몰래 빠져나감으로써 가족들과 떨어져 지냈다. 아니면 그들이 그런 부도덕한 행위를 하면서도 하나님을 예배한다고 주장했을까? 이것은 이방 신인 바알에게 제사를 드리는 그들의 예배의 일부분이다. 그들은 잠언 10장 8-10절에 나오는 입이 미련한 자와 동일한 종말, 즉 완전한 멸망을 당하게 될 것이다.

D. 죄로 물든 백성을 위한 하나님의 예방 도구(4:15-19)

Supporting Idea	하나님은 죄를 그치게 하심으로 그 전염성이 이스라엘에 미친 것처럼 유다에 미치지 못하게 하신다.

4:15. 호세아는 유다에 있는 자기 백성이 북왕국에 거하는 동족들의 본을 따르지 않게 되기를 기도한다. 물론 하나님은 신실하시기에 가나안 족속의 올무에 빠지지 않을 자기 백성을 남겨두실 것이다. 길갈은 여호수아가 이스라엘 백성을 이끌고 요단 강을 건너 약속의 땅에 들어간 이후에 그들이 처음 제사를 드린 장소였다(수 5:9-10). 그러나 그곳은 더 이상 여호와께 거룩한 곳이 아니었다. 경멸의 의미로 벧아웬(재앙의 집 또는 불의의 집)이라 불리던 벧엘 역시 족장들과 많은 연관을 맺고 있었지만(창 28:19) 거룩한 곳이 되지 못했다. 그곳은 하나님이 자기 백성들이 예배하도록 선택하신 장소가 아니었다.

여호와의 사심을 가리켜라는 맹세의 공식은 이스라엘이 오랫동안 하나님을 예배하고 자기가 한 말을 지키는 데 이바지해왔다(왕상 22:14). 그러나 살아 계신 하나님을 더 이상 섬기지 않는 사람들이 행한 그런 맹세는 범죄이며, 세 번째 계명을 어기는 것이다(렘 5:2, 호 4:2 주석 참고).

4:16. 하나님은 자신의 논점을 분명히 전하시기 위해 목자의 비유를 들어 수사법적인 질문을 하신다. 하나님은 자기 양 떼의 목자가 되기를 원하시며(시 23편), 그들이 유순한 어린 양같이 행동하게 하신다. 그러나 이스라엘은 완강한 암소였다. 이스라엘은 자기 주인을 따르려 하지 않는 젊은 암소처럼 고집을 피우며 완강히 저항했다. 완고하고 반항하는 아들이 사형 선고를 받아 마땅하다면(신 21:18-21), 완강한 나라 역시 마찬가지 아니겠는가?

4:17. 에브라임이란 말은 북왕국 전체를 가리키기 위해 자주 사용되었다. 그들은 우상 혹은 거짓 신과 연합, 혹은 동맹을 맺었다. 그들은 하나님과 연합하여 그분의 언약의 공동체의 일원이 되어야 마땅했다. 그러나 그들은 오히려 여호와의 언약을 저버리고 거짓 신과 계약을 맺었다. 하나님은 이 완고한 백성에 대해 단 하나의 명령을 내리신다. 그들을 평안히 내버려두라. 그들을 건드리지 말라. 하나님은 어떻게 그런 죄악을 보시고 그렇게 말씀하실 수 있을까? 판결은 이미 내려졌다. 이스라엘은 멸망을 겪고 있다.

4:18. 이스라엘은 무엇을 기뻐했는가? 두 가지 욕정이 그들을 불태웠다. 그것은 술(호 4:11)과 다산을 비는 의식 가운데 행하는 행음이었다(호 4:12-14). 그것은 한 가지만으로도 그 민족에게 죽음의 벌을 가져오기에 충분한 것이었다. 그런데 두 가지가 함께 모였으니 그 흉악한 범죄에 대한 하나님의 심판은 너무도 분명했다.

4:19. 19절은 새의 날개로 감싸고 있다는 새로운 수사법을 도입하고 있다(NIV 성경은 바람이 그들을 날려버렸다고 번역함). 이 장면은 히브리어 '루아흐(ruach)' 를 그 주어로 삼고 있으며, 그것은 '바람, 호흡, 마음, 혹은 성령' 으로 번역될 수 있다. 이것은 긍정적인 사건으로 보인다. 하나님은 분명 이스라엘에게 하신 말씀을 전에 자주 그러셨던 것처럼 긍정적인 약속으로 그 결말을 맺으실 것이다. 그러나 여기서의 마음은 호세아 4장 12절의 마음과 동일한 것이다. 이스라엘은 음란한 마음에 한껏 고조되었다. 그들의 제물은 기대했던 결과를 가져오지 못했다. 그 땅은 많은 곡식을 내지 못했고, 필요한 비가 내리지 않았다. 풍성한 열매는 조금도 이루어지지 않았다. 이스라엘이 거둔 것은 오직 수치뿐이었다. 호세아 4장 3절의 위협은 현실이 되었다. 하나님의 백성은 자신들의 죄

와 범죄로 인하여 그분의 판결에 처해져야 했다.

E. 하나님은 교만한 백성에게 주의를 촉구하신다(5:1-7)

Supporting Idea	이스라엘 백성은 죄가 만연하여 더 이상 하나님께 돌아갈 수 없었다.

5:1. 하나님은 제사장들에게 주의를 촉구하신다. 모든 이스라엘 백성은 귀를 기울여야 한다. 왕족인 여로보암 가문과 그 자문단들은 귀를 기울이라는 특별한 초대를 받았다. 의로우신 재판장이신 하나님은 이제 막 이스라엘에게 판결을 내리셨다. 백성들이 유죄 판결을 받은 것이다. 하나님의 공의롭지 못한 백성들은 미스바에서 올무가 되고 다볼 산에서 친 그물이 되었기 때문에 심판이 있을 것이다. 미스바는 요단 강 동편 길르앗에 있는 고대의 예배처로 족장들과 연관된 곳이다(창 31:49). 혹은 호세아가 베냐민 족속의 영토인 미스바를 언급하고 있는 것일 수도 있다(왕상 15:22). 다볼 산은 이스라엘 골짜기 북쪽이자 긴네렛 바다 남서쪽에 있는 높은 산이다(시 89:12).

이곳들은 이스라엘이 전통적으로 하나님을 섬겨온 많은 장소를 가리킨다. 그 모든 곳이 타락했다. 이스라엘이 하나님을 섬기는 일과 바알을 섬기는 일을 결합시킴으로 인해 이스라엘의 모든 예배 처소는 예배자들을 위한 곳이 아니라 죄인들을 위한 악취나는 토굴이 되었다. 이곳에서 있었던 과거의 전통에 대한 매력은 신실한 이스라엘 백성을 그 함정으로 이끌지 못했음이 분명하다.

5:2. 하나님은 자신을 그들의 왕에서 물리치고 반역을 저지른 이스라엘을 패역자(NIV 성경과 표준새번역은 '반역자' 로 번역함 - 역주)로 부르시면서 그들에게 또 하나의 경고를 발하신다. 그들은 비록 경제적으로나 정치적으로 번영을 누렸지만 하나님의 공의를 버렸고, 자기 백성 가운데 거하는 가난한 이들을 살해했다. 그들은 자신이 행한 일을 범죄로 보지 않았고, 어떤 형벌도 예상하지 못했다. 하나님은 그들에게 징책이나 형벌을 부과하시고 죄인처럼 그들에게 족쇄를 채우는 교사가 되실 것이다.

5:3. 이스라엘 백성은 자기가 좋아하는 방식대로 살면서도 발각되지 않고 얼마든지 살 수 있을 것이라고 생각했다. 하나님은 그들에게 하나님의 지식이 얼마나 방대한지를 깨우쳐주셔야 했다. 그분은 그들이 행하고, 말하고, 생각하고 계획한 모든 것을 아신

다. 그 무엇도 그분에게서 벗어날 수 없다. 그 무엇도 그분에게서 숨을 수 없다. 에브라임은 바알 신을 섬기는 다산의 제사 의식 가운데 음행을 저질렀다. 따라서 이스라엘은 더러워지거나 타락하여 더 이상 순수하고 깨끗하지도 않으며, 하나님을 예배하는 거룩한 곳으로 들어갈 자격을 상실했다(대하 23:19).

5:4. 하나님의 거룩한 성소에 들어갈 수 없는 백성은 속죄를 얻을 수 없다. 따라서 그들은 그들의 하나님께 돌아가지 못하였다. '돌아가다(히. 수브, shub)' 란 말은 '회개하다' 를 의미한다. 누가 그렇게 하나님께로부터 멀어질 수 있겠는가? 호세아 4장 12, 18절에 언급된 음란한 마음이 그들의 삶을 지배했다. 그 속에는 문자적으로 '그들 가운데' 이다〔NIV 성경은 '그들의 마음속에(in their heart)' 로 번역함 - 역주〕. 이것은 그들 개인을 가리키기보다는 그들 공동체 전체를 가리킨 것이다. 모든 이스라엘 백성은 참된 예배로 인한 속죄보다는 바알 숭배라는 음란을 선택했다. 따라서 하나님은 그들을 아신다 하더라도(호 5:3) 그들은 여호와를 알지〔혹은 NIV 성경과 현대인의 성경에서처럼 인정하지(acknowledge)〕 못한 것이다(호 6:3).

5:5. 호세아는 계속해서 법정 용어를 사용하여 이스라엘을 증언대에 세운다. 그들은 이런 강력한 추궁에서 벗어날 수 있는 증거를 얼마든지 댈 수 있었다. 호세아는 슬프게도 그렇지 않다고 결론을 내린다. 이스라엘의 증거는 자신의 죄를 입증하는 것이었다. 왜냐하면 그들은 교만했기 때문이다. 그런 교만은 절대 하나님께 잘 보일 수가 없다(암 6:8). 따라서 이스라엘은 넘어질 것이다(호 4:5). 호세아에게 더욱 안타까운 것은 자기 백성인 남왕국(유다) 역시 예외가 아니라는 점이었다. 그들은 이스라엘의 본을 따라 죄와 멸망에 빠져들 것이다. 4장 15절에 나오는 호세아의 간절한 호소는 응답되지 못했다. 하나님의 백성들은 죄 가운데 하나가 되었다. 하나님이 택하신 나라가 하나님이 내리시는 형벌과 멸망의 대상이 된 것이다.

5:6. 이스라엘 백성은 선지자의 말에 귀를 기울이지 않았다. 그들은 자신의 예배 처소에서 벗어날 수 없었다. 그들은 제사에 쓰일 짐승을 이끌고 높은 곳과 전통적인 예배처로 나아가면서 그것들을 하나님께 제물로 드리고, 그분의 축복을 받으며, 자기 죄를 대속받을 것을 기대했다. 이스라엘은 자신들이 여호와를 찾고 있다고 주장했다. 그러나 하나님을 찾는 일에는 회개와 겸손(습 2:3), 순종과 사랑과 공의가 요구된다. 그러고난 후에도, 자기를 찾는 이에게 자기를 나타내실지를 선택하시는 분은 하나님이시다(사

65:1). 그러나 신실하게 여호와를 찾는 이는 그분을 찾을 것이라는 소망을 가질 수 있다(렘 29:13).

제사로 드릴 짐승을 들고 하나님을 찾고 있던 이스라엘 백성은 깜짝 놀라고 만다. 하나님이 진을 떠나신 것이다. 그분은 더 이상 그들의 예배처에 거하지 않으셨다. 거룩하신 하나님은 거룩하지 않은 곳에 거하지 않으시며, 이스라엘은 하나님께 드리는 예배와 바알 제사를 결합시켜 조상들의 하나님, 언약의 여호와, 유일하고 거룩하신 하나님이 거하실 수 없는 죄악된 의식으로 만들어버렸다.

5:7. 이스라엘은 여호와께 정조를 지키지 아니한 것 이상의 일을 저질렀다. 히브리어 '바가드(bagad)'는 '어떤 것을 배신하다' 혹은 '두 마음을 품고 떠나다'의 의미이다(시 78:57). 이스라엘은 기만적이며 분열을 조장하고, 심지어 자신과 하나님 사이의 끈을 잘라내버리는 만행을 저지르기까지 했다. 그들은 자신들을 사랑하시기 때문에 마땅히 사랑해야 할 그분을 배반했다. 겉으로 드러난 그들의 예배는 하나님을 배반하고 다른 신들을 좇는 마음속의 생각을 덮고 있었다. 그들의 배반은 그 과정에서 분명한 증거를 남겼는데 그것이 바로 사생자이다. 그들은 그들의 적자들을 불법적인 예배 가운데 훈련시켰고, 그들을 바알 숭배자로 만들고 말았다. 그러므로 그들은 더 이상 하나님의 상속자가 아니며, 그분의 나라와 그분의 복을 물려받을 자격을 잃었다.

그러므로〔NIV 성경은 '이제(now)'로 번역함 - 역주〕는 하나님의 심판과 판결의 말씀을 도입한다. 새 달이 저희와 그 기업을 함께 삼키리로다. '새 달'은 매달 첫날에 행해진 종교적인 행사를 가리킨다(민 28:11). 자주 있는 이 축제는 바알을 섬기는 풍신제로 변질되었다(사 1:13). 백성들과 제사장들은 그 의식에 참석해서 제물로 드려진 짐승 가운데 자신에게 주어진 몫을 먹어야 했다. 그들은 자기 백성들에게 땅을 주신 하나님의 구원의 행동을 찬양해야 했다. 하나님은 그 축제 자체가 그들이 기업으로 물려받은 그 약속의 땅과 함께 그 백성들을 삼켜버릴 것이라고 선언하셨다.

F. 멸망에 이르는 선전 포고(5:8-15)

Supporting Idea	하나님은 신실치 못한 백성들이 다시 돌아오도록 하시기 위하여 질 것이 확실한 전쟁을 하도록 명하신다.

5:8. 이 구절은 파수꾼에게 전쟁을 알리는 나팔 소리(삿 6:34) 혹은 양의 뿔로 만든 호각 소리를 발하라는 명령과 함께 새로운 단락이 시작된다. 이 신호는 군대에 출동을 대기하게 하고, 백성들의 경각심을 높였다.

기브아는 예루살렘에서 4.5킬로미터 정도 떨어진 베냐민 지파의 중요한 성읍이다. 라마는 예루살렘에서 북쪽으로 8킬로미터 떨어진 곳으로 세겜으로 가는 길에 위치해 있다. 벧아웬은 호세아 4장 15절에서처럼 벧엘을 멸시하여 부르는 말로 사용되었는데, 이곳은 예루살렘에서 북쪽으로 17.5킬로미터 떨어진 곳으로 베냐민 지파 영토의 북쪽 경계선이었다. 이곳은 적들이 예루살렘을 쳐들어올 때 거치는 길목이었다. 그래서 하나님은 이스라엘에게 전쟁을 준비하라고 경고하시고, 사울의 실패로 부끄러움을 당한 베냐민이라는 작은 지파로 하여금 그 길을 **앞장서라고**(lead on, NIV 성경) 부르셨다.

누가 공격해올지에 대해서는 언급이 없다. 보통 북쪽에서 남쪽으로 쳐들어오는 길은 앗수르나 바벨론이 택하는 길이다. 여기서는 남쪽에서 북쪽으로 서술되었는데, 이는 주전 732년 유다를 물리치기 위해 맺었던 이스라엘과 수리아의 동맹군의 실패 이후에 북왕국의 영토를 회복하기 위한 유다 왕 아하스의 공격을 가리키는 것일 수도 있다.

5:9. 전투 명령은 패배할 운명이었다. 하나님은 북왕국에 벌을 내리기로 선언하셨다. 그 벌은 **견책하는 날**, 혹은 처벌과 징계의 날에 임할 것이다. 그 누구도 이의를 제기할 수 없도록 하나님은 그 선언을 최종적으로 확정하셨다. 그 선언은 번복되지 않을 것이다. 하나님은 **이스라엘 지파** 중에 믿을 만한 일과 **반드시 있을 일**(개역개정)이 무엇인지 알게 하셨다.

5:10. 하나님은 **유다 방백들을**, 자기 땅을 넓히고 이웃 사람의 땅을 빼앗기 위해 그들의 **지계표를 옮기는** 자들과 비교하셨다. 성경은 이런 짓을 가증스러운 범죄로 간주한다(신 27:17). 그래서 하나님은 다시 한 번 자기 백성들을 향하여 판결을 내리신다. **내가 나의 진노를 저희에게 물같이 부으리라.** 인간의 범죄는 하나님을 진노케 하시고 죄인들에게 진노의 행동을 가져오게 한다. 하나님은 은혜와 사랑 안에서 죄인들을 구원할 계획을 펼치시지만(롬 10:9-10), 그분의 은혜가 죄에 대한 그분의 심판 자체를 제거하는 것은 아니다.

5:11. 여기서 논조가 바뀐다. 하나님은 북왕국이 **학대를 받았으므로** 그들의 편을 들어주시는 것으로 보인다. 그러나 그들은 '미쉬파트(mishpat)', 곧 '심판, 공의 혹은 하나

님의 명' 으로 말미암아 무너진다. 여기서는 하나님의 언약의 율법이 이스라엘에 시행되어 그들에게 단지 처벌이 내려진 것을 의미할 수도 있다. 그들은 자기들이 가난한 자, 특히 가난한 농부들에게 행사했던 압제를 되돌려받고 있다. 하나님은 그들이 왜 그런 재판의 압제를 받아야 하는지를 설명하신다. 그것은 그들이 헛된 것을 좇기를 좋아하고 그것을 결정했기 때문이다.

5:12. 하나님은 이스라엘과 유다 사이에서 수리아-에브라임의 갈등을 회상하시고 두 당사자를 모두 정죄하시어, 유다는 북왕국의 영토를 취한 것을, 이스라엘은 잘못된 정치 동맹과 잘못된 예배를 꾸짖으셨다. 그래서 하나님은 북왕국과 남왕국 모두에게 대적이 되셨다. 그분은 에브라임에게는 '아쉬(ash)' 같이 되셨다. 이 용어는 썩게 하는 물질을 모두 가리킬 수 있으며, 사람이 썩어들어가 상처 부위에서 고름이 흘러나오는 것을 가리킬 수 있다. 하나님은 유다 족속에게는 '라캅(raqab)' 과 같으실 것이다. 이것은 썩은 것이나 부패되는 것을 가리키는 또 다른 말이다.

다음 절에 나오는 병과 상처는 사람의 몸에 난 감염이나 붉은색으로 썩어들어가는 것처럼 보이는 상처를 가리킬 수 있다. 하나님은 자기 백성을 보호하시는 신실한 언약 수호자가 아니시다. 그분은 부패와 파멸의 시행자, 곧 자기 백성에게 병과 상처를 가져다 주는 분이시다.

5:13. 마지막으로, 하나님의 백성은 자기 모습이 얼마나 형편없는지 분명히 보게 되었다. 그들은 하나님을 찾아야 했지만, 그 길은 닫히고 말았다. 하나님은 그들이 예배드리는 곳에서 돌이키셨다. 그래서 그들은 정치적 '동맹' 을 찾아갔다. 그러나 앗수르가 이스라엘을 고칠 수 없기 때문에 도움은 찾아오지 않았다. 앗수르가 코앞에 닥친 정치적, 군사적인 위험에 원조를 해줄 수는 있을지 몰라도 두 나라를 집어삼키고 있는 죽을 병에서 고칠 수는 없었다. 앗수르는 죄와 불성실을 제거할 치료약을 갖고 있지 못했다.

5:14. 하나님은 자기 백성에 대한 전략을 갖고 계셨다. 그분은 약탈하고, 먹을 것을 찾아 헤매는 굶주린 사자가 되실 것이다. 그분은 에브라임과 유다를 공격하셔서 그 몸뚱이를 갈기갈기 찢으시고(to pieces, NIV 성경, 표준새번역, 쉬운성경) 이 반역한 백성을 벌하고자 하시는 열망을 채우실 것이다. 그분은 시체를 탈취하여 아무도 그들을 찾거나 건져낼 수 없는 곳에 숨기실 것이다. 이것은 두 나라를 포로로 만드시겠다는 은밀한 언급이다.

5:15. 하나님은 땅에 있던 거룩한 자신의 처소가 용납할 수 없는 거짓 예배의 장소로 변했기 때문에 하늘에 있는 하나님의 처소로 돌아가실 것이다. 그곳에서 그분은 자기 백성들이 세상의 '동맹군'과 풍요의 신들로부터 돌이키는 데 충분한 교훈을 배우기까지 대기 상태로 들어가실 것이다. 하나님은 마침내 자기 백성이 그 죄를 뉘우치고 그 대가를 치를 준비가 되었을 때 비로소 그들에게 주목하실 것이다. 또한 그들이 간절히 그분의 얼굴을 구할 때, 즉 그분의 임재 앞에 나아가 그분의 뜻을 알고 그것을 행하기 원할 때, 그들의 부르짖음을 듣고 응답하실 것이다. 그 고난이 충분히 무르익었을 때에야 비로소 하나님의 백성들은 마침내 그분을 찾게 될 것이다. 그러나 그 전에는 심판과 황폐와 재앙을 만나게 될 것이다.

Main Idea 복 습	범죄한 하나님의 백성은 그분을 예배하는 것을 알지도, 찾지도 않는다. 그래서 결국 자신의 죄를 인정하고 그분을 섬기기 위해 돌아오기까지 멸망당하고 그분에게서 멀어지게 된다.

결론

헤아릴 수 없는 하나님

하나님은 자기 백성에게 무엇을 기대하시는지를 분명히 가르치셨다. 우리는 무엇이 옳고 그른지에 대해 무지하지 않다. 그렇지만 하나님이 어떤 분이신지 모를 때가 너무나 많다. 우리는 우리가 가야 할 길에서 벗어나 그분을 무시하고, 그분의 지시하심에 귀를 기울이지도 않고, 그분의 계명에 순종하지도 않는다. 이렇게 살아갈 때 하나님이 어떻게 행하시리라 기대할 수 있겠는가?

■ 진리 알기

- 하나님은 우리가 어떻게 살고 있는지 아신다.
- 하나님은 그분과 함께하는 삶의 기본 법칙을 분명히 밝히셨다.
- 교회에서 어떤 직분을 섬긴다는 사실이 당신을 하나님의 심판으로부터 보호해주지는 않는다.
- 하나님 외에 다른 사람이나 물건을 예배하는 것은 그분의 징계와 심판을 불러일으킨다.
- 불순종하는 사람은 자신의 죄와 거짓된 예배로 말미암아 거룩한 예배처에 나아갈 수 없을 때가 있다.
- 하나님은 당신이 그분을 예배하기로 선택한 그곳에 계시지 않을 수도 있다.

■ 적용하기

- 하나님의 길이 어떤 것인지 배우고 그 길을 걸으라.
- 하나님과의 관계를 세우는 일에 있어 사역자나 교회 예식을 의지하지 말라.
- 무엇이든 당신으로 하여금 하나님께 불순종하게 하거나 하나님보다 다른 것을 우선하게 만드는 것들은 멀리하라.
- 만일 당신이 하나님을 찾지 않고, 그분이 당신 삶의 주인이심을 인정하지 않는다면, 그분의 심판이 있을 것을 기대하라.

삶의 적용

"하나님이 나를 자유롭게 하셨다"

케이 아더(Kay Arthur)는 그녀의 저서 「주님, 전쟁인가요?(Lord, Is It Warfare?)」에서 자신이 오랫동안 더러운 생각과 부도덕한 몽상들과 씨름했다고 고백하고 있다. 그녀는 이렇게 말한다. "나는 침대에 가서 기도하고, 간구하고, 성경이나 훌륭한 교회 인물의 전기를 읽었지만 몽상은 여전히 찾아왔다." 그리고 이어서 이렇게 말한다. "그러던 어느 날, 내가 결코 잊지 못할 그날 하나님은 나를 자유롭게 하셨다."

케이 아더의 이전 상태는 충격적이다. 호세아 역시 충격적인 상황을 기술하고 있다. 이스라엘은 자기들을 지으시고, 땅을 주시고, 한 민족을 이루게 하신 하나님을 인정하지도 않았고, 순종하지도 않았다. 하나님은 그들이 더 이상 자신을 경배하지도 않고, 하나님으로 인정하지도 않고 있음을 발견하셨다.

이제 당신의 이야기를 나눌 차례이다. 당신과 하나님의 관계에서 충격적인 사실은 무엇인가? 당신은 아무도 믿지 못할 어떤 은밀한 죄를 범하고 있는가? 하나님은 당신을 심판하시거나 혹은 당신을 자유롭게 하심으로 당신이 돌아오기를 기다리고 계신다. 당신은 어느 길로 가겠는가?

기도

전지전능하신 하나님 아버지, 당신은 우리가 죄인임을 아십니다. 당신은 우리가 다른 모든 사람들에게, 심지어 당신에게조차 숨기려고 노력하는 죄들을 모두 아십니다. 우리는 바르게 행해야 한다는 것을 알지만, 잘못 행하고 있습니다. 우리를 용서하시고, 우리를 구원하시며, 우리를 자유케 하사 영원토록 당신에게 돌아가게 해주십시오. 아멘.

심층 연구

하나님의 깨어진 계명들(4:2)

'저주'는 하나님의 이름을 사용하여 대적을 비방하거나 하나님의 이름으로 서약하는 것을 가리킨다. 저주는 서약의 조항들이나 상호 간의 계약을 지키지 않는 사람을 비방하는 것이다. 합당한 이유 없이, 혹은 약정의 의무 조항들을 지키려는 의도 없이 저주를 발하면 하나님의 이름이 남용된 것으로 셋째 계명을 어긴 것이 된다(출 20:7).

'사위(詐僞, 속임, 개역개정)'에는 사실을 부인하거나(수 7:11) 누군가를 속이는 일(레 19:11)이 포함된다. 이런 기만 행위는 아홉 번째 계명에서 금지하고 있는(출 20:16) 거짓 증거와 밀접하게 연관되어 있다.

'살인'은 개인에 대한 의도적이며 폭력적인 공격으로 그 사람을 죽음에 이르게 하며 공동체의 안녕에 지대한 영향을 미친다(욥 24:14). 이것은 여섯 번째 계명에서 분명하게 명시하고 있는 것을 위반하는 것이다. 살인(murder, 고살)은 단순히 사람을 죽인 것(manslaughter, 민 35:12-30)이나 적법하게 국가가 제재하는 전쟁과 형벌, 그리고 형의 집행(창 9:6)과는 다른 것이다.

'투절(偸竊, 도둑질, 개역개정)'은 다른 사람의 재물을 취하는 것이다(출 22:1). 이것은 여덟 번째 계명을 위반하는 것이다(신 5:19).

엄밀히 말해서, '간음'은 다른 사람의 아내나 약혼자와 성관계를 가진 남자를 가리키는데(렘 29:23) 음녀에게도 해당된다(잠 30:20). 일곱 번째 계명은 간음을 금한다(출 20:14).

'피가 피를 뒤대임(뒤이음, 개역개정)'은 그 나라에 가득한, 사람의 목숨이 가치가 없다는 사고방식을 가리킨다. 이런 피흘림은 하나님이 자기 백성에게 주신 하나님의 거룩한 땅을 더럽힌다(민 35:33). 이것은 창조 질서를 어기는 것이다(창 9:6).

고안

A. 들어가는 글

1. '잘못된 선택으로 인한 고난' 이야기로 시작하라.
2. 배경 설명: 호세아는 자기 이야기를 들려주는 것에서 하나님의 말씀을 선포하는 것으로 방향을 전환한다. 이 두 내용은 동일한 결과를 가져오는데, 그것은 불순종한 백성은 하나님의 심판에 직면한다는 것이다.
3. 적용: 당신이 죽었을 때 천국에 들어갈 자격의 근거는 무엇인가? 그것은 당신이 전에 단 한 번 가졌던 하나님과의 관계, 그 이후에는 계속해서 그분의 뜻을 따르는 것이 포함되지 않는 그런 관계인가? 당신의 교회와 거기서 일하는 사역자들이 따르고 있는 전통인가? 유서 깊은 예배당에서 거행되는 예배의 참석인가? 정신 차리라! 이런 것들은 당신을 천국에 들어가게 해주는 것이 아니다.

B. 본문 이해

1. 하나님의 언약(4:1-3)
2. 인간의 법체계에 대한 하나님의 심판(4:4-10)
3. 간음한 백성들을 향한 하나님의 제안(4:11-14)
4. 죄로 물든 백성을 위한 하나님의 예방 도구(4:15-19)
5. 하나님은 교만한 백성에게 주의를 촉구하신다(5:1-7)
6. 멸망에 이르는 선전 포고(5:8-15)

C. 결론: '헤아릴 수 없는 하나님' 을 읽어주라.

토의 질문

1. 십계명을 지키는 것과 구원받는 것은 어떤 관계가 있는가?

2. 하나님을 안다는 것은 무엇을 의미하는가?

3. 매주일 동일한 예배 의식을 거행하는 일의 위험성은 무엇인가?

4. 당신 교회의 사역자들을 지나치게 의지하는 일의 위험성은 무엇인가?

호세아 6:1-7:16

하나님의 열심

"나는 고난 가운데 있을 때만큼이나 내가 잘나갈 때에도, 아니 그때는 다른 때보다 더 많이 그리스도가 필요하다는 사실을 깨달았다. 우리는, 그리스도의 도우심은 병실에서나 혹은 어찌할 수 없는 슬픔과 고통 가운데 있을 때에만 필요하다고 생각하는 실수를 한다… 우리는 승리를 거둘 때, 예수님이 우리와 함께 눈물 흘리는 것뿐 아니라 우리와 함께 기뻐하기를 원하신다는 사실을 잊을 수 있다."

- 빌리 그레이엄(Billy Graham)

하나님은 범죄한 자기 백성을 도와주기를 간절히 원하시지만, 그들의 회개의 목소리가 거짓이며, 헌신의 맹세가 아침 이슬처럼 허탄하다는 것을 아시기 때문에 결국에는 그분의 징계를 통하여 아무것도 배우지 못할 민족을 추수해야만 하신다.

들어가는 글

자아를 벗어나 하나님께 돌아가라

대학 졸업 직후 일어난 자동차 사고, 안정된 직장 환경의 붕괴, 보금자리를 떠나는 자녀들을 지켜보는 일, 30년 동안 해로한 배우자의 죽음. 이런 많은 일들은 나를 자아로부터 벗어나 하나님만 철저히 의지하게 만들었다. 그러나 진심으로 그분께 더 가까이 나아가겠다는 결단이 사랑의 관계보다는 '평소처럼' 절반쯤의 헌신과 틀에 박힌 종교로 너무나 신속하게 벗어나고 마는 경우가 많다. 나는 하나님과 이스라엘 간의 역사를 너무도 자주 반복하고 있는 내 자신의 모습을 발견한다. 내가 모세처럼 가르치면서 북왕국의 왕들처럼 행동한다면 하나님께 무엇을 기대할 수 있을까? 회개하라는 하나님의 부르심이 이스라엘보다 내게서 더 깊은 응답을 불러일으켜야 마땅하다. 당신은 어떤가?

본문 이해

하나님의 열심

Main Idea	범죄한 인간은 종종 종교적 행사를 치르고 회개의 말과 도와달라는 간구를 되풀이하면 하나님이 다시 돌아오실 것이라고 기대한다. 그러나 하나님은 곡식을 타작하는 사람처럼 그들을 추수하기 전에 자기 백성들에게 더 많은 것을 요구하신다.

A. 이스라엘식 회개(6:1-3)

Supporting Idea	회개는 종교적인 의식이 아니라 죄에 대한 슬픔, 죄로부터 돌아섬, 그리고 하나님께 돌아감에 초점이 맞추어져야 한다.

6:1. 하나님은 전심으로 자기에게 돌아오는 자들에게 복을 주겠다고 약속하셨다(신 30:9-10). 그런 회개는 우상과 거짓 예배로부터 돌아서서 하나님께 돌아오는 것을 의미했다(삼상 7:3). 회개는 마음의 문제이지 전통적인 애도 의식이 아니다(욜 2:13). 그런데 그런 참된 회개는 이스라엘의 역사 가운데 별로 나타나지 않았다(왕하 23:25). 호세아는 합당한 공동체의 예배 의식을 거행하고 옳은 말을 하지만, 잘못된 것에 주안점을 두고 있는 사람들의 모습을 그리고 있다. 그들은 자신들이 회개 가운데 하나님께 돌아가야 한다는 것을 잘 알고 있었다. 회개를 나타내는 히브리어 '슈브 (shuv)' 는 '돌아가다' 혹은 '뉘우치다' 를 의미한다. 그들은 하나님이 현재 자신들이 처한 절박한 상황의 근원이심을 알았다. 그들은 하나님이 그들의 상처를 낫게 하실 유일한 분이심을 알았다(호 5:12-13).

6:2. 이스라엘은 자신들이 더 이상 하나님 앞에서 살고 있지 않다는 것을 알았다(호 5:6). 그들은 그곳이야말로 자신들이 속한 곳이며 자신들에게 가장 좋은 곳임을 알았다. 그러나 이스라엘은 그 회개와 치유의 과정을 주술적인 종교 의식으로 전락시켰다. 그들이 하나님께로 돌아가겠다는 그들의 결정을 선언했기 때문에 하나님은 그들의 모든 질병과 상처를 치료하셨다. 이틀과 제삼일은 반드시 문자적으로 받아들일 필요는 없지만, 이 표현은 아주 짧은 기간을 강조하고 있다. 이스라엘은 필요한 종교적 행위를 통해서 예전 모습으로 돌아가기를 원했다.

6:3. 그래서 이스라엘은 하나님을 알 준비가 되었다. 즉, 그분과 친밀한 관계를 맺고 그분을 하나님으로 알(인정할, NIV 성경) 준비가 되었다. 하나님을 아는 지식의 결여는 그들이 가진 문제 가운데 하나였다(호 5:4). 히브리어 본문은 이 점을 매우 강조하고 있는데, 문자적으로 옮기면 이렇다. "우리가 알자. 하나님을 알기를 추구하자." 하나님을 아는 것은 '내 백성' 이라 불리는 사람들일지라도 저절로 되는 것이 아니다. 하나님을 아는 것은 하나님의 백성들이 끊임없이 추구해야 하는 것이다.

그러나 이스라엘은 그것을 추구함에 있어 너무 쉽게 남발했다. 하나님이 자신을 찾는 자들에게 나타나심은 내일 해가 떠오르는 것과 농작물에 물을 공급하기 위해 연중 우기에 비가 오는 것처럼 확실한 것이다. 하나님은 은혜로운 분이시다. 하나님은 용서하는 분이시다. 하나님은 자기 백성이 자신을 똑바로 아는 친밀한 관계를 원하시지만, 그것이 사람들이 어떻게 행하든 항상 똑같이 반복되는 자연 법칙으로 전락할 수는 없다. 회개와 하나님을 아는 지식은 하나님에 대한 훨씬 더 깊은 이해와 기대에 달려 있다.

B. 하나님의 딜레마(6:4-11 상)

Supporting Idea	하나님은 자기 백성이 징계를 받는 중에도 깨닫지 못하고 헌신하지 못하는 것을 한탄하시고 그들에게 심판을 내리신다.

6:4. 하나님은 자기 백성과 일방적인 대화를 하시며 그들에게 대답할 기회를 조금도 주지 않으신다. 하나님의 수사법적인 질문은 탄식의 말이며, 자기 백성의 영적 상태를 한탄하신다. 그분은 그 답이 명백한데도 하고 싶지 않은 결정에 직면하신다. 이스라엘의 언약에 대한 충성됨(히. 헤세드, chesed)은 새벽에 일어났다 햇볕에 사라지는 구름처럼, 혹은 새벽에 땅을 적셨다가 해가 나면 사라지는 이슬처럼 쉽게 오고갔다. 이 충성된 사랑은 하나님이 자기 백성과 맺은 결혼 서약(호 2:19)과 그들을 향한 처음의 고발(호 4:1)의 일부였다. 그러나 하나님과의 관계 안에 있는 이스라엘의 삶 가운데서 그 모습은 전혀 찾아볼 수 없는 것이었다. 주님은 이스라엘이 오늘은 구애했다가 내일은 헌신짝처럼 버린 수많은 애인들 가운데 하나였다.

6:5. 그래서 하나님은 재앙을 예언하는 두려운 말인 '알 켄('al ken)', 즉 그러므로를 발하셔야 했다. 그러나 여기서 하나님은 미래의 형벌보다는 과거의 징계를 나열하신다. 하나님은 호세아, 아모스, 이사야, 미가와 같은 선지자들을 사용하셔서 마치 석공이 거대한 바위를 산산조각이 나게(pieces, 표준새번역) 하는 것처럼 자기 백성을 치셨다. 하나님의 입으로부터 직접 나오는 선지자의 말은 자기 백성을 죽이는 형벌의 무기였다.

6:6. 만일 심판과 징계가 그때를 위한 말이라면, 하나님은 자기 백성에게 무엇을 기대하시는 것일까? 하나님은 현재의 사실로 이어지는 과거의 행동을 지칭하는 동사의 형태로 설명하신다. 항상 그랬듯이, 나는 제사가 아니라 언약에 대한 충성(히. 헤세드)

을, 번제가 아니라 깊은 사랑의 관계로 하나님을 아는 것을 원한다. 이것은 최초의 시내 산 언약 이후로 이스라엘을 향한 하나님의 노래이다(출 19-20, 24장, 호 4:1 주석 참고). 하나님을 향한 이스라엘의 충성심은 항상 짧고 의심스러운 것이었다(렘 2:2). 실제로 구약은 하나님을 향한 인간의 충성심을 인정하는 경우가 거의 없다.

인간은 언약에 대한 충성과 순종보다는 예배 의식과 제사를 통하여 하나님과 관계 맺기를 좋아한다. 그러나 하나님은 예배 의식과 제사를 두 번째 순위로 격하시키신다. 이스라엘 백성은 가나안 사람들처럼 행했다. 그들은 가나안 사람들의 풍속을 좇아 정기적인 제사로 신들에게 헌신을 보여주었다.

그래서 게리 스미스(Gary Smith)는 이렇게 말한다. "그들이 성전에서 드린 예배는 주님을 만족시키지 못했는데, 하나님은 그들이 하나님만을 사랑하고, 경외하고, 예배하고, 섬기고, 하나님께만 복종하기를 원하시기 때문이다(신 10:12). 종교 행위만으로는 하나님을 만족시킬 수 없다"(NIV Application, 112). 이스라엘은 죽음을 선포하신 하나님의 말씀과 그들을 징계하기 위해 하나님이 보내신 무자비한 적군의 침입을 겪었다. 이제 그들에게는 교훈을 통해 하나님을 알게 되고, 그분을 사랑과 충성으로 섬길 마지막 기회가 주어졌다. 이 일이 실제로 일어날 수 있는가?

6:7. 아쉽게도 역사는 반복된다. 이스라엘은 언약에 대한 충성심을 보이는 대신 다시 언약을 어겼다. 이것은 구체적 증거가 없는 공허한 비난이 아니다. 하나님은 어디서 그런 반복이 일어났는지 지적하실 수 있다. 아담은 길르앗의 한 성읍으로, 여호수아 3장 16절에서 이스라엘이 요단 강을 건널 때 언급된 바 있다. 그곳에서 어떤 일이 일어났는지 우리는 알지 못한다. 그러나 하나님은 이 사실을 아셨고, 이스라엘도 알았다. 하나님은 한 가지 중대한 범죄를 사용하여 이스라엘이 하나님과 함께하는 삶의 특징이 무엇인지 보여주고, 충성이 아니라 배반이 이스라엘 백성의 영혼의 본성임을 보여주셨다. 언약을 어기는 것은 하나님을 향한 이스라엘의 기본적인 범죄이다(수 7:11).

6:8. 길르앗은 요단 강 동편에 자리잡은 넓은 지역이다. 그곳은 므낫세 지파와 갓 지파가 정착한 곳이다. 호세아 선지자는 그곳이 악을 행하는 자들(욥 3:13)이 거하는 성이라고 시적으로 언급했다. 이 성의 길은 피 발자취가 편만했다. 그런 행위는 하나님께 대한 배반이자 배신이며, 성실하지 못한 행동으로 하나님의 언약을 깨뜨리는 것이다. 그러나 이 모습은 악을 행하는 자들이 얼마나 사악한지를 입증하는 구체적인 실례가

된다.

6:9. 이 구절은 어려운 히브리어로 되어 있다. 분명히 이 문장은 이스라엘의 제사장(비교. 호 4:6-10)들이 저지른 여러 사악(shameful crimes) 가운데서 특히 살인을 지목하여 고소하고 있는 법률 용어를 사용하고 있다. 이 특정한 사건은 요단 강 동편 아담에서 세겜으로 가는 도중에 발생하였다. 제사장들마저 살인을 그치지 않는다면 나머지 백성들에게서 무엇을 기대할 수 있겠는가? 배반은 그들의 본성이다. 언약을 지키는 일은 그들의 삶 가운데서 완전히 사라졌다.

6:10. 그러나 하나님은 '내 백성' 이스라엘에 불리한 증거들을 아직도 많이 갖고 계신다. 그분은 심히 가증한 일(렘 18:13)을 보셨다. 이것은 호세아가 1장 이후로 초점을 맞추고 있는 것과 동일한 것인데, 바로 육체적 단계와 이교 숭배의 영역 모두에서 일어나는 음행 혹은 매춘이다. 그러므로 이스라엘은 더럽혀졌고 하나님을 섬기는 예배가 금지되었다.

6:11 상. 하나님은 간결한 말로 판결문을 선고하신다. 이 선고는 유다에 대한 것이다. 하나님은 그 백성을 추수하려 하신다. 보통의 경우, 추수는 좋은 소식처럼 들릴 것이다. 추수 때는 가뭄이나 적의 침입으로부터 고통을 당하는 사람들이 가장 기대하는 순간이다. 그러나 이 추수의 수확물은 곡식이 아니다. 이 추수는 커다란 낫을 들고 유다 백성에 마지막 심판을 가져오는 저승사자처럼 하나님이 유다 백성에게 행하는 추수이다.

C. 지시받지 않은 살인(6:11 하-7:7)

Supporting Idea	하나님의 백성은 하나님의 권한을 부여받지 않은 채 정의와 정치적 전략을 손수 실천해서는 안 된다.

6:11 하-7:1. 이 단락에서(6:11 하-7:7) 하나님은 언약을 배반한 자기 백성의 동기가 무엇인지 판단하시기 위해 그 백성들이 처한 상황을 재평가하시는 것으로 보인다. 하나님은 먼저 자신의 기본적인 바람을 언급하신다. 그것은 자기 백성의 운명(fortunes, 우리말 성경은 '사로잡힘' 으로 번역함 - 역주)을 돌이키고, 이스라엘을 치료하는 것이다. 하나님은 자기 백성을 돕는 과정에서 중대한 장애물을 발견하신다. 사마리아의 악과 함께 에브라임의 죄를 발견하는 것은 조금도 어려운 일이 아니다. 이제까지 호세아는 제

사장들과 예배 관행 가운데 빚어진 종교적 죄에 초점을 맞추어왔다. 그리고 여기서 처음으로 이스라엘의 수도인 사마리아를 거론한다. 이제 그는 민족 내부에 도사리고 있는 정치적 문제점과 죄악들에 시선을 돌린다.

저희는 궤사를(거짓을, 개역개정) **행하였다.** 여기에 사용된 동사는 출애굽기 20장 16절에 나오는 것이다. 출애굽기에서 사용된 말은 법정에서의 거짓 증언을 가리킨다. 여기서 사람들은 가장 못된 술책을 행하여, 끝까지 지키려는 의도도 없이 약속을 하고 동맹을 맺고 있다.

여기서 명사 **도적질**은 십계명 가운데 팔계명의 '도적질' (출 20:15)과 연관되어 있다. 습격자 혹은 **노상강도**(호 6:9의 '강도 떼')는 **밖으로**(in the street) 공격을(혹은 약탈을) 가한다. 그리고 범죄가 성행하며 정부는 통제력을 상실한다. 이스라엘의 수도는 하나님의 치료의 손길을 받을 가치가 없다.

7:2. 이스라엘은 마치 정치인들이 자신들이 한 약속을 이행하지 않는 것처럼 하나님 역시 **자신들의 여러 악을 기억하고** 보응하지 않으실 것이라 생각하고 하나님을 상대로 술수를 부린다. 어떻게 하나님이 그것을 잊으시겠는가? 증거가 그분 앞에 분명히 놓여 있다.

7:3. 그들의 정략적인 약속과 속임수는 왕가에 기쁨을 채워준다. **왕**과 **방백들**은 역사적 순간이 좋은 소식의 증거를 제공해주지 않는다 해도 좋은 소식을 듣기 원한다.

7:4. 저희는 다 간음하는 자라(출 20:14). 정치 분야에서 이것은 성전 창기를 넘어 모든 정치적 기만을 포함한다. 그 누구도 정치적 동반자를 신뢰할 수는 없다. 간음은 **달궈진** 욕정을 먹고 자란다. 정치도 마찬가지다. 그런 불타는 열기는 빵을 굽는 사람의 화덕에서 매일같이 찾아볼 수 있다. 그 화덕은 너무 뜨겁기 때문에 빵 굽는 사람이 불을 오래 지펴서는 안 된다. 정치인들도 마찬가지이다. 그 화덕도 너무 달구어져서 그들의 간음이 오랫동안 지속될 것이 확실하다.

7:5. 이제 초점은 **우리 왕의 날**이라는 일반적인 날로 옮겨진다. 히브리어 본문 가운데 그 어떤 부분도 이 날을 **축제의** 날로 만들지 않는다. 그날은 단순히 왕의 일과, 노동이 포함되지 않은 틀에 박힌 일정일 뿐이다. 불의 모습은 잠시 동안 다른 방향을 향한다. 욕정의 열기는 주정뱅이의 열기로 변한다. 나라의 방백들이나 왕자들, 혹은 고위 관원들은 임무를 저버렸다. **포도주**를 마시는 것은 그들을 아프게 만들고, 그들의 붉은 얼굴

은 열기로 달아오른다. 그들은 너무 많이 마셔서 자기를 조롱하는 이들과 조약을 맺거나 인사하기 위해 손을 내민다.

7:6. 이 구절의 번역과 주석들을 간략히 비교해보면 본문과 번역, 그리고 해석과 관련된 다양한 관점이 존재함을 알 수 있다. 여기에 달궈진 화덕이라는 그림이 나오는데, 그것은 문맥상 예상할 수 있는 것이지만, 구문론적으로 볼 때 반드시 나와야 하는 것은 아니다. 그럼에도 불구하고 현재의 본문은 포괄적인 변화 없이도 충분히 설명될 수 있다. 이스라엘의 지도자들은 단 한 가지 이유로 자기를 조롱하는 이들에게 손을 내미는데, 그것은 이스라엘 지도자들이 자기가 숨어 있는 곳에 그들이 가까이 오는 것을 허락하기 때문이다(렘 9:8). 그들은 **그 마음이 화덕 위에** 올려져 있을 때에만 그렇게 한다. 포도주가 그들의 마음을 심히 혼미케 하였기에 그들은 비이성적인 행동을 시작한다.

그리고 본문은 일상의 행동으로부터 밤의 정적으로 초점을 바꾼다. 밤은 다음날 구울 빵을 준비하는 시간이어서 빵 굽는 사람은 **밤새도록** 잠을 잔다(NIV 성경에서처럼 **그들의 욕망이 타오르다**가 아니라).

그리고 신속하게 아침이 된다. 밤새 잠을 잔 빵 굽는 사람은 타오르는 불처럼 강렬한 상태에서 잠을 깬다. 그 역시 낮 시간의 잔치를 즐기는 사람과 합류하여 그들이 뜨거운 열과 숙취에 시달리는 것처럼 고통을 받는다.

7:7. 그래서 호세아는 이렇게 결론을 내린다. **저희가 다 화덕같이 뜨거워져서.** 여기서 열기는 잔치와 음주의 결과물에서 벗어나 왕을 향한 분노로 변한다. 왜냐하면 그들, 즉 방백들과 비웃는 자들과 빵 굽는 사람들이 모두 함께 모여 **그 재판장들을 삼키며 그 왕들을 다 엎드러지게** 하기 때문이다. 이것은 정치적인 공격과 암살로 인하여 권좌가 한 왕가에서 다른 왕가로 연속해서 교체되었던 북왕국의 마지막 일 년에 대한 역사적인 회상이다.

어떻게 하나님의 백성이 그런 지경에 이르게 되었을까? 호세아는 얼른 이렇게 대답한다. **저희 중에는 내게 부르짖는 자가 하나도 없도다.** 이스라엘은 사사들이 다스리던 음모, 죄악, 거짓 종교의 시대에도 고난을 당할 때는 하나님께 도와달라고 부르짖었다. 그러나 이 세대는 그 세대보다 더 악했다. 그들은 여호와가 치료하시기 위해 바로 곁에 서 계시는 순간에도 그들을 도와줄 유일한 분을 무시했다.

이것은 하나님의 탄식이다. 그분의 백성은 잔치를 벌이느라 너무 바빠서 그분을 잊었다. 그러니 그분이 어떻게 그들의 처지를 회복시키고 그들의 상처를 고치실 수 있겠는가? 그리고 이제 이스라엘과 유다 백성을 향한 추수 때가 다가오고 있다.

D. 에브라임의 커밍 아웃(7:8-16)

Supporting Idea	하나님이 아닌 다른 누구에게 도움을 청하는 것은 어리석은 짓이며 멸망을 가져온다.

7:8. 하나님은 계속해서 이스라엘의 어리석은 행위를 탄식하신다. 하나님의 탄식은 성취되지 못한 하나님의 바람을 간략히 언급하지만, 주로 범죄한 하나님의 백성이 처한 곤경에 대한 슬픔에 중점을 두고 있다. 빵 굽는 이는 더 많은 수사법을 사용하지만, 이 수사법은 호세아 7장 1-7절의 것들과 분리되어 있다. 이 경우의 묘사는 빵 굽는 이가 빵을 굽기 전에 그 내용물을 섞어 혼합하는 초기의 준비 단계에 초점이 맞추어져 있다. 이스라엘은 완전히 혼합되었다. 마치 빵 굽는 이가 만든 반죽처럼 이스라엘은 그 정체성을 상실하여 열방 곧 그 거룩한 땅 안에서 그들과 함께 살고 있거나 주변 나라에서 함께 살고 있는 이웃들과 전격적으로 통합되었다.

에브라임은 여기서 전병으로 불린다. 이것은 대부분의 근동 지방의 식사에서 주식으로 삼는 화덕에 구운 납작한 빵을 가리킨다. 그런데 이 전병은 뒤집지 않은 상태였다. 전통적으로 이 말은 빵을 구울 때 한쪽은 너무 타고, 다른 쪽은 익지 않은 상태가 되지 않도록 반대편으로 뒤집어야 하는 모습을 가리키는 것으로 설명되어왔다. 이 말은, 한 면은 너무 완고해 하나님이 들어가실 수 없지만, 반대편은 너무 유약하여 열방에 이용을 당하고 있는 한 민족을 가리킬 수도 있다. 최근에 와서 학자들은 그런 얇은 빵이 뒤집을 필요가 있는지 의구심을 갖고 빵을 굽기 전에 밀가루를 반죽하고 얇게 펴는 과정을 조사해보았다. 이것은 호세아 7장 1-7절에 그려진 게으름과 무책임에 대한 표현이 계속되고 있는 것으로 볼 수 있다. 어느 경우든 이스라엘의 정체성은 더 이상 그들과 하나님의 관계를 기준으로 규정되지 않았다. 이제 그것은 이방 나라와 이방 신들과 얼마나 교제하고 정치적으로 가까운가를 기준으로 결정되었다.

7:9. 열방은 이스라엘의 힘을 집어삼켰다. 이스라엘은 나이가 많아 백발이 얼룩얼룩해졌다. 이스라엘 백성은 너무 뒤섞이고 혼합되어 자신이 누구인지를 알지 못했다. 그들

은 자신들이 잔치를 베푼 나라로부터 존중받는 잔치 손님이라고 생각했다. 그들은 자신들을 여전히 즐길 것만 남아 있는 청년으로 여겼다. 그러나 그들은 산 채로 잡아먹힌 노인이며, '제사장 나라요 거룩한 백성' (출 19:6)으로서 하나님을 섬기는 대신 잔치만 즐기는 가운데 그 모든 힘과 활기를 잃어버렸다.

7:10. 그런 어리석은 행동은 한 낱말로 표현되어 마땅한데 바로 **교만** 혹은 자만심이다(호 5:5 주석 참고). 하나님은 또 다른 증인을 법정에 세울 필요가 없으시다. 이스라엘의 모습 그 자체가 명백한 증거이다. 그럼에도 불구하고 그들은 하나님이 요구하시는 기본적인 것, 곧 **여호와께 돌아오는 것**(호 6:1 주석 참고)과 **그분을 찾는 것**(호 2:7, 3:5, 5:6, 15 참고)을 거부한다. 하나님은 그런 행동과 그것이 가져오는 멸망에 탄식하신다. 이스라엘은 계속해서 방탕한 삶만 살아간다.

7:11. 이제 비유의 상징이 새로 바뀐다. 이스라엘은 어리석은 **비둘기**이다. 애굽과 앗수르는 자기 자루를 가득 채우려는 비둘기 사냥꾼이다. 비둘기 이스라엘은 그 보금자리에 앉아서 애굽의 무기가 자기를 사로잡아 멸망시킬 준비가 되었음을 알지 못하고 그들을 불러 함께 즐기자고 말한다. 그리고 앗수르가 오는 것을 보고는 자기 적군을 맞이하기 위해 어기적거리며 둥지를 벗어난다. 죽음의 위험에 처한 민족이 그 위험을 감지하지 못하는 것이다.

7:12. 여기서 또 다른 사냥꾼이 사냥에 끼어든다. 하나님은 자신의 새 **그물**을 던질 준비를 하신다. 그분은 새를 잡는 여느 사냥꾼들이 그러하듯이 그들을 잡아 **떨어뜨릴** 것이다. 이스라엘은 그들이 누구인지 혹은 세상에 어떤 일이 일어나고 있는지 전혀 알지 못한다. 그러나 하나님은 모든 것을 알고 계시며, 자신이 하는 일에 목적을 갖고 계신다. 많은 주석가와 해석가들은 NIV 성경을 포함해서 12절 하반절에서 히브리어 원문을 변경하거나 분명한 해석을 찾기 위해 노력한다. 원문을 똑바로 읽는 것이 더욱 선호된다. "그들의 모임에 대해 보고서가 오는 즉시 내가 그들을 징계할 것이다."

그 집회는 어떻게 하면 앗수르와 애굽에게 환심을 살 수 있을지 알아보려는 이스라엘 정치 지도자들의 모임일 것이다. 보고서는 하나님이 그들에게 내리는 징계를 선언하는 것이나, 혹은 앗수르나 애굽이 어떻게 공격하고 정복했는지를 보여주는 전쟁 보고서일 수도 있다. 하나님은 어떤 수단을 통해서든 어리석고, 쉽게 속고, 잔치만 좋아하는 그 백성들을 벌할 기회로 삼으실 것이다.

7:13. 하나님의 입에서 나온 화 있을진저가 이 문단 전체의 분위기를 결정하고 있다. 이 감탄사는 낙심됨을 표현하는데, 그 낙심은 종종 임박한 재앙과 관련되어 있다(호 9:12). 하나님은 실망하셨고, 자기 백성 이스라엘이 보여주는 것에 상처를 입으셨다. 저희가 나를 떠나 그릇갔음이니라… 저희가 내게 범죄하였음이니라. 하나님은 하시고자 하는 일을 모두 행하셨다. 그분은 자기 백성을 똑바로 향하고 계신다. 내가 저희를 구속하려 하나. 그러나 구원은 사람들에게 회개하고 하나님께 돌아오기를, 하나님에 대한 지식과 관계를 새롭게 할 것을 요구한다. 그들은 여호와께 돌아오는 대신 더 멀리멀리 그릇 갔다. 이 동사는 '빨리 지나가다' 혹은 '피하다'의 어조를 띠고 있으므로 이스라엘은 의도적으로 하나님께로부터 벗어나 그분의 임재로부터 피하거나 벗어나기 위해 헤매고 다닌 것이다.

하나님의 백성은 구원을 바라고 있다는 표시를 전혀 하지 않는다. 그들은 하나님을 거스려 거짓을 말할 정도까지 멀리 벗어났다. 그들이 여호와께 예배하러 갈 때 한 말과 바알을 섬기러 갈 때 한 말은 전혀 달랐다. 그들은 예배 가운데 언약을 성실히 지키겠다고 다짐했지만, 일단 하나님을 섬기는 곳을 떠나면 모든 계명과 모든 언약의 요구를 어겼다. 결국 그들은 바알의 예배처만 방문하면서도 바알과 여호와 모두를 예배할 수 있다고 주장하였다. 그들은 하나님이 전에 그러셨던 것처럼 자신들을 대적들로부터 구원해주실 것을 믿는다고 주장하지만, 곧바로 자신의 가장 큰 대적인 애굽과 앗수르로 달려가 가장 작은 이웃의 대적들과의 싸움에서 도움을 요청한다.

7:14. 이스라엘은 위급할 때, 특히 사사시대 때는(삿 10:10) 하나님께 도와달라고 부르짖었다. 그러나 지금은 침상에서 슬피 부르짖는 쪽을 선택했다. '슬피 부르짖기'는 탄식과 애도를 가리키는 말이다. 그것은 잠을 잊은 채 자신의 운명에 눈물을 흘리며 구원을 바라는 백성들의 소리였다. 그러나 이스라엘 백성의 귀에는 전혀 다른 의미로 들렸다. 침상은 바알을 숭배하는 가나안 족속의 제사 의식의 일부였다. 듀앤 가렛은 다음과 같이 바른 지적을 하고 있다. "이 행은 다산 의식의 한 부분으로, 죽은 바알을 위해 슬피 우는 의식을 가리킨다. 이 의식의 상세한 부분은 상실되었지만, 신전 안에서의 매춘과 의식적인 애도를 분명히 포함하고 있다"(NAC, 19A, 174).

이 구절의 두 번째 부분은 본문과 관련된 질문을 제기하고 있다. 더욱 전통적인 해석은 모이다 혹은 '소집하다'로 해석하지만, 최근의 연구를 따르는 몇몇 학자들은 '더럽히다', 혹은 '떼로 모이다'의 해석을 취한다. 70인역 헬라어와 상당수의 히브리어 사본은 '스스로 칼로 베다'로 읽힌다. 원문의 의미가 무엇이든, 밭과 포도원의 풍년을 기원하는 의식에 포함된 바알 숭배와 관련이 있다. 이스라엘 백성들은 그런 제사에 참여하기 위해 하나님으로부터 등을 돌렸다.

7:15. 히브리 구문은 강력한 대비를 보여주고 있다. 하나님이 내가 저희 팔을 연습시켜 강건케 하였으나라고 선포하셨다. 여호와는 자기 백성들의 과거를 아셨다. 그분이 그들을 애굽에서 건져내고, 홍해를 건너고, 광야를 지나게 하시기까지 그들은 백성이 아니었다. 그들이 알게 된 모든 것은 하나님께로부터 온 것이다. 그러나 그들은 그것을 망각했다. 그리고 도망하고, 반역하고, 기만했다. 이 현상은 더욱 악화되어 내게 대하여 악을 꾀하기에 이르렀다. 이 부분은 또다시 강력한 대비 구절을 형성한다. 하나님과 이스라엘의 관계는 단순히 망각하고 도망하는 정도를 훨씬 벗어난 것이다. 그것은 하나님을 패배시키고 바알을 승리하게 하기를 꾀하는 노골적인 반역이자 악이다.

7:16. 하나님은 자기 백성을 향하여 탄식의 결론을 내리신다. 히브리 본문의 첫 행은 이렇게 읽힌다. "그들은 높은 곳으로 돌아오지 않는다." 몇몇 주석가들과 번역가들은 (1) '돌다(turn)'란 말이 '도움을 청하기 위해 무언가에게 돌아가다' 혹은 '예전에 받았던 도움의 근원으로 돌아가다'를 의미하는지의 여부, (2) '높은 곳(height)'이라는 말이 '위쪽으로', '위에' 혹은 '지존하신 하나님'을 의미하는지의 여부, 그리고 (3) '높은 곳'을 가리키는 말이 바알이나 우상들을 가리킬 수 있는 '가치 없는' 혹은 '이익이 없는'으로 바뀌어야 하는지의 여부에 근거하여 본문에 대한 다양한 해석을 얻을 수 있도록 해석하거나 변화시킨다.

여기서 10절이 하나의 단서가 될 수 있다. 이 구절에서 '돌다, 되돌아가다, 회개하다'를 의미하는 동일한 히브리어 '슈브(shub)'는 교만한 백성에 대한 하나님의 기대를 묘사하고 있다. 여기서 하나님은 이 동사를 반복하시고 그것을 통해 언어 유희를 하심으로써 이 부분의 결론을 내리신다. 이스라엘 백성은 돌아오지만, 회개하지 않는다. 그들은 돌아오지만, 올바른 방향으로 돌아오지 않는다. 그들은 잘못된 숭배와 교만한 행동으로 되돌아간다. 그들은 높으신 자(the Most High)를 향해서가 아니라 단지 높은 곳으로 돌아갔다.

따라서 그들은 마치 자신의 행동과 태도가 필연적으로 가져올 전쟁에 대한 준비가 되지 않은 활과 같다. 그들은 하나님의 은혜를 마주보는 대신 자기 자신이 발한 저주의 결과에 직면했다. 그들은 매년 있는 유월절 절기에 애굽으로부터의 구원을 기념하는 대신 출애굽의 경로를 반대 방향으로 잡음으로써 애굽의 조롱과 비웃음의 대상이 되었다. 하나님의 백성은 그분이 바라시는 것을 만족시키지 못함으로써 이전 단계, 즉 애굽의 종살이로 되돌아가게 될 것이다.

Main Idea 복습	범죄한 인간은 종종 종교적 행사를 치르고 회개의 말과 도와달라는 간구를 되풀이하면 하나님이 다시 돌아오실 것이라고 기대한다. 그러나 하나님은 곡식을 타작하는 사람처럼 그들을 추수하기 전에 자기 백성들에게 더 많은 것을 요구하신다.

결론

"아이를 잃어버린 적이 있나요?"

"아이를 잃어버린 적이 있나요?" 라비 재커라이어스(Rabi Zacharias)는 그의 저서 「마음의 부르짖음(Cries of the Heart)」에서 한 표구상 주인이 물어본 이 충격적인 질문이 어떤 식으로 자기 아내가 가던 길을 멈추게 했는지 들려준다. 그에 의하면, 그의 아내는 '처음 보는 그 가게 여주인으로부터 쏟아져나오는 감정과 분노의 격류를 감당할 준비가 되어 있지 않았다. 그녀는 자신의 아픔을 조금도 감추지 않았고, 이런 비극의 책임을 누구에게 돌려야 할지 조금도 주저함이 없었다.' 그녀를 위해 기도하겠다는 약속에 이런 퉁명스러운 대답이 돌아왔다. "신경 쓰지 마세요" (pp. xi, xii).

그 여인은 하나님께 돌아가기를 거부했고, 심지어 재커라이어스 부인이 자기를 대신해서 기도하는 것조차도 거절했다. 호세아는 이스라엘 백성이 진심으로 하나님께 돌아오지 않았을 때 하나님이 느끼신 깊은 감정을 보여주고 있다. 이스라엘은 자신들이 찾을 수 있는 모든 신들을 위해 규정된 시간에 규정된 동작을 수행하는 종교라는 게임을 즐기려 했다. 하나님은 거듭해서 선지자 호세아를 통해 자신이 이스라엘을 얼마나 사랑하며 그들이 신실함 가운데 자신에게 돌아오기를 얼마나 원하시는지를 보여주려 하셨다. 하나님의 거듭된 징계도 그 상황을 변화시키지 못했다. 하나님은 병든 자기 백성을 치료하려 하셨으나, 그들은 회복되기를 거부했다. 그들은 자신의 병든 습관으로 돌아가고 하나님의 경고를 무시했다.

이스라엘의 종교적 질병이 정치적 불안까지 가져와 그 민족은 그들의 참된 도움의 근원이 되시는 분을 부르기만 하면 얼마든지 승리를 얻을 수 있음에도 불구하고 한 이방 권력자와 이어서 다른 이방 권력을 찾아가 도움을 청하였다. 따라서 하나님이 원하시는 것을 만족시키기를 거부한 백성에 대한 최후의 말은 군사적 패배와 역사의 되풀이, 그리고 종살이었다.

▣ 진리 알기

- 틀에 박힌 종교 생활은 하나님의 기준에 이르지 못한다.
- 부흥과 회복은 회개 없이 오지 않는다.
- 사랑은 변함이 없어야지 편의에 따라서는 안 된다.
- 신실한 예배와 이웃을 사랑하는 행동은 하나님의 요구를 만족시킨다.
- 하나님이 처벌을 늦추실 수는 있지만, 벌을 받아 마땅한 행동을 잊지는 않으신다.
- 잘못된 종교적인 믿음과 관습은 잘못된 사회적, 정치적 행동으로 이어진다.
- 개인의 교만은 불신앙을 부채질한다.

▣ 적용하기

- 당신이 예배하는 동기가 무엇인지 점검하라. 습관인가, 충심인가?
- 하나님의 징계에 대한 당신의 응답이 어떠했는지를 돌이켜보라. 분노했는가, 순종했는가?
- 당신의 윤리적 행동을 살펴보라. 이웃에게 자비를 베풀었는가 아니면 자기 욕심을 채웠는가?
- 당신의 행동의 근거는 무엇인지 점검하라. 정치적 방편인가, 하나님에 대한 사랑인가?
- 당신의 인생의 방향은 어디를 향하고 있는가? 인간의 수준으로 내려가는가, 하나님의 요구를 향해 올라가고 있는가?

삶의 적용

사랑하는 이의 말을 들으라

"여보, 당신 자신을 너무 몰아세우지 마세요." 1991년 US 오픈 골프 대회 전날 밤에 페인 스튜어트(Payne Stewart)의 아내 트레이시(Tracey)는 남편에게 이런 격려의 말을 전했다. 페인은 목 부상으로 인해 1991년 시즌이 순조롭게 시작되지 못하는 어려움 가운데 실망하고 있었으며, 자신의 점수 합계가 미국 대표 팀과 유럽 대표 팀이 겨루는 1991년도 라이더 컵(Ryder Cup)에 참가하는 데 필요한 점수가 되지 못할까봐 안절부절 못하고 있었다.

> 당신은 이미 두 차례나 라이더 컵에 참가했어요. 대부분의 선수들의 두 배나 되는 거죠. 만일 당신이 올해 실패하더라도 부끄러운 일이 아니에요. 당신은 잘하기 위해 자신을 너무 몰아세우고 있어요. 그래서 그 자리에 이르게 되면 결국 당신이 원하는 방식대로 하는 것이 아니고, 단지 스스로를 비참하게 만들 뿐이에요. 내가 당신을 사랑하고, 우리 아이들도 당신을 사랑해요. 어떤 결과가 있더라도 말이에요. 당신은 더 이상 우리에게 무언가를 보여줄 필요가 없어요.

이 위로의 말은 전 프로 골프 스타인 페인 스튜어트가 중압감에서 벗어나 긴장을 풀고 자기 비판을 멈추는 데 큰 도움이 되었다(「Payne Stewart」, 149-150). 그는 경기 과정이나 상대 선수들로부터 오는 중압감에 초점을 맞추는 대신 골프를 사랑하는 마음으로 경기를 펼쳤다.

이스라엘은 이 교훈을 배우지 못했다. 그들은 모든 종교적 기반을 점검하고, 모든 종교적 규율을 지키고 있는지 확인하고, 그들의 안전을 보장해줄 모든 정치적 동맹을 맺고 있는지 확인하기 위하여 계속해서 자기 자신을 압박했다. 그들은 삶의 물질적인 부분에 초점을 맞추었다. 그리고 하나님의 사랑을 의지하는 가운데 편안함을 누리는 일은 전혀 하지 못했다. 그들은 그들을 사랑하는 사람의 욕구를 채워주는 일은 하지 않고 오히려 그들을 위협하는 사람들의 욕구를 채워주었다. 그 결과 하나님은 그들을 패배와 멸망의 길로 인도하심으로써 그들이 하나님께 돌아올 수 있게 하셨다.

이런 이스라엘의 모습은 오늘날 우리 가운데서도 찾아볼 수 있다. 우리는 언제나 하나님의 기준, 즉 그분의 자비와 신실하심, 그리고 하나님을 더욱 알게 되는 그분과의 인격적인 관계를 갖게 될까? 우리는 세상의 현란한 기준이 아니라 그분의 소원이 우리에게 가장 좋은 것임을 과연 알게 될까?

기도

하나님 아버지, 당신은 우리의 삶 가운데 무엇을 원하시는지 보여주고 계십니다. 우리는 당신의 소원을 우리 삶의 목표로 끌어올립니다. 우리가 날마다 당신을 더 많이 알아가도록 도와주십시오. 아멘.

심층 연구

'아담'의 의미(6:7)

히브리어 '아담('adam)'은 '사람', 첫 번째 사람 '아담', '아담' 성읍, 혹은 '흙'을 각각 의미할 수 있다. 더글러스 스튜어트(Douglas Stuart)는 히브리어 아담을 '흙'의 의미로 취하여 이 구절을 이렇게 번역한다. "그러나 보라, 그들은 나의 언약이 마치 흙이라도 되는 것처럼 짓밟았다"(WBC 31, 98). NIV 성경은 아담을 첫 번째 사람인 아담으로 해석하고 있다. 프란시스 앤더슨(Francis Andersen)과 데이비드 노엘 프리드만(David Noel Freedman)은 7-9절의 설명이 모두 하나의 사건을 언급하고 있다고 주장한다. "한 시간과 장소에서 한 무리의 사람들에 의해 일어난 유례없는 사악한 하나의 행동… 제사장 무리에 의하여 아담(성읍)에서 혹은 그 근처에서 행해진 살인, 그 희생자는(혹은 희생자들은) 세겜으로 향하고 있다"(AB 24, 435-436). 아담은 또한 숙곳과 세겜 사이에 있는 길에 있는(호 6:9) 길르앗의 한 마을이다(호 6:8).

듀앤 가렛은 한 걸음 더 나아가 하나의 언어 유희로 보고, 아담은 첫 사람과 성읍 모두를 가리킨다고 말한다. "아담(사람)과 마찬가지로 그들은 언약을 어겼다. 그들은 그곳(아담 성읍 안)에서 내게 신실함을 잃었다"(NAC, 19A, 162-163). 이 주장은 호소력이 있지만, 독자들에게 지나치게 많은 것을 요구한다는 점에서 그 가능성이 적다.

교안

A. 들어가는 글

1. '자아를 벗어나 하나님께 돌아가라' 이야기로 시작하라.
2. 배경 설명: 호세아 6장과 7장은 이스라엘과 하나님 사이의 대화를 반영하고 있다. 이스라엘은 하나님의 자동적인 축복을 기대하는 가운데 그들의 종교 의식을 개정하기로 결심했다. 하나님은 이런 백성들과 함께 무엇을 할 수 있겠는가 하는 심정으로 절망 가운데 두 손을 번쩍 드셨다. 그래서 하나님이 자신들에게 무엇을 원하시는가에 대한 이 백성의 이해와 그들을 향한 하나님의 진정한 소원을 깨닫게 하시려는 하나님의 시도 사이에 충돌이 빚어진다.
3. 적용 : 이스라엘은 이웃 백성인 가나안 백성의 생활 방식과 당시 떠오르는 군사 대국인 애굽과 앗수르에 거는 정치적 기대 가운데 편안하게 살기를 원했다. 하나님은 이스라엘이 하나님과의 언약을 심각하게 받아들기 원하셨다. 그 언약은 하나님과 이스라엘 백성의 사랑의 관계가 더욱 성장하고, 이웃을 향한 자비와 윤리적인 생활 방식을 따르고, 이웃 나라의 종교와 정치로부터 분리될 것을 요구하고 있다.

B. 본문 이해

1. 이스라엘식 회개(6:1-3)
2. 하나님의 딜레마(6:4-11 상)
3. 지시받지 않은 살인(6:11 하-7:7)
4. 에브라임의 커밍 아웃(7:8-16)

C. 결론: '아이를 잃어버린 적이 있나요?' 를 읽어주라.

토의 질문

1. 하나님께 돌아간다는 것은 무엇을 의미하는가?

2. 당신은 하나님이 당신에게 벌을 내리신다는 것을 어떻게 아는가? 그때의 올바른 반응은 무엇인가?

3. 당신의 삶을 향한 하나님의 가장 큰 소원은 무엇인가?

4. 하나님이 당신과 그분과의 관계를 가로막는 가장 큰 장애물로 여기는 죄악은 무엇인가?

5. 당신은 하나님의 구속을 경험했다고 확신하는가? 그 이유는 무엇인가?

호세아 8:1-10:15

더 이상 사랑하지 않는 주님

"그는 자수성가한 사람으로 자신의 창조주를 섬긴다."

- 존 브라이트(John Bright)

하나님과 이스라엘의 연애는 끝이 났다. 파수꾼의 경종이 울리고 있다. 하나님께 충성한다고 주장하면서도 하나님과의 언약을 깨뜨린 이들을 벌하기 위해 적군이 다가오고 있다. 그들의 정치적 술수와 우상 숭배는 그들의 주장이 엉터리임을 보여준다. 하나님의 율법에 대한 그들의 계속적인 무시와 아무 쓸데없는 제물은 그들에게 불리한 증거를 더 많이 제공하고 있다. 이스라엘이, 하나님이 보내신 선지자의 소리에 귀를 기울이기를 거부한 것은 그들에게 불리한 증거로 차곡차곡 쌓이고 있다. 하나님이 자기 백성에 대해 갖고 계신 유일한 해결책은 유배였다. 그들의 계속된 행동과 태도는 그런 벌을 받아 마땅하다.

들어가는 글

눈멀고 부끄러움당함

마크 로우리(Mark Lowry)는 크리스천 가수이자 코미디언이다. 그는 그의 저서 「통제를 벗어나(Out of Control)」에서 한 교회 캠프에서 배운 교훈을 들려준다. 그는 큰 즐거움을 선사하고, 또한 훌륭한 성품을 가진 한 어린 소녀에게 푹 빠져버렸다. 그녀는 또한 마크가 만난 사람들 가운데 최초의 시각장애인이었다. 캠프 마지막 날 밤에 그 소녀는 예배를 위해 노래를 부르도록 권유받았고, 마크에게 자기를 단상 위로 이끌어달라고 요청했다. 그는 그녀를 단상으로 인도하다가 마이크 스탠드에 정면으로 부딪히게 되었다. 그러자 그 소리가 예배당 안에 울려 퍼졌다. 이윽고 마이크 앞에 선 그녀는 이렇게 말했다. "에, 마크는 아직 맹도견 자격증을 받지 못했거든요." 그러자 5백 명의 아이들이 "오 마크!" 하면서 안타깝다는 소리를 냈다. 유일하게 마크만 웃지 않았다. 그는 그녀가 노래하는 동안 그녀의 이마에 퍼렇게 튀어나온 혹만을 바라보았다.

이스라엘은 전 역사 가운데 그 소녀처럼 눈이 멀었고, 마크 로우리보다 더 창피함을 당했다. 이스라엘은 처음 애굽에서 나와 광야에 들어설 때부터 호세아의 예언의 경고를 들을 때까지 수많은 죄악으로 물든 수치스러운 행동으로 비틀거렸다. 그들은 하나님의 예배처 안에 걸어들어가 바알을 섬겼다. 그들은 하나님의 법을 배우고는 가나안 사람들처럼 살면서 거짓 신을 섬기는 그들의 음란한 예배 의식을 따랐다. 하나님은 그런 불손하고 불순종하는 백성에게 심판을 선포하셨다. 하나님은 이스라엘로 하여금 이런 질문을 던지게 만드셨다. 우리는 우리의 이웃을 믿는 것보다 하나님을 더 믿는가? 사랑의 하나님은 더 이상 우리를 참아주지 않으실 것인가? 우리는 언제나 우리의 소경된 눈이 아니라 하나님의 눈으로 삶을 보고 스스로를 부끄럽게 만드는 일을 멈추게 될까?

본문 이해

더 이상 사랑하지 않는 주님

Main Idea	자기 백성을 향한 하나님의 사랑은 그들로 하여금 무엇이든 자기가 원하는 대로 할 때는 하나님이 심판으로 보응하신다는 것을 예상하지 않을 수 없게 만든다.

A. 언약 파괴자들에게 나팔을 불다(8:1-14)

Supporting Idea	하나님은 하나님 자신의 언약을 어기고 다른 신들을 섬기는 백성에게 내릴 재앙을 준비하고 계신다.

8:1. 호세아는 파수꾼으로 하여금 군대와 백성에게 대적의 침입을 알리기 위해 나팔을 불라고 명함으로써 독자들을 주목시켰다. 선지자는 파수꾼이 실수하고 있다는 징후를 보았다. 공격해오는 적군이 남기고 간 것을 먹어 치우기 위해 거대한 맹금류인 독수리가 성전 위를 배회하고 있었다.

선지자는 이 무시무시한 장면에서 죽어 마땅한 이스라엘의 범죄를 지적하는 증거와 함께 하나님이 불순종한 백성들에게 내리실 처벌이 어떤 것인지를 대략적으로 드러내는 위협을 보았다. 그 고발의 기본 내용은 간단했다. **그들이 내 언약을 어기며 내 율법을 범함이로다.** 언약을 깨뜨리는 자들은 하나님께 반역하는 자들이다. 하나님은 자기 백성이 하나님과의 관계와 이웃과의 관계에서 취할 행동의 기준을 정하셨다. 그러나 이스라엘은 이 모든 기준을 무시하고 자신의 부도덕한 규범을 좇아 살았다. 따라서 그 백성은 자기 왕에게 반역하는 반역자인 것이다.

8:2. 자세히 살펴보지 않은 사람은 이스라엘을 대변하는 변호사가 될 수도 있을 것이다. 어쨌든 그들은 정해진 예배 시간에 참석했고 신앙 고백을 소리내어 암송했으니 말이다. 그들은 "**나의 하나님! 우리는 당신을 압니다! 이스라엘이여!**"라고 말했다. 이스라엘은 자신이 하나님의 백성인 이스라엘이기 때문에 여호와가 하나님이신 것을 안다고 주장하는 가운데 교만한 태도를 견지했다(호 7:10). 그러나 하나님을 알기 위해서는 어

떤 민족적인 전승을 소유하거나 어떤 민족에 소속되느냐 하는 것 이상이 요구된다.

8:3. 이스라엘은 그들이 소유하고 있던 선, 곧 하나님과 맺은 언약과 그분이 은혜로 베푸신 율법 가운데 반영되어 있는 사랑의 관계를 버렸다. 이런 증거로 인하여 선지자는 오직 한 가지 결론만 내렸다. 그것은 대적이 그들을 뒤쫓는다는 것이다. 그리고 나팔을 불라는 도입부의 명령은 그 추적이 이미 시작되었음을 보여준다.

8:4. 하나님은 불순종하는 자기 백성에게 불리한 증거들을 계속 나열하셨다. 그들은 호세아의 마지막 시기에 잇달아 여러 왕들을 세웠지만, 그들은 하나님이 보내신 왕이 아니었다. 하나님이 자기 백성에게 원하시는 깊은 관계를 표현하기 위해 호세아가 '알다' 라는 말을 계속해서 사용하고 있음에 주목하라(호 8:2, 4, 11:3, 14:9 참고). NIV 성경의 나의 승인(my approval)은 호세아가 선호하는 용어의 반복과 그것이 정치적 승인이기보다는 인격적인 관계임을 암시한다는 사실을 숨기고 있다.

이스라엘이 가진 자원은 하나님께로부터 받은 선물이었다. 그들은 그것을 사용하여 자신들을 위한 우상을 만들었지만, 마침내는 '찍혀나가게' , 즉 파괴되고 말 것이다. '찍히다〔cut, 히. 카라드(karath)〕' 는 또한 '언약을 세우다' 를 의미하는 전문 용어이다.

8:5. 하나님의 1인칭 화법은 선지자의 3인칭 화법으로 그 의미가 더해진다. "사마리아여, 그분은 너희 송아지를 거절하셨다"〔NASB(New American Standard Bible) 성경〕. 북왕국(이스라엘)의 전체 역사는 초대 임금인 여로보암이 주전 930년에 세운 송아지 우상을 섬긴 것을 비추어 그 전부를 짐작할 수 있다(왕상 12:28-33). 하나님은 그 송아지 우상을 하나님을 섬기는 것으로 받아들이신 적이 전혀 없으시다. 더구나 그 송아지들은 이스라엘로 하여금 가나안 족속이 섬기는 바알을 상징하는 황소를 섬기도록 부추겼다.

하나님은 다시 1인칭으로 나타나셔서 내 노가 무리를 향하여 타오른다고 말씀하신다. 여기서 '무리' 라는 복수가 사용된 것은 최소한 단과 벧엘에 있는 송아지들을 가리키며, 더 나아가 그 밖의 산당에 세워진 송아지들과, 어쩌면 공식적인 바알 성소에 세워진 송아지들을 가리킬 수도 있다. 하나님은 어느 때에야?라는 분노의 탄식으로 결론을 내리신다. 하나님은 그 백성들이 하나님을 잘 알아 하나님의 율법을 지키고, 언약을 준수함으로써 하나님과 사랑의 관계에 들어가기를 원하셨다. 그러나 과거를 돌아보면 미래에 대한 희망이 보이지 않았다.

8:6. 하나님의 분노가 계속 이어져 그 송아지들이 이스라엘에서 난 것이며, 사람이 손

으로 만든 것이라고 외치시게 된다. 어떻게 이 백성이 그 송아지를 섬길 수 있는가? 여기서 호세아는 이사야의 구슬픈 시(사 40:19-20)를 떠올리게 만든다. 인간인 장인은 거짓 신을 만들지 못하며 더구나 한 분이신 참 하나님은 결코 만들지 못한다. 그들이 창조한 것은 결국 산산조각이 날 것이다. 그것에는 아무 능력이 없기 때문이다.

8:7. 여기서 농경 사회의 속담이 하나님의 백성을 고발하기 위한 선지자의 도구로 사용된다. 이스라엘은 그 민족의 삶의 기반인 그들의 농업에서 심판을 받게 된다. 농사와 관련된 모습은 더 나아가 심판의 확실함에 초점을 맞추고 있다. 이스라엘은 자신들이 소유한 땅을 물려받지 못할 것이며 경작한 것을 먹지 못할 것이다. 그들은 한 분이신 참 하나님을 너무 오랫동안 무시했으며 결국 광풍을 거둘 것이다. 여호와는 더 이상 그들의 죄를 눈감아줄 수 없으시다.

8:8. 이스라엘 땅은 북동쪽으로는 앗수르와 바벨론 사이에, 그리고 남서쪽으로는 애굽 사이에 위치해 있다. 또한 북서쪽으로는 소아시아와 시리아, 남동쪽으로는 아라비아 사막의 교역로 사이에 자리잡고 있었다. 모든 지상 교통이 이스라엘을 통과하게 되어 있었기 때문에 모든 나라들이 그 영토를 지배하기를 원했다. 하나님은 그런 욕심이 지나간 역사가 될 것이라고 선언하셨다. 마치 나그네가 피어난 모든 곡식을 삼키듯 이스라엘은 대적들에게 삼켜졌다. 교만한 이스라엘은 쓰지 아니하는 그릇, 아무도 원하지 않는 깨진 그릇처럼 되어 자기 땅이 아닌 이방인의 땅에 있게 되었다.

8:9. 하나님은 자기 백성을 향해 구체적인 죄악을 지적하신다. 저희가 앗수르로 갔다는 것이다. 민족을 이루지 못하던 그들이 하나의 민족이 된 것은 하나님이 그들을 애굽의 노예 상태에서 구해주셨기 때문이다. 그러나 그들은 자기 민족을 세운 선조들을 더 이상 믿지 않았다. 그들은 하나님과의 언약 대신에 강력한 앗수르와 맺은 조약을 더 신뢰했다. 그 조약은 앗수르가 주전 732년에 이스라엘을 포로로 잡아감으로써 그들로 하여금 자유와 재산과 관련해서 크나큰 대가를 치르게 만들었다.

호세아는 북왕국 백성들을 사막에서 배회하는 들짐승과 비교하였다. 이렇게 이스라엘은 자기 역사, 종교적 전통 그리고 자기 하나님으로부터 멀어지게 되었다. 그들은 자신과 조약을 맺은 나라들이 더 멀어진 것을 발견하였다. 그들은 그렇게 소외된 가운데서 살 수 없기에 고멜에 대한 호세아의 정절과 같은 것으로 입증된 사랑하는 자들을 돈으로 고용했다(바른성경, 현대인의 성경). 그래서 호세아는 정작 도움을 줄 수 있는 이는 제외하고 다른 모든 곳에서 도움을 구하면서 절망 가운데 빠진 이스라엘의 모습을 그리고 있다.

8:10. 히브리어 원문은 이렇게 해석될 수 있다. "비록 그들이 여러 민족들 사이에서 값을 주고 고용했더라도 이제 내가 그들을 모을 것이다. 그들은 왕(과) 관리들이 지운 짐으로 인하여 작아지기 시작할 것이다." 여기서 '고용하다'는 이중적인 의미를 가질 수 있다. 그들은 자기를 보호하기 위해 여러 나라를 고용했을 수 있고, 혹은 여러 민족에게 스스로 고용되었을 수도 있다. 그래서 그들의 군사력이나 경제적 용역에 대한 비용을 치르지만 그럴수록 그 나라들에게 더욱 의존하게 되었다.

하나님은 그 해결 방법을 갖고 계신다. 그분은 이방 임금들이 그들을 자기 군대로 삼기 위해 소집하도록 허용하지 않으시고, 그들을 모으실 것이다. 하나님은 그들을 모으시고, 그들이 불순종하는 왕과 지도자들을 섬기고 자신에게 부과된 터무니없는 세금을 지불함으로써 왕들이 계속해서 앗수르나 다른 나라에 조공을 바칠 수 있게 하는 가운데 그 숫자가 줄어들게 하실 것이다(왕하 15:19-20). 이렇게 줄어들게 하는 모으심은 애굽에서 이스라엘을 모으신 하나님의 행동과 반대되는 것으로, 하나님은 그곳에서 애굽 왕들이 지운 짐에도 불구하고 그들의 숫자가 기적과 같이 불어나게 하셨다.

8:11. 이스라엘에서 늘어난 것 한 가지는 제단이다. 그들은 자신의 죄악을 보상하기 위한 제물을 바치기 위해 제단을 세웠다. 언뜻 보기에 그 제단은 하나님이 요구하시는 속죄제(레 16:1-34)를 충실히 따르기 위한 것으로 보인다. 그러나 신실하지 못한 백성들은 이스라엘의 하나님께 드리는 제사와 바알에게 드리는 제사를 혼동했다. 그들은 하나님의 언약이 기대하는 것을 순종하는 것과 의식을 거행하는 것을 혼동했다. 그들은 의식을 거행하는 것이 하나님을 기쁘시게 하는 보장된 행동이라고 생각했다. 그들은 "나는 인애를 원하고 제사를 원치 아니하며 번제보다 하나님을 아는 것을 원하노라"(호 6:6)라는 하나님의 말씀을 배우지 못했다. 그래서 순종의 의미를 잊어버린 백성에게 속죄를 위한 제단은 범죄하게 하는 제단이 되었다.

8:12. 하나님은 자신이 지적하고자 하시는 것을 위하여 이스라엘의 범죄를 극도로 과장되게 고발하신다. 히브리어 본문은 이렇게 해석된다. "나는 그들을 위하여 나의 율법을 만 가지나 기록할 수 있다." 호세아는, 하나님은 자신이 기대하시는 것을 가능한 구체적으로 표현하실 수 있다고 말한다. 그럼에도 불구하고 이스라엘은 그 만 가지 율법

을 무시하면서 그것들을 자신들이 실행하고 있는 '참된 종교' 를 방해하는 이상한 것으로 여겼다. 그들은 실제로 하나님 경배와 바알 숭배를 하나로 섞어서 거룩하지 못한 혼합물을 만들었다.

8:13. 여기서 선지자는 애매한 전문 용어('심층 연구' 참고)를 사용하여 이스라엘이 하나님의 제사 제도를 예배 의식이 아닌 축제로 변질시켰음을 보여준다. 보통 제사장은 제단에서 "여호와께서 당신의 제물을 받으십니다. 그분은 더 이상 당신의 죄를 기억하지 않으시고 당신의 죄를 벌하지 않으실 것입니다. 그분은 당신을 애굽에서 인도해 내신 하나님이십니다"와 같은 말을 한다. 이스라엘은 제사장의 문학적, 전례적, 상투적 응답을 권위 있는 말씀으로 믿었다. 하나님은 그의 견해에 이렇게 참견하신다. 너는 진정으로 권위가 있는 이의 말에 귀를 기울이겠는가? 나는 너의 제사를 기뻐하지 아니하고, 받아들이지 않는다. 나는 너희 죄악을 기억하여 네 죄를 벌할 것이다. 그들은 애굽으로 다시 갈 것이다.

출애굽 사건은 뒤집어졌다. 출애굽이 이스라엘로 하여금 하나의 국가로 영속하는 것, 영원히 안전함을 누리는 것, 혹은 죄로부터 영원히 용서받는 것을 약속해주는 것이 아니다. 하나님은 이 시대의 이스라엘과 그들의 반응 혹은 무반응에 대해 책임을 물으실 수 있다. 그분은 잘못된 정신, 잘못된 기대, 잘못된 신학적 전제 가운데 드려진 제물을 물리치실 권리를 갖고 계신 여호와이시다.

8:14. 이스라엘에 대한 하나님의 고발이 다른 모든 것들을 설명해준다. 이스라엘은 자기를 지은 자를 잊어버렸다. 이것이 실제 세상에서 어떻게 나타났는가? 이스라엘은 왕궁과 성전을 세웠다. 그들은 유다와 함께 음모를 꾸몄다. 그래서 남왕국조차도 하나님께 대한 순종을 망각하고 견고한 성읍 혹은 군사 기지에 마음을 빼앗겼다. 이스라엘과 유다는 대적들로부터 난공불락의 보호를 받을 것이라고 생각했다. 그들은 자신들이 바로 하나님을 적으로 만들었음을 깨닫지 못했다. 그 무엇도 그분으로부터 그들을 보호하지 못할 것이다.

B. 벌받아 마땅한 무리에게 잔치를 취소시키다(9:1-9)

Supporting Idea	하나님의 백성이 자신의 잘못된 종교와 죄악된 생활 방식을 바꾸지 않는 한, 풍성한 수확과 다른 즉각적인 '축복들' 이 있어도 그것이 하나님의 은혜를 보장하거나 축하받을 일은 아니다.

9:1. 주전 732년에 있었던 디글랏빌레셋의 침공은 이스라엘의 힘과 자원을 거의 황무한 상태로 만들어버렸다. 그럼에도 불구하고 이스라엘은 하나님을 무시하고 하나님을 섬기는 일과 바알을 섬기는 일을 병행하였다. 주전 732년의 공격 이후 일 년은 이스라엘의 가을걷이가 풍성했다. 백성들은 함께 모여 풍성한 수확을 즐겼다. 그것은 자기 백성을 향한 하나님의 선물을 축하하는 기쁨의 시간이었다.

그 축하의 와중에 호세아가 나타나 백성들에게 잔치를 취소할 것을 명령했다('심층 연구' 참고). 이스라엘의 추수 감사 축제는 하나님이 신명기에서 지시하신 것과 달랐다. 그들의 축하 행사는 바알 숭배의 틀을 따라 신전 창기와 주술적인 기원이 이어졌다. 이스라엘은 여호와가 원하신 대로가 아니라 이방 사람처럼 즐겼다. 그들은 더 이상 하나님이 정하신 장소, 그분의 거룩한 성소에서 축제를 벌이지 않았다. 그 대신 그들은 각 타작 마당에서 축제를 벌였다.

9:2. 여기 잘못된 방법으로 축제를 즐긴 백성을 향한 하나님의 심판의 선언이 있다('심층 연구' 참고). 바로 이런 축하 잔치가 백성들을 잘못된 길로 인도할 것이다. 그들은 자신의 기본 양식인 곡식(밀이나 보리)의 일 년치를 기대했다. 그리고 그들의 주된 음료인 새 포도주 일 년치를 예상했다. 그러나 이런 희망의 근거는 그들을 실망시킬 것이다. 하나님은 땅과 그 소산물을 주관하신다. 그들이 그들의 필요를 베푸시는 하나님을 섬기지 않을 때, 그분은 축복을 거두실 것이다.

9:3. 땅은 백성을 위해 먹을 것과 마실 것을 만들어내기를 그칠 뿐 아니라 더 이상 그들의 고향이 되지 않을 것이다. 하나님은 약속의 땅을 빼앗으시고, 그들이 나왔던 애굽과 그들이 정치적, 군사적 원조를 구했던 앗수르의 손아귀로 돌려보내실 것이다. 그들은 그곳에서 먹을 것을 얻겠지만, 그것은 더러운 것이 될 것이다(호 5:3, 6:10 주석 참고).

9:4. 이 구절은 먹는 것과 예배를 언급하는 수사법을 계속해서 사용하고 있다. 여호와의 집이라는 언급은 4절의 시간 배경이 3절의 시간 배경과 유사하거나 더 이르다는 것

을 암시한다. 이스라엘은 바알 숭배를 모방한 방식으로 즐기면서도 자신들이 하나님께 제사를 드리고 있다고 주장하였다. 그러나 이제 그들은 더 이상 포도주가 없기 때문에 포도주나 제사용 술을 부어드리는 제사를 드리지 못하게 되었다(2절). 그들이 드린 제사는 하나님이 받으실 만한 것이 못 된다. 왜냐하면 그들이 그분께 드린 음식은 애곡하는 자, 곧 사체에 접촉한 사람이 만진 음식처럼 더러운 것으로 간주되기 때문이다(신 26:13-14).

그런 잘못된 방식으로 즐기고 섬긴 이들은 자신이 더 이상 어떤 제사도 드리지 못할 것임을 깨달을 것이다. 그들이 예배 가운데 어떤 음식을 드려도 하나님은 그것을 인정하지 않으실 것이다. 그저 자신의 개인적인 식욕을 채우는 데만 소용이 있을 뿐이다. 하나님은 그들이 제사에 들이는 노력을 비난하셨다. 그들은 그 땅에서 부정하게 될 것이다. 그들은 포로로 잡혀간 곳에서도 부정할 것이다. 이 모든 것은 그들이 여호와의 방식에 맞지 않는 이방 나라의 방식에 물듦으로써 그들의 예배가 부정하게 되었기 때문이다.

9:5. 이런 심판은 이스라엘에게 하나의 딜레마가 되었다. 그들은 한 해에 세 차례 정해진 명절일에 하나님 앞에 나아가야 했다(출 23:14-17). 만일 하나님이 그들의 예배, 특히 그들의 제사와 희생 제물을 받지 않으신다면 그들은 그날에 무엇을 할 수 있겠는가? 한해의 최고 순간이 하나님이 내리신 벌로 인해 사라지고 만 것이다. 가장 큰 기쁨의 날이 이스라엘의 심판의 날이 되었다.

9:6. 이스라엘은 디글랏빌레셋로 인해 폐허와 제약을 경험하면서도 하나님의 교훈을 배우지 못했다. 그들은 그 굴욕으로부터 돌아와 다시 싸울 준비를 했다. 실제로 그들은 앗수르와 대적하기 위해 다시 한 번 애굽을 의지하려고 작정했다. 그러는 가운데 출애굽을 정반대로 경험하였다. 애굽은 그들의 돈과 망명자들을 모아 카이로에서 남쪽으로 19킬로미터 떨어진 놉(Memphis)으로 보냈는데, 이스라엘 백성은 그곳에 묻혔으며, 한때는 잘나갔지만 다시는 역사적으로 두각을 드러내지 못한 민족들의 명단에 이름을 올리게 되었다.

이스라엘이 애굽의 보호를 받기 위해 바친 조공으로부터 어떤 귀한 재물을 얻었는지는 모른다. 애굽에서의 첫 번째 경험은 하나님의 구원하심, 출애굽, 시내산 그리고 민족의 정체성으로 이어졌다. 두 번째이자 마지막 경험은 소멸로, 그들의 고향과 민족의 정체성이 겨우 찔레와 가시덩굴로 뒤덮였다는 것이다. 잔치는 그쳤고, 축하와 기념도 멈추게 되었다!

9:7. 선지자는 이스라엘을 향한 하나님의 최종 판결을 선언한다. 형벌의 날 혹은 심판의 날이 다가오거나, 더 강하게 말해서 이미 도달했다. 그리고 보응의 날 혹은 '배상'의 날이 이스라엘의 죄를 벌할 것이다. 히브리어 본문의 다음 행은 이스라엘로 하여금 알게 하라로 해석할 수 있다. 호세아는 선지자들의 말을 들으려 하지 않던 백성들이 그들을 묘사하는 데 사용한 어리석고 미쳤다고 한 표현을 인용했다. 호세아는 백성들이 자기의 고발과 선언을 거칠고, 통제되지 않은 정신이 나간 것으로 보고 있음을 알고 있다. 그는 그런 비웃음에 대하여 분명한 대답을 가지고 있었다. 그 깨달음은 불의와 죄악과 형벌을 잔뜩 짊어진 백성들로부터 비롯된 것이다.

9:8. 분명히 호세아는 자신을 하나님의 파수꾼으로 보았다. 하나님은 종종 선지자들을 파수꾼, 혹은 보초로 임명하셔서 자기 백성들에게 적군이 다가옴을 경고하게 하셨다(렘 6:17). 그러나 선지자들은 가끔씩 하나님이 그 불순종하는 백성들에게 다가오심을 경고하였다. 이것이 호세아의 임무였다. 선지자는 자신이 미쳤다는 백성들의 주장에 대하여 자신을 변호했다. 선지자가 아니라 백성들이 하나님의 정죄 아래 있었다. 그는 파수꾼이라는 자신의 직무 가운데 하나님 편이 되어 하나님의 일을 행했다.

그런 선지자의 모습은 사람들이 다니는 모든 길에 덫을 놓는 사냥꾼처럼 사람들을 붙잡아 하나님으로 하여금 벌을 내리시게 하는 것이었다. 백성들은 하나님의 전에 갔지만, 그곳은 이방 신들의 집이 되었다. 그들은 선지자가 그들에게 가져온 두통거리로부터 평안을 기대했다. 그러나 그들은 그 대신 더 많은 박해(올가미)와 원한을 발견했다. 하나님의 전은 하나님의 불순종하는 백성의 피난처가 아니라 오히려 전쟁 포로 수용소처럼 되었다.

9:9. 호세아는 백성에 대한 또 하나의 고발과 그들에 대한 하나님의 최종 판결과 함께 이 단락의 결론을 내린다. 그는 노아 시대 때 나타난 지상의 도덕적 부패를 기록하고 있는 창세기 6장 11-12절의 언어를 취한 다음 그 정도를 더욱 심화시켰다. 호세아 세대는 심히 부패하였다. 그리고 선지자는 이스라엘의 역사 가운데 또 다른 유명한 순간인 기브아 도성에서 베냐민 지파에 의해 저질러진 끔찍한 강간 장면(삿 19-20장)을 기술하고 있다. 하나님은 고백하지 않고 용서받지 못한 죄에 대해서는 오랫동안 기억하신다. 호세아는 그 판결문을 자신감 있게 선포할 수 있다. 하나님은 그 죄를 벌하실 것이다.

C. 내가 더 이상 사랑하지 않는 이의 자식을 죽이라(9:10-17)

Supporting Idea	죄의 역사와 선지자의 확인은 하나님이 전에 사랑했던 백성들을 제거하시겠다는 하나님의 결정을 뒷받침한다.

9:10. 여기서 새로운 문학 형태와 회고적인 분위기가 호세아의 생각에 새로운 방향을 도입하고 있다. 분명 이 역사적 상황은 새로운 전기를 맞이했다. 이스라엘은 주전 732년에 디글랏빌레셋을 통해 하나님이 가르치시려 했던 것을 배우지 못했다. 이제 앗수르는 살만에셀 5세(Shalmaneser V) 치하에서 위협을 가해왔다(주전 727-722년). 그 결말은 앗수르와 호세아가 바라본 견해이지 이스라엘의 관점은 아니었다. 이스라엘 민족은 혼합된 제사와 정치적 임기응변에 끈질기게 집착했다. 하나님은 선지자에게 이스라엘의 모든 역사는 멸망과 죽음이라는 이 마지막 순간을 향해 이어져온 것임을 보여주셨다.

하나님은 이스라엘과 함께하신 하나님의 역사의 시작을 애정을 가지고 바라보신다. 그분은 애굽의 광야에서도 그들을 만나셨고, 홍해에서도 구해내셨다. 그분의 사랑의 행동은 너무도 놀라운 것이어서 메마르고 거친 광야에서 포도를 만남에 비유해야 했다(겔 16:6-16). 그 만남은 오랫동안 무화과 없이 지내다 무화과나무에서 처음 맺힌 열매를 먹은 것과 같은 기쁨을 불러일으켰다(사 28:4).

그러나 하나님의 기쁨은 짧은 순간에 그치고 말았다. 이스라엘은 광야를 지나 바알브올에게 나아갔다. 그곳에서 그들은 가나안 신들을 섬기는 일에 동조했다(민 25장). 그런 부끄러운 것을 예배하는 일은 우상이 하나님께 가증스러운 것처럼 이스라엘을 가증스럽게 만들었다(겔 5:11). 호세아는 처음 석 장에 나오는 사랑의 언어로 이 구절을 마친다. 왜냐하면 그들은 저희의 사랑하는 우상같이 가증해졌기 때문이다. 고멜이 매춘을 사랑한 것처럼 이스라엘은 거짓 신들을 사랑했다. 이것은 한 번만의 외도가 아니었다. 이스라엘은 우상 숭배의 습관을 벗어나지 못하였고, 하나님은 이스라엘을 멸망시키셔야 했다.

9:11. 사랑의 모습은 출산 과정에서 그 자연스러운 정점에 이르게 된다. 호세아는 법적인 선포라기보다는 탄식처럼 들리는 말로 심판을 선언한다. 이스라엘은 자신에게 기대하고 있던 영광이 결코 해산의 과정을 거치지 못할 것임을 통고받았다. 호세아는 그

과정을 뒤집어서 묘사한다. 해산도 없고, 자궁 속에 어떤 아기도 없고(문자적으로 '배가 없다'), 임신도 없다. 이스라엘의 영광의 꿈은 들에서 사는 새처럼 날아갈 것이다.

9:12. 모든 일에는 예상치 못한 일이 일어나는 법이다. 이스라엘에 아이가 태어날 수 있었다. 그럼에도 불구하고 이스라엘에 아무런 영광이 임하지 않는 것은 여호와가 그 자식을 없이 하실 것이기 때문이다. 갓 태어난 아기를 그 부모에게서 거두어가시는 것은 사랑 많으신 하늘에 계신 성부 하나님과 어울리지 않는 무시무시한 모습이다. 이것은 선지자의 언어가 하나님의 백성의 주목을 끌기 위해 얼마나 극적이고 강렬해야 하는지를 보여주는 또 하나의 예이다. 탄식의 언어는 이스라엘을 직접 겨냥하는 화를 선언하는 것으로 끝이 난다. 하나님은 방금 그 민족의 죽음을 선언하셨다. 그리고 하나님이 친히 자신이 그들로부터 돌아섬으로 인해 빚어진 그 장례 행렬을 인도하신다.

우리는 여기서 앞절에서 나온 말의 또 다른 언어 유희를 깨닫게 된다. 이스라엘이 영광을 잃었다는 것은 그들이 물질적인 꿈을 잃었다는 것이 아니다. 이스라엘의 영광은 하나님 자신이며(벧후 1:17), 그분은 돌아서셨고, 혹은 호세아의 비유로 말하면 이스라엘로부터 날아가셨다. 이스라엘로 하여금 그들을 풍요롭게 하는 바알을 계속 의지하게끔 내버려두자. 하나님이 누가 인간을 풍요롭게 하는 능력을 갖고 있는지 보여주실 것이다. 그것은 바알에게 바쳐진 신전 창기라는 종교 의식이 아니다.

9:13. 두로는 페니키아 남부 해안에 있는 섬에 자리한 거대한 요새와 같은 도시이다(겔 27:32). 이 구절은 두로를 아름다운 곳이라 불렀는데, 이는 그곳이 도시가 자리할 수 있는 완벽한 장소라는 의미이다. 분명 두 왕국에 대한 비교는 두 왕국 모두 아름다운 곳으로 알려졌지만, 이제 그들의 자식들을 살해할 집행자인 앗수르의 왕과 대면하게 될 것임을 의미한다. 그러나 영적인 측면에서 앞절이 하나님을 집행자로 그리고 있다고 해서 이 구절의 의미가 줄어드는 것은 아니다. 이 모든 것 뒤에는 에브라임(북왕국)과 두로의 연대와 바알 숭배와 관련되어 자식을 제물로 드리는 일이 자리하고 있다. 에브라임은 당시 좋은 근거지와 좋은 종교, 그리고 그들에게 안전과 풍요를 가져다주는 좋은 하나님을 갖고 있었다. 그들은 이것을 바알 종교와 그들이 무시한 하나님, 그리고 앗수르 왕을 가리키는 집행자와 바꾸었다.

9:14. 선지자는 여호와여 저희에게 주소서라고 시작함으로써 그분의 백성을 위한 중재자로서의 역할을 맡은 것처럼 보이지만, 이어서 무엇을 주시려나이까라고 묻기를 멈

춘다. 그 답은 그의 마음 가운데 찾아왔으며, 그는 '아이를 배지 못하는 태와 젖 없는 유방'을 주시기를 기도한다. 하나님은 이스라엘의 모든 풍요로움을 가져가실 것이다. 에브라임은 자기 자식들을 집행자 앞에 데려가야 할 것이다. 그런 상황에서 선지자는 백성들을 대신하여 중재할 수 없다. 그는 오직 하나님께 간청할 수 있을 뿐이다. 이것은 그 민족이 처한 절망적인 상황을 나타내는 신호이다. 그 백성의 주목을 끌기 위해 그런 강력한 언어가 필요했다.

9:15. 선지자는 다시 한 번 이스라엘의 역사적 전통을 파헤쳐서 이스라엘이 여호수아의 지도 아래 약속의 땅으로 들어간 뒤 처음 가졌던 예배 중심지인 길갈로 돌아간다(호 12:11, 호 4:15 주석 참고). 이스라엘은 길갈 시대를 하나님께 대한 충성과 섬김이 열심이었던 영광스러운 날로 생각했지만, 호세아는 저희의 모든 악이 길갈에 있으므로 하나님이 거기서 저희를 미워하였다고 주장한다. 그래서 하나님은 이스라엘이 반드시 따라야 하는 또 하나의 판결을 내리신다. 그 행위가 악하므로 내 집에서 쫓아내고 다시는 사랑하지 아니하리라.

어떻게 하나님과 그분의 백성 사이에 이런 상황이 전개될 수 있는가? 호세아는 이스라엘의 패역한, 혹은 완고한 지도자들을 지목한다. 이스라엘의 지도자들은 아무것도 배우지 못했다. 그들은 자기 민족이 더 이상 존재하지 않게 된 그 순간까지 풍요와 다산신인 바알을 숭배했다.

9:16. 호세아는 하나님의 백성이 처한 상황을 설명하기 위해 다시 농경 세계를 비유로 들고 있다. 그들은 비가 오지 않는 태양 아래 놓이거나 침입해 들어오는 적군의 발아래 놓인 곡식처럼 쓰러질 것이다. 여호와는 그 어느 것도 막지 않기로 선택하셨다. 바알이나 혹은 하나님의 이름으로 행해진 풍요로움을 바라는 모든 노력은 무너질 것이다. 왜냐하면 그것은 하나님이 자기 백성에게 원하시는 예배가 아니기 때문이다. 그분은 유일한 참 하나님이신 여호와를 사랑하고 이웃을 사랑하는 일에 초점을 맞추신다.

9:17. 호세아는 이 단락을 간결하게 요약한다. 저희가 듣지 아니하므로 내 하나님이 저희를 버리시리니. 여호와는 더 이상 이스라엘의 하나님이 아니시다. 그분은 다만 호세아만의 하나님이시다. 나머지 모든 백성은 내쳐졌다. 그 백성이 광야에서 모세의 지도 아래 방랑했던 것처럼 이제 그들은 전에 도움을 청했던 여러 민족들 사이에서 방랑할 것이다. 그들은 대적의 포로가 됨으로 인해 부끄러움과 힘과 위엄의 상실이라는 고통을

겪게 될 것이다.

이것은 하나님이 너무나 많은 일을 행하신 민족의 모습 치고는 너무 슬픈 것이다. 그러나 불순종하는 백성은 하나님이 더 이상 복을 주지 않으신다는 것을 깨닫게 된다. 은혜가 떠나면 범죄한 백성 역시 마찬가지이다.

D. 왕이나 우상 없이 자기 책임을 지라(10:1-8)

Supporting Idea	정치와 종교 역사는 하나님의 백성을 그들의 잘못된 예배와, 잘못된 정치와, 잘못된 종교에 대한 처벌에 직면해야 하는 죄인으로 묘사한다.

10:1. 여기서 호세아는 자기 백성에게 현재의 역사적 상황을 설명하는 교사나 강사의 역할을 맡은 것처럼 보인다. 헬라어 70인역에 근거한 이 구절의 전통적인 독법에 의하면, 호세아는 이스라엘이 무성한 포도나무였던, 즉 크고 아름답게 자라 스스로 많은 열매와 가지를 퍼트리던 과거의 좋은 시절을 먼저 언급하고 있다. 히브리어 본문은 또한 '파괴하는 포도나무' 로도 번역될 수 있다. 이 분사는 현재의 행동에 초점을 맞추어 이스라엘이 '황폐하게 된 포도나무' 가 되는데, 이것은 앗수르의 행동을 가리키는 것이다. 여기서도 이 동사의 의미는 다음 행 가운데서 분명하게 나타나지 않는다. 그는 스스로 열매를 맺는다(우리말 성경은 '열매 맺는' 으로 번역함 - 역주). 이 전치사구는 '그에게 적합한, 그와 어울리는' 을 의미할 수 있다. 아마 이 의미는 '이스라엘이 자신들에게 맞는 열매를 맺었다' 일 것이다. 하나님께 불순종하고 다른 신들을 좇는 이스라엘의 부패한 행동은 멸망의 열매를 맺었다.

그에 합당한 멸망을 가져오는 이스라엘의 부적절한 행동은 거짓된 종교로 기술되고 있다. 이스라엘의 열매가 많을수록 제단을 많게 했다. 이것은 또 하나의 중의법이다. 이스라엘은 그 열매를 하나님의 축복으로 보았다. 그러나 여호와는 거짓된 숭배가 방대한 숫자의 불법 제단과 주상 가운데 자신을 드러낸 것으로 보셨다. 이스라엘은 자신에 대한 하나님의 판결에 귀 기울이거나 그들을 바로 세우려는 선지자의 강의를 들으려 하지 않는 가운데 자신의 세계와 함께 모든 것이 잘 어울린다고 생각했다.

10:2. 이스라엘이 행한 것에 비추어보면 하나님의 판결은 적절했다. 교활한 마음, 혹은 두 마음을 품은 것(문자적으로 '부드러운, 미끄러운' 마음)은 반드시 그 죄(벌, 개역

개정)를 받는다. 백성들이 섬기는 신들은 그들 자신의 예배처를 보호하지 못한다. 그 신들보다 위대한 한 분이 멸망 가운데 나타나 자신의 거룩한 이름을 위하여 응징하고 이스라엘이 그 죄의 대가를 치르게 하실 것이다.

10:3. 호세아는 하나님이 다윗 왕조를 회복시키시기 전에 이스라엘이 그 왕과 예배처 모두를 잃을 것(호 3:4-5)이라고 말함으로써 개인적인 단락을 마친다. 이스라엘은 자기 왕보다 앗수르 왕을 더욱 의지하는 것처럼 보였다(호 5:13). 그래서 그 민족은 그 왕들을 필요없게 만들고, 모든 왕들이 무너지고 실패하게 만들었다(호 7:7). 왕들이 실패한 근본적인 이유는 이스라엘의 하나님 여호와를 무시한 것이다. 왕과 관원들은 갈수록 늘어가는 조공을 바치기 위해 더 많은 세금을 요구하는 이스라엘의 짐이었다(호 8:10).

호세아 10장은 이 왕들에 대한 수많은 비난을 최고도로 끌어올려 백성들로 하여금 선지자가 선포한 사실을 받아들이게 했다. 실제로 이스라엘은 왕이 없다. 이 사실은 이스라엘의 마지막 50년 동안 헌신된 개인이 부족했다는 사실을 드러낸다. 그리고 북왕국의 모든 역사 가운데 종교적인 진실로 나타나고 있다. 이스라엘은 하나님을 그들의 진정한 왕으로 여겨야 했다. 그들은 여호와가 택하신 이들만을 왕으로 기름 붓고 섬겨야 했다. 그러나 그들 스스로 국제적인 의존과 부채에 깊이 매몰되어 어느 왕도 그들을 도울 수 없었다.

이 구절은 호세아가 여호와를 경외하다, 혹은 여호와를 두려워하다라는 언어를 사용한 유일한 곳이다. 그 말은 이스라엘과 하나님의 관계의 기본으로, 그 관계는 하나님께 대한 경외, 공경, 존중, 두려움 가운데 세워진다(삼상 12:14). 따라서 '여호와를 두려워하다' 는 하나님이 원하시는 인간과 하나님 사이의 관계를 한 마디로 요약한 것이다(잠 2:5). 이 올바른 종교적 관계 없이는 모든 정치적 관계와 약속과 희망은 쓸데없는 것이다.

10:4. 선지자는 또다시 여러 가지로 해석될 수 있는 의미를 가진 일상어를 사용한다. 문자적 의미는 이렇다. "그들이 말을 한다. 거짓으로 맹세하여 언약을 어기고, 독이 있는 식물처럼 정의가 밭 이랑 가운데서 깨진다." 이스라엘은 두 종류의 언약을 갖고 있다. 첫 번째는 하나님과의 언약이다. 그들은 여호와 한 분만을 위한 거룩한 백성, 제사장 나라가 되겠다고 약속했다. 두 번째 언약은 이스라엘이 자기 왕과 맺은 정치적 언약과 나중에 앗수르와 애굽 같은 이방 통치자와 맺은 언약이다.

종교적, 정치적 영역 모두에서 이스라엘은 언약을 맺었지만, 그 문서들은 그 이면에 아무런 약속도 없는 말뿐이었다. 이것은 그 나라의 사법 제도에 퍼져서 이스라엘의 정의는 이스라엘 백성에게 독이 되었다. 여기서 정의는 하나님이 자기 백성이 서로에 대해 갖기를 기대하신 그런 종류의 관계를 가리키는 것일 수 있다. 그리고 부자와 힘 있는 자에게는 호의적이고, 나머지 사람들은 가난과 고통 가운데 버려두는 그 나라의 사법 제도의 실체를 가리킬 수도 있다. 혹은 이스라엘 백성들이 서로에게 제기하는 법정 행위, 법정에서 선고하는 판결문, 혹은 이스라엘의 군주제가 만들어낸 불공평한 경제적, 정치적 실체 등의 사법 제도 가운데 어느 부분이라도 무방하다. 이스라엘 안에서 정의가 갖는 모든 의미와 절차는 그 백성에게 독초가 되었다.

10:5. 벧아웬은 이스라엘의 중심이 되는 예배 장소인 벧엘을 가리키는 모욕적인 별명이다. 그곳은 하나님(엘, el)의 집이 아니라 불의(아웬, aven)의 집이었다. 이 말은 사실이다. 왜냐하면 그곳에 송아지 우상이 살았기 때문이다. 그것은 북왕국이 탄생할 때 여로보암 왕이 만든 것이다(왕상 12:28-30). 이스라엘은 공식적으로는 그 송아지가 보이지 않는 주권자이신 여호와가 좌정하신 좌대를 가리킨다고 주장하기도 했다. 그러나 실제로 이스라엘은 벧엘의 송아지와 바알의 송아지를 혼동했는데, 이는 바알 종교가 그 신을 강력하고도 많은 자손을 낳는 송아지로 나타냈기 때문이다. 이스라엘의 마지막 해의 불확실한 정치 상황에서 백성들은 자신들이 공경과 두려움으로 '떠받들던' 송아지 신의 운명을 두려워할 이유가 있었다.

사마리아 왕은 벧엘의 신전을 통제했는데(암 7:13), 그는 자기가 섬기는 신을 두려워할 이유가 있었다. 왕의 백성들은 슬퍼했다. 이것은 그 신전과 왕이 곧 무너지게 될 나라의 타당한 모습이지만, 역설적으로 이것은 다산 의식 가운데 바알을 섬기는 이들이 취한 것과 같은 모습이었다. 바알은 땅이 경작을 멈추고 있을 때는 죽었다가 씨를 뿌리고 거둘 때는 다시 살아난다고 믿어왔다. 그 신이 잠자고 있을 동안에 백성들은 땅의 열매 없음과 그를 위해 애곡하였다.

그러는 동안 벧엘의 거짓 제사장들은 기뻐했다. 혹은 더 정확하게 송아지 좌대 주위에서 '예배 가운데 잔치를 즐겼다.' 송아지의 영화 혹은 영광은 그 우상에 덧입힌 금과, 그것에 덧붙인 능력과 업적, 그리고 제사장과 백성이 그것에 바친 찬양을 가리킨다. 그러나 그들은 자기 조상들의 하나님이 아니라 송아지에게 영광을 돌렸기 때문에 송아지 우상이 무너지고, 그 금박이 벗겨지고, 포로로 잡혀가는 것〔NIV, NLT(New Living

Translation) 성경)을 보게 될 것이다.

10:6. 송아지 우상 역시 앗수르로 옮겨졌다. 그것은 앗수르 군주들이 좋아하던 호칭인 야렙 왕에게 제물 혹은 예물로 드려질 것이다. 그들이 아낌없이 제물을 바치던 신이 그 모든 '명예'를 잃고, 앗수르 왕이 이스라엘을 보호해주는 대신 요구했던 공물로 사용되던 금도금이 되고 말 것이다.

10:7. 그 수도와 그 주민들은 최종적인 처벌을 받았다. 왕은 물 위에 떠 있는 거품과 같을 것이다. 이 히브리어는 오직 이곳에만 나타나며, 나무 조각, 거품, 혹은 부유물 등으로 다양하게 해석된다. 예배와 종교와 정치의 실패는 신으로서의 이미지, 수도 그리고 이스라엘 왕의 멸망을 의미할 것이다.

10:8. 북왕국의 정치 중심지인 사마리아는 멸망에 직면했다. 종교의 중심인 외곽의 산당도 마찬가지였다. 이 구절은 호세아가 이 용어를 사용한 유일한 곳이다. 이스라엘 역사 가운데 몇몇 산당은 하나님을 섬기는 데 사용되었지만(왕상 3:4-5), 대부분의 성경 구절은 부패한 예배처, 여호와와 가나안 신들이 함께 혹은 가나안 신들만이 섬겨지던 곳으로 언급하고 있다.

호세아는 이 이교도 예배의 중심지를 '불의(히. 아웬, aven)의 산당'이라고 불렀다. 그것은 이스라엘의 죄를 구체적으로 나타내는데, 이는 하나님이 자기 백성에게 그런 장소를 파괴하고 그분이 자기 백성에게 보이신 곳에서만 예배하라고 지시하셨기 때문이다(신 12:2-14). 이스라엘이 산당에서 제사를 드린 것에는 아무런 도덕적 요소가 포함되지 않으며 따라서 불의한 것으로 이어졌다. 그것은 여호와를 섬기는 참된 예배의 목적과 정반대되는 것이다.

그런 악에는 철저한 하나님의 행위가 따랐고, 하나님은 그 단 위에 가시와 찔레가 나게 하셨다. 호세아는 백성들이 산에서 드린 기도가 아니라 산과 작은 산에게 바라는 부르짖음을 언급함으로써 그들이 받는 벌에 대한 설명을 마무리한다. 그 부르짖음은 도움과 구원을 바라는 것이 아니라, 마지막 멸망과 그들의 비참함으로부터 도망하기 위한 부르짖음이다. 예배와 종교와 정치가 부패한 백성은 그 삶이 더 이상 가치가 없다는 것을 발견하게 될 것이다.

E. 에브라임에게 멍에를 지워 그들이 정의를 보이게 하라(10:9-15)

Supporting Idea	죄의 역사는 하나님의 정의로운 목적에 반역하며, 하나님의 친 백성에 대항하는 거룩한 전쟁을 요구한다.

10:9. 호세아는 8-10장에서 자신이 이스라엘에게 가르치려고 한 모든 것을 요약하고 있다. 이스라엘은 하나님 앞에서 자신의 정체성을 받아들여야 마땅하다. 그들은 하나님께 종교 의식을 거행했기 때문에 모든 해로부터 보호받는 선택된 백성인 것이 아니다. 출애굽에 대한 기억이 노예와 포로로 이어지는 새로운 길에서 벗어나게 해주지 않는다. 호세아는 최근의 역사만을 이야기하지 않는다. 이스라엘의 죄는 기브아 시대로부터 거슬러 올라간다. 그들은 파괴적인 범죄 가운데 시작하였고, 모든 역사를 통해 그 일을 계속했다.

기브아 이야기의 초점은 베냐민 지파의 멸망이다. 북부 지방의 첫 번째 영웅은 베냐민 지파요, 기브아 성읍 출신의 사울이었다(삼상 15:34). 호세아 시대에 사울은 그 명예와 권력을 잃은 지 오래이며, 기브아는 전쟁을 알리는 척후병 일을 맡은 변방의 작은 지역이었다(호 5:8). 이스라엘 민족 역시 이렇게 그 명예와 힘을 잃었다. 기브아의 악행자들에게 전쟁이 닥치듯, 전쟁이 그곳에서 일어날 것이다(개역개정).

10:10. 전쟁의 위협은 한 가지에 달려 있다. 그것은 하나님의 마음이다. 그분이 원하시면 전쟁이 일어날 것이다. 그것은 여호수아의 지휘 아래 있던 사람들과 같은 승리의 전쟁이 아닐 것이다. 그것은 기브아에서 있었던 수치스러운 전쟁이 될 것이다. 왜냐하면 그 전쟁은 하나님의 악한 백성을 징계하기 위한 전쟁이 될 것이기 때문이다. 이 전쟁은 몇몇 부족이 다른 부족과 대항해서 싸우는 것 이상으로 많은 이들을 끌어들일 것이다. 이 전쟁은 많은 민족(현대인의 성경)의 전쟁이 될 것이다. 그리고 그 전쟁의 동기는 이스라엘의 두 가지 죄, 혹은 이중적인 죄이다. 이스라엘의 범죄 역사는 그 종말을 맞이하고 있다.

10:11. 하나님은 이스라엘의 죄의 심각성을 깨닫게 하기 위해 다른 방향에서 접근하신다. 그분은 어린 이스라엘이라는 감정 어린 그림을 그리신다. 앞에서 이스라엘은 '완강한 암소'(호 4:16)로 묘사되었다. 이제 이스라엘은 어린 송아지이며, 이것은 호세아 10장 5절에서 이스라엘이 섬겼던 그 송아지를 가리키는 동일한 용어이다. 이 송아지는 자기의 교훈을 배운 것처럼 보인다. 왜냐하면 그 암소는 '곡식 밟기'를 좋아하는 길들인

(혹은 훈련받거나 솜씨가 좋은) 암소이기 때문이다. 긍정적으로 보면, 이것은 곡식 밟는 방법이나 타작 마당에서 알곡을 터는 것을 배우고 있는 소를 묘사한다. 부정적으로 보면, 이것은 대적 혹은 이스라엘의 지도자들이 그랬던 것처럼 힘없는 백성을 짓밟아 정의가 없는 사회를 만드는 것을 가리킬 수 있다.

이제 하나님은 길들인 암소를 위한 자신의 계획을 드러내신다. 하나님은 그 어린 암소가 자신의 임무를 확실히 배우게 하실 것이다. 그분은 그의 목에 멍에를 메우신다. 소의 멍에는 누군가에게 힘을 발휘하여 포로로 잡아가는 것을 상징한다. 따라서 하나님은 자기 백성에게 역사의 교훈을 계속해서 가르치시는 것이다. 그들은 자기가 원하는 대로 할 수 있는 자유를 누리지 못했다. 하나님은 그들과의 언약 가운데 자신의 소유라는 멍에를 그들에게 지우시고 고삐를 쥐사 그들을 마땅히 가야 하는 곳으로 인도하셨다.

자기 백성을 향한 하나님의 지시는 분명했다. 그들은 하나님의 밭을 추수할 수 있도록 쟁기를 달고 밭을 가는 동물처럼 순종해야 했다. 그 민족은 지금은 유다와 에브라임으로 부를 수 있으나, 그들은 모두 하나의 조상 야곱에게서 나왔다. 야곱의 하나 된 민족으로서 하나님의 백성은 자기의 고삐를 쥐고 계신 하나님과 함께 자신의 밭을 갈아야 한다.

10:12. 이 긴 단락이 절정에 이르면서 호세아 8장 1절로 되돌아가는 가운데 선지자는 이스라엘에게 하나님의 백성으로서의 직무를 제시한다. 자기를 위하여 심으라는 말은 농사 관련 비유를 유지하고 있지만, 땅을 가는 것에서 씨를 심는 것으로 변하고 있다. 그들은 의를 맺을 씨를 심어야 한다. 이것은 2장 19절 외에 선지자가 의를 말하고 있는 유일한 구절이다. 2장 19절에서는 의가 하나님의 영원한 신부를 향한 그분의 기대였다면, 여기서의 의는 이스라엘이 취해야 할 목표, 하나님의 기준에 부합하고 하나님이 자기 피조물들에게 세우신 질서를 유지하는 방식 가운데 살아가려고 노력하는 것이다.

의를 거두는 방식으로 씨를 심는 것은 추수하는 행동으로 이어진다. 이것은 히브리어 본문을 따를 때〔NIV 성경에서와 같이 열매(fruit)가 아님. 우리말 성경에는 열매가 명시적으로 번역되어 있지 않음 - 역주〕 신실한 사랑(love, 호 2:19, 4:1, 6:4, 6, 12:6)이라는 기준에 근거해서 행해져야 한다는 것이다. 즉, 하나님과 그분의 목적에 충성하는 것이 개인의 정체성과 그의 삶의 목표가 되어야 하는 것이다.

호세아는 약간은 역설적으로 이스라엘에게 묵은 땅을 기경하라고 명령한다. 수세기 동안 밭을 갈고, 씨를 뿌리고, 추수를 거둬온 농경 국가가 공의와 신실한 사랑을 열매 맺었던 땅이 묵혀 있도록 내버려둔 것이다.

호세아는 비유에서 벗어나 자신의 기대를 분명하게 표현한다. 지금이 곧 여호와를 찾을 때이다. 이것은 한 번 일어나고 마는 것이 아니라 계속되는 삶의 방식이며, 여호와께서 임하사 의를 비처럼 너희에게 내리시는 그때까지 추구해야 하는 것이다. 이것은 또한 이스라엘에게 제한을 둔다. 그들은 여호와가 오실 때까지만 씨를 뿌리고, 수확하고, 구할 기회를 얻을 것이다. 인간은 자신의 계획과 행동을 통해서, 즉 자기 힘으로 의를 만들어낼 수 없다. 인간의 의는 바울이 로마서에서 말한 것처럼(롬 1:16-17) 하나님이 주시는 선물로만 가능하다.

'비(showers)' 에 해당하는 히브리어는 '가르치다, 지시하다' 를 의미하는 동사와 동일한 철자를 갖고 있다. 호세아는 여기서 두 가지 의미가 함께 드러나기를 의도했을 수 있다. 하나님의 의의 선물을 받기 위해서는 하나님이 우리에게 의의 길을 가르치시게 해야 한다.

10:13. 하나님은 이스라엘에게 해야 할 일을 정해주신 뒤에 현실로 돌아오신다. 현재 이스라엘은 분명히 이 직무를 충족시키지 못하고 있다. 그들은 악을 만들고 불의를 거두고 있다. 그들은 밭에서 난 열매를 자신의 식탁으로 가져와 거짓 열매를 먹었다. 이것은 거짓말이 가득하여 지킬 의도가 전혀 없는 언약을 세우는 속이는 백성을 만들어냈다(호 10:2-4).

이런 일이 일어난 것은 그 백성이 하나님이 아닌 자기 자신을 신뢰했기 때문이다. 군사적인 영웅들이 이스라엘을 구원할 것이라고 기대하는 가운데 하나님이 세우신 영웅인 선지자들이 무시당했다. 이제 이스라엘에게는 마지막 선택의 기회가 주어졌다. 그들은 사람의 군대(자신의 군대이든 조약을 맺은 이방 국가이든)가 곤경에 처한 자신들을 구해줄 것이라고 믿을 것인가, 아니면 만군의 여호와, 하늘나라의 군대를 거느리시는 하나님이 자신의 이익을 지켜주실 것이라고 믿을 것인가?

10:14. 이스라엘은 하나님이 그들에게 정해주신 정체성을 거부했다. 그들은 여호와가 그들을 위해 제시하신 일을 충족시키지 않으려 했다. 하나님은 다시 한 번 재판장의 의복을 입고 자기 백성에게 심판을 선고하셔야 했다. 그들의 역사는 전쟁과 함께 시작했다(9절). 하나님은 자신이 원하시는 대로 전쟁이 일어날 것이라고 경고하셨다(10절). 이제 그분은 나라가 종식되는 전쟁의 무서움을 설명하신다. 요란한 소리가 공중에 가

득할 것이다. 무너지지 않을 것 같은 산성들이 다 무너질 것이다.

10:15. 하나님의 목적과 뜻을 알면서도 그것을 따르기를 거부한 이스라엘 백성에게 동일한 운명이 기다리고 있다. 여기서 이스라엘은 벧엘이라고 불리는데, 그곳은 그들의 악의 중심이다. 왜냐하면 그것은 부도덕한 종교와 이방 우상들이 이스라엘의 삶을 주관하던 예배 장소이기 때문이다. 벧엘에서의 이스라엘의 우상 숭배의 사악함은 전염병처럼 온 이스라엘에 퍼졌고, 그 제사와 종교와 정치는 거짓되고 악한 것이 되었다. 새벽에 이스라엘 왕이 영원히 망할 것이다. 최후의 전투가 시작되면 이스라엘이 군사적으로 큰 소망을 둔 왕(호 10:13)이 죽음을 맞이할 것이다. 그러면 이스라엘은 더 이상 왕이 없게 될 것이다(호 10:3). 여호와가 싸움터에서 승리를 거두시고, 한때는 자기 백성이었으나 이제 패배한 나라에 대하여 책임을 물으실 것이다.

Main Idea 복습	자기 백성을 향한 하나님의 사랑은 그들로 하여금 무엇이든 자기가 원하는 대로 할 때는 하나님이 심판으로 보응하신다는 것을 예상하지 않을 수 없게 만든다.

결론

서로 다른 견해들

이스라엘은 하나님과의 관계에 문제가 있었다. 그들이 보는 그들의 역사는 하나님이 보시는 것과 일치하지 않았다. 그들은 그 역사를 하나님이 자신들과 함께하는 결코 깨지지 않는 연애로 보았다. 그분은 그들의 역사를 범죄하고, 거짓 신과 거짓 종교와 거짓 정치로 돌아가는 반복된 습관으로 보셨다. 이스라엘은 출애굽과 시내 산의 관점에서 역사를 보았다. 하나님은 바알브올, 길갈 그리고 기브아의 관점에서 역사를 보셨다. 이스라엘은 자기네 역사가 자기 민족의 생명을 영원히 보장해줄 것이라고 생각했다. 하나님은 그들의 우상 숭배가 그들의 포로 생활과 멸망을 보장한다고 선언하셨다.

무엇이 이런 이해의 차이를 가져왔는가? 한 가지 중요한 요소는 구약의 중심 용어인 언약에 대한 정의이다. 이스라엘은 언약에 있어서 자신들을 향한 하나님의 약속을 강조했다. 하나님은 언약에서 자신을 향한 이스라엘의 헌신을 강조하셨다. 약속만 의지하고 헌신을 무시한 백성은 하나님의 법정에서 사망 선고를 받게 된다.

■ 진리 알기

- 하나님은 자기 백성이 하나님과의 언약을 성실히 지킬 것을 기대하신다.
- 죄는 뿌리 깊은 습관이 되어 죄인으로 하여금 자기 생활 방식이 스스로를 하나님의 심판대 앞으로 이끌고 간다는 것을 깨닫지 못하게 만들 수 있다.
- 말로 하는 믿음의 고백은 매일 진행되는 믿음의 삶을 통해 뒷받침되어야 한다.
- 정치적 선택은 종교적 바탕에 좌우된다.
- 참된 예배는 이방 종교의 요소가 예배 순서 안에 들어오는 것을 허용하지 않는다.
- 인간의 손은 보이지 않는 하나님을 만들어낼 수 없다.
- 하나님과의 언약이 하나님을 대적하는 이들과의 약속과 혼합되어서는 안 된다.

■ 적용하기

- 당신의 삶을 판단하되, 전통적인 종교 의식이 약속하는 것들이 아니라 하나님이 기대하시는 것을 기준으로 삼으라.
- 다른 어떤 종교도 헌신과 공의에 대한 하나님의 방식을 대체할 수 없음을 깨달으라.
- 하나님이 명하신 신실한 사랑, 공의 그리고 충성에 맞추어 자신의 목표를 설정하라.
- 자신의 정치적 신념, 행동 그리고 정책들을 하나님이 기대하시는 기준에 따라 점검하라.
- 종교적 전통과의 역사적 관계를 의지하지 말고, 사랑에 기초한 하나님과의 인격적 관계에 의지하라.
- 당신의 삶 가운데서 성경이 말씀하는 죄에 대한 비난과 심판의 경고를 심각하게 받아들여라.

삶의 적용

참된 종교인가, 거짓 경고인가?

앤 그레이엄 로츠(Anne Graham Lotz)는 그녀의 저서 「하나님의 이야기의 영광스러운 새벽(The Glorious Dawn of God' s Story)」의 한 장에 '그분은 공의를 거부하신다' 라는 제목을 붙였다. 그녀는 호세아와 이스라엘의 상호 관계를 언급하고 있는 두 이야기를 들려준다. 그녀는 미국의 '가장 훌륭하고 지적인 대학' 가운데 하나에 재직하고 있는 종교학 교수와 대담을 나누었다. 이 교수는 그녀가 세상의 다른 모든 종교에 의해 혼란을 빚고 있다고 말했다. 그녀는 인도로 여행을 갔다가 힌두교도들을 만났다. 그들이 보여준 너무도 선한 모습은 그녀에게 깊은 인상을 심어주었다. 그녀는 자기 할머니가 너무도 착한 이 사람들의 구원을 위해 왜 그렇게 오랫동안 기도해왔는지 스스로에게 질문을 던졌다.

로츠는 또한 자기와 두 딸들이 한 모텔에서 깊이 잠들었다가 깨어났던 일을 들려준다. 그녀는 침대 옆에 있는 알람 시계를 눌러 소리를 멈추게 하는 일을 계속 반복했다. 마침내 잠이 가득 들어 있는 눈을 억지로 뜬 그녀는 알람 소리가 시계에서 난 것이 아니라 벽에 달린 화재경보기에서 난 것임을 알게 되었다. 6층 창 밖으로는 소방차와 불길이 보였다. 그녀는 참사를 피하기 위해 두 딸과 함께 소방 호스에서 나오는 물로 온 몸을 적시고는 급히 계단을 통해 아래로 내려갔다.

이스라엘 역시 왜 다른 종교 행위가 그들의 종교를 보완해줄 수 없는지 의문을 가졌다. 호세아가 전파한 화재 경보는 잠에 빠진 이스라엘로 하여금 거짓 종교의 꿈에서 깨어나게 하지 못했다. 그리고 하나님의 심판의 경고는 그들의 귀를 아무 의미 없이 스쳐 지나갔다.

이스라엘과 마찬가지로 오늘날 교회 성도들도 다양한 종교 행위를 조금씩 맛본다. 우리는 그들을 '극동 종교' 혹은 '뉴에이지' 라고 이름 붙이기도 한다. 그들은 신비적인 명상에서부터 요가와 심령술 그리고 일정한 형태의 악마 숭배 등에 이르기까지 다양한 모습을 띠고 있다. 이들은 우리가 우리 부모로부터 배운 종교적인 신념을 대신하지 않는다. 다만 그것을 보충하고 '신' 에게 이르는 또 하나의 길과 이 땅에서의 평화와 안녕과 미래의 소망에 대한 또 하나의 보장을 제시한다. 만일 하나의 종교가 선한 것이라면 둘이나 셋이 모이면 더 선한 것이 분명하다고 생각하는 이들도 있다. 이스라엘은 오래전에 이 새로운 '종교적 셈법' 을 시도해보았고, 선지자들은 그에 대처해 백성들에게 전쟁이 일어났으니 깨어나라는 경고를 발했다.

하나님은 자기 백성에게 단 하나의 직무 설명서를 제시하신다. 그 안에는 더 많은 종교 행위가 들어 있지 않다. 다만 유일하신 하나님인 그분에 대한 헌신과 유일한 삶의 방식인 정의와 신실한 사랑에 대한 헌신만이 들어 있다.

기도

하나님 아버지, 우리는 우리가 너무 종교적임을 고백합니다. 우리는 새로운 종교적인 흐름과 행위에 눈을 돌리고 거기서 마음의 평화를 찾고 있습니다. 우리를 용서해주십시오. 우리로 하여금 당신을, 아니 당신만을 의지하도록 가르쳐주십시오. 우리의 귀를 열어 공의와 사랑을 향한 당신의 부르심을 듣게 해주십시오. 그리고 우리가 당신의 길을 좇을 때 우리와 동행해주십시오. 아멘.

심층 연구

A. 반역(8:1)

'반역하다' 혹은 '반역' (히. 파샤, pasha)은 히브리어 성경에 130회가 넘게 나오는 말이다. 이 말은 통치자에 대한 한 민족의 반란(왕하 1:1)을 가리킬 수 있다. 그러나 그보다는 하나님을 향한 이스라엘의 태도를 묘사하는 데 더 많이 사용되었다(렘 2:8, 29). 그런 하나님께 대한 반역은 하나님의 율법에 담긴 언약 명령에 순종하기를 거부하는 모습으로 나아간다.

B. 본문 문제(Textual Issues, 8-10장)

이 장들은 구약 가운데 가장 난해한 텍스트상의 문제를 포함하고 있다. 많은 주석가들은 이 장의 많은 구절들은 현재 나타나 있는 히브리어 사본 외에 다른 역본들을 읽을 필요가 있다고 본다. 그래서 종종 구약의 최초의 헬라어 역본인 70인역이나 다른 역본을 따르려고 선택하기도 한다. 그들은 때로는 하나의 히브리어 용어를 다른 어떤 구약 본문에서 정의하지 않는 방식으로 정의하려고 한다. 또한 자기가 생각하기에 더욱 의미가 통하도록 해석하기 위해 히브리어 본문을 살짝 변경하기도 한다.

호세아서를 연구하는 이들은 몇 가지 번역본을 비교하고, 해석자가 어떤 본문을 읽고 있으며, 그가 혹시 히브리어 본문을 어떻게 변경하고 있는지 확인하기 위해 대부분의 번역본에 달려 있는 본문의 각주에 주의를 기울이라는 조언을 듣게 된다. 우리의 본문 읽기는 거의 모든 부분에서 히브리 전통을 유지하기 위해 노력하며, 몇 가지 점에서 이 주석이 기본으로 사용하고 있는 NIV 성경과 다른 관점을 갖고 있다.

다음은 우리의 독법과 NIV 성경의 독법이 서로 다른 중요한 부분의 목록이다. 저자의 번역 안에 포함된 괄호는 히브리어 본문에 대한 변경을 가리킨다.

8:10: "비록 그들이 자신을 여러 나라에 값을 주고 팔았더라도 나는 이제 그들을 함께 모을 것이다. 그들은 강력한 왕의 압제하에서 쇠약해질 것이다" (NIV 성경).

저자: "비록 그들이 나라들 사이에 고용되었다라도 내가 이제 그들을 모을 것이다. 그들은 왕(과) 관원들의 짐으로 인하여 작아지기 시작할 것이다." 주: '고용하다' 와 '작아지다' 는 히브리어 본문의 애매함을 포함하고 있다. '강력한' 은 '관원' 에 대한 정확한 번역이 아니다.

8:13 상: "그들은 내게 바치는 제물을 드리고 그 고기를 먹지만, 여호와는 그것을 기뻐하지 않으신다" (NIV 성경).

저자: "내 사랑하는 제물, 그들은 고기를 제물로 드리고 먹는다. 야훼는 그것을 받아들이지 않으신다."

9:2: "타작 마당과 술틀은 백성을 먹지 못할 것이다. 새로운 포도주가 그들을 무너뜨릴 것이다" (NIV 성경).

저자: "타작 마당과 술틀은 그들을 기름지게(혹은 먹게, 방목하게, 보호하게, 목양하게) 하지 못하는 반면, 새로운 포도주는 그(즉 땅) 안에서 묽어질(누군가를 넘어지게 하다, 부인하다) 것이다." 주: 주요 히브리어는 여러 가지 의미를 갖고 있으며, 모호함이나 언어 유희에 사용된다. 마지막 대명사는 땅을 가리키는 단수이다. 마지막 동사는 적어도 사람들을 현혹시키거나 갈취하는 포도주의 힘을 언어 유희로 사용하고 있다.

9:6: "비록 그들이 멸망으로부터 피하더라도 애굽이 그들을 모을 것이며, 멤피스가 그들을 매장할 것이다. 그들의 은 보물은 찔레가 삼키고, 가시가 그들의 장막 위를 덮을 것이다" (NIV 성경).

저자: "결론적으로, 주목하라! 그들은 멸망으로부터 왔다(7:13, 10:14 참고). 애굽이 그들을 모을 것이다. 멤피스가 그들을 매장할 것이다. 그들의(그들이 받은) 은은 얼마나 값진 보물인가! 잡초가 그것들을 소유한다. 가시덤불이 그들의 장막을 넘을 것이다." 주: 히브리어 구문은 조건절(비록 ~할지라도)을 의미하지 않는 것으로 보인다(Duane Garrett, NAC 19A, 193). '주목하라' 에 담긴 힘을 놓쳐서는 안 된다. '피하다' 는 단순 완료 동사 '걷다' 이다. 히브리어는 NIV 성경에 사용된 '위를 덮다' 라는 동사가 사용되지 않았다. 잡초와 가시덤불은 보물 위를 덮지 않는다. 오히려 그들은 은의 대가를 치르고 죽음과 매장을 받는다.

9:7. “심판의 날이 온다, 청산하는 날이 가까이 있다. 이스라엘로 이것을 알게 하라. 왜냐하면 너희 죄가 너무 많으며 너희 못됨이 너무 커서 선지자는 바보로 여겨지고, 영감받은 자는 미친 사람으로 간주된다”(NIV 성경).

저자: “심판의 날이 온다. 보복의 날이 온다. 이스라엘은 안다. 선지자는 바보이다. 영의 사람은 미쳐 날뛴다. 이는 너희 죄, 엄청난 박해에 대한 벌이 크기 때문이다”(Gary Smith, NIV Applications, 137 참고). 주: NIV 성경은 동일한 히브리어인 ‘오다’, ‘많음’을 번역하면서 다양성을 추구한다. 나는 동사를 단순 과거 시제인 예언의 미래로 읽는다. 그리고 ‘이는’을 추가하여 이스라엘의 지식과 그 내용 사이의 연결을 놓치고 있는 문장 구조를 변형시켰다.

9:8: “선지자는 내 하나님과 함께 에브라임의 파수꾼이지만 덫이 그의 모든 길에 숨어서 그를 기다리며, 그의 하나님의 집에서 증오를 기다린다”(NIV 성경). 히브리 구절은 동사를 전혀 사용하지 않아서 해석이 어렵다. 한스 월터 울프(Hans Walter Wolff)는 8절 상반절이 “호세아서에서 가장 어려운 본문에 속한다”고 말한다(BKAT XIV1, 202).

저자: “에브라임의 파수꾼은 나의 하나님과 함께이다. 선지자는 그의(에브라임의) 모든 길에서 사냥꾼의 올무이다. 박해는 그의 하나님의(혹은 그의 신들의) 집 안에 있다.” 주: NIV 성경은 히브리어의 병행 구조를 놓치고 덫을 에브라임에 대한 위험이 아니라 선지자에 대한 위험으로 보았다.

9:13: 히브리어 본문은 그 난해함과 명확한 중의법의 사용으로 해석자들을 골탕먹이고 있다. “호세아 9장 13절은 어렵고, 암호로 쓰여진 본문이며 거의 모든 번역본에서 광범위하게 수정되고 있다”(Gary Smith, NIV Application, 139). 히브리어 본문은 문자적으로 이런 의미이다. “에브라임! 내가 본 것처럼 두로는 초장에 심겨졌으며 따라서 에브라임은 자기 아들들을 살해하는 자에게로 이끌어내진다.”

수정된 본문 독법에는 다음과 같은 것이 포함된다.

“나는 에브라임을 보았는데, 두로와 같이 목초지에 심겨졌다. 그러나 에브라임은 그 자식들을 도살자에게 이끌어낼 것이다”(NIV 성경).

“전에 나는 에브라임을 사랑스러운 목초지에 심겨진 어린 종려나무로 보았지만, 이제 에브라임은 도살자를 위해 그 자녀들을 인도해야 한다”〔NRSV(New Revised Standard Version) 성경〕.

"에브라임은 내가 본 바에 의하면, 목초지에 심겨진 어린 종려나무와 같다. 그러나 에브라임은 그 자녀를 도살자에게로 이끌어내야 한다" 〔ESV(English Standard Version) 성경〕.

10:5: "사마리아에 사는 사람들은 벧아웬의 송아지 우상을 경외한다. 그 백성들은 그것을 애도할 것이며, 그 영광에 기뻐하던 그 우상의 제사장들도 그렇게 할 것이다. 왜냐하면 그것이 옮겨져 포로로 잡혀갈 것이기 때문이다"(NIV 성경).

저자: "벧아웬(즉, 불의)의 송아지로 인하여 사마리아 주민들은 두려워한다. 실제로 그 백성들은 그것을 애도하는 반면 그 이방 제사장들은 그 주위에서 축하한다. 그것은 그들(혹은 그것)로부터 포로로 잡혀간 그 영광 때문이다." 주: 호세아는 구문론적 연결과 동사 형태 변화를 사용하는 가운데 또다시 자신의 말 가운데 이중 의미를 사용하여 다양한 번역과 해석이 나타나게 했다. '영광' 의 구문론적 연결과 의미는 본문에서 가장 어려운 문제를 불러일으킨다. 대명사의 선행사는 항상 명확하지 않다.

10:6: "그것은 위대한 왕에 대한 조공물로 앗수르로 옮겨질 것이다. 에브라임은 수치를 당할 것이다. 이스라엘은 그 나무 우상을 부끄러워할 것이다"(NIV 성경).

저자: "그것조차도 앗수르로 옮겨질 것이다. 그것은 위대한 왕의 공물이다. 오, 수치여! 에브라임 그는 데려갈 것이요, 이스라엘 역시 그 모사로 인하여 부끄러움을 당할 것이다." 주: NIV 성경은 강조 어구인 '조차' 를 빼놓았다. NIV 성경은 몇 가지 이유에서 히브리어 본문을 변경하여 히브리어 '모사' 대신에 '우상' 을 넣었다. '오 수치여' 는 NIV 성경에서처럼 에브라임에 대한 묘사가 아니라 선지자의 외침일 것이다.

10:11: "에브라임은 타작을 좋아하는 훈련된 암소이다. 그래서 나는 그 평평한 목에 멍에를 놓을 것이다. 나는 에브라임을 몰며, 유다는 밭을 갈고, 야곱은 땅을 부숴야 한다"(NIV 성경).

저자: "그러나 에브라임은 곡식 밟기를 좋아하는 길들여진 (혹은 솜씨 좋은) 암소이지만, 나는 좋은 것인 그 목에 (멍에)를 놓을 것이다. 나는 에브라임을 끌 것이다. 유다는 밭을 갈게 하라. 야곱은 스스로 써레질을 하게 하라." 주: 대부분의 해석자들은 필사가가 '위에(on)' 와 동일한 철자를 갖고 있는 '멍에(yoke)' 를 누락시켰다는 데 동의한다. NIV 성경은 '반면에 나는' 에 담긴 히브리어 구문론적인 신호를 무시하고 '그 스스로' 를 누락시켰다.

10:12. "너희를 위하여 의를 심고, 변하지 않는 사랑의 열매를 거두고, 갈지 않은 땅을 깨부수라. 이제 여호와를 찾을 때이다. 그가 오시고 의가 비처럼 너희에게 부을 때까지" (NIV 성경).

저자: "너희 스스로 의를 심어 거두라. 신실한 사랑의 기준에 따라 추수하라. 갈지 않은 땅을 스스로 깨부수라. 이제 야훼가 오셔서 의를 너희에게 비처럼 내리시기 전에 그를 찾을 때이다." 주: NIV 성경은 헬라어를 따라 '열매' 로 읽고 있는데, 히브리어에서는 나타나지 않는다. 이것은 사용된 전치사의 미묘한 차이를 놓친 것이 분명하다. '야훼를 찾을 때' 를 이끌고 있는 구문의 의미는 논란의 여지가 있다.

고안

A. 들어가는 글

1. '눈멀고 부끄러움당함' 이야기로 시작하라.
2. 배경 설명 : 이스라엘은 독립을 위하여 주전 734년에서 732년까지 수리아-에브라임 전쟁을 치렀다. 선지자는 이 패배를 염두에 두고 이스라엘의 문제를 설명하고 해결책을 제시하려 했다. 백성들은 가나안 족속을 흉내내어 바알을 섬기는 것이 아니라, 하나님을 사랑하고 그분의 길을 따라야 했다. 정말 그들은 여로보암이 벧엘에 세운 하나님의 집에서 하나님을 섬기는 일과 바알을 섬기는 일을 혼합시켜 서로 구별할 수 없게 만든 제사 의식을 그쳐야 했다. 더 많은 전쟁과 재앙이 암울하게 예고되어 있는 것은 이스라엘이 하나님이 기대하시는 신실한 사랑과 공의를 만들어내는 법을 배우지 못했기 때문이다.
3. 적용 : 8-10장에 이르는 긴 단락은 하나님이 1인칭을 사용하셔서 직접 발하신 경고와 선지자가 3인칭을 사용해 들려준 경고가 포함되어 있다. 그러나 두 가지 화법 모두 동일한 경고를 담고 있다. 이스라엘은 자신이 살고 있는 때와 자신이 섬기고 있다고 주장하는 하나님이 어떤 분인지 깨달아야 했다. 그들은 더 이상 그 어떤 대

적의 공격에서도 보호받는 하나님의 연인이 아니다. 오히려 그들의 역사는 하나님의 멸망을 받아 마땅한 죄와 반역의 역사로 읽혀져야 한다. 따라서 이 본문 전체는 '나는 더 이상 그들을 사랑하지 않는다' 는 제목으로 읽어야 한다.

B. 본문 이해

1. 언약 파괴자들에게 나팔을 불다(8:1-14)
2. 벌받아 마땅한 무리에게 잔치를 취소시키다(9:1-9)
3. 내가 더 이상 사랑하지 않는 이의 자식을 죽이라(9:10-17)
4. 왕이나 우상 없이 자기 책임을 지라(10:1-8)
5. 에브라임에게 멍에를 지워 그들이 정의를 보이게 하라(10:9-15)

C. 결론: '서로 다른 견해들' 을 읽어주라.

토의 질문

1. 옛 언약 아래 있는 하나님의 율법을 어기는 일에 대한 선지자의 경고가 새 언약 아래에 있는 그리스도인들에게 어떻게 적용되는가?

2. 무엇이 하나님으로 하여금 자기 백성을 향해 '기뻐하지 말라' 고 말씀하시게 만드는가?

3. 만일 하나님이 사랑과 자비와 용서의 하나님이라면, 어떻게 이스라엘에게 "혹 그들이 자식을 기를지라도 내가 그 자식을 없이하여 한 사람도 남기지 아니할 것이

라” (호 9:12)고 말씀하실 수 있는가?

4. 하나님은 이스라엘의 종교 의식이 죄악된 것임을 강조하셨다(호 8:11). 하나님이 당신 교회의 예배를 보실 때 죄악 된 것으로 보실 수 있는 것이 있다면 무엇이겠는가?

5. 당신의 교회가 주님을 찾고 의의 씨를 뿌리기 위해 행하는 것은 무엇인가?

호세아 11:1-13:16

내가 사람이 아니요 하나님이라

"구약은 많은 경우 하나님을 왕이나 아버지 같은 서로 다른 두 가지의 대체 이미지로 그리고 있다. 하나님이 주로 왕으로, 율법의 담지자로 여겨질 때는 하나님의 정의가 강조된다. 하나님을 변함없이 공의로우신 분, 자신의 정당한 명령에서 벗어나는 것을 조금도 용납하시지 않는 분이 아닌 다른 어떤 분으로 생각한다는 것은 있을 수 없는 일이다. 그러나 그분이 아버지로 여겨질 때는 인정 많은 분이 아니라는 생각은 결코 할 수 없게 된다. 기독교는 이 두 가지 모습으로 인하여 빚어지는 피할 수 없는 모순과 긴장에도 불구하고 이 두 가지를 함께 끌어안고 있다. 왜냐하면 우리는 습관적으로 이렇게 기도하고 있기 때문이다. '하늘에 계신 우리 아버지여… 나라가 임하옵소서.'"

- 헨리 맥키팅(Henry McKeating)

하나님은 자기 백성의 미래를 놓고 스스로 논쟁을 벌이신다. 하나님은 그들과 함께하신 역사를 회상하시며, 애굽에서 구해 내신 일, 사기꾼 같은 야곱의 출생과 벧엘에서의 경험 그리고 가나안 정복 이후 에브라임의 리더십을 생각하신다. 하나님은 또한 자기 백성의 죄의 역사를 돌이켜보신다. 그래서 하나님은 자신의 절절한 대응이 무엇인지 스스로 물어보신다. 인간은 에브라임에게 그 멸망에 대한 책임을 묻는다. 그러나 그분은 사람이 아니라 하나님이시다. 그분은 무엇을 하실 것인가?

들어가는 글

사내아이에요!

"사내아이에요." 나는 그 의사의 말이 가져다준 느낌을 결코 잊지 못할 것이다. 하나님은 우리에게 건강한 자식을 낳는 복을 주셨다. 산모와 아기 모두 건강했다. 나는 내 손에 들려진 그 작은 생명을 두고 어찌할 바를 몰랐다. 그 생명은 내 손 위에서 내가 자기를 어떻게 빚어낼지를 기다리고 있었다. 내가 이 임무를 잘해낼 수 있을까? 이 아기를 어떻게 대하지? 이 아기가 내가 원하는 대로 행동하지 않으면 어떻게 대해야 할까?

이제 여러 해가 지난 지금, 나는 경험을 통해 그런 질문을 제기한 이유를 알게 되었다. 나는 여러 차례 이 상황에서 내가 어떻게 해야 하나? 하는 질문을 제기했다. 우리 자녀들과 관련된 그런 경험은 나로 하여금 하나님을 더 잘 이해할 수 있게 도와주었다. 왜냐하면 그분 역시 '내가 어떻게 너를 포기할 수 있겠니?' 라고 물어보게 만드는 자녀들이 있기 때문이다. 호세아는 하나님이 자기 백성의 이야기를 재연하시고, 그들에 대한 애착으로 고민하는 내면의 갈등을 그려내고 있다. 그들의 죄는 그분을 분노하게 만들고, 그분에게 아픔을 가져다주었지만, 그분의 사랑은 이 모든 것을 이겨낸다.

본문 이해

내가 사람이 아니요 하나님이라

Main Idea	하나님은, 그 백성을 향한 사랑 안에서는 그 자녀들에게 가능한 모든 것을 해주고 싶어하시지만, 거룩한 공의 안에서는 그들이 하나님께 순종하기를 거부하면 징계하셔야 한다는 사실을 잘 알고 계신다.

A. 사랑의 하나님과 혐오스러운 백성(11:1-12)

Supporting Idea	하나님은 거짓말하는 백성들을 어떻게 다루면 좋을지 스스로 사랑 안에서 논쟁을 벌이신다.

11:1. 하나님은 규칙을 지키지 않는 자녀에 대한 올바른 처분에 관하여 스스로 논쟁의 중심 무대에 서신다. 그분은 '나는 나의 가장 좋은 것을 제공했다' 고 선언하신다. 아마도 그것은 한 아버지가 과거를 되돌아보며 말하고 싶은 전부일 것이다. 아버지는 자녀와의 관계에서 "나는 내가 할 수 있는 모든 것을 다 했다"라고 말하기를 원한다. 하나님 아버지는 아직 어린 아들 이스라엘을 바라보시며 자신의 가장 좋은 것을 주었다고 확실히 말씀하실 수 있을 것이다. 그분은 이스라엘을 사랑하셨다. 애굽에서의 경험은 하나님이 아무것도 아닌 사람을 택하여 강력한 한 나라를 만드셨음을 입증하고 있다. 그분은 세상에서 가장 강력한 나라에도 하나님과 같은 능력이 없음을 보여주셨다.

11:2. 그러나 그 자녀는 그렇게 잘 자라지 못했다. 그는 다른 신들에게 풋사랑을 느꼈다. 이스라엘이 정확히 어떻게 했는지는 본문을 어떻게 읽느냐에 달려 있다. 히브리어 본문은 문자적으로 이런 의미이다. "그들은 그들을 불렀다. 그래서 그들은 그들 앞에서부터 멀리 걸어갔다." 헬라어 70인역은 이런 의미이다. "내가 그들을 부른 만큼 그들은 내 얼굴에서 멀어졌다." NIV 성경은 70인역을 따르고 있다. '앞에서부터' 의 의미는 어렵지만, 분명히 이스라엘이 바알의 부름을 듣고 그들에게 갔으며 이어서 그들 앞을 떠나 자신의 삶을 계속했다는 의미이다.

그러므로 이스라엘은 단순히 종교 의식과 제사에만 주의를 기울인 것이 아니라(호 4:13-14, 6:6, 8:13, 9:4) 잘못된 대상을 섬기기까지 했다. 새긴 우상은 불에 태우거나 찍어 버려야 했다(신 12:3). 그것은 이방 민족들이 예배하는 방식으로, 하나님이 함께 나누기를 거절하시는 방식이며(사 42:8), 하나님으로 하여금 이스라엘을 벌하게 만든 방식이다(미 1:7). 그러나 이스라엘 역사 가운데는 그런 새긴 우상이 산재해 있었으며(사 10:10), 이스라엘은 그것을 섬기는 것과 여호와를 섬기는 것을 혼합시켰다(왕하 17:41). 그것은 하나님을 진노케 했다(시 78:58). 그분은 이스라엘이 그 우상들을 멀리 던져버릴 날을 기대하셨다(사 30:22).

11:3. 그럼에도 불구하고 하나님은 뒤돌아서지 않으셨다. 그분은 갓난쟁이를 팔로 안

으시고 그 아이에게 걸음을 가르치셨다. 그분은 약한 아이를 보살피시고, 아이들의 모든 병을 치료하셨다(신 32:39). 그 하나님의 모습은 부모가 자신의 무릎을 꿇은 채 아이가 걷는 것을 도와주며, 소아과 의사가 적절한 처방으로 아이의 기침을 멈추게 하는 것과 같은 모습이다. 하나님은 이스라엘을 위해 할 수 있는 모든 것을 하셨다. 그러나 이스라엘은 그것을 알지 못했다!

11:4. 모습을 바꿔보자. 하나님이 농장의 동물들을 돌보는 농장 주인이라고 생각하자. 하나님은 동물들이 갖고 있는 그 어떤 감정도 뛰어넘는 사랑으로 자기 백성을 보살피신다. 하나님은 사람의 줄을 사용하셨다. 하나님은 결코 신적인 위엄과 능력을 통하여 사람들이 순종하도록 강제하지 않으셨다. 그 대신 그분은 우리의 세상에 들어오셔서 농부가 그 일하는 곳으로 동물들을 이끌듯이 우리에게 사람의 줄을 내미시고 우리를 인도하셨다. 그러므로 그 줄은 사랑의 줄이다. 하나님은 단지 자기 백성과 동물을 구분하신 것이 아니다. 하나님은 멍에가 동물의 머리나 입에 너무 빡빡하게 매여 있는 것을 알고 그것을 조정하여 더욱 편하게 만드는 농부와 같은 분이시다. 하나님이 저희 앞에 먹을 것을 두기 위해 몸을 굽힌다는 말은(우리말 성경에는 번역되어 있지 않음 - 역주) 그분이 그들을 부드럽게 대한다는 의미이다. 그분은 동물들이 필요로 하는 모든 것을 제공하셨다.

이스라엘은 이 동물 그림과 완벽하게 들어맞는다. 그들은 끊임없이 이방 주인들을 환영했고, 이방 통치자가 공물과 노예라는 멍에를 자기 등에 지우는 것을 허락했다. 이스라엘은 귀머거리 동물에 지나지 않는가? 그것은 중요하지 않다. 비교할 수 없는 하나님의 사랑은 동일하게 남아 있었다.

11:5. 호세아는 이스라엘의 역사에서 현재로 재빨리 이동한다. NIV 성경이 이 구절을 의문문으로 번역한 것은 이해가 되지 않는 부분이다. 하나님은 질문하지 않으신다. 하나님은 선언하신다. 이스라엘은 앗수르를 섬기거나 앗수르 군대에게 멸망당하는 것을 피하기 위해 애굽과 조약을 맺으려 했다. 하나님의 계획은 달랐다. 그분은 애굽 땅으로 다시 가지 못한다고 선포하셨다. 오히려 앗수르 사람이 그 임금이 될 것이다. 하나님은 이스라엘에게 이 판결을 내리신 동기를 설명하셨다. 이스라엘은 하나님께 돌아오기를 거절했다. 여기서 호세아는 드러내놓고 회개를 말하는데, 이것이 선지자가 선포한 것의 진정한 목적이다.

하나님이 호세아로 하여금 자기 아내를 훈련시켜 그녀가 그를 향한 신실한 사랑과 정절로 돌아오게 한 것처럼, 자기 백성에게 이방 신들과 죄악 된 길에서 돌이켜 자기에게 돌아오라고 경고하셨다. 그러나 이스라엘은 거절했고, 하나님은 그에 걸맞는 판결을 선고하셨다. 때때로 반항하는 자녀는 아버지의 징계를 맛보아야 한다.

11:6. 히브리어 본문은 다시 번역자에게 문젯거리를 던져준다. 대부분의 문제는 히브리어 '바드 (bad)' 와 관련되어 있다. 이 말은 '몫, 회원, 외로움, 기둥을 나르다, 포도나무 가지, 천 조각, 수다떨기 혹은 뽐내기' 그리고 '신탁의 제사장이나 예언자' 를 의미한다. 이 말이 문의 빗장이 아니라 '뽐내기' 라는 의미를 갖는다면, 히브리어 본문의 문자적 의미는 이렇게 해석하는 것이 가장 옳을 것이다. "칼들이 그의 성읍 안에서 휩쓸 것이며, 그들은 자기 자랑을 그칠 것이다. 그들은 그들의 계책을 허비할 것이다."

10장에서와 마찬가지로 전쟁터의 모습은 자기 백성에 대한 하나님의 심판을 묘사하기 위한 것이다. 이것은 앗수르 왕에 대한 이전 언급을 통해 미리 예비된 것이다. 여기서의 모습은 그 마지막 무대, 즉 이스라엘 민족을 멸망시키는 전투를 위해 마련된 것이다. 그 백성에 대한 하나님의 사랑은 마침내 심판을 가져오는 강인한 사랑으로 변했다. 그리고 그 사랑은 그분으로 하여금 사랑과 정이 많은 아버지와 자기 동물들을 보살피는 농부와 관련된 말로 자신을 설명하도록 했다. 이스라엘은 그 지혜나, 종교나, 정치나, 정치적 술책을 자랑할 더 이상의 근거를 갖지 못할 것이다. 모든 계책은 실패할 것이다. 앗수르는 이스라엘의 정치 제도를 무너뜨릴 것이다.

11:7. 분명히 하나님의 백성은 결심한 것처럼 하나님께로부터 멀어지는 습관을 갖고 있다. 그들은 그분을 위에 계신 자라고 부르지만, 하나님은 그들의 짐을 들어주기 위해 아무 행동도 하지 않으신다. 하나님을 어마어마한 호칭으로 부르는 것은 일상에서 하나님을 무시하는 이들에게 아무 의미가 없는 일이다.

11:8. 하나님은 고비의 순간을 맞이하셨다. 그분은 선택을 하셔야 했다. 마지막 재판장으로서 자신을 드러내고 자기 백성에게 벌을 내리실 것인가, 아니면 구원 계획을 실행하실 것인가? 하나님의 속성 가운데 정의가 승리할 것인가 아니면 사랑이 승리할 것인가? 여기서 우리는 하나님이 압도적인 증거를 받아들이시고 자기 백성에게 사망을 선고하는 것을 피하려고 애쓰는 모습에서 하나님의 사랑의 깊이를 보게 된다. 호세아는 스스로 논쟁을 벌이시는 하나님의 모습을 그리고 있다. 어떻게 하나님이 자기 백성

을 다른 신을 섬기는 다른 민족에게 보내실 수 있다는 말인가? 어떻게 그분이 그들을 소돔과 고모라의 위성 도시인 아드마와 스보임처럼(신 29:23) 역사 가운데 겨우 각주로 남게 되는 운명에 처하게 하실 수 있는가?

사랑하는 자녀 때문에 괴로워하는 아버지의 말에 귀를 기울여보라. 나는 네가 어렸을 때 너를 키웠다. 나는 네게 걸음마를 가르쳤다. 나는 내 모든 것을 네게 주었다. 나는 너를 애굽에서 구해냈다. 나는 네게 정치적 힘을 주었다. 나는 네가 세상을 구원하는 데 도구가 될 것이라고 믿었다. 오 이스라엘아, 내가 네게 무엇을 할까? 나는 네게 벌을 주어야만 한다. 너는 사망 선고를 받아 마땅하다. 너는 사랑하고 회개하라는 내 부름에 대답하기를 거절했다. 그 대신 포로가 되라는 앗수르의 부름에 응답했다. 그러나 내가 어떻게 너를 보낼 수 있겠느냐? 내 안에 동정심이 차오르는구나. 내 마음이 내 속에서 돌아섰도다!

11:9. 하나님은 마음을 정하셨다. 그리고 '나는 그것을 실행할 수 없다' 고 선언하신다. 나는 그것을 집행하지 않을 것이다. 이스라엘은 죽지 않을 것이다. 나는 너를 포기할 수 없다. 내 분노가 승리하지 않을 것이다. 오 이스라엘이여! 나는 너를 너무도 사랑한다. 사랑은 내 삶의 중심이다. 다른 누군가가 말하거나 묻는 것이 문제가 되는가? 그렇지 않다! 나는 냉정하다. 내 사랑이 승리할 것이다. 긍휼이 내 가슴에서 불탄다. 왜 다른 행동을 생각하는가? 나는 내 백성에게 내 사랑을 보일 것이다. 이것이 내 마지막 말이다.

그러나 하나님이 앞에서는 자기 백성을 끔찍한 모습으로 설명하신 뒤에 이제 와서 이런 행동을 보이신 것을 어떻게 정당화할 수 있는가? 어떻게 그분이 결정을 하시고 이어서 그것을 파기할 수 있는가? 그분은 하나님이시기 때문이다. 인간은 하나님을 심판할 기준을 갖고 있지 않다. 그분은 옳은 것과 그른 것을 구별하는 기준을 제시하신다. 하나님은, 너는 이런 조건에서는 반드시 이것을 하고, 또 이것만 하라고 말하는 법률 제도를 통하여 살아 계시는 분이 아니시다. 그 거룩한 자는 전혀 다른 분이시다. 그분은 자신의 본성이 행동하라고 하는 대로 행동하신다. 그분은 자기 행동을 정당화하기 위해 우리에게 물어볼 필요가 없으시다. 그러므로 그분은 에브라임을 멸하지 않으실 것이다.

11:10. 따라서 여기서 하나님은 심판이 자기 백성을 향한 최후의 판결이 될 수 없다고 결정하신다. 범죄하고 처벌받은 하나님의 백성들에게 하나님의 사랑의 목소리가 전

국에 걸쳐 메아리친다. 그 부르심은 하늘의 임금이신 하나님께로부터 오며, 백수의 왕인 사자의 부르짖음과 닮았다. 땅의 사람들은 하늘의 부르짖음을 무시할 수 없다. 사람들은 듣고 응답한다. 그들은 호세아 11장 2절에서처럼 멀어지는 것이 아니라 여호와를 좇는다. 그들은 돌아오며, 하나님은 그들을 위한 집을 이미 예비해두셨다.

여기서 낯설고 예상하지 못했던 낱말이 서편이다. 애굽은 이스라엘로부터 약간 서쪽이지만, 보통 남쪽에 있다고 간주된다. 서편은 문자적으로 '바다' 이며, 알려지지 않은 방대한 지역을 가리킨다. 하나님이 내리신 벌은 너무도 극심하여 최소한 이스라엘 몇몇은 거대한 미지의 곳으로 도망했다. 하나님의 사랑은 모든 것을 망라하기 때문에 하나님은 이스라엘에게 돌아오라고 부르신다. 심지어 아무 희망도 없이 미지의 서편 광야에서 길을 잃어버린 이들까지도.

11:11. 이스라엘의 정체성은 출애굽에서 비롯되었다. 즉, 하나님이 이스라엘을 애굽의 홍해에서 구하신 사건이다. 하나님은 두 번째 출애굽을 준비하셨다. 그것은 앗수르와 애굽 모두로부터이다. 이스라엘은 겁먹은 새처럼 날개치며 집으로 돌아올 것이며, 하나님은 다시 그들을 그들의 집에 머물게 하실 것이다. 약속의 땅이 또다시 약속의 백성의 집이 될 것이다.

11:12. 새로운 구원을 약속하신 하나님은 장님이 아니시다. 그분은 자신의 약속을 받은 백성이 누구인지 아신다. 그들은 변하지 않았다. 그들은 사기꾼이다. 그들은 모두 거짓을 말한다. 이 구절의 하반절은 여러 가지의 번역과 해석이 가능하다. 이렇게 번역할 수 있다. "그러나 유다는 여전히 하나님과 함께 자유롭게 돌아다니며, 그 거룩한 이들과 함께하면서도 신실하다." '거룩한 이들' 은 하나님의 신실한 백성일 수 있다. 그래서 호세아는 유다가 여전히 하나님과 함께 걸으며 신실한 성도들, 혹은 거룩한 백성들과 함께 머문다고 말하는 것일 수 있다. 이들은 이스라엘과 선명한 대조를 이루며 이스라엘로 하여금 유다를 본받으라는 강력한 초대가 된다. 그러나 '하나님' 을 가리키기 위해 사용된 낱말은 '엘(El)' 인데, 이 말은 가끔씩 이방 신을 나타내는 데 사용되었고, '거룩한 이들' 은 천사나 우상일 수 있으며, 이 경우 호세아는 유다가 이스라엘과 마찬가지로 하나님께로부터 떠나 엘(El)에게로 방황하고 있고, 야훼가 아니라 우상이나 천사들에게 신실하다고 말하는 것이 된다.

B. 역사에는 솔직하나 하나님께는 아니다(12:1-14)

Supporting Idea	거짓과 기만의 역사에 진실한 것은 하나님과 그분의 신실하심에 진실하지 않음을 의미한다.

12:1. 하나님은 에브라임의 주요 범죄를 나열하신다. 하나님은 에브라임이 무익한 행동에 전념한 것을 비난하신다. 그들은 바람을 안내하거나 다스리려고 했다. 그들은 동풍을 붙잡아 그것을 주관하려고 따라갔다. 그런 무익한 행동은 경제적, 군사적 이익을 얻으려고 이방 나라와 맺은 이스라엘의 정치적, 경제적 거래와 마찬가지의 의미를 갖는다. 앗수르와의 계약(혹은 조약)은 분명 보호를 받기 위해 조공을 바치겠다는 군사적 합의를 가리키며, 그런 조약은 그 나라의 신의 이름으로 맺어졌을 것이다. 애굽에 기름을 보내는 것은 애굽과 거래 활동에 접어들거나 조공을 바치는 것을 의미할 수 있다.

두 가지 행동 모두 하나님께 대한 반역을 나타낸다. 그분은 이스라엘이 언약을 맺을 수 있는 유일한 분이며, 이스라엘에게 경제적 자원을 공급하시겠다고 약속할 수 있는 유일한 분이시다. 여기서 창기 이스라엘은 정치적, 경제적 삶의 위협으로부터 자신을 지키기 위해 먼저 한 애인을 구하고 이어서 또 다른 애인을 구하고 있다.

12:2. 그래서 하나님은 자기 백성인 유다에 대해 법적인 논쟁 혹은 소송을 거신다. 여기서 유다는 이스라엘과 다르게 나타난다기보다 같은 부류로 나타나고 있다. 유다에 대한 소송은 야곱에게 벌을 가져온다. 여기서 야곱은 이스라엘을 가리키기 위해 사용되었는데, 그 다음 본보기가 족장 야곱의 삶으로부터 나올 것이기 때문이다. 야곱의 벌은 그가 걸은 길과 그의 행동에 대한 대가가 될 것이다. 하나님은 분명한 증거를 근거로 벌을 내리신다.

12:3. 창세기에 나타난 야곱의 생애가 간략하게 보고되지만, 그 행동의 긍정적인 면이나 부정적인 면에 관해서는 아무런 해석이 따르지 않는다. '발꿈치를 잡다' 는 야곱과 동일한 기본 자음을 가진 히브리어 '아캅('aqab)' 을 나타낸다(창 25:26, 27:36 참고). 겨루다(히. 야사르, yasar)는 이스라엘이라는 이름과 동일한 자음을 사용하고 있다. 하나님과 겨루기, 혹은 씨름하기는 창세기 32장 28절의 얍복 강에서의 신비스러운 장면 가운데 묘사되어 있다. 하나님의 형상을 가진 사람과의 씨름은 야곱에게 이스라엘이라는 새로운 이름을 가져다주었다. 장년에로 번역된 히브리어는 문자적으로 '그 힘으로' 이

다. 이것은 태 속의 아이의 연약함과 대조적인 남자다운 강함을 가리키는 것이다. 이것과 동일한 말이 무익함(호 12:11), 불의(호 6:8) 그리고 거짓 예배(호 10:8) 가운데 나타난 사악함을 가리키기 위해 사용되었다.

12:4. 창세기에서처럼, 씨름 시합은 하나님과 또한 천사와의 다툼 모두를 묘사한다. 그는 울며 그에게 간구하였다는 창세기 32장 29절의 야곱의 기도에 대한 해석이거나 창세기 33장 3-4절에서 자기 형 에서를 앞에 둔 야곱의 두려움을 포함시키기 위한 이야기의 확장판일 수 있다. 여기서 우리는 또다시 야곱의 강함과 약함 모두를 보게 된다. 그는 창세기 28장 10-22절의 사다리 환상 가운데 벧엘에서 하나님을 만났다. 따라서 야곱 이야기는 갈등, 약함, 기만 그리고 승리와 하나님과의 친밀함에 대한 이야기이다.

12:5. 선지자는 잠시 멈추어 청중들에게 이 하나님이 어떤 분이신지 상기시키고 있다. 그분은 가나안의 신들 가운데 하나이거나, 앗수르의 승리의 신들과 혼동될 분이 아니시다. 그분은 만군의 하나님(God of Hosts), 전능하신 하나님(God Almighty)이시다. '만군의 하나님' 이라는 호칭은 이스라엘이 지상에 있든(사 31:4), 하늘에 있든(창 2:1의 '만물' 은 문자적으로 '그 모든 무리, 군대' 를 가리킨다) 그의 군대를 지휘하는 대장이신 하나님을 가리킨다. 이스라엘은 자신들의 싸움을 싸우시고 자기 민족을 지으신 하나님의 능력을 망각했다. 이스라엘은 이 하나님을 그들의 대적이 믿는 여러 신들과 혼동했고, 그 신들에게 동등한 능력과 영향력을 부여했다. 이스라엘은 하나님이 그들 가운데 어떻게 기억되고, 어떤 이름으로 불리는지 기억해야 했다. 다른 어떤 신도 땅과 하늘의 군대를 지휘하지 못한다.

12:6. 이스라엘은 하나님의 정체성을 망각했을 뿐 아니라, 그들을 하나님의 백성으로 만든 특징도 망각했다. 그들이 하나님의 백성이 되려면 반드시 하나님께 돌아오거나 회개해야 했다(호 6:1, 7:10 주석 참고). 거룩하신 하나님은 거룩한 백성을 요구하시므로 하나님께 돌아간다는 것은 그분이 요구하시는 거룩한 생활 방식으로 돌아가는 것을 의미한다. 이 삶의 방식에는 신실한 인애(love, 히. 헤세드, chesed)와 공의(히. 미쉬파트, mishpat)가 포함된다(이 용어들에 관해서는 호 2:19 주석 참고).

호세아는 다른 사람들과의 삶의 방식을 요약한 다음, 독특한 방식으로 하나님과의 관계를 요약한다. 항상 너의 하나님을 바라볼지니라(혹은 '기다리라', NIV 성경). 이 일에는 다른 모든 신은 배제하고 오직 '너의 하나님' 이신 이스라엘의 하나님만 포함된다.

이것은 이스라엘이 처한 상황을 보여준다. 그들은 다른 누군가가 그들의 어려움에 대한 해결책을 제공하기를 기다려야 하는 상황에 처해 있다. 그들은 자신의 유한함과 하나님의 무한하심을 잘 알고 있고, 자신의 어려움을 충족시킬 방법이 전혀 없다. 유일한 희망은 하나님께 있다(시 130:5). 이 희망은 하나님이 그들의 문제를 해결하기 위해 간섭하시기를 바라는 것이다. 궁극적으로, 이 희망은 예수 그리스도와 부활 소망에 대한 그분의 약속 가운데 성취되었다.

12:7. 갑자기 이스라엘에 대한 책망이 역사 속의 야곱으로부터 현재 이스라엘의 경제적인 관행으로 그 방향이 전환되었다. 그들은 야곱의 속임수를 그대로 따랐다. 상고(상인, 개역개정)는 히브리어로 가나안 사람을 가리키는 가장 기본적인 의미로 사용된 말이다. 그래서 이스라엘이 한 사람의 가나안 사람으로 묘사되고 있는 것이다. 이 상인은 물건을 팔 때는 무겁게 나가고, 살 때는 가볍게 나가는 저울을 사용하였다(암 8:5). 그는 고객들을 차별하거나 착취하기를 좋아했는데, 그들은 대부분 이미 가난과 빚에 허덕이고 있었다. 하나님은 이런 일을 증오하시며(미 6:11), 자기 백성들이 그와 다르게 행동하기를 기대하신다(레 19:36).

12:8. 그런 관행은 에브라임으로 하여금 자신이 부자 혹은 재물이 많다는 것을 자랑하게 했다. 이스라엘은 자신에 대한 비난을 알고 있었고, 자신을 변호해줄 증인을 찾아갔다. 그들은 자신의 재물을 잘 알았다. 그들은 다른 사람들이 질투하고 있다고 느꼈다. 왜냐하면 자신의 행동에서 아무런 죄책감도 느끼지 않았고, 아무런 죄도 보지 못했기 때문이다.

12:9. 하나님은 이스라엘에게 그 이름의 기원이 된 조상 야곱/ 이스라엘에 관한 역사적 교훈을 주셨다. 이제 하나님은 그들에게 하나님 자신의 역사를 상기시키신다. 그분은 그들을 애굽에서 구해내시는 가운데 그들의 하나님이 되셨다(출 1-15장). 그분은 출애굽에서 자신의 구원 행위를 기억할 수 있는 방법을 제정하셨다. 그 가운데는 이스라엘이 장막 가운데 살았던 광야에서의 경험을 되새기는 초막절 혹은 장막절이 있다(레 23:34-43). 호세아는 이렇게 장막 안에서 사는 것이 이스라엘의 영원한 존재 방식이 될 것이라고 선언했다.

12:10. 이스라엘은 변명할 수 없었다. 그들은 알지 못했다고 호소할 수 없었다. 하나님은 거듭 강조해서 자신의 뜻을 전하셨다. 하나님은 여러 선지자에게 말씀하셨는데, 수

용 수단으로는 일반적인 선지자의 이상을, 가르치는 방식으로는 비유 혹은 비교하는 말을 사용하셨다. 하나님은 말씀하셨지만, 이스라엘은 선지자를 하나님의 영감을 받은 대언자로 인정하기를 거부했다.

12:11. 하나님은 새로운 증거를 제시하신다. 길르앗이 불의하기 때문에 그 백성들은 거짓되다(혹은 헛되다 - 바른성경, 쓸모가 없다 - 쉬운성경, 무가치하다 - 현대인의 성경). 길갈에서는 수송아지로 제사를 드렸다. 그들의 제단마저 밭이랑에 쌓인 돌무더기 같았다(호 4:15, 6:8, 9:15 주석 참고). 이스라엘이 수리아 그리고 최종적으로 앗수르와 정한 경계는 불의했다. 그래서 하나님은 그것을 지켜주실 이유가 없으셨다. 그분은 그것에 아무런 가치를 두지 않으셨다. 길갈의 제사는 하나님이 금지하신 것을 어겼다(호 4:15). 농사짓는 밭 가운데 놓여서 제단으로 사용된 그들의 돌무더기는 하나님이 택하신 장소에서만 제사를 드리라는 하나님의 명령을 어겼다. 하나님은 정치와 경제 분야뿐 아니라 종교에서도 증거를 찾으셨다. 이스라엘에게는 아무런 부재 증명이나, 변명이나, 희망도 없었다.

12:12. 호세아는 다시 야곱의 생애로 돌아간다. 이스라엘의 원래 조상인 그에게로 가지만 여기서도 아무런 언급이나 해석을 하지 않는다. 자기 형 에서를 분노하게 만든 야곱은 수리아, 혹은 아람 들로 도망하였다. 그는 그 이방 나라에서 목자로 일하면서 아내를 얻었다(창 27:43-29:30). 그래서 이스라엘은 자기 조상을 자랑할 수 없다. 그는 아무런 땅도 소유하지 못했고, 너무 가난해서 아내를 맞이할 때 신부 지참금도 지불하지 못했으며, 너무 순진해서 장인에게 속임을 당했고, 사회적으로 너무 미미해서 목자라는 천한 일을 했다.

12:13. 또다시 하나님은 이스라엘과 자신의 역사를 증언하신다. 그분은 일찍이 이스라엘에게 그들의 죄를 알리고, 그 죄에 대해 변명할 수 없도록 선지자 직분을 강조하셨다. 이제 그분은 이스라엘을 애굽에서 인도하여 내고 그들을 보호한 모세를 선지자와 동일시함으로써(신 18:15) 그 직분을 더욱 강조하신다. 호세아는 호세아 12장 12절에서 양을 치는 야곱을 말할 때와 여기서 선지자가 이스라엘을 보호하는 것을 말할 때 동일한 히브리어를 사용하고 있다. 호세아는 모세와 같은 선지자로 자기 세대를 돌보았지만, 이스라엘은 그 세대의 미미한 야곱처럼 사람이 아니라 양만 보살폈다. 하나님은 이스라엘에게 필요한 선지자를 베푸셨지만, 이스라엘은 그의 직분을 받아들이거나 하나

님의 사랑을 인정하려 하지 않았다.

12:14. 하나님은 이 증거를 한 문장으로 요약하신다. 에브라임은 고통 가운데 슬퍼했다(혹은 하나님을 격노케 했다). 히브리어 본문에는 구체적인 목적어가 명시되지 않았기 때문에 화가 난 대상이 선지자일 수도 있고, 하나님 자신일 수도 있다. 이 모호한 표현은 의도적인 것일 수 있지만 하나님의 분노가 그 중심에 있는 것이 분명하다.

마지막으로, 하나님은 판결문을 선포하신다. 에브라임의 주인(Master) 혹은 주(Lord)께서는, 그들의 언약 파트너인 하나님이 아니라 자신의 종에게 피 값을 지불하게 하실 것이다. 이것은 사형 선고를 받아 마땅한 범죄이다. 주인은 에브라임이 하나님께 수치를 당하게 한 것을 정확하게 갚으실 것이다. 그들은 하나님이 그들을 위해 행하신 것과 선지자들을 통해 가르치신 것들을 조롱하거나 멸시했다. 이스라엘은 자신의 조상인 야곱의 본을 그대로 따랐다. 그들은 정치, 경제, 종교로 하나님께 불순종했다. 그들은 사형 선고를 받아 마땅하며 그것을 받게 될 것이다.

C. 하나님의 긍휼이 사라지고 사망이 집어삼키다(13:1-16)

Supporting Idea	죄는 결국 긍휼과 구원의 하나님께로부터 사망 선고를 가져오게 된다.

13:1. 사사 시대 때 에브라임은 다른 부족들 앞에서 자신의 지도력과 능력을 내세우려고 했다(삿 8:1). 그리고 여로보암 2세 때 다시 북왕국 이스라엘은 그 영토와 영향력을 확장시켰다(왕하 14:26-27). 그 기간 동안 에브라임의 목소리는 다른 부족이나 민족들을 두려움에 떨게 했다. 호세아는 다른 에브라임, 죽은 에브라임의 모습을 그린다. 이 부족과 민족의 죽음을 불러일으킨 것은 무엇인가? 그들은 바알과 연애함으로 범죄하였고 그 벌을 받은 것이다(호 4:15, 5:15, 10:2).

13:2. 그러나 이제 호세아는 그 밖에 에브라임에 일어날 수 있는 것에 대해 두려움과 놀라움을 격발한다. 한 번의 연애로는 충분하지 않다. 그 백성은 계속 범죄를 저질렀다. 그들은 하나님이 명하신 대로 그것을 깨뜨리는(민 33:52) 대신 자기 마음속에 우상을 만들었다. 따라서 그들은 하나님의 율법에 불순종하고(출 34:17), 신명기 27장 15절의 저주를 스스로 초래했다. 그 재주와 실력을 여호와께 드려야 하는 사람인 장색은 그 대신

그 솜씨를 거짓 신들과 그들이 만든 것을 섬기는 데 바쳤다.

어떤 번역은 인간 희생 제물을 언급하지 않는데, 우리는 본문의 끔찍한 진술 앞에서 물러서면 안 된다(한글 번역본에서는 우리말 성경만이 '인간을 희생 제사로 드리자' 로 번역하고 있음 - 역주). 인간 제물은 특히 절박한 시기에 이스라엘에게 골칫거리였다(삿 11:30-40). 이 행위는 명백히 하나님의 율법(레 20:2-5)을 범하는 것이다. 이스라엘의 연애는 치명적으로 변질되었다. 그들은 바알을 상징하는 송아지에게 입을 맞춤으로써 보여주듯이 바알에게 존경심만을 표현한 것이 아니다. 그들은 호세아가 이곳에서 정죄하고 있는 가장 끔찍한 다른 이교도의 관습도 따른 것이다.

13:3. 선지자의 말인 이러므로는 재앙에 대한 예언, 다가올 심판에 대한 경고를 소개한다. 이스라엘은 역사의 무대 위에 아침 구름이나 쉬 사라지는 이슬처럼 덧없는 존재로 등장한다. 그 민족은 바람에 날리는 쭉정이나 굴뚝에서 나가는 연기처럼 왔다가 사라졌다.

13:4. 이스라엘의 죄는 신학적 기억상실증을 나타낸다. 여호와는 자신을 그 백성에게 소개할 때 그들을 애굽 땅에서 이끌어낸 하나님으로 소개하신다. 이 소개는 십계명 서론(출 20:2, 호 12:9 주석 참고)의 요약본을 떠올리게 한다. 하나님의 목적은 그 백성 이스라엘과의 친밀한 인격적 관계였다(호 2:20, 5:3-4, 6:3, 8:2 주석 참고). 그들은 그 밖의 다른 신과 그런 관계를 맺지 않았다. 민족으로서의 그들의 생명은 하나님께 달려 있었다. 그분만이 그들의 구원자가 되시기 때문이다(사 45:21). 하나님 없이는 이스라엘의 역사도 없다. 그러나 그들은 하나님에게서 돌아섰다. 하나님을 자기 하나님으로 모시기를 포기한 그들은 그 역사가 끝날 것을 예상해야 마땅하다.

13:5. 호세아는 계속해서 친숙한 용어인 '알다' 를 사용하고 있다. NIV 성경에서는 4절에서 '인정하다(acknowledge)' , 5절에서 보살피다(care for)로 번역하고 있다. 이스라엘이 가장 절박한 상황에 처했을 때, 즉 그들이 광야 혹은 사막에서 40년을 방황할 때, 하나님은 그들을 보살피시면서 그들과 가깝게 지내셨고, 만나와 고기와 물을 공급하셨다. 마른〔'불붙는 열기(burning heat)' , NIV 성경〕 땅은 히브리어 성경에서 오직 이곳에만 나오는 말로, '가뭄' 을 의미할 수도 있다.

13:6. 이스라엘은 하나님께 얻을 수 있는 모든 것을 얻었다. 일단 이들 소 키우는 자들이 자기 짐승을 위한 목초지를 발견하면 그들이 원하는 모든 것을 얻은 것이다. 그러

면 그들은 그 필요를 채워주신 하나님이 없이도 지낼 수 있다. 그리고 교만해진다. 그 결과는 충분히 예상할 수 있다. 그들의 교만한 마음은 하나님을 잊는다. 그들은 주님과의 친밀함에 대한 열망을 갖고 있지 않다. 그들은 자기 배를 채운 것이다.

13:7-8. 이스라엘은 자기 짐승에게 풀을 먹이기를 원했다. 하나님은 공격하는 동물이 되기도 하셨다. 막대기를 들어라. 사자, 표범 혹은 곰이다. 재앙은 이스라엘이 택한 모든 길에 숨어 있다. 왜냐하면 그들은 하나님의 길을 따르기를 거부했기 때문이다.

13:9. 하나님은 자신을 족장 시대 이후부터 이스라엘을 도와주는 자로 계시하신다(시 37:40). 이제 앗수르의 공격이라는 절박한 상황을 맞이한 이스라엘은 자기를 도와줄 수 있는 유일한 분을 대적한다. 그러므로 이스라엘은 패망할 것이다.

13:10. 하나님은 수사 의문문을 사용하여 이스라엘을 도발하신다. 네 왕이 어디 있느냐? 북왕국의 마지막 시기에는 여러 왕들이 그 땅을 왔다 갔다. 앗수르 왕과 그 군대가 성읍들을 포위하고 이스라엘의 무기력한 왕들에게 조공을 요구했다. 이스라엘이 발휘하려던 정치력과 애굽을 비롯해 다른 곳에서 빌려오려던 군사력은 아무 소용이 없게 되었다. 이스라엘이 최초로 그 땅을 점령한 것은 여호수아의 정복이 있은 뒤 사사(재판장들)들의 지휘 아래 있을 때였다. 그 시기에 이스라엘은 자기의 소견에 옳은 대로 행하였고(삿 21:25) 왕을 원했다.

하나님은 그들의 요구를 들으셨지만(삼상 8장), 이스라엘은 하나님이 제정하신 정치체제하에서 살 수 없었다. 그들이 처음 것을 대신하기 위해 선택한 그 체제는 더 나쁜 것이었다. 왜냐하면 왕들이 이스라엘을 하나님께로가 아니라 우상들과 바알들에게로 인도했기 때문이다. 그리고 어려운 시기에 이스라엘의 존귀한 왕은 아무런 도움이 되지 못했음이 드러났다.

13:11. 하나님은 왕을 요구한 백성들에 대한 분노로 그들에게 사울을 주셨다(삼상 9장). 그리고 사울의 불순종에 대한 진노로 그를 버리셨다(삼상 15장). 똑같은 말을 여로보암에게 할 수 있다. 그는 하나님이 르호보암에게 분노하셨을 때 북왕국의 왕이 되었다(왕상 12장). 이제 하나님은 진노 가운데 이스라엘의 왕을 영원히 없애실 것이다.

13:12. 에브라임이라는 이름은 북왕국 전체를 대변한다. 그들의 불의는 상자처럼 봉함되었다. 그들의 죄는 안전하게 보관하기 위하여 감추어졌다. 에브라임은 하나님께 나아가 용서를 빌지 않았다. 에브라임은 자기 죄와 죄악된 길을 포기하지 않았다. 에브

라임은 가장 어려울 때 하나님 앞에서 범죄했다.

13:13. 호세아는 1-3장의 가정 비유로 돌아왔지만, 이번에는 심하게 비틀고 있다. 해산하는 어려움이 그에게 임할 것이다. 고통당하는 남자는 아버지가 아니라 태어날 아들이다. 이 아들은 지혜가 전혀 없었다. 왜냐하면 해산할 때가 되었는데도 자궁에서 나오기를 거부하고 있기 때문이다. 그의 출생으로부터 에브라임은 규율을 어기고 지혜와 순종을 전혀 보이지 않았다.

13:14. 하나님은 독자들을 놀라게 하신다. 고통과 심판과 멸망의 무시무시한 그림들 가운데 구원의 빛이 빛난다. 하나님은 이스라엘을 속량하고 구속하겠다고 약속하신다. 그리고 하나님의 음성은 갑자기 조롱의 노래로 변한다. "사망아, 네 재앙(혹은 쏘는 가시)이 어디 있느냐?" 하나님은 죽음과 스올이 대변하는 죽은 자의 영역이 맡고 있는 권세를 조롱하신다. 그들은 자기들이 패배한 어리석은 에브라임을 주관한다고 생각한다. 그러나 하나님은 다른 계획을 갖고 계신다. 바로 구속과 속량의 계획이다('속량' 은 호 7:13 주석, '구속' 은 미 4:10 참고). 하나님이 범죄한 자기 백성을 다시 값 주고 사기로 선택하실 때 어떤 권세도 그 길을 가로막을 수 없다. 우리의 사랑하시는 하나님은 이것을 십자가 위에서와 예수 그리스도의 부활을 통하여 증명하셨다.

그러나 구원과 구속의 약속은 즉각적인 행동에 대한 것이 아니다. 그것은 하나님의 궁극적인 계획이다. 지금 세대에는 암울한 말들이 울려날 것이다. 여호와는 구원의 하나님이시며 또한 징계의 하나님이시다. 이스라엘에게 긍휼함(바른성경)과 구속이 나타나기 전에 징계가 먼저 올 것이다.

13:15. 이 구절의 처음 행은 주석가들을 곤혹스럽게 만든다. 히브리어 본문은 이런 의미이다. "그가 형제의 아들로서 풍성함을 가져오게 한다." 형제는 동료 국가들을 가리키는 조약상의 용어일 수 있다. 이 어조는 역설적이면서 냉소적이다. 이스라엘은 이웃 나라들인 애굽, 블레셋, 에돔, 수리아와 맺은 협정으로 인해 강하고 안전하다고 생각한다. 이것은 주전 740년과 735년에 이사야와 아모스가 그리고 있는 이스라엘의 모습과 동일하다. 그러나 하나님은 다른 그림을 갖고 계신다. 바로 광야에서 일어나는 뜨거운 동풍이다. 이스라엘의 풍성한 열매들은 열기에 시들어버린다. 그들의 자원은 사라진다. 대적의 군사가 이스라엘의 농사와 경제와 군사 저장고를 약탈할 것이다.

13:16. 이스라엘이 자기를 보호해줄 것이라고 의지했던 모든 것은 사라질 것이다. 사

마리아는 범죄했다. 그 백성은 그들의 하나님을 배반했다! 이스라엘은 야만스러운 군대의 유린을 당해야 할 것이다. 거기에는 아이 밴 여인의 배를 가르는 일과 어린아이들에 대한 학대가 포함된다(사 13:16, 18). 반역한 민족은 아무런 윤리적 규제가 없는 군대에 의해 희생당할 것이다.

Main Idea 복습	하나님은, 그 백성을 향한 사랑 안에서는 그 자녀들에게 가능한 모든 것을 해주고 싶어하시지만, 거룩한 공의 안에서는 그들이 하나님께 순종하기를 거부하면 징계하셔야 한다는 사실을 잘 알고 계신다.

결론

아버지와 왕

하나님은 이해하기 쉬운 단순한 분이 아니시다. 우리는 그분의 행동과 반응을 예측할 수 없다. 그분은 우리가 예상한 대로 행동하도록 프로그램을 짜넣을 수 있는 로봇이 아니시다. 그분은 우리의 근사하고 치밀한 신학의 틀 안에 들어가기를 거부하신다. 그분은 교리가 아니라 인격이시다. 인격이신 하나님은 자기 백성의 공동체적이며 개인적인 삶 가운데 자신을 포함시키신다. 그분은 땅 위에서 엄청난 능력을 갖고 계신다. 그것은 온 우주에 미치는 절대 군주로서의 능력이다. 그분은 자기 백성에게 깊은 애착을 갖고 계신다. 그것은 헌신적이고 사랑 많은 아버지의 것이다. 하나님께 대한 우리의 응답은 우리가 그분의 어느 측면을 경험할지를 결정짓는다. 순종하는 자녀는 사랑 많은 아버지를 끌어안지만, 반항하는 백성은 거룩한 왕과 그의 징계의 도구를 만나게 된다.

■ 진리 알기

- 하나님은 자녀의 필요를 채우시는 아버지이시다.
- 하나님은 반역하는 백성에게는 자신의 사랑을 무한히 넓히지 않으신다.
- 거룩하신 하나님은 불순종하는 백성을 포기하려 하지 않으신다.
- 사람들은 하나님을 속일 수 없다.
- 회개하고 하나님께 돌아가는 것은 범죄한 백성이나 개인의 유일한 희망이다.
- 부함으로 하나님을 매수할 수 없다.
- 정치인들은 하나님을 이길 수 없다.
- 하나님은 죽음마저 다스리는 능력을 갖고 계신다.

■ 적용하기

- 정치인이나 거짓 신들이 아니라 하나님의 부르심에 응답하라.
- 하나님과 화평하기 위해 종교에 의지하지 말라.
- 당신이 어려울 때 구해줄 긴급 구조 서비스로 하나님을 격하시키지 말라.
- 하나님을 속이려 들지 말고 그분께 솔직해져라.
- 하나님의 구원을 기다리는 가운데 모든 사람을 사랑과 공의로 대하라.
- 오직 여호와 한 분만을 참되시고 살아 계신 하나님으로 섬겨라.
- 모든 공을 자신에게 돌리지 말고 하나님께 돌려라.

삶의 적용

어떻게 아셨어요?

맥스 루케이도(Max Lucado)는 어느 날 아침 동네를 조깅하다 그날이 개학 첫날인 것을 알게 되었다. 여러 텔레비전 인터뷰가 있었고, 부모들은 마지막 신학기 준비물을 구입하기 위해 상점을 가득 메우고 있었으며, 스쿨버스가 그들의 집 앞을 덜컹거리며 지나갔다. 그리고 예쁘장한 소녀가 새로운 옷을 입고, 새 가방을 메고 집을 나서는 것을 보았다. 맥스는 손을 흔들어주고 이런 말로 격려해주었다. "학교에 잘 다녀오너라." 여섯 살짜리 소녀는 가던 길을 멈추고 깜짝 놀랐다. "어떻게 알았어요?"

이 일은 맥스의 마음에 비슷한 장면을 떠올리게 했다. 아이들이 이해하지 못하는 것을 어른이 감지하듯이 하나님은 우리보다 훨씬 더 많은 것을 아신다. 맥스는 그의 저서 「하늘에 있는 나의 집(The Great House of God, 가치창조)」에서 이렇게 말한다. "그 소녀와 나의 차이를 끄집어내 그것을 백만 배 정도 확대하면 우리와 하나님 아버지의 차이가 보이기 시작한다. 우리 가운데 그 누가 그 소녀가 물었던 것처럼 '어떻게 아셨어요?' 라고 물어보지 않고서 하나님이 어떤 분인지를 생각할 수 있겠는가?

이스라엘은 그와 동일한 혼란을 경험했다. 그들은 모든 종교 의식을 거행했다. 그들은 하나님의 임재 가운데 가장 좋은 표정을 지었다. 그리고 '현실 세계' 와 마주치기 위해 그 예배 장소를 떠났다. 그들은 그곳에서 반드시 그래야만 현실 세계에서 성공하는 것처럼 행동했다. 그때 하나님이 갑자기 그들에게 나타나셨다. 그리고 이렇게 말씀하신다. 너희는 나를 속이고 있다. 너희는 내가 너희들이 하는 모든 것을 보고 있음을 알지 못하느냐? 왜 너희는 결코 성공하지 못할 것을 알면서도 계속해서 나를 속이고 있느냐?

우리 세대도 다르지 않다. 우리 역시 주일에는 이런 방식으로 살아가고, 나머지 6일은 다른 방식으로 살아간다. 우리는 하나님이 우리가 교회 안에서 보내는 시간과 주일 헌금함에 넣는 제물을 기뻐하실 것이라고 생각한다. 분명 그분은 우리가 그분을 필요로 하는 그 자리에서 우리를 도와주실 것이다. 그러나 하나님의 대답은 이것이다. "나는 긍휼이 없다. 너는 반드시 죗값을 치러야 한다."

기도

하나님 아버지, 우리는 주일이면 특별한 사람처럼 나타났다가 나머지 일주일간은 뒤편으로 살짝 빠져나갑니다. 그것은 아무 소용이 없는 일입니다. 당신은 우리에 대하여 모든 것을 알고 계십니다. 우리를 용서하시고, 우리를 변화시켜주십시오. 아버지의 팔을 펴셔서 우리를 굳게 붙잡아주십시오. 아멘.

teaching guide

티칭 가이드

심층 연구

A. 하나님 아버지(11:1-11)

호세아의 예언에 가족 간의 언어가 주로 나타나는 것은 하나님이 선지자의 사역의 기초로 가정생활을 사용하셨기 때문이다(1-3장). 호세아는 상심한 연인과 상심한 아버지가 된다는 것이 무엇인지 잘 알고 있었다. 그는 하나님의 가족이 된 이스라엘이 하나님의 마음을 상하게 하고 있다는 것을 깨닫게 하려고 노력했다.

하나님을 이스라엘의 아버지로 묘사하는 것은 최소한 모세 시대로 거슬러 올라간다(출 4:22). 아버지 하나님은 자기 자녀들에게 규칙을 정하는 권세를 갖고 계신다(신 14:1). 그러나 그분의 아들인 이스라엘 백성은 그분의 권세에 반항하고, 그분을 존경하지 않는다(말 1:6). 아버지로서 하나님의 반응에는 깊은 사랑과 보살핌(렘 31:9)과 함께 징계에 대한 위협이(잠 3:12) 포함된다.

고안

A. 들어가는 글

1. '사내아이에요!' 이야기로 시작하라.
2. 배경 설명 : 호세아 11-13장은 호세아의 선포 가운데 감정적 절정에 속한다. 이 장들은 북왕국 이스라엘 역사의 최후의 순간을 지목하고 있다. 그 내용은 자기 백성을 징계하시고 멸망시키시려는 하나님의 작정과 징계받은 백성을 위한 구원을 강

조하는 그분의 영원한 사랑 사이를 계속해서 긴박하게 오가고 있다. 우리는 선지자와 선지서의 이 우유부단해 보이는 모습이 사랑이 많으시고 거룩하신 아버지의 모습에 근거하고 있음을 알게 된다. 그분의 거룩한 공의는 벌을 요구하며, 그분의 사랑 많은 아버지의 속성은 새로운 시작을 요청한다. 따라서 이 장은 마치 반항하는 자녀를 두고 하나님이 어떻게 하실지 갈등하는 것처럼 그리고 있다.

3. 적용 : 하나님은 어떻게 하실까? 하나님이 자기 자녀를 벌하셔야만 할 때 그분의 거룩하심과 사랑 가운데 어느 것이 승리할까? 우리는 이 교훈을 조심스럽게 연구해야 한다. 왜냐하면 그것은 우리와 하늘 아버지의 관계의 깊이를 말해주기 때문이다.

B. 본문 이해

1. 사랑의 하나님과 혐오스러운 백성(11:1-12)
2. 역사에는 솔직하나 하나님께는 아니다(12:1-14)
3. 하나님의 긍휼이 사라지고 사망이 집어삼키다(13:1-16)

C. 결론 : '아버지와 왕' 을 읽어주라.

토의 질문

1. 선지자 호세아는 어떻게 자기 자신과 논쟁하는 하나님의 모습을 묘사할 수 있는가?

2. 어떤 종교적 행동이 하나님을 기쁘시게 하는가? 어떤 것이 그렇게 하지 못하는가? 그 이유는?

3. 우리 조상이 하나님과 함께한 역사가 어떻게 우리와 하나님과의 관계에 영향을 미치는가?

4. 하나님은 당신 개인의 삶 가운데 하나님이 당신을 사랑하시는 아버지임을 보여주시기 위해 어떤 일을 행하셨는가?

5. 당신은 지금 당장 하나님께 돌아가기 위해서 무엇을 해야만 하는가?

호세아 14:1-9

공의로우신 분께 돌아가라

"하나님은 하늘 보좌에 앉으셔서 잘못하는 자들을 혼내주려고 작정하시는 분이 아니시다. 그분이 특정한 행동을 금하시는 것은 그 행동이 결국 그것을 행한 사람을 멸망시킬 것을 아시기 때문이다. 죽음에 이르게 하는 것은 하나님이 아니라 죄이다. 그리고 죄는 그것을 끌어안는 자를 소멸시키는 암이 된다."

- 제임스 답슨(James Dobson)

선지자가 선포한 메시지의 주제는, 하나님은 사랑이시며 치료하는 분이시므로 회개 가운데 그분께 돌아가라는 명령이다.

들어가는 글

바른 길은 어디에?

이 가르침은 오늘날 우리에게 특별한 방식으로 와닿는다. 이 책을 쓰고 있는 곳은 내가 저자 강습회를 인도하고 있는 노스 캐롤라이나이다. 나는 자동차를 빌려 샬럿에서 내 목적지로 가기 위해 16번 도로를 향해 방향을 잡았다. 모든 것이 잘 진행되었다. 나는 콧노래를 부르며 고속도로를 달리면서 캐롤라이나의 시골을 감상하며 세상이 아무탈 없이 잘 돌아가고 있다고 생각했다.

그때 10번 고속도로에서 왼쪽으로 갈지 오른쪽으로 갈지 살펴보았지만 어떤 표지판도 16번 도로를 가리키지 않았다. 나는 길에서 벗어나고 말았다. 내 지도에 표시된 도로 표지판을 놓친 것이다. 나는 길을 잃었다. 나는 바른 방향을 가르쳐줄 사람을 찾아야 했다. 그래서 방향을 돌려 처음 시작 지점으로 되돌아가 16번 도로를 발견했다.

호세아는 이스라엘에게 최후의 호소를 한다. 처음 있던 곳으로 돌아가라. 그는 이스라엘에게 올바른 방향을 가리켜보였다. "당신은 길을 잃었소. 죄는 당신을 파괴하고 있소. 방향을 돌려 하나님께 돌아가시오."

본문 이해

공의로우신 분께 돌아가라

Main Idea	죄인들은 죄의 길에서 비틀거리기를 멈추고, 회개 가운데 하나님께로 돌아가 하나님의 사랑의 용서와 치유를 받아들이고, 자신의 우상을 버리며, 하나님의 축복 아래 새로운 삶을 찾고 지혜롭게 행동해야 한다.

A. 회개하고 치료받아라(14:1-3)

Supporting Idea	죄에 걸려 넘어진 사람은 회개하고 하나님께 돌아가 하나님의 용서를 구하고 우상 숭배를 버려야 한다.

14:1. 호세아서는 자기 백성이 바른 하나님을 선택하고 그분을 바르게 섬기도록 설득하기 위해 마지막 노력을 기울이는 선지자의 모습을 그리고 있다. 호세아는 언젠가 이스라엘이 돌아와 여호와를 찾을 것(호 3:5)이라는 약속과 함께 자기 가족들을 위한 하나님의 지시에 관한 이야기를 마무리하고 있다. 그러나 현재 그들이 행하는 악한 행동은 그들이 하나님께 돌아가는 것을 허용하지 않았다(호 5:4). 호세아는 6장 1절에서 이스라엘이 하나님께로 돌아가 치유받을 것에 중점을 두고 있다. 실제로 군사적 패배조차도 이스라엘을 하나님께로 돌이키지 못했다(호 7:10). 하나님께 돌아가기를 거부하는 이스라엘은 애굽으로 돌아가고자 했는데, 이것은 새로운 출애굽이 필요한 일이었다(호 11:5). 그래서 하나님은 이스라엘에게 회개와 사랑과 공의 가운데 돌이키라고 명령하셨다(호 12:6). 이어서 14장은 반복해서 하나님께 돌아오라는, 혹은 죄를 뉘우치라는 명령을 내리고 있다. 이것은 호세아가 전한 메시지의 절정이자 핵심이다.

호세아는 이스라엘이 회개하도록 설득하기 위하여 그들에게 한 가지 사실을 납득시켜야 했다. 그것은 그들이 죄인이라는 사실이다. 그래서 그는 이렇게 외쳤다. 네가 불의함을 인하여 엎드러졌느니라. 이것을 조금 의역하면 "네 죄는 네 멸망이 된다"(NIV 성경)이다. 죄와 범죄의 길 가운데 넘어진 사람은 반드시 반대 방향으로 돌아가야 한다. 그곳에서 그는 자기를 기다리시는 하나님을 발견할 것이다.

14:2. 회개에 너무도 익숙하지 않은 백성은 어떻게 회개하는지를 알아야 한다. 호세아는 제사장들이 제물을 드려 의식적인 정결을 유지하는 방법을 백성들에게 가르치는 것을 흉내내었다. 이스라엘은 제물이 아니라 말씀을 가지고 하나님께 나아가야 했다. 그들은 이 말씀을 가지고 여호와께 돌아갈 수 있었다. 그 말씀은 간단했다. "모든 죄악을 버리고 선한 것을 취하라." 성경을 연구하는 이들은 '선한 것을 취하다' 라는 말에 대해 많은 해석을 제공했는데, NIV 성경은 가장 이례적인 우리를 너그럽게 받으소서로 번역했다. 분명 '선한(good)' 은 죄와 대조되는 것으로 '우리가 행하는 좋은 것, 말하자면 용서를 위해 당신에게 나아가는 것을 받다' 를 의미한다.

14:3. 주전 734년에 이스라엘은 수리아와 조약을 맺어 유다로 하여금 힘을 합해 앗수르와 싸우도록 압박했다. 그러나 유다 왕 아하스는 이를 거절했다. 그 대신 그는 자기를 이스라엘과 수리아로부터 구해달라고 앗수르에 조공을 바쳤다. 그렇다면 호세아는 북왕국이 앗수르가 자신들을 구원할 것이라고 말한 것을 언제 알았을까? 이것은 이스라엘이 국가로 존재하던 마지막 시기, 나라 안의 어떤 무리들이 앗수르에게 항복하고 그들의 자비에 의지하기를 원하던 때에 일어났을 것이다. 더 큰 문맥에서 보면, 앗수르는 하나님의 백성이 희망을 가질 만한 모든 정치적 힘을 나타낸다. 그러나 그 어떤 정치 세력도 이스라엘의 주권자이신 여호와를 대적할 수는 없었다.

비슷한 방식으로 이스라엘은 그들이 말을 타고 전장에 나가는 것을 하나님께 의지할 수 없음을 고백해야 한다. 이스라엘은 우상 숭배의 죄와 그 우상들이 어려운 시기에 그들을 구해주지 못한다는 것을 고백해야 한다(호 13:2 주석 참고).

이 구절의 마지막 행은 우리를 놀라게 한다. 고아가 주께로 말미암아 긍휼을 얻음이니이다. 이스라엘은 그들이 고아처럼 의지할 데가 없으며 엄마와 같은 하나님의 긍휼을 필요로 함을 고백해야 한다. 이 말은, 다른 신들은 그런 긍휼을 보이지 않으며 의지할 데 없는 자에게 도움을 베풀지 않는다는 고백을 강조한다.

B. 사랑과 치유가 하나님의 분노를 대신하다(14:4-8)

Supporting Idea	하나님은 그 백성의 간구를 들으시고 분노를 돌이키사 회개하는 백성의 상처를 치유하신다.

14:4. 호세아는 '돌다', '돌아가다' 혹은 '회개하다'를 의미하는 히브리어 '슈브(shub)'에 관한 언어 유희를 계속하면서, 하나님이 자기 백성의 패역 혹은 '변덕스러움'을 고치실 것이라고 말한다. 떠나간 백성은 반드시 돌아와야 한다. 그러면 하나님은 그들을 사랑하시기 때문에 기쁘게(자원함으로, 바른성경) 맞아 치료하실 것이다. 마지막 말은 자유 의지 혹은 자발적인 제물을 가리키는 데 사용된다. 이제 하나님이 회개하는 백성에게 자원하여 주시는 것은 그분의 사랑이다. 그 사랑은 호세아의 가정 안에 회화적으로 묘사되어 있다.

하나님의 사랑은 그분의 진노를 사라지게 혹은 떠나가게만 작용한다. 용서를 구하고 그 우상을 하나님께 내려놓은 백성은 그들을 향한 하나님의 분노가 가라앉는 것을 발견한다. 그렇다고 이스라엘이 호세아서 전체에 걸쳐 예언된 벌을 벗어났다는 것은 아니다. 오히려 벌을 받고 징계를 받은 백성들이 포로에서 돌아와 하나님께 대한 충성을 고백하고, 하나님이 자기 상처를 치료하시는 것을 발견하게 될 것이다.

14:5-7. 하나님은 이스라엘에게 **이슬과 같을** 것이다. 즉, 그분은 이슬이 나타나 메마른 땅에 수분을 공급하듯이 신비스럽게 나타나 정기적으로 그들에게 기본적인 필요를 제공하실 것이다. 이스라엘은 건조한 땅에서 아름다운 꽃처럼 피어날 것이다. **뿌리와 레바논 백향목같이**라는 어구는 이스라엘이 강한 나무들이 뿌리를 내리고 있는 레바논처럼 유명해질 것을 암시한다. 그의 새로운 성장(혹은 **가지**)은 계속 펴져서(혹은 나타나서) 그 아름다움은 **감람나무** 같고, 그 향기는 **레바논의 백향목** 같을 것이다.

이스라엘은 죄 가운데 넘어졌고 죽었다. 하나님은 그들을 치료하여 새로운 생명력을 가진 새로운 식물을 만들어내실 것이다. 뿌리는 그들에게 든든한 기초를 제공할 것이다. 새로운 성장은 오랫동안 죽은 민족에게 새로운 생명을 암시한다. 그 새로운 성장은 보통의 나무를 만들어내지 않을 것이다. 그것은 아름다움과 향기로 모든 사람의 주목을 끄는 나무를 만들어낼 것이다.

그 그늘 아래 거하는 사람은 돌아올(히. 슈브, shub) 것이다. 계속되는 은유는 이스라엘이 그늘을 만드는 식물이 될 것을 요구한다. '돌아오다' 는 여기서 호세아 14장 1-3절의 명령을 받아들인 사람을 가리킬 수 있다. 또한 포로로부터 돌아온 사람을 가리킬 수도 있고, 돌아와 이스라엘에게 조공과 공물을 바치는 나라들이 될 수도 있다. 하나님이 치유하시고 성장시킨 새로운 이스라엘은 피난처가 될 것이다. 다른 나라들을 의지하던 이스라엘은 갑자기 세상의 궁핍에 대한 소망의 근원이 된 자신의 모습을 발견하게 될 것이다.

죽었다가 새해가 되면 다시 자라는 **곡식같**이 이스라엘은 죽었다가 여호와의 치유하심을 통하여 다시 살아났다. 이것은 이스라엘의 그늘에서 사는 '돌아온 자들' 과 병행구조를 이룬다. 이스라엘은 하나님께 돌아온 이들, 즉 이스라엘에게 돌아와 도움을 청하는 이들에게 새로운 생명을 제공한다. 이것은 '그들이 **포도나무같**이 꽃이 필 것' 이라는 말로 강조되고 있다. 곡식과 포도주는 그 땅의 주된 먹을 것과 마실 것이다. 다시 살아난 이스라엘은 기본적인 삶의 자원을 위해 이웃 나라에 손을 벌리는 대신 그것을 궁핍한 나라에 제공할 것이다.

마지막으로 호세아는 자신의 추억이 레바논의 **포도주같**이 될 것이라고 약속한다. 분명 레바논은 사람들이 마시기 전에 오랫동안 그 맛과 향을 즐기는 수준 높은 포도주를 생산했다. 이 순간까지 호세아는 이스라엘이 남긴 기억에 대해 좋게 말할 것이 별로 없었다. 그들은 종교적으로 신실하지 못했고, 도덕적으로 비열했으며, 정책적으로 변덕스러웠다. 이스라엘을 기억하는 데 창기가 가장 중요한 역할을 했다. 하나님의 치료는 이 모든 것을 변화시킬 것이다. 이스라엘의 추억은 하나님과 다가오는 세상에서 이스라엘의 물질적, 영적 자원을 맛볼 사람들에 의해 오랫동안 살아남을 것이다.

이 시점에서 이스라엘이 남긴 기억은 레바논과 긴밀하게 연결되어 있다. 레바논은 수리아와 페니키아 모두를 가리킬 수 있다. 이스라엘은 수리아로부터 정치적 동맹을 얻었고, 페니키아로부터는 바알 숭배를 얻었다. 바알은 이스라엘이 필요로 하는 모든 자원을 제공할 것으로 여겨졌다. 그러나 레바논의 바알은 다만 우상 숭배와 정치적 재앙이라는 악취나는 기억만을 제공했다. 하나님은 이제 이스라엘을 바알 숭배로부터 치유하시고, 이스라엘이 레바논의 바알로부터 얻을 수 있을 것이라고 생각한 모든 것들을 공급하실 것이다.

14:8. 하나님은 북왕국의 주요 부족인 **에브라임**이라는 친숙한 이름을 사용하여 이스라엘에 대해 직접 말씀하심으로써 결론을 내리신다. 하나님은 호세아 8장 4절과 13장 2절에 나오는 우상을 가리키는 말을 선택하셔서 **우상**이라는 주제를 영원히 종식시킬 것이라고 말씀하신다. 이스라엘은 그것들로부터 돌이켜야 한다. 그들은 회개하라는 선지자의 호소에 긍정적으로 응답해야 한다. 그들은 용서를 구해야 한다. 그리고 우상과 이방 나라에 의존하는 것을 영원히 버려야 한다. 하나님은 그들의 대답을 기다리는 가운데 그들을 보살피신다.

하나님이 묘사하시는 그분에 대한 모습은 우리를 놀라게 한다. 그분은 이스라엘이 열매를 얻을 수 있는 **잣나무**이다. 잣나무는 거룩함, 왕 됨 그리고 이스라엘 세계의 풍요로움을 상징한다. 하나님은 자신이 바로 그런 상징들 이면에 있는 단 하나의 실제임을 드러내신다. 이제 이스라엘은 선택해야 했다. 그는 여호와를 믿을 것인가? 그는 치료를 원할 것인가? 돌아와 회개하고 용서를 구할 것인가?

C. 지혜에게 주는 말(14:9)

Supporting Idea	지혜로운 사람은 하나님의 말씀에 귀를 기울이고, 그 의미를 깨닫고, 그 가르침에 순종하고, 의로움을 보인다.

14:9. 호세아서는 여러 가지 잠언집에서 인용할 수 있는 격언으로 마무리한다. 이 책은 지혜가 삶의 궁극적 업적이라는 가르침을 주창한다. 그리고 선지자의 가르침을 14장의 나머지 부분과 다른 관점에서 요약한다. 사실 이 격언은 이 책의 메시지를 파악했는지를 알아보는 시금석이 된다. 올바로 읽은 사람은 가르침 받은 것을 깨닫고, 그것을 삶에 적용하고, 그 길로 다닐 것이다. 왜냐하면 선지자의 말은 하나님의 도를 가르치기 때문이다.

회개하라는 선지자의 부르심에 순종하기 위해서는 의로워지고, 하나님의 도 안에서 다녀야 한다. 선지자의 말을 받아들이기를 거부하는 것은 하나님의 길에 반역하고, 그 길에서 넘어지는 것이다. 호세아는 호세아 7장 13절에서 반역에 대한 저주의 신탁을 발하고, 호세아 8장 1절에서는 하나님의 율법에 반역한 사람들에게 위험이 도사리고 있음을 경고하기 위해 나팔을 불라고 명했다. 그는 호세아 4장 5절에서 백성과 선지자들 모두가 하나님의 기본적인 기대에 순종하지 않는 잘못을 저지르고 있다고 주장했다. 그리고 호세아 5장 5절에서는 이스라엘(에브라임)이 자기 죄에 빠져서 유다도 자기와 함께 넘어지게 만든다고 비난했다.

그런 다음, 호세아서의 마지막 말에서(죄인은 그 도에 거쳐 넘어지리라) 호세아 14장 1절과 동일한 사상으로 아름다운 수미쌍관 구조를 이루어(HCSB 성경- "네가 네 죄 가운데 넘어졌다", NIV 성경 - "네 죄가 네 넘어짐이 되었다") 이 마무리 장에서 하나의 틀을 제공한다. 어리석은 이스라엘은 죄를 범하고, 하나님의 길이 아닌 다른 길을 따르는 잘못을 저질렀다. 그들은 회개하라는 선지자의 외침을 듣고, 자신의 죄의 길에서 돌이켜 하나님께 돌아가 용서를 구함으로써만 자신의 지혜를 보일 수 있다. 이것이 호세아가 말하는 의이다.

Main Idea 복 습	죄인들은 죄의 길에서 비틀거리기를 멈추고, 회개 가운데 하나님께로 돌아가 하나님의 사랑의 용서와 치유를 받아들이고, 자신의 우상을 버리며, 하나님의 축복 아래 새로운 삶을 찾고 지혜롭게 행동해야 한다.

결론

회개의 부끄러움

C. S. 루이스(C. S. Lewis)는 그의 저서 「순전한 기독교(Mere Christianity, 홍성사)」에서 이렇게 질문한다.

> 그러면 인간이 스스로 빠져든 '구멍' 은 어떤 종류의 것인가? 그는 자기 스스로 서려고, 마치 자신이 자신에게 속한 것처럼 행동하려고 노력해왔다. 바꾸어 말하면, 타락한 인간은 단지 개선이 필요한 불완전한 피조물이 아니다. 그는 자기 무기를 내려놓아야 하는 반역자이다. 당신의 무기를 내려놓고, 항복하고, 미안하다고 말하고, 잘못된 길을 갔다는 것을 깨닫고 밑바닥에서 다시 삶을 시작하려고 준비하는 것, 이것이 '구멍' 에서 나오는 유일한 길이다. 이 복종의 과정, 전속력으로 후진하는 과정이 바로 그리스도인들이 회개라고 부르는 것이다. 그러면 이제 회개는 전혀 즐거운 일이 아니다. 그것은 단지 맛없는 파이를 먹는 것보다 훨씬 더 어려운 일이다. 회개는 인류가 수천 년 동안 스스로를 훈련시켜온 모든 자기 기만과 자기 의지를 망각하는 것을 의미한다. 그리고 당신 자신의 일부를 죽이고 일종의 죽음을 겪는 것을 의미한다.
>
> 기억하라. 이 회개, 즉 수치와 죽음이라고 할 수 있는 것에 기꺼이 복종하는 것은 하나님이 당신을 되돌려받으려 하시기 전에 당신에게 요구하시는 어떤 것, 그

분이 하려고 하신다면 당신에게서 얼마든지 면제해주실 수 있는 어떤 것이 아님을. 그것은 오직 그분께 되돌아가는 것이 어떤 것인지에 대한 설명이다.

■ 진리 알기

- 죄인들은 도움과 소망을 위해 찾아갈 단 한 가지 방향이 있다.
- 하나님께 돌아가는 길은 회개, 죄로부터 돌아서기, 그리고 하나님께 돌아가기가 포함된다.
- 회개에는 죄를 고백하고 하나님께 용서를 구하는 것이 포함된다.
- 회개는 인간의 종교 의식과 노력을 통하여 하나님을 기쁘시게 하려고 애쓰는 대신 하나님께 순종하는 것이 포함된다.
- 회개는 다른 모든 것에 대한 충성을 포기하고 오직 하나님께만 전념하는 것이다.
- 하나님은 자기 백성을 치유하시고 그들에게 자기 사랑을 보이기 원하신다.
- 하나님은 회개하는 백성을, 다른 이들을 하나님께 인도하는 멋과 아름다움을 가진 사람으로 변화시키신다.

■ 적용하기

- 당신이 죄인임을 인정하라.
- 당신의 죄를 하나님께 고백하라.
- 하나님께 용서를 구하라.
- 당신의 선함으로 하나님께 좋은 인상을 심어주려고 노력하기를 그치라.
- 하나님 외에 당신이 의지하는 그 무엇도 당신을 구하지 못함을 인정하라.
- 당신을 하나님이 원하시는 존재로 만드는 하나님의 치료와 사랑을 의지하라.
- 하나님이 보시기에 지혜로워져라.

삶의 적용

제자리로 돌아오다

토니 카틀리지(Tony Cartledge)는 그의 저서 「호기심, 나는 어떻게 그것을 주장하게 되었는가(Intrigued, How I Love to Proclaim It)」에서 태국의 한 불교 사원에서 만난 죄 지은 인간과 새들을 비교하고 있다. 그는 화려하게 장식된 문을 지나다 작은 새들이 들어 있는 작은 대나무 새장들이 담긴 상자를 갖고 있는 젊은 여인을 보았다. 그 여인은 사람들에게 그 새를 자유롭게 풀어주어 열반에 이르는 공을 쌓을 수 있게 하라고 권유했다. 새를 풀어주기 위해 더 많은 돈을 낼수록 더 많은 공덕을 쌓을 수 있다고 했다. 여행객들은 새를 풀어주는 자신의 모습을 사진에 담는 것을 좋아했다. 여행객들은 그 새가 집으로 돌아오는 비둘기처럼 훈련받았다는 사실을 알지 못했다. 새들은 하늘로 날아올랐다가 그 건물 뒤편으로 돌아와서 더 많은 여행객들이 열반을 얻을 수 있도록 기회를 제공한 셈이다.

토니 카틀리지는 이렇게 결론을 내린다.

> 이런 관습은 낯설고 이국적으로 보이지만, 선행과 정기적인 죄 고백이 미래의 천국을 보장받는 데 필요한 전부라고 믿는 많은 그리스도인들의 믿음과 연관이 없지 않다. 문제는 삶을 변화시키는 다짐 없이 자랑하듯이 내세우는 회개는 오직 잘못 인도된 안도감만 제공할 뿐이라는 것이다. 가볍게 고백된 죄는 멀리 날아간 것처럼 보이지만, 그것은 항상 제자리로 돌아온다(p. 97).

이스라엘은 그들의 죄를 해결하기에 충분한 종교 의식을 갖고 있었다. 그들은 잦은 죄 고백에 대해 안도감을 느꼈지만, 정작 자신이 하나님의 기대를 채우지 못했음을 깨닫지 못했다. 그들에게 필요한 것은 더 많은 공적인 종교 의식 그 이상의 것이었다. 그들은 인격적인 회개가 필요했다. 즉, 하나님께 자기 죄를 고백하고, 용서를 구하고, 하나님께 돌아오는 것이다. 우리 역시 반복되는 교회 의식이나 심지어 죄를 인정하고 용서를 구하는 틀에 박힌 기도에 의존하는 경우가 많다. 그러나 하나님은 더 많은 것을 원하신다.

기도

하나님 아버지, 우리는 죄인입니다. 우리는 우리 죄를 해결하기 위해 당신께 아무것도 가지고 나갈 수 없습니다. 이제 우리 죄를 용서해달라고 당신께 구하며, 지금 이 순간 죄의 길에 빠지는 것에서 벗어나기로 다짐합니다. 이제 다시 돌아와 당신의 길을 걷겠습니다. 아멘.

심층 연구

하나님의 긍휼(14:3)

긍휼은 하나님에 대한 호세아의 마지막 묘사에 사용하기에 가장 완벽한 용어이다. 왜냐하면 긍휼은 서두에 나오는 그의 자서전적인 계시의 중심이기 때문이다. 긍휼의 기본적인 의미는 호세아 9장 14절에 나오는데, 그 명사는 '자궁' 을 의미한다.

하나님은 호세아에게 자기 딸을 로루하마, 즉 '사랑받지 못하다' , '긍휼이 없다' 라고 짓게 하셨다(호 1:6). 그럼에도 불구하고 하나님은 유다를 긍휼히 여긴다고 선언하셨다(호 1:7). 그분의 마지막 말은 징계받은 자기 백성에 대한 사랑을 선포한다(호 2:23). 하나님은 다시 자기 백성과 결혼하시고 그들의 사랑하는 남편이 되실 것이다(호 2:19). 이 용어는 이 마지막 장에 도달할 때까지 다시는 등장하지 않는다. 이제 그 관계는 남편 - 아내의 관계가 아니라 아버지 없는 아이를 입양한 아버지가 된다. 이 깊은 사랑은 범죄한 백성에게 자기 죄를 버리고 하나님께 돌아오라고 탄원한다.

교안

A. 들어가는 글

1. '바른 길은 어디에?' 이야기로 시작하라.
2. 배경 설명: 호세아는 자신의 자서전 부분(1-3장)에 나온 언어와 상징들로 이 책의 결론을 내고 있다. 마지막 장은 앞선 열세 장의 범죄, 징계 그리고 처벌을 그대로

끌어안고 간다. 하나님은 자기 백성에게 마지막 명령을 내리신다.

3. 적용: 하나님의 백성은 하나님의 궁극적인 도전에 직면한다. 그들은 자신의 정체성을 재규정할 것인가? 그들은 전통적인 종교 행위를 포기할 것인가? 그들은 자기 마음을 변화시킬 것인가? 그들은 우상 숭배의 악한 행위에서 벗어날 것인가? 그들은 하나님께 돌아갈 것인가?

B. 본문 이해

1. 회개하고 치료받아라(14:1-3)
2. 사랑과 치유가 하나님의 분노를 대신하다(14:4-8)
3. 지혜에게 주는 말(14:9)

C. 결론: '회개의 부끄러움' 을 읽어주라.

토의 질문

1. 당신의 교회에서는 이스라엘이 인간의 죄를 해결하기 위해 행했던 종교 의식과 닮은 어떤 일들이 벌어지는가?

2. 만일 당신이 진심으로 주님께 돌아간다면 당신의 일상생활은 어떻게 바뀌겠는가?

3. 하나님이 용서하셔야 하는 당신의 죄 목록을 적어보라.

4. 당신이 맡은 사람들은 하나님 대신에 어떤 구원의 근거를 의지하는가?

5. 당신이 지혜로운지, 어리석은지 무엇으로 알 수 있는가?

요엘 서문

요엘서를 소개하는 것은 간단하면서도 불가능하다. 그것이 간단한 이유는 요엘 1장 1절이 우리가 아는 모든 것을 말해주기 때문이다. 이것은 이 책을 통해서가 아니면 우리에게 알려지지 않았을 요엘이라는 사람에게 주신 하나님의 말씀을 모아놓은 것이다. 그의 아버지의 이름인 브두엘 역시 이 책을 통해서가 아니면 알 수 없었을 것이다.

장 나누기

학자들은 이 책과 그 저자에 관해 더 많이 알기 위해 여러 가지 경로의 증거들을 추적한다. 첫 번째 질문은 이 책의 장을 어떻게 나눌 것인가 하는 것이다. 히브리어 본문은 네 장으로 되어 있는 반면, 영어 성경들은 라틴어인 불가타 역본을 따라 히브리어 성경에서처럼 요엘 2장 28-32절을 독립된 장으로 두지 않고 2장 후반부에 위치시킨다.

저자, 편집

요엘서의 두 번째 문제는 그 통일성이다. 많은 학자들은 원문에 자료를 추가한 몇몇 편집자들을 찾으려 한다. 이들 성경 학자들은 요엘 1장 1절부터 2장 27절까지와 2장 28절부터 3장 21절까지에서 아무런 문학적, 역사적, 혹은 신학적 연관성을 보지 못한다. 더글러스 스튜어트(Douglas Stuart)는 요엘서 서론에서 이렇게 보고하면서 결론을 내린다. "현재로서는 요엘서에 대한 연구에 대하여 연대나 통일성, 혹은 신학적 관점이나 심지어 수사적 표현의 자구에 이르기까지 사실상 그 어떤 의견의 일치도 존재하지 않는다" (WBC 31, 235).

그러나 이 주석은 요엘서를 현재와 미래의 상황에서 여호와의 날에 관한 신학적 가르침을 설명하기 위해 사용된 이미지들의 모음으로 보고 있다. 이 모음집은 최근의 메뚜기 습격, 자연 재해 그리고 군사적 침공에 대한 경험으로부터 도출되었다. 본문에서 요엘이라고 이름을 밝힌 한 사람이 수사적 표현을 모으고, 하나님께 듣고, 시집을 기록했다. 그는 여호와의 날을 대하는 것과 관련된 두려움과 희망을 청중들에게 생생하게 전하고 있다.

따라서 이 주석의 저자는 더글러스 스튜어트가 서론에서 내린 결론이 더욱더 반갑기만 하다. "요엘서는 그 단순한 재앙과 그 뒤를 이은 복이라는 전반적인 틀을 대부분의 선지서들과 공유하고 있다… 요엘서는 또한 많은 선지서들보다 한층 긴밀하게 구성되어 있다. 하나의 시각에서 다음 시각으로의 논리적 전개와 같은 관점들 사이의 주제와 어휘의 연결 수준이 높아서 요엘의 메시지는 독창적으로 저술된 것이며 한 번에 혹은 비교적 짧은 기간(어쩌면 일주일이나 한 달)에 걸쳐 전달된 것이라는 결론을 내리는 것이 합리적이다" (WBC 31, 227).

선지자와 그 저술 연대

앞에서 말한 그 하루, 일주일, 혹은 한 달이 인류 역사 가운데 어느 시점인지를 발견하는 것은 사실상 불가능하다. 듀앤 가렛은 이렇게 논평한다.

> 아마도 성경의 어느 책도 이보다 더 넓은 범위의 연대가 추정되지 않을 것이다. 요엘서 연대에 관한 학자들의 견해는 초기 왕국시대부터 후기 포로 시기까지 분포하는데, 초기 포로 시기가 아마 저작 연대와 관련해 오늘날 가장 인기 있는 견해일 것이다(NAC 19A, 286).

연대와 관련된 모든 논의는 커다란 논쟁으로 이어지기 마련이다. 이 책은 북왕국(이스라엘)을 언급하고 있지 않다. 반면에 유다의 어느 왕도 언급하지 않고 있다는 점은 우연이며 중요한 것이 아니다. 1장 1절의 서론적인 제목 가운데 포함되지 않은 것이 중요한 일이긴 하지만 말이다. 제사장들과 장로들에 대한 언급은 있지만(욜 1:9, 13-14), 왕에 대한 언급이 없는 것은 특정한 본문의 주제가 제사장들이 담당하고 있는 의전 문제이며, 명령은 그 땅 주민들의 대표인 장로들에 대한 것이라는 사실에 대한 중요한 예외이다. 역사적 맥락이 아니라 문학적인 맥락에서 왕이 제외된 것이다.

여러 나라에 흩어진 하나님의 백성에 대한 언급(욜 3:2)이 반드시 주전 586년의 대포로 사건을 가리킬 필요는 없다. 그것은 주전 721년의 북왕국 함락이나 주전 713년과 701년 사이의 앗수르 군대의 승리를 말하는 것일 수도 있다. 온 백성들에게 금식하기 위해 예루살렘에 모이라고 한 명령(욜 1:14)은 문학적인 과장법이다. 여러 성읍의 장로들은 시골 주민들을 대표하는 것으로 보인다. 이것은 유다의 인구가 너무도 줄어들어 누구나 예루살렘에 갈 수 있게 된 포로 이후 시기를 가리키지 않는다. 유다의 인구가 그렇게 적었다는 것은 논란의 여지가 있다.

요엘서가 오바댜, 예레미야, 아모스, 이사야 혹은 다른 선지자들이 사용한 선지서 언어와 친숙하다는 점은 청중들에게 익숙한 상투 어구를 사용하는 선지자 전통을 반영하여 그들의 주의를 끌고 그런 언어가 선지자들의 작품이며 쉽게 무시해서는 안 된다는 사실을 상기시키기 위한 것으로 볼 수 있다.

헬라의 등장(욜 3:6)이 반드시 알렉산더 대제의 권세나 약간 초기의 헬라의 중동 침공을 반영하는 것은 아니다. 오히려 헬라의 상인들은 오랫동안 페니키아의 상인들과 지중해 연안의 교역로를 주관해왔다.

요엘서가 에돔, 애굽, 블레셋 그리고 페니키아를 언급한 것은 아무 도움이 되지 않는다. 그 지역들은 이스라엘이 광야를 방황하고 정복했을 때부터 이스라엘의 대적이었기 때문이다. 아람어와 연관된 언어와 같은 언어적 취향은 초기 학자들이 믿고 싶어했던 것만큼 연대를 뒤로 늦춰주지 않는다. 아람어는 최소한 앗수르가 지배하던 시기부터 중동에 영향력을 행사했다. 알스트룀(G. W. Ahlstroem)은 아람어와 관련이 있는 것으로 보이는 모든 낱말과 어구의 용례를 꼼꼼하게 연구한 뒤 이런 결론을 내린다. "후대의 것이라는 논증에 사용된 많은 낱말과 어구는 전혀 후대의 것이 아니다"(「Joel and the Temple Cult of Jerusalem」, 22).

우리는 듀앤 가렛과 함께 이런 결론을 내린다. "요엘서의 기록 연대를 명확하게 지적하는 것은 거의 없다. 요엘서의 연대에 대한 어떤 주장도 불확실한 것이며, 그 해석은 가설에 근거한 역사적 배경에 의존해서는 안 된다"(NAC 19A, 294). 듀앤 가렛은 주전 600년경을 지목한다. 이 연대가 옳을 수도 있지만, 예루살렘의 재물의 복원과 여러 나라로부터 민족을 모으는 것(욜 3:1-3), 그리고 성전을 약탈하는 것에 대한 기술은 성전이 완전히 파괴되기 전인 주전 701년에 유다 역사에 있었던 대참사나 주전 609년과 587년 사이에 있었던 바벨론의 초기 유다 침공 가운데 하나를 가리키는 것으로 보인다. 요엘서에서는 예루살렘 성전이 여전히 존재하며 그 기능을 다하고 있는 것으로 나타난다.

이 책의 의미와 전하는 메시지

요엘은 여호와의 날이라는 하나의 주제에 집중하고 있다. 그리고 그 주제를 중심으로 다양한 변주를 연주하고 있다. 그날은 지나갔다. 이미 메뚜기 떼의 재앙과 기근과 가뭄 같은 자연 재해 가운데 경험한 것이다. 그날은 적국의 군사에 의해 수행되는, 그래서 현재 진행되는 혹은 임박한 것이다. 그날은 미래의 것이다. 즉각적으로는 현재의 문제들로부터 예루살렘이 구원을 받는 것이고, 장기적으로는 하나님의 영을 모든 사람에게 부어주고 여호와의 이름을 부르는 이를 구원하는 것이다. 그리고 궁극적으로 예루살렘의 영원한 거룩함으로, 그 대적들로부터 보호받고, 풍요가 흘러 넘치고, 한 분이신 참된 언약의 하나님께 순종하는 가운데 살며, 하나님이 이스라엘의 죄를 용서하시는 것이 가능해지는 때이다.

요엘은 여호와의 날이라는 자신의 신학을 이스라엘이 하나님과 함께한 삶, 곧 언약이라는 깊이 뿌리내린 주제에 근거를 두고 있다. 신명기 28장이 하나님의 언약에 불순종한 사람에 대한 저주를 경고한 것처럼 요엘이 말한 여호와의 날은 그런 저주들로 가득하다. 첫째는 불순종한 이스라엘에게요 또한 그들의 불의한 대적들에게다. 언약이 "나는 네 하나님 여호와이다"(출 20:2)라고 하나님을 소개하는 것처럼 요엘의 궁극적인 소망은 이스라엘이 '나 네 하나님 여호와'(출 20:5)가 예루살렘 가운데 거하심을 알고 고백하는 것이다. 이 갱신된 언약(출 34:6-7)에 계시된 하나님의 속성은 여호와가 회개 가운데 그분께 돌아오는 백성을 완전히 멸망시키지 않으실 것이라는 소망을 요엘에게 주었다(욜 2:13-14).

언약 신학에 근거를 둔 여호와의 날이라는 주제는 신학교 교실을 넘어서 많은 곳에 영향을 끼쳤다. 이스라엘은 단지 자신의 언약과 그 언약에 대한 하나님의 속성에 관해서 배우는 것 이상을 해야 한다. 이스라엘은 하나님과 언약을 맺는 것이 무엇을 의미하는지 배워야 한다. 이것은 단순하지만 깊은 두 가지 주제를 중심으로 전개된다. (1) 이스라엘은 자기 죄를 슬퍼하며 진정한 회개 가운데 하나님께 돌아가야 한다. (2) 이스라엘은 하나님이 다스리신다는 것을 깨달아야 한다.

현실에 만족하는 것은 하나님을 만족시키지 못한다. 상한 마음만이 그렇게 할 수 있다. 그런 회개는 하나님을 조정하고, 자기가 원하는 결과를 자기가 원하는 때에 보장받으려는 인간적인 심리 기제가 아니다. 회개는 하나님의 때에 하나님의 뜻과 하나님의 방법에 굴복하는 것이다. 회개는 세상을 책임지려고 노력하는 죄를 고백하며, 여호와가 전에도, 지금도 그리고 앞으로도 항상 세상을 주관하는 분이심을 인정한다. 그런 회개는 하나님께 용서와 축복으로 비쳐지지만, 회개는 자신이 그런 것을 요구하고 보장받을 수 없다는 것을 인정한다. 오직 여호와만이 축복과 용서가 언제 임하는지 아신다.

그런 것들이 올 때, 새로운 실재가 그것들과 함께 온다. 하나님의 영이 만국에게 부어진다. 모든 사람이 여호와의 이름을 부르고 구원을 받을 기회가 주어진다. 이것은 지상에서 한 번도 일어난 적이 없는 새로운 형태의 영적 세계이다. 이 세계는 사도행전의 오순절에 나타났지만(2:1-4), 그 궁극적인 완성은 아직 오지 않았다.

결어

요엘은 자기 백성에게 여호와의 날에 임할 모든 두려운 것들을 경고한 뒤에 마지막으로 궁극의 날을 바라보게 한다. 여기서 그는 모든 선지자들과 마찬가지로 자신을 세상에 알리시고 자신의 피조물들에게 정의와 거룩함과 참된 예배를 회복하시는 하나님의 신비한 뜻을 강조하는 일에 동참한다. 그 종말은 시간표상에 놓여 있지 않다. 그 종말은 분명하고도 상세하게 기술되어 있지 않아서 자연과 역사를 자세히 살피는 사람이라도 그 종말이 역사 가운데 들어서는 것을 알아챌 수 없다. 그리고 어떤 이는 이곳에 다른 이는 저곳에 속하도록 시대와 지역이 구분되어 있지 않다. 요엘은 하나의 약속을 제시한다. 하나님은 자기 원수들에게 공의의 벌을 내리시는 가운데 예루살렘을 보호하시고, 보존하시고, 칭찬하실 계획을 갖고 계신다.

여기서도 그 명령은 유대인과 이방인에 대한 철저한 구별이 없다. 성령은 모든 민족에게 약속되었으며, 구원의 부르심은 유대인에게만 한정된 것이 아니다. 그러면서도 유다와 예루살렘이 대적들로부터 구원받는 것, 거룩하신 하나님의 임재가 거룩한 자기 백성들 가운데 거룩하게 거하시는 것, 그리고 그분의 백성이 거하는 예루살렘에 여호와로 말미암는 죄 용서라는 선물이 영원하다는 것이 그 중심 내용이다.

요엘 1:1-20

메뚜기를 한탄함

"여호와의 날은 이스라엘을 향한 그분의 계획을 완성시키겠다는 야훼의 단호한 행동을 가리킨다… 그 여호와의 날은 단순한 신학적 개념이 아니라 구체적인 사건이다. 신학적 개념으로서의 여호와의 날은 인류 역사에 여러 차례 그리고 다양한 형태로 나타난 바 있다."

- 듀앤 가렛(Duane A. Garrett)

곡식을 망가뜨리고, 성전 제사를 불가능하게 만들고, 제사장들로 상복을 입게 만든 메뚜기 재앙의 한가운데서 예루살렘에게 전하는 하나님의 말씀이 요엘에게 임하였다. 메뚜기는 유다를 침공할 민족을 가리킨다. 그래서 요엘은 예루살렘에게 금식하고 하나님께 도움을 청하라고 외쳤다.

들어가는 글

위기에 처함

50년이나 된 기억이 마치 어제 일처럼 생생하다. 어느 날 아침 서부 텍사스에서 일어났더니 하늘이 어두웠다. 귀뚜라미들이 다시 찾아온 것이다. 조간 신문이나 우유병을 집어들기 위해 문을 열고 나가면 보도이건 진입로이건 귀뚜라미 떼가 잔뜩 쌓여 있다가 발을 딛는 곳마다 바작바작거리며 밟혀나갔다.

자동차의 앞뒤 창문이 모두 귀뚜라미 떼로 뒤덮여 있는데 어떻게 운전을 할 수 있겠는가? 상점 주인에게 그보다 더 끔찍한 악몽은 없다. 가게 앞 인도는 물론이고 진열장 창문에도 귀뚜라미들이 잔뜩 붙어 있다. 그러나 귀뚜라미가 일으킨 가장 큰 문제는 농부와 정원사들에게였다. 서부 텍사스의 끊임없는 가뭄에도 찍찍거리는 소리를 내는 침략자들이 살아 남은 곡식들을 남김없이 먹어치운 것이다.

이 얼마나 무기력한 느낌인지! 우리가 할 수 있는 것이라곤 조용히 기다렸다가 귀뚜라미 떼가 동쪽으로 이동하면 그 죽은 시체들을 치우는 것뿐이었다.

요엘 시대의 사람들도 그와 동일한 문제에 직면했다. 사방 어디에도 메뚜기뿐이었고, 곡식은 하나도 남지 않았다. 성전 제사도 멈추었다. 사람들은 정신을 잃고 망연자실하거나 기도에 몰두했다. 그런 무서운 재난 가운데서 하나님은 요엘에게 하나의 메시지를 주셨다. 애곡하고 도와달라고 기도하라. 그러나 이것은 앞으로 찾아올 더 심한 것에 대한 예고편에 불과하다는 것을 알라.

본문 이해

메뚜기를 한탄함

Main Idea	자연 재해는 하나님의 백성들로 하여금 그분께 도와달라고 부르짖게 만들고, 혹시 그 재앙에 하나님이 주시는 더 깊은 메시지가 있는지 살펴보게 한다.

A. 애곡하는 사명(1:1-14)

Supporting Idea	재앙이 일어나면 하나님은 사람들에게 기도와 금식에 전념하고 그 재앙 가운데서 하나님의 목적을 찾으라고 명하신다.

1:1. 요엘서의 간략한 서론에는 대부분의 선지서 제목이나 서론 부분에 담겨 있는 중요한 요소들이 빠져 있다. 그 어떤 왕의 이름도 나오지 않고, 선지자에 관해서도 그 아버지의 이름밖에 나오지 않는다. 그리고 메시지의 내용도 말하지 않는다. 그래서 우리는 요엘서에 관하여 그 시대에 대한 단서나 그 선지자 혹은 그의 가정에 대한 정보, 혹은 요엘이 어디서 선지자로 활약했는지에 대해 전혀 알지 못하고 있다. 요엘서에서 단 한 가지 중요한 것은 하나님의 말씀이 하나님의 백성에게 임했다는 것이다.

구약에서 '여호와의 말씀' 혹은 '하나님의 말씀' 이라는 구절은 창세기 15장 1절을 시작으로 234회 등장하는데, 136회는 선지서에 나온다. 하나님의 말씀은 역사를 주관하고, 복잡다단한 역사를 거슬러 살아가는 그분의 백성들을 인도한다. 선지자는 어떤 개인적인 자격이나 훈련을 제시하지 않는다. 그는 단지 자신을 하나님의 권위 있는 메시지를 맡은 하나님의 전령으로 보고 있다. 사람들은 그 메시지를 듣고, 그 출처를 확인하고, 그것에 순종해야 한다. 이 구절은 '야(Yah, 혹은 야훼)는 하나님이시다' 의 의미를 갖는 선지자의 이름이 등장하는 유일한 구절이다.

1:2. 하나님께로부터 온 말씀은 각기 다른 청중들을 대상으로 하고 있었다. 요엘은 늙은 자들(장로들)부터 시작했다. 이들은 공동체에서 지도자와 조언자의 역할을 하는 경

험 많은 사람들이다(출 3:16). 위기의 순간에 사람들은 그들에게 찾아가 조언과 방향 제시를 부탁한다. 모든 성읍에는 장로 회의가 있어서 성의 정문에 모여 내부적인 분쟁을 해결하고 성읍에 필요한 결정을 내린다(신 22:15). 장로들은 또한 나라를 위한 일을 결정하는 데도 참석한다(겔 8:1).

요엘은 장로들에게 말할 뿐 아니라 땅의 모든 거민들, 곧 유다 시민들에게도 말한다. 요엘은 장로들과 시민들에게 하나의 질문을 갖고 있다. 당신들이나 당신들이 알고 있는 누구라도 이런 일을 경험해본 적이 있는가? 이 수사적인 의문문은 아니라는 확실한 대답을 예상하고 있다. 이런 일은 한 번도 없었다!

1:3. 그렇다. 이것은 모든 세대를 위한 질문이라고 요엘은 선언한다. 이 일을 너희 자녀에게 고하고 또 손자에게 말하여 누구도 너희 세대에 어떤 일이 일어났는지 잊지 못하게 하라는 것이다. 이것이 백성들에게 영원히 전해져 하나님이 어떤 일을 하실 수 있는지 기억하게 하려는 것이다.

1:4. 당신은 어떤 일이 일어난 것을 어떻게 묘사하는가? 당신이 들어본 모든 종류의 메뚜기를 나열하고 그들이 행한 짓을 설명해야 한다. 이것은 작은 무리의 메뚜기 떼가 아니다. 이것은 그 땅을 공격했던 모든 메뚜기들의 집합이다. 하나의 메뚜기 종이 앞의 메뚜기가 남긴 것을 먹는 형태는 출애굽기 10장 5, 15절의 언어를 회상하는 것으로, 그곳에서 애굽의 재앙 가운데 우박이 남긴 것을 메뚜기가 먹어치웠다.

각기 다른 종류의 메뚜기가 어떤 종인지 구별하는 것은 더글러스 스튜어트가 말한 것처럼 '사변적'인 것이다(p. 241). 듀앤 가렛은 이렇게 결론내린다. "그들이 어떤 식으로든 메뚜기로 불린다는 사실 이외에 우리는 이 네 가지 낱말이 나타내는 곤충이 무엇인지 전혀 알지 못한다"(NAC, 316). **팟종이**(locust swarm)는 아마 스스로 날 수 있을 정도로 다 자란 성충이나 애벌레 혹은 가장 작은 형태의 메뚜기, 혹은 메뚜기의 새끼 단계를 가리킬 수 있다. 이 낱말은 요엘 2장 25절과 아모스 4장 9절에도 나온다.

메뚜기(the great locust)는 완전히 자란 날개로 이동하는 메뚜기를 가리키는 것이 분명하다. 레위기 율법은 그것을 음식으로 삼는 것을 허용하고 있다(레 11:22). **늣**(young locust)은 날개 없이 기어다니는 메뚜기를 가리키는 것으로 보인다(렘 51:14, 27). **황충**(other locust)은 메뚜기의 생애 가운데 어느 일정한 시점을 가리키거나 심지어 바퀴벌레를 가리킨다(사 33:4).

곡식을 파괴하는 이들의 정확한 이름이 무엇이든 다양한 이름을 사용함으로써 그 핵심이 강조되고 있다. 모든 것을 먹어치우는 곤충이 유다 들판을 뒤덮은 것이다. 그 무엇도 이 침입자들의 게걸스러운 식욕을 피하지 못했다.

그런 메뚜기 떼의 습격은 팔레스타인 지역에서 드문 일이 아니며, 일반적으로 짧은 기간 안에 사라지기 때문에 선지자는 이미지를 확대시켜 사람들이 어떤 일이 일어났는지 생각하고 진저리를 치게 할 수 있도록 독창적인 무언가를 해야 했다. 이것은 당신이 겪은 일반적인 메뚜기 습격이 아니다. 이것은 무시무시하고 신비한, 즉 초자연적인 사건이다. 이것은 하나님이 일으키신 것이다. 그리고 하나님만 끝내실 수 있다. 이런 이유에서 이것은 온 나라 안에 전승되고 하나님이 자기 백성을 위해 행하신 일의 목록에 추가되어야 한다.

1:5. 요엘은 예상치 못하게 다음 청중인 취하는 자들에게 다가간다. 이들은 이른 추수를 기뻐한 이들로 메뚜기가 오기 바로 전에 포도원에서 첫 열매를 거둔 자들이다. 만취 상태에 빠진 이들은 그날의 수상하고 암울한 사건을 인지할 수 없었을 것이다. 요엘은 이 무리들에게도 선언하였다. 오늘은 그들에게 마실 포도주가 없으므로 그들은 정신을 잃을 때까지 취하여 그날의 사건을 무시할 수 없을 것이다. 그들은 잃어버린 포도주를 위해 울어야 하는 분명한 이유가 있다. 그들은 회개의 눈물을 흘리며 하나님께 나아가 그분의 구원을 구해야 한다.

1:6. 여기서 요엘은 자신이 묘사하고 있는 것 뒤에 있는 것을 보여주기 시작한다. 메뚜기 재앙은 충분히 두려운 것이지만, 이것은 그보다 더한 것이다. 한 민족이 내 땅에 올라왔다. 선지자는 계속해서 바로 전에 메뚜기가 오는 것을 표현하는 것이 분명한 히브리어 완료 동사 형태를 사용하고 있지만, 선지자들은 이 형태를 사용하여 비록 아직 일어나지는 않았지만 하나님이 선언하신 어떤 것을 묘사하는 데 자주 사용했다. 그런 '선지자 완료' 용법은 청중들에게 미래의 사건을 현재의 실재로 만들어준다.

요엘은 이어서 메뚜기로부터 시선을 돌려 그들을 장차 올 더 악한 어떤 것의 예고편으로 묘사하고 있다. 강하고 무수한 군대를 거느린 한 민족이 하나님의 백성을 대적해 오고 있다. 청중들은 자기들에게 찾아와 폐허로 만들고 떠난 메뚜기가 끔찍하다고 생각했다. 그들은 아직 아무것도 보지 못했다! 하나님은 그들을 대적하는 다른 종류의 군대가 찾아오도록 준비하셨다.

사자들은 사나움과 두려움의 또 다른 형상이다. 메뚜기들은 이빨이나 발톱도 없다. 대적의 군대도 마찬가지이지만, 메뚜기들은 그 땅을 공격하고, 군대는 민족을 공격하여 유대인들의 정신 세계에 사나움과 두려운 인상을 주었다. 선지자는 두려움, 공포, 무기력함, 고통, 그리고 재앙의 분위기를 만들어내기 위해 시적인 이미지들을 잔뜩 모아놓았다.

1:7. 술 취한 자들은 즉각적인 포도주의 공급이 사라진 것 이상을 본다. 미래에 포도주가 공급될 가망성은 더욱 희박하다. 왜냐하면 포도원이 황무지가 되었기 때문이다. 식물은 다음번 추수를 위해 새로운 가지를 내지 못했다. 포도원에서 종종 자라던 무화과나무 역시 동일한 운명을 겪었다. 그들의 껍질은 벗겨져 새로운 무화과가 나올 가능성이 사라졌다. 만일 메뚜기가 그 민족의 농산물을 약탈할 수 있다면, 대적의 군대는 무엇을 할 수 있을까? 여기서 우리는 메뚜기 습격과 군대 예언이 하나로 이어지는 것을 보게 된다.

1:8. 눈물을 흘리라는 5절의 명령은 이제 '애곡' 하라는 혹은 공식적인 애도 행사에 참가하라는 명령으로 확장된다. 청중들은 술 취한 자들로부터 일반적인 사람들로 전환된 것이 분명하지만, 이들의 구체적인 정체는 알려지지 않았다. 그들은 결혼하기로 서약한 장래의 신랑감을 잃은 히브리 소녀의 슬픔을 함께 애곡해야 한다. 그녀가 결혼식과 관련된 잔치를 취소시켜야 했던 것처럼 그 민족도 추수와 관련된 축제와 잔치를 취소시켜야 했다. 지금은 모두가 애곡하는 분위기이다.

1:9. 이제 슬퍼하는 것이 확장되어 여호와의 전과 그의 제사장들까지 포함하게 되었다. 곡식을 잃어버린 것은 하나님께 드리는 예배와 제사 가운데 드려져야 하는 모든 것들에도 영향을 미쳤다(민 28:1-8). 그래서 이스라엘은 하나님과의 언약 약속을 유지할 수 없었다. 그들은 하나님으로부터 갈라지고 고립되었다고 느꼈다. 곡식과 포도나무가 사라지면서 제사장의 노동과 제사와 급료도 사라졌다(레 2:3, 10). 백성들과 제사장들은 상상할 수 있는 최악의 상황에 직면했다.

1:10. 선지자는 그 나라의 농업 자원의 목록을 만들었다. 밭이 황무하여 사람이나 동물이 먹을 것을 생산하지 못했다. 비가 오지 않아 토지가 처량하니 심을 씨앗이 있어 새로 식물을 심어도 아무 소용이 없었다. 곡식이 진하여 더 이상 추수도, 음식도 없게 되었다. 포도원이 파괴되었기에 새 포도주가 말랐고, 기본 음료가 사라졌다. 기름의 공급도

떨어져서 기본적인 요리용 기름, 치료용 기름 그리고 미용용 기름을 더 이상 구할 수 없게 되었다. 모든 것이 이 재앙에 영향을 받았다.

1:11. 또 다른 청중은 메뚜기가 가장 심각하게 영향을 끼친 사람들인데, 바로 농부와 포도원을 다스리는 자들이다. 곡식이 없는 농부는 부끄러운 절망 가운데 빠져야 한다. 포도나무가 사라진 포도원지기는 모두의 슬픔 가운데 곡해야 한다. 이런 탄식에는 구체적인 원인이 있다. 밀과 보리를 비롯해 밭의 소산이 다 없어졌기 때문이다(신 28:33, 42, 51).

1:12. 탄식 가운데 애곡할 이유는 계속 이어진다. 포도를 맺는 포도나무가 시들었고, 무화과나무가 말랐다. 석류나무(신 8:8), 대추나무(레 23:40), 사과나무(잠 25:11)는 먹을 수 있을 뿐 아니라 아름다움과 연인과의 연관성 때문에 귀히 여겨지는 열매를 대변한다. 인생의 달콤함이 사라진 것이다. 선지자는 이 단락 전체에서 '부끄러움(보쉬, bosh)' 과 '마르다(야베쉬, yabesh)' 를 의미하는 히브리어로 언어 유희를 하고 있다. 이 언어 유희는 선지자가 자신이 말하려고 했던 모든 것을 요약하는 가운데 여기서 절정에 도달한다. "즐거움이 사람의 아들들로부터 부끄러움에 처해졌다(혹은 말라 시들었다)" (저자 번역). 기쁨을 일으키던 것이 이제 부끄러움을 일으킨다. 기쁨이 유다와 예루살렘으로부터 말라서 시들어버렸다.

1:13. 요엘은 또 다른 청중에게 시선을 돌린다. 이들은 술 취한 자들이나 농부들과 포도원지기와 전혀 다른 이들이다. "소복을 입으라, 너희 제사장들이여" (저자 번역, 상복과 관련해서 '입으라' 의 다른 용례를 보려면, 사 15:3, 렘 4:8 참고). '탄식' 은 노래가 포함된 공식적인 애도 의식에 참여하는 것을 가리킨다(삼하 1:12, 슥 12:10-12). 제사장의 가장 신성한 임무는 하나님의 제단에 수종들고, 제물이 바르게 진상되어 백성과 하나님의 관계가 유지되는지 확인하는 것이었다. 하나님은 그 백성을 그 임무에서 불러내어 그 순간 그보다 더 중요한 임무를 하게 하시는데, 그것은 하나님께 도움을 청하며 슬피 우는 것이다.

굵은 베를 입고 밤이 맞도록 있다는 말은 가장 특별하고 불편한 일이다(왕상 21:27). 내 하나님께 수종드는 자들인 제사장들에게 이것은 일상에서 벗어난 것이다. 그들은 이런 무서운 상황 가운데서 자신의 제사 의식을 밤까지 연장하고 잠자는 시간을 하나님께 도와달라고 기도하며 보낸다. 이 상황의 단적인 모습이 제사장의 시각에서 그려지고 있다. 하나님의 집에 제사가 없었기 때문에 그들에겐 먹을 것이 없었다. 하나님은 제사장들이 성전에서 매일 드려지는 제물을 소비할 수 있도록 허락하셨다. 더 나쁜 것은 제물이 없으면 공동체의 예배라는 중요한 행위가 없어진다는 것이다. 제사장들은 그들의 가장 의미 있는 행위와 음식을 모두 메뚜기 떼에게 잃었다. 그 민족은 하나님께 나아갈 수단을 잃었다. 지금은 단순히 평소와 같은 종교적인 의식을 거행하는 것이 아니라, 철저하게 애곡할 때이다.

'민하(minchah)' 혹은 소제(grain offerings)는 원래 선물이나 공물로 드려진 고기나 곡식을 가리켰다. 그것은 다른 사람, 특히 통치자나 하나님께 드려지는 것이었지만, 하나님께 드려진 곡식을 의미하는 것이 되었다. 소제는 단독으로 혹은 번제와 화목제의 일부로 드려졌다(암 5:22). 이것은 매일 드려지는 제사였다(레 9:17). 제사장은 이 제물 한 움큼을 언약의 소금과 함께(레 2:13) 여호와께 번제단에 기념물로 드려야 했다(레 2:2, 9, 16). 그리고 향단 위에는 소제를 드릴 수 없었다(출 30:9).

전제(drink offerings) 역시 매일 반복되는 성전 제사의 일부분으로(민 28:5-8), 이것은 화목제와 번제와 함께 드려졌다(민 15:1-15). 전제는 포도주를 만드는 포도가 아니라(민 6:3) 곡식으로 만든 취하는 음료로 보인다. 이것은 예배자들이 성전에서 자신의 제사 예배의 일부로 먹는 음식의 일부였다(신 14:26).

1:14. 제사장들이 일상적인 예배 의식을 거행할 수 없었다면 그들은 무엇을 해야 했을까? 요엘은 여호와로부터 온 구체적인 지시를 내린다. "금식일을 정하고, 백성들의 회중이 모여 예배하는 거룩한 날을 선포하라. 장로들을 모으고, 그 땅의 모든 주민이 네 하나님 여호와의 전에 모이게 하라. 여호와께 도와달라고 부르짖어라" (저자 번역).

제사장들은 매일 드리는 예배보다 더 중요한 책임이 있었는데, 그것은 순종하는 예배를 통해 백성들의 삶의 안정성을 유지하게 하는 것이었다. 그런데 그 안정성이 산산이 무너졌다. 그들은 이 절박한 상황 가운데서 하나님과 만날 방법을 찾아 일상과 안정으로 돌아갈 길을 찾아야 했다. 이 일을 하기 위해서는 삶 가운데서 일상적인 절차와 의식들을 포기해야 했다. 노동을 하지 않고 음식을 먹지 않는 금식과 기도는 그날 해야 하는 유일한 일이었다. 제사장들은 모든 백성이 하나님께 도움을 구하며 부르짖는 일에 참여하도록 앞장서야 했다.

B. 선지자의 기도(1:15-20)

Supporting Idea	하나님의 사역자는 재앙의 때에 하나님의 메시지를 전달할 뿐 아니라 하나님 앞에서 기도로 탄식하는 가운데 하나님의 백성의 구원을 구해야 한다.

1:15. 요엘은 단순히 제사장들에게 금식하고 기도하라는 지시만 전한 것이 아니다. 그는 자기 자신의 탄식을 하나님께 드리면서 백성이 재앙에서 벗어나는 방법을 구했다. 오호라(히. 아하, ahah)는 주어진 상황에 아무 희망이 없을 때(겔 4:14) 하나님이나 그분의 전령에게 드러내는 공황 상태의 감정 표현이다. 어떤 상황에 있을 때 선지자에게서 그런 반응이 나올 수 있을까? 그것은 선지자들이 즐겨 사용하던 여호와의 날이라는 암울한 때이다(암 5:18, 20, 말 4:5). 이것은 줄여서 고통스러운 형용사나 명사와 함께 '그날' 혹은 '날'로 표현되기도 한다. '환난 날'(렘 16:19), '보수할 날'(사 34:8), '진노하시는 날'(잠 11:4), '흉한 날'(암 6:3), '곤고한 날'(암 8:10).

앞의 성경은 하나님의 특별한 날을 어둡고 우울한 모습으로 그렸다. 분명 그것은 일반적인 백성들과 이스라엘의 예비 인도자들이 선지자의 개입이 있기 전에 그렸던 원래의 모습은 아닐 것이다. 이스라엘은 여호와가 모든 대적을 물리치시고 이스라엘을 세상에서 가장 강한 나라로 세우실 때 그날을 보았다. 이스라엘은 모세, 사사들, 여호수아, 그리고 다윗의 지도 아래 누렸던 과거의 승리의 경험을 취하여 하나님 밑에서 이스라엘이 승리하는 새로운 날을 향해 밀고 나갔다(암 5:18-20).

선지자들은 야훼의 날에 어둡고 칙칙한 색을 칠하여 백성들에게 그들의 무책임하고 낙관적인 그림이 역사적인 실험장에서 유지되지 못할 것이라고 경고함으로써 지나치게 낙관적인 모습을 공격했다. 하나님은 불순종하는 자기 백성들에게 노하시고 이날에 그들을 심하게 벌하기 위해 오실 것이다. 어쩌면 그들을 멸망시키실 수도 있다.

주전 586년에 바벨론이 예루살렘을 멸망시킨 사건은 어떤 이들에게 여호와의 날로 비쳐졌다(애 1:12). 그럼에도 선지자들은 다가오는 여호와의 날을 주목했다(말 4:3, 5). 그러면서 선지자들은 또한 여호와의 날로 이방 나라에 대한 하나님의 심판을 지적했다(사 34:8, 옵 1:15). 여호와의 날은 하나님이 은혜를 베푸신 백성에게 구속과 구원의 날이지만, 그분의 대적들에게는 파괴와 멸망의 날이다.

요엘은 자신의 개인적인 탄식을 하나님께 드리는 가운데 백성들이 자기의 기도 내용을 듣기를 기대했다. 이 내용은 가장 비참하고 고통스러운 정서로 여호와의 날을 묘사하는 가운데 예언의 합창과 연결된다. 백성들은 그에 주목해야 했다. 왜냐하면 여호와의 날이 가까웠기 때문이다(겔 30:2-3). 그들은 그것을 미래 세대를 위한 멀리 있는 사건으로 보고 경시할 수 없었다. 하나님은 그들을 위해, 바로 그들 세대를 위해서 무언가를 준비하셨다. 그날은 단순히 외국 군대와의 대결 정도가 아닐 것이다. 그날은 사람으로부터가 아니라 전능자이신 하나님으로부터 멸망이 임할 것이다.

1:16. 백성들은 그가 어떤 증거를 가졌는지 알고자 했다. 요엘은 그 증거가 우리 목전에 있다고 대답했다. 메뚜기 재앙은 충분한 증거였다. 하나님은 이미 그들의 식물을 끊으셨다. 그분은 기쁨과 즐거움을 우리 하나님의 전에서 끊으셨다. 만일 찬양과 경배의 집이 더 이상 기쁨의 장소가 되지 못한다면, 그들은 어디서 기쁨을 찾을 수 있는가?

1:17. 더 많은 증거. 요엘은 구약의 다른 어느 곳에도 등장하지 않는 세 낱말을 사용하여 자신의 시적 어휘를 더 깊이 파고들었다. 씨가 흙덩이 아래서 썩어졌다. 그것은 추수를 할 수 없다. 그 씨(혹은 '우리의 저장된 물품들')는 좋은 열매를 맺지 못할 것이다. 그리고 모든 밭은 흙덩이로 변했다(혹은 '씨가 삽 아래 놓였다'). 백성들은 곡식과 음식을 저장할 장소를 사용하지 못했고, 그것은 모두 무너졌다. 그리고 그들이 가진 곡식은 시들어 못 쓰게 되었다.

1:18. 선지자는 계속해서 하나님께 기도를 드리는데, 그 기도는 또한 백성에게 설교가 되었다. 생축이 탄식하다. 이 강력한 히브리어 '아나(anah)'는 "보통 현실에서든 앞으로 예상되는 것이든 하나님의 심판을 마주쳤을 때와 같은 끔찍한 상황에 대한 강렬하고 부정적인 반응을 표현한다(사 24:7-8). 무너진 예루살렘에 대한 탄식은 이 낱말의 용례의 거의 절반을 차지한다(애 1:4, 11, 21-22)" (David Thompson, NICOTTE).

요엘은 이례적인 한 줄의 시적 표현 가운데서 가축들로 하여금 탄식하게 한다. 그것은 하나님이 메뚜기로 모든 곡식을 파괴하고 그들에게서 먹을 것을 앗아가신 재앙을 표현하고 있다. 만일 가축이 운다면 사람들은 소제와 전제만 잃은 것이 아니었을 것이다. 그들은 소제와 자기 식탁의 고기도 빼앗겼다. 가축들이 보통 다니는 곳을 넘어 바위 골짜기도 다닐 수 있는 양 떼마저도 아무런 먹을 것을 발견하지 못했다. 메뚜기는 모든 것을 가져가버렸다. 그래서 이스라엘은 하나님이 소개하시는 하나님의 날을 경험했다.

1:19. 요엘은 기도 가운데 하나님께 부르짖는다. 그는 불이라는 용어로 이 절망적인 상황을 묘사한다. 물이 없으면 불이 날뛰어 메뚜기가 혹시라도 남기고 간 모든 풀이나 그루터기도 파괴한다. 나무는 그 열매만 빼앗긴 것이 아니라 불이 나무 자체를 살라버렸다. 이스라엘에게는 더 이상 농사지을 곳이 남지 않았다. 하나님이 그 멸망을 가져오셨다. 선지자는 그것을 알았고, 그 백성은 오직 하나님만이 해결 방법과 구원을 가져오실 수 있다는 것을 배워야 했다.

1:20. 선지자는 또 다른 시적 언어의 도약 가운데 들짐승도 하나님께 헐떡거린다고 말한다. 이 동사는 실제로 '갈망하다, 고대하다'를 의미한다. 동물들도 선지자와 가축과 함께 자기들이 직면한 상황에 탄식한다. 그들에게는 먹을 것과 마실 것이 없다. 그들이 무엇을 할 수 있는가? 그들은 오직 하나님께 신음하고 헐떡이며 혹시 그분이 자기들의 필요를 공급해주실지 지켜보는 수밖에 없었다. 백성들 역시 그 전철을 밟아야 했다. 하나님의 백성이 절박하고 무기력한 상황에서 가축과 들짐승에게 가서 기도하고 하나님을 의지하는 법을 배워야 하는가?

Main Idea 복습	자연 재해는 하나님의 백성들로 하여금 그분께 도와달라고 부르짖게 만들고, 혹시 그 재앙에 하나님이 주시는 더 깊은 메시지가 있는지 살펴보게 한다.

결론

하나님은 비극도 사용하신다

재앙은 하나님의 백성의 응답하는 힘을 가늠한다. 도로시 켈리 패터슨(Dorothy Kelley Patterson)은 그의 저서 「여성을 위한 아름다움(BeAttitudes for Women)」에서 가까운 친구의 큰아들 루엘(Luel)이 악성 뇌종양에 걸린 이야기를 들려준다. 루엘은 현대 의학이 제공하는 모든 과정을 견뎌냈다. 가족들과 친구들은 하나가 되어 기도했다. 그들은 루엘이 회복되었다가 다시 고통당하는 과정을 반복해서 지켜보았다. 도로시 켈리 패터슨은 이렇게 말한다.

> 결국 하나님은 그 소년을 하늘 고향으로 데려가시기로, 즉 그에게 완전한 치유를 주시기로 결정하셨다. 그러나 그로 인해 그를 사랑했던 사람들에게 크나큰 상실감을 주셨다. 그를 놓아 보내는 것은 가족뿐 아니라 그 소년을 지켜보면서 사랑했던 사람들에게도 고통스러운 일이다….
>
> 나는 루엘의 추도 예배를 드리는 동안 다른 사람들은 경험하기 어려운 방식으로 주님과 함께하며 그분을 의지했던 그 가족들의 영적인 은혜와 강력한 증거를 직접 목격하는 가운데 고통과 아픔의 은혜를 통렬하게 깨달았다. 나는 내 아들 아머(Armour)의 삶 가운데서 벌어지는 믿음의 싸움을 보았다. 아머는 루엘을 형제처럼 사랑했고, 그런 비극을 올바로 이해하지 못하는 가운데 그와 함께 이 어두운 골짜기를 걸었다. 몇 달이 못 되어 하나님은 이 비극을 사용하셔서 아머로 하여금 하나님의 신실하심을 깊이 깨닫게 하셨다(p. 62-63).

도로시는 추도 예배 가운데 그 가족이 은혜로 응답하는 것을 보았다. 그리고 자기 아들이 하나님의 응답이 찾아올 때까지 몇 달 동안 갈등하는 것을 지켜보았다. 선지자 요엘 역시 하나님이 메뚜기 재앙 가운데 역사하시는 것을 보았다. 그는 백성들에게 일시적인 재앙 가운데서 교훈을 배워 하나님의 징계라는 훨씬 더 심한 재앙을 막도록 하나님께 부르짖으라고 촉구했다. 그러나 이스라엘은 오랜 시간이 지나서야 애곡과 탄식과 하나님을 의지하는 일의 비밀을 배웠다.

▣ 진리 알기

• 자연 재해는 불순종하는 백성에게 보내는 하나님의 메시지일 수 있다.
• 가족은 오늘 그들이 본 하나님의 역사하심을 서로 이야기하고 다음 세대에 그 이야기를 전해주어야 한다.
• 재앙은 모든 백성에게 애곡하고, 탄식하고, 하나님을 의지하도록 촉구한다.
• 재앙은 하나님이 자기 백성으로 하여금 더 나쁜 재앙을 막거나 견딜 수 있도록 준비시키시는 방법일 수 있다.
• 재앙은 우리 삶의 기쁨을 빼앗아가고 우리의 예배를 찬양에서 애통과 탄식으로 변화시킨다.
• 하나님의 교회 지도자들은 사람들에게 개인적인 모범을 통하여 재앙에 대한 응답으로 하나님이 기대하시는 최고의 기준을 보여주어야 한다.
• 재앙은 하나님의 백성이 다른 관심사를 모두 끊고 그분의 지시와 구원하심에 집중하게 만드는 특별한 의식들을 요구한다.
• 하나님의 재앙의 날은 그분의 마지막 심판의 날을 미리 예고한다.

▣ 적용하기

• 먼저 하나님이 자기 백성이 하나님께 돌아오도록 하시기 위해 재앙을 내리실 필요가 없도록 기도하라.
• 국가와 지역 사회, 그리고 개인적인 재앙들에 대하여 범교회적으로 대응할 수 있는 계획을 세우기 위해 교회와 함께 사역하라.
• 당신 자신의 삶이 하나님과 조화를 이루는지 확인하고, 당신이 하나님이 자기 백성을 징계하시는 이유가 되지 않도록 조심하라.
• 개인적인 재앙으로 고통받는 사람들의 필요에 민감해지고, 그들의 말에 귀를 기울이며, 그들을 보살피는 법을 배우라.

삶의 적용

재난으로부터 받은 교훈

자연적이고 개인적인 재난들은 우리가 얼마나 무기력한 존재인지 깨닫게 한다. 9·11 테러 사건이 가져다준 무기력함을 잊을 수 있는 미국인은 한 사람도 없을 것이다. 테러, 충격, 불신, 무력감, 너무나 많은 감정들이 일순간에 우리에게 밀려들어왔다. 그 소식을 듣고나서 한 시간 동안 당신은 어떻게 반응했는가? 그 반응에서 하나님은 어떤 역할을 맡으셨는가?

요엘은 메뚜기 재앙의 기억이 자기 세대 사람들에게서 희미해지지 않기를 원했다. 그는 그들에게 기도하는 법, 미래의 세대를 위해 기억들을 저장하는 법, 하나님이 그 재앙을 통해 자기들을 벌하신다는 사실을 받아들이는 법을 알려주었다.

기도

하나님 아버지, 당신은 우리가 사는 세상을 주관하십니다. 당신은 당신의 목적을 이루시기 위해 모든 것을 사용하십니다. 때로는 그 목적이 징계와 처벌일 때도 있습니다. 지금 이 순간 우리에게 우리의 죄를 보여주십시오. 그리고 우리의 죄를 용서해주십시오. 우리가 맡은 사람들이 역사로부터 배우고 당신의 징계를 계속해서 경험하지 않도록 도와주는 방법을 보여주십시오. 아멘.

심층 연구

애곡과 탄식

이스라엘은 죽음과 재앙에 대응하는 구체적인 방법을 갖고 있다. 그들은 시적인 기도를 만들어내 회중과 하나님께 동시에 메시지를 전달한다. 애도할 때는 특별한 의복이 있다. 삼베옷을 입고 자기 의복을 찢는 것이다. 애곡은 일반적으로 구체적인 기간에만 한정된다(창 50:3에서 애굽인들이 요셉의 부친 야곱을 위해 70일간, 그리고 창 50:1-11에서는 요셉 본인을 위해 7일간 애곡한 것을 주목하라).

애곡에는 구체적인 소리가 있다. 부르짖음, 그것은 아무런 문학적 혹은 시적 형태 없이 나오는 우발적인 소리와 절규이다(암 5:16). 여기에는 일반적으로 히브리어 '호이(hoy)', 즉 '아아!' 혹은 '안 돼' 등이 포함된다. 애곡에는 구체적인 행동이 포함된다. 옷을 찢는 것, 눈물 흘리는 것, 고개를 흔드는 것, 재 위에 앉는 것, 머리에 먼지나 재를 얹는 것, 신발을 벗는 것, 얼굴 아랫부분을 가리는 것, 신체를 자르는 것, 그리고 금식 등이 그것이다(렘 6:26, 겔 27:30-32).

애곡의 이 모든 요소들은 어떻게 전체적으로 서로 어울리게 되는가? 성경 어디에서도 이 질문에 대한 답을 주지 않는다. 왜냐하면 성경의 목적은 우리가 고대 이스라엘의 문화적, 종교적 관습을 재구성하도록 도와주는 것이 아니기 때문이다. 그래서 우리는 모벌리(R. W. L. Moberly)와 함께 이런 결론을 내릴 수 있다.

> 요약하자면, 애도 의식의 정확한 특성은 시간과 장소에 따라 분명히 달라진다. 그러나 일반적으로 구약은 보통의 일상에서 벗어난 일관성 있는 모습을 제시하고 있다… 구약은, 애도 의식이 애도자가 그것을 통하여 자신의 존재 전체의 슬픔을 표현하는 중요한 의식의 일부분이라는 인상을 심어준다(NIDOTTE 4, 873).

쾌락에 미쳐 있고 자기 중심적인 우리 세계에서 사람들은 애도, 재앙 그리고 배워야 할 교훈들에 대해 듣고 싶어하지 않는다. 그러나 성경은 "울 때가 있고 웃을 때가 있으며 슬퍼할 때가 있고 춤출 때가 있음"(전 3:4)을 상기시켜준다.

교안

A. 들어가는 글

1. '위기에 처함' 이야기로 시작하라.
2. 배경 설명 : 자연 재해는 메뚜기 재앙의 모습으로 요엘의 나라를 공격했다. 농부들은 밭에서 모든 곡식을 잃었고, 심을 씨앗도 건지지 못했다. 포도원 주인은 한 알의 포도나 한 그루의 포도나무도 남기지 못했다. 동물들은 먹을 것이 없었다. 물마저도 귀해졌다. 사람들이 제물로 드릴 것이 없어서 성전에서 매일 드리는 제사도 지속되지 못했다.
3. 적용 : 사람들은 혼란스러워하고, 분노하고, 실망한다. 그들은 누구를 찾아가며 무엇을 해야 할지 알지 못한다. 하나님은 선지자를 보내 그들에게 무엇이 일어났으며, 왜 일어났으며, 무엇을 해야 하는지 알게 하셨다. 오늘날 우리는 재앙의 때에 어떻게 하나님께 응답해야 하는지를 배워야 한다.

B. 본문 이해

1. 애곡하는 사명(1:1-14)
2. 선지자의 기도(1:15-20)

C. 결론: '하나님은 비극도 사용하신다' 를 읽어주라.

토의 질문

1. '자연적인 원인' 으로 말미암는 재해는 항상 하나님의 심판과 징계의 신호인가?

2. 성도들이 하나님께 슬픔을 표현하는 합당한 방식에는 어떤 것들이 있는가?

3. 하나님은 우리가 애도와 슬픔의 시기를 마친 뒤에 무엇을 하기를 기대하시는가?

4. 어떻게 하면 9 · 11 테러와 같은 재앙과 관련된 이야기들을 보존하여 미래의 세대들이 그것을 통해 배우고 하나님께 나아갈 수 있게 하겠는가?

5. 얼마나 많은 날들이 여호와의 날이라고 불릴 수 있는가? 오늘날 우리는 아직도 그런 날들을 경험하고 있는가? 당신은 하나님이 마지막 여호와의 날을 오게 하시고 이 세상을 완전히 심판하실 것이라고 믿는가?

요엘 2:1-32

하나님의 두려운 날

"실수 없이 실패로부터 성공을 말할 수 있는 사람은 신이 분명하다."

- 안톤 파블로비치 체호프(Anton Pavlovich Chekhov)

하나님은 나팔 소리로 백성들이 싸울 준비를 하게끔 명하시며, 쳐들어오는 군대를 메뚜기나 군병력을 가리키는 용어로 묘사하신다. 그리고 아무런 경고 없이, 심판을 연기하게 할 수 있는 회개를 촉구하신다. 금식과 부르짖음은 백성들의 내적인 회개와 마음의 변화를 상징하는 것이어야 한다. 그런 다음, 하나님은 그 땅의 풍요로움을 새롭게 하시고 다시는 그들이 조롱거리가 되지 않게 하시겠다는 약속으로 깜짝 놀라게 하신다. 그래서 시온은 부르심을 듣게 된다. 대적의 군대가 물러났으니 기뻐하라는 소리를 듣게 된다. 마지막으로, 하나님은 하나님의 영을 자기 백성에게 부어주시고 여호와의 날에 시온을 구원하실 것이라고 약속하신다.

들어가는 글

회개는 변화를 의미한다

래리 크랩(Larry Crabb)은 그의 저서 「영적 가면을 벗어라(Inside Out, 나침반)」에서 자기 친구 토니의 이야기를 들려준다. 토니는 자기 인생의 전환점인 초등학교에 들어가던 해를 회상한다. 그때부터 그의 부모는 긴 고함지르기 시합 같은 인생을 살기 시작했다. 그의 아버지는 한번 집을 나가면 한두 주씩 있다가 고래고래 소리를 지르며 집으로 돌아왔다. 그의 어머니는 토니가 한 걸음 물러서서 그 참을 수 없는 상황에서 벗어나기만 하면 우셨다. 토니에게는 오직 학문만이 의미 있는 것으로 다가왔다. 그는 그 분야에서 두각을 나타냈다. 심약한 부친에 대한 반항과 특히 독재적인 모친에 대한 반항은 외출 금지 규칙을 어기고 대화를 거부하는 것으로 표현되었다.

토니가 대학 2학년을 마쳤을 때 그의 삶은 그리스도를 영접함으로써 새로운 의미를 갖게 되었다. 그는 자기 부모님과 의사소통하고 그분들을 더 잘 대할 수 있는 방법들을 찾았다. 비록 그의 부친은 토니가 신학교 1학년 때 돌아가셨지만, 신학교를 다니며 새롭게 전개된 토니의 마음가짐은 마침내 어머니를 부드럽게 만들고, 그녀를 그리스도께 인도하게 되었다.

토니는 신학교를 마친 뒤에 기독교 사역자로 14년 동안 일하면서, 결혼도 하고 세 자녀를 둔 평안한 삶에 정착했다. 그런데 그의 나이 사십이 되면서 미묘한 일들이 나타나기 시작했다. 한 교사가 상담을 통해 토니의 11살 먹은 아들이 동기가 부족하고, 학습이 뒤처지며, 우울증을 보인다고 알려왔다. 그 아이를 학교 심리 상담사에게 보이는 것이 좋겠다는 의견에 토니의 아내는 공황 상태에 빠졌고, 토니는 어떻게 하면 좋을지 몰라 갈팡질팡했다.

그때 토니의 직장 동료이자 친구 한 사람이 다른 누구도 짐작조차 하지 못했던 자신의 직장에서의 불만과 가정에서의 중대한 문제로 인한 갈등을 토니에게 살짝 털어놓았다. 그리고 몇 주가 지난 뒤에 그 친구는 토니에게서 멀어졌다. 래리 크랩 역시 공적인 사역과 개인적인 상황들 가운데서 토니를 보면서 토니가 모임에 나타나지 않았으면 하고 바라게 되었다. 왜냐하면 그는 토니가 항상 거짓 성취감에 빠져 있고, 따분한 사람이라는 것을 알게 되었기 때문이다.

그리고 학교 상담사는 토니의 아내에게 그녀의 두려움은 자기 아들에 대한 것이 아니라 토니가 사실을 받아들이고 문제를 해결하려 하지 않으려 한다는 사실에서 기인한 것임을 인정하게 해주었다. 토니의 친구는 그에게 토니는 제대로 된 도움을 주는 법을 알지 못하므로 그에게 사실을 털어놓아도 도움이 되지 않는다고 말해주었다. 그리고 크랩은 토니에게 그가 항상 모임에서 까다로운 문제점들에 대해서 언급을 피한다고 말해주었다.

토니는 기도와 성경 공부를 통해 자신을 새로운 시각에서 보게 되었다. 그는 자신이 공상의 세계로 한 발 물러남으로써 어린 시절의 문제점들을 회피하고 있음을 깨달았다. 그는 갈등을 인정하지 않았고, 자기 주위의 모든 사람이 행복할 것을 요구했다.

그래서 토니는 스스로 쌓아올린 자기 방어의 죄와, 또한 사람들을 자기가 보기에 행복하게 만들려 했던 죄를 회개했다. 그는 사람들로부터 따뜻한 반응을 요구하지 않고서 그들의 삶 가운데 깊이 들어가는 법을 배웠다. 그는 자신의 상처들을 아내와 함께 이야기했고, 그녀의 말에 더 쉽이 귀 기울였다. 그는 자신이 아들에게 지우고 있는 압박감에 대해 아들과 이야기했다. 그리고 자기 친구들과의 관계도 더욱 깊어졌다.

그럼에도 불구하고 친구들은 토니가 긍정적인 면을 너무 강조한 나머지 삶의 진정성을 잃을지 모른다고 생각했다. 그들은 아직도 그가 슬픈 감정을 회피하며 자신을 남자로 받아들이지 못하는 경향을 보인다고 생각했다. 토니는 다시 성경으로 돌아갔고, 예수님 안에서 고난을 통해 강해지고 연약함을 통해 그리스도를 닮아가는 능력을 보았다.

토니의 경험은 한 개인이 삶을 영위하게 하고, 다른 사람과 관계를 맺으며, 하나님과의 관계를 경험하는 방식의 변화를 가져오는 회개의 능력을 입증해 보여준다. 하나님을 믿는 사람은 중요한 삶의 국면에서 회개하고, 하나님을 따르는 새 길을 발견하며, 원치 않는 과거의 짐을 내려놓는 접을 배워야 한다. 이것이 요엘이 하나님의 백성이 하나님의 무서운 날을 견디면서 배우기를 원했던 그런 형태의 회개이다.

본문 이해

하나님의 두려운 날

Main Idea	하나님의 백성은 하나님의 두려운 날을 맞이하여 회개함으로 그분께 나아가 하나님이 계획하셨던 심판을 멈추시기를 바란다.

A. 비극의 나팔(2:1-11)

Supporting Idea	두려운 하나님의 심판의 날은 회개하지 않는 백성에게 비극을 가져온다.

2:1. 나팔은 백성들에게 메시지를 전달하는 데 사용하는 구부러진 양의 뿔이다. 나팔 소리는 민족들로 하여금 귀를 기울이게 만든다(사 18:3). 나팔 소리(히. 소파르, shophar)는 적군이 공격한다는, 위험과 재앙이 다가온다는 것을 민족에게 알리는 역할을 한다. 요엘은 이 용어의 군사적 연관성을 취하였다. 경고의 소리는 히브리어 '하리우(hari'u)' 를 번역한 것으로 커다란 공동체의 외침을 가리킨다. 이것은 종종 군대가 공격을 시작할 때 외치는 함성이었다(대하 13:12). 이와 동일한 용어가 승리의 개선 함성으로 사용되었다(슥 9:9).

여기서 요엘은 마침내 시온 산에 서게 된다. 시온은 예루살렘 일부(대상 11:5), 특히 나중에 성전이 세워진 언덕의 남쪽인 남동쪽 산등성이(왕상 8:1)를 가리키는 고대 명칭이다. 이 용어는 점차 확장되어 성전이 세워진 언덕, 성읍 전체, 그리고 나라 전체와 하나님의 백성을 가리키게 된다. 요엘은 특별히 예루살렘의 성전 지역을 가리키기 위하여 이 말을 나의 성산과 동의어로 사용한다. 여기서 하나님은 왕으로 군림하시며(시 9:11) 여기에 거하신다(사 8:18).

요엘의 청중들은 공격이 임박했으며, 선지자가 거룩한 성을 지키기 위해 군대를 소집하고 있음을 알게 되었다. 앗수르가 시온을 공격하여 그곳을 더럽힐 것이라고 이사야가 경고했다는 사실(사 10:32)에 주목하라. 그래서 예루살렘의 주민들은 떨라는 요엘의 외침에 미리 걱정했다. 그들은 떠는 이유에 대해 신경 쓰지 않았다. 이것은 일반적인 전쟁이 아니었다. 그것은 여호와의 날이었다(욜 1:15 주석 참고).

2:2. 요엘은 이날의 모습을 그리고 있다. '어둡고… 깊은 어둠… 구름, 짙은 어둠' (저자 번역)은 칙칙한 분위기를 만든다. 그리고 무시무시한 선언이 나타난다. 새벽 빛이 산꼭대기에 덮인 것과 같이 많고 강한 백성(군대, 쉬운성경)이 이르렀다. 이런 일은 이제까지 한 번도 없었던 일이다. 앞으로도 두 번 다시 오지 않을 것이다. 그것을 본 자는 두려워 도망한다. 알지 못하는 것에 대한 공포가 그들을 사로잡는다. 그들을 대적하여 역사하시는 하나님의 위대하심이 그들의 머리를 뚫고 가슴까지 이르기 시작한다.

2:3. 앞에는 사르는 불, 뒤에는 타는 불꽃. 앞의 땅은 에덴동산 같다(창 2장 참고). 그들 뒤는 무섭고 끔찍하고 메마른 광야이다. 그 무엇도 혹은 그 누구도 그들을 피하지 못한다. 이것이 하나님의 두려운 날이다.

2:4. 전쟁용 말(혹은 병거, 이 히브리어는 말 혹은 병거를 가리킨다)들이 다가온다. 그들의 속도는 도망할 시간이 없음을 말해준다. 하나님의 두려운 날에 무엇을 할 수 있는가?

2:5. 이제 우리는 그 소리를 듣는다. 병거가 오고 있다. 우리의 산과 언덕은 우리가 기대했던 것처럼 그들을 지연시키지 못했다. 그들은 그것을 단숨에 뛰어넘었다(현대어성경). 여기서 우리는 요엘이 메뚜기의 모습을 끌어들여 자기를 향해 거침없이 행진하는 군대의 모습을 묘사하고 있음을 보게 된다. 그들이 오면서 내는 소음은 메뚜기가 남긴 모든 것을 불사르는 불꽃을 생각나게 한다. 그런 소리는 전투 진형을 갖춘 강력한 군대에서 나오는 것이다. 백성은 하나님의 두려운 날이 다가오는 것을 그렇게 맞이하고 있다.

2:6. 군대는 해산하는 여자처럼 백성들 앞에서 몸을 비틀고 떨었다. 그리고 얼굴빛이 변했다. 하나님의 두려운 날에는 감정이 고조되고 거칠어진다.

2:7. 적군은 마치 용사같이 달려온다. 그들은 훈련받은 무사같이 성벽을 기어오른다. 모든 군사들은 자기가 맡은 진로를 향해 곧바로 진군한다. 자기 길에서 벗어나는 이는 하나도 없다. 이것이 여호와의 두려운 날에 백성들이 맞이할 대적이다.

2:8. 병사들은 대열을 맞춘 채 서로를 밀치지 않는다. 모든 전사들은 자기 길을 걷는다. 그들은 대적을 무너뜨리거나 공격하면서 적의 화살을 돌파하여 나아간다. 그들이 전진하는 것을 가로막을 것은 아무것도 없다. 이것이 하나님의 두려운 날이다.

2:9. 그들은 성읍 안으로 뛰어들어간다. 그들은 성벽 위를 달린다. 그리고 집에 기어오르고, 창문으로 들어간다. 그들은 도적 같다. 그 무엇도 그들을 막지 못한다. 모든 것이 그들의 통제 아래 있다. 이것이 하나님의 두려운 날이다.

2:10. 적이 들어오면 땅이 진동하고, 하늘이 떨며, 해와 달이 캄캄해지고, 별이 빛을 거둔다. 적군이 전진하면 피조물조차도 두려움에 물러난다. 백성은 여호와의 두려운 날을 경험하고 있다.

2:11. 여호와의 음성이 자기 군대 앞에서 외칠 때 소리를 발하신다. 그러나 누가 그분의 군대인가? 우리의 떠는 전사들인가, 아니면 대적의 훈련받은 병력인가? 정녕 그의 진영은 심히 크다. 그 명령을 순종하는 자는 강하다. 이것은 요엘 2장 2절에서 적군을 묘사한 것처럼 들린다. 사실 여호와의 날은 심히 크다. 당할 자가 누구이랴(암 7:10). 당신은 하나님의 두려운 날의 중압감과 공포를 견딜 수 있다고 생각하는가?

B. 돌아오는 것과 회개하는 것이 누그러지는 것과 늦추는 것을 의미하는가?(2:12-17)

Supporting Idea	두려운 하나님의 심판 날은 자기 백성에게 하나님께 돌아오고, 자기 죄를 회개하고, 그분이 심판하시기로 한 결정을 누그러뜨리도록 기도할 것을 명한다.

2:12. 하나님이 말씀하신 이제라도와 함께 장면이 바뀐다. 우리는 여기서 여호와의 말씀에, 즉 히브리어 '네움 야훼(neum Yahweh)' 라는 이른바 신탁 공식(oracular formular)을 만나게 된다. 이것은 우리의 귀를 사로잡고 주목하게 하는 여호와의 음성이다. 이 공식은 성경 가운데 268회 등장하며, 그 가운데 선지서에 238회 등장하지만, 요엘서에서는 이곳 한 곳뿐이다.

하나님의 말씀은 하소연하는 듯한 초대이다. 너는 하나님의 두려운 날의 무서움을 보았다. 그것과 관련해 네가 무엇을 할 수 있느냐? 네게는 한 가지 희망이 있다. 금식하며 울며 애통하고 마음을 다하여 내게로 돌아오라. 하나님은 이 초대를 개인적으로 하신다. 그래서 '내게' 돌아오라고 하신다. 이것은 네가 어떻게 생각하든 너는 잘못된 길을 가고 있다는 것을 전제로 한다. 너의 삶은 하나님께로부터 멀어져 멸망을 향하고 있다. 하나님의 두려운 날이 너로 하여금 방향을 돌려 그분께 돌아오게 할 수 있을까? 그것이

바로 회개이다. 히브리어 '슈브(shub)', 즉 돌아오다는 '회개하다'를 의미하는 히브리어이다. 회개에는 무엇이 포함되는가? 그것은 가장 깊은 곳에 있는 자아의 선택과 함께 시작한다. 그리고 변화의 의지가 포함된다.

새로운 방향으로 가겠다는 이 선택은 공적인 행동으로 자신을 드러낸다. 이 행동 가운데 첫 번째는 의식의 다양화이다. 당신은 하나님의 집에 가고, 하나님의 백성과 합류한다. 또한 자신이 당한 무서운 상황에 비추어 음식을 중요하지 않은 것으로 여기고 포기한다. 진정한 눈물을 흘리며, 이 상황이 이렇게까지 닥쳐온 것과 미래의 모습이 암울함을 후회한다. 그리고 현 상황에서 하나님의 백성이 자신의 부끄러움과 슬픔을 드러내기 위해 행하는 모든 것을 한다. 당신은 하나님이 이 무서운 상황에서 건져내시도록 부르짖는다.

2:13. 이 애도 의식은 당신이 해본 대부분의 의식과 다르다. 당신은 보통 당신이 입고 있는 옷에 구멍을 냈다. 이번에는 아니다. 당신은 회개하는 가운데 마음에 상처를 낸다. 당신의 모든 감정을 당신의 죄를 슬퍼하고 변화를 다짐하는 데 쏟는다. 그런 완전한 변화만이 회개라고 불릴 수 있다. 당신이 그렇게 할 때에만 여호와께 돌아갈 수 있다.

왜 당신이 여호와께 돌아가야 하는가? 그분은 바로 이런 분이시기 때문이다. 첫째, 그분은 너희 하나님이시다. 당신이 섬기는 모든 신은 거짓 신이다. 그것이 제아무리 사람들에게 인기가 있고, 그 땅에서의 예배 행위가 오래되었고, 예배 의식 가운데 엄청난 기쁨과 흥분을 제공한다 해도 말이다. 그런 신들은 하나같이 당신을 잘못되게 만든다. 그것들은 당신의 신들이 아니기 때문이다. 오직 한 분이신 하나님만이 당신의 주님이시다. 그분만이 이스라엘의 하나님이시다. 그분께 돌아오라!

하나님은 본질상 자기 백성에게 은혜 베풀기를 원하시므로(사 30:18) 그분의 백성은 기도 가운데 그분이 자신들에게 은혜를 베풀도록 요청한다(시 9:13). 그들은 자기 죄를 인정하고, 하나님이 자기 백성에게 은혜를 베푸시는 자신의 속성을 제외하실 이유가 없다고 탄원한다(시 41:4). 하나님이 은혜를 베푸실 것이라는 소망은 '어쩌면' 또는 '혹시'라는 말로 자격을 얻는다. 왜냐하면 인간의 어떤 행위도 하나님이 은혜를 베푸시도록 강제할 수 없기 때문이다(삼하 12:22). 하나님은 자기 백성을 버리지 않으실 것이다. 아마 그분은 불순종하는 자기 백성들을 향해 너그럽게 행동하실 것이다(느 9:17).

하나님은 또한 '라훔(히. rachum)', 즉 자비로운 분이시다. 그분은 '마땅히 주어져야 하는 것을 뛰어넘는' 분이시다(Mike Butterworth, *NIDOTTE*). 이것은 위험에 처한 어머니의 목숨을 보호하고 지키시는 인정 많고 걱정해주는 하나님을 가리킨다(*HALOT*). '라훔' 은 자궁을 나타내는 히브리어와 연관이 있다. "그것은 주로 인간 가운데 '부드러운 장소' 이다(창 43:30)" (H. J. Stoebe, *TLOT*). 하나님의 자비는 인간이 용서를 구하는 기도의 근거이다(시 51:1). 그것은 요엘이 이스라엘에게 회개하고 하나님께 돌아오라고 말한 명령의 근거이다(신 4:30-31).

하나님은 '에렉 아핌(히. erek appim)' , 즉 문자적으로 '코가 긴' 분이신데 이는 '화가 나는 데 시간이 오래 걸리는' 즉 '오래 참으시는' 혹은 노하기를 더디 하시는 분이시다. 이 성품은 사랑이 많고 자비로우신 하나님이 자기 백성의 죄를 용서하게 만든다(민 14:18). 이것은 감정적으로 혹은 충동적으로 반응하지 않는 인내이다(사 42:14).

하나님은 '라브-헤세드(히. rav-chesed)' , 즉 신실한 사랑이 크신, 인애가 크신 분이시다. 이 용어는 충성심과 신실함, 그리고 왕과 같은 상급자가 신하에게 베푸는 호의를 강조한다. 이것은 하나님의 신실하심과 자비를 반영하는 친절하고 착한 행동을 가리킨다. 그럼에도 불구하고 하나님은 자신의 '헤세드' 를 자기 백성에게서 제하실 수 있다(렘 16:5). 요엘은 자기 백성에게 회개하고 여호와께 돌아오라고 권면하기 위해 하나님에 관한 전형적인 진술을 사용하였다.

2:14. 백성이 회개하면 무엇을 기대할 수 있게 되는가? 요엘은 그 대답으로 주께서 혹시라고만 말할 수 있었다. 자기 백성에게 신실하신 '헤세드' 의 하나님은 신앙 고백 가운데 그렇게 하셨다고 고백하는 것처럼 그들의 뉘우치는 기도를 들으시고 누그러질 수(뜻을 돌이킬 수) 있으시다. 그 결과는 그분이 그 뒤에 복을 끼칠 수 있다는 것인데, 이것은 구약 다른 곳에서는 나타나지 않는 표현이다. 그런 축복은 생명, 구원, 풍요로움, 안녕, 많은 재산, 그리고 하나님의 영을 가져온다. 하나님은 모든 축복의 궁극적인 근원이시지만, 그 축복을 주시는 분은 그것을 받는 자들로부터 순종과 신실함을 기대하신다(신 7:12).

요엘과 동시대 사람들은 메뚜기의 습격으로 자신의 모든 농산물, 농사를 다시 지을 수 있는 근거, 그리고 성읍까지 모두 잃었다. 하나님의 축복은 그들을 위한 미래의 유일한 암시였다. 만일 그들이 회개하라는 하나님의 명령에 응답한다면 아마도 그 축복이 임할 것이다. 그 백성은 '혹시' 라는 말 가운데 회개할 충분한 희망을 보았을까? 그러나 요엘은 백성들을 놀라게 한다. 축복은 그들의 식욕을 채우기 위한 것이 아니다. 축복은 그들이 하나님께 드릴 물질을 제공할 것이다.

2:15. 나팔을 불라는 명령이 반복된다(욜 2:1 참고). 그 이유는 더 이상 군사적인 것이 아니다. 이제는 종교적인 것이다. 나팔은 그 나라로 하여금 전쟁을 하라고 명하는 것이 아니라 예배하라고 명령한다. 이 예배는 찬양과 경배와 기쁨의 예배가 아니다. 그것은 절망으로부터의 예배, 재앙으로부터 구원을 구하는 예배이다. 금식이 그날의 명령이다. 성회는 하나님의 백성의 특별한 모임으로, 종종 연중 축제의 마지막 날과 연관되어 있다(민 29:35). 이것은 또한 이교도의 모임을 가리킬 수 있다(왕하 10:20). 비록 그들에게 잔치를 베풀 추수가 없어도 요엘은 애곡하고 하나님께 구원을 간청하기 위해 특별한 총회로 모이라고 요구하였다.

2:16. 한 사람도 예외는 없다. 제사장들은 백성을 모아 올바른 백성들이 정결하고 더럽혀지지 않았음을 확인하고, 예배에 합당한 의식 행위를 인도해야 했다. 제사장들은 그 회를 거룩케 했다. 그들은 하나님께 기도 드려 백성들을 하나님께 드려진 것으로 구별되게 했다. 이 위기는 너무도 엄청난 것이어서 기뻐하는 모든 일들은 뒤로 미루어야 했다. 모든 사람은 혼인 예복과 잔치 복장을 벗고 상복을 입어야 했다. 성회는 그들이 자신들의 죄를 뉘우치고 새로운 삶으로 돌아가는 가운데 하나님의 도우심과 구원하심을 구해야 했다.

2:17. 제사장들은 기도와 회개에 앞장서야 했다. 그들은 울며 민족의 통곡의 기도를 표현해야 했다. 그 기도에는 하나의 기본적인 간구가 있다. 주의 백성을 긍휼히 여기소서. 그들을 메뚜기와 적군의 침입으로부터 구하소서. 그들에게 일어난 일은 하나님의 능력과 열방들에 대한 주권적인 통치를 상징했다. 계속된 멸망은 이스라엘을 속담 혹은 잠언으로 인도할 것이다. 열방들은 그것을 부정적인 본보기로 사용할 것이다.

하나님의 백성은 조롱거리(바른성경, 현대인의 성경)가 될 것이다. 이것은 곧 여호와가 열방들로부터 그들의 하나님이 어디 있느냐는 질문과 야유 가운데 조롱과 멸시를 받는 것을 의미한다. 따라서 제사장들의 탄식은 하나님이 자기 백성뿐만 아니라 자신의 명성을 지키시도록 요청하는 것이다.

C. 만족을 얻고 수치를 면하다(2:18-27)

Supporting Idea	하나님은 자기 백성을 향한 사랑 안에서 그들의 회개를 긍휼로 응답하시고 그들을 부끄러움에서 구해주시겠다고 약속하신다.

2:18. 예배, 탄식, 금식, 부르짖음, 기도는 변화에 대한 기대 없이 수행되는 단순한 의식들이 아니다. 모든 행동은 하나님이 자기 백성들로 돌아오게 하시려는 것이다.

선지자는 백성들의 행동이 그 목적을 성취했음을 하나님이 인정하셨다고 선언했다. 하나님은 그 땅을 족장들에게 약속하셨고(창 12:1-7), 그들에게 주셨다(수 1-24장). 그 땅은 그분의 백성의 정체성의 핵심적인 부분이다. 그 땅에 대한 위협은 하나님의 감정을 자극한다. 질투〔히. 카나(qanna'), 혹은 키나(qin' ah)〕는 질투와 열심을 결합시킨 것이다. 그래서 「구약 성서 신학 사전(Theological Lexicon of the Old Teatament)」에서는 그 항목의 제목을 '열정' 이라고 붙였다. 질투 혹은 열심이 있는 행동의 원인은 "누군가의 권리가 침해되거나 그 사람의 명예가 손상되는 것이다" (H. G. L. Peels, *NIDOTTE*).

사람을 주어로 하는 그 용어에는 분노, 질투, 그리고 흥분으로 고양된 마음이 포함된다(사 11:13). 자기 백성을 보호하시겠다는 하나님의 약속은 그들이 번성하는 불신자들에 대항하여 질투하는 반응을 삼가게 만들어야 한다(시 37:1).

하나님의 이름은 질투이며, 그분은 질투하는 하나님이시다(출 34:14). 하나님의 "질투하는 열심은 주권자이시고, 누구도 다가갈 수 없는 거룩하신 하나님의 자기 보존이다" (H. G. L. Peels, *NIDOTTE*). 우상 숭배는 하나님을 질투하게 만들고, 그분은 다시 잘못을 저지른 자기 백성을 다른 나라에 줌으로써 그들로 질투하게 만드신다(신 32:21). 하나님께 신실한 사람은 그분의 질투를 가지고 질투할 수 있다(민 25:11). 그런 하나님의 질투는 그분의 애정을 추구하는 경쟁자를 향하지 않고 그분과의 언약에 충성하지 않은 사랑하는 백성을 향한다.

하나님의 질투, 혹은 열심은 "거의 같은 빈도로 자기 백성을 위하여 혹은 대항하여 행동한다" (G. Sauer, *TLOT*). 여기서 우리는 하나님과 그분의 백성의 독특한 관계를 보게 된다. 열방의 신은 서로 질투하지만, 이 다른 민족들 가운데서 '신이 자기를 경배하는 자와의 관계에서 질투한다' 는 말은 들어본 적이 없다(G. Sauer, *TLOT*). 이스라엘의 하나님은 유일하신 하나님이어야 한다는 자신의 특유한 주장을 지키신다. 그분은 자신의 지위와 경쟁하는 어떤 것으로부터도 그 지위를 지키신다. 그분의 백성이 다른 신들을 섬기는 것은 그분의 질투와(신 32:16) 처벌(겔 5:13)을 격발시키는 것이다.

요엘은 자신의 명성과 이름과 땅을 보호하시려는 하나님의 질투와 열심이 또한 그분으로 하여금 자기 백성을 괴롭힌 나라들을 벌하게 하셨음을 보여준다(사 9:6, 슥 1:14). 질투는 자기 백성을 향한 하나님의 사랑에서 꼭 필요한 측면이다. 그분은 그들과 신의 있는 관계를 유지하시고, 그들을 자신에게로 돌아오게 하시며, 자신의 '경쟁자들' 로부터 멀어지게 하시고, 한분이신 우주의 참 하나님이신 자신의 지위에 반대하는 모든 것을 멸하신다.

자기 백성을 위하고 원수들을 대적하는 하나님의 질투는 하나님의 긍휼히 여기심(히. 하말, chamal)을 불러일으킨다. 이 동사는 개인적인 관계를 세우는 것보다는 용서하거나 혹은 '임박한 숙명이나 공포된 처벌' 로부터 구해주는 것을 강조한다(H. J. Stoebe, *TLOT*).

> 그 어근의 종교적인 의미는 제한적이다(그것은 시편에는 등장하지 않으며, 말 3:17, 대하 36:15에서처럼 긍정적인 의미로만 드물게 사용되었다). 그럼에도 불구하고 그 용어는 그 자체로는(비교적 작은 범위에서) 그분의 구원의 감정적이고 자비로운 측면을 강조하고 있는 반면에, 부정어와 함께 사용되어 하나님이 보시는 죄의 심각성에 대한 구약의 강조에 공헌하고 있다(Mike Butterworth, *NIDOTTE*).

2:19. 하나님의 응답은 감정적인 약속 이상의 것이다. 거기에는 구체적인 내용, 즉 새 음식이 담겨 있다. 백성들이 잃은 것(욜 1:10-12, 16-18)이 이제 회복되며, 너희가 이로 인하여 흡족하리라. 더 중요한 것은 결국에 가서는 하나님이 다시는 너희로 열국 중에서 욕을 당하지 않게 하실 것이다. 다윗과 솔로몬에 의해 강력하게 세워졌고, 웃시야와 요시야와 같은 왕들에 의해 다시 높아진 이스라엘의 명성은 다시 손상되지 않을 것이다. 열방들은 더 이상 이스라엘을 비웃을 이유를 갖지 못할 것이다.

2:20. 이제 적군의 본질에 관한 가벼운 단서가 나타난다. 메뚜기는 보통 남쪽에서 나타나지만, 이례적인 경우 북쪽에서 오기도 한다. 메뚜기의 위협은 여기서 군사적 위협과 결합되어 있다. 그것은 애굽을 제외하면, 선지자들이 반복해서 지적한 것처럼(사

14:31, 겔 26:7, 단 11:6-15, 40) 대부분의 이스라엘의 대적들처럼 북쪽에서 온다. 이 대적은 선지자가 활약한 시대에 따라 앗수르, 수리아, 바벨론, 혹은 심지어 헬라를 가리킬 수 있다.

요엘은 시가 갖는 힘을 활용하여 메뚜기/ 군대가 갖고 있는 멸망이라는 암울한 그림을 그리고 있다. 그는 대적의 엄청난 규모를 보여준다. 동쪽부터 서쪽까지 모든 땅을 덮고 있다. 그래서 군대의 척후병은 동쪽 바다(사해)까지 진출하고, 후방 부대는 서쪽 바다(지중해)까지 들어간다. 이것은 '분리하여 정복' 하는 전통적인 군사 전략이다. 그 군대의 주력 부대는 메마르고 적막한 땅으로 쫓겨날 것이므로 이것은 이스라엘 군대에 대한 설명이다. 승리의 행진은 적군을 이스라엘 땅에서 두 개의 해안선 접경으로 완전히 제거하는 것을 설명하는 것으로 볼 수 있는데, 또한 유다 남쪽의 메마른 광야나 동쪽의 아라비아 사막을 가리킬 수도 있다.

패배한 적군에 대한 영원한 기억은 그 규모나 그 유린이 아니라 그 악취로부터 온다. 이런 언어는 남겨져 썩어가는 메뚜기에게 적용할 수 있지만, 패배한 군대의 부패해가는 시신에 적용되는 것이 더욱 기억에 남을 것이다(암 4:10, 사 34:2-3). 요엘 2장 1-11절의 두려움은 요엘 2장 20절의 악취에 굴복한 것이다.

2:21. 하나님은 두려워 말라고 말씀하신다. 이것은 구원의 신탁을 소개함으로써 공식처럼 사용되는 안심시키는 말이다. 이 말을 들으면 하나님이 곧 백성을 구원하실 것이라는 안도와 함께 절박한 상황 가운데서의 긴장이 풀어진다(사 7:4, 습 3:16). 여기서 땅은 히브리어 '아다마(adamah)' 를 가리키는데, 이 말은 그런 유린을 당하고 농사지을 수 없게 된 땅을 가리킨다. 더 이상 회개하고, 울고, 금식하라는 명령이 없다. 이제 기뻐하며 즐거워하라는 명령이 주어진다. 무엇이 최근에 그렇게 심하게 짓밟힘을 당한 민족으로 하여금 그런 반응을 가져오게 했을까? 진정한 기쁨과 즐거움을 가져오는 것은 단 하나, 바로 여호와가 위대한 일들을 행하신 것이다. 이스라엘은 하나님이 주시는 벌로 인해 힘들어하고 애곡했다. 이제 이스라엘은 그분의 구원의 행동으로 인하여 기뻐할 것이다(시 126:2-3).

2:22. 땅은 두려워할 필요가 없으며, 들짐승도 마찬가지이다(욜 1:10, 18). 심지어 "광야의 풀들이 녹색이 되었다. 나무는 그 열매를 맺었다. 무화과와 포도나무는 그 열매를 내었다" (저자 번역). 동물들아 그것을 먹고 기뻐하라(욜 1:12).

2:23. 시온은 하나님이 너희를 위하여 비를 내리시되 이른 비(가을비, 표준새번역)를 너희에게 적당하게 주시기 때문에 그 모든 주민과 함께 기쁨에 참여할 수 있다(욜 2:1, 15). 이것은 일회성 사건이 아니다. 이른 비와 늦은 비는 전과 같을 것이다. 하나님의 땅에 평상시처럼 생명이 돌아온다. 그 땅에 비가 올 것이기 때문에 곡식이 자라고 계속 자랄 것이다.

비는 하나님의 의, 언약에 대한 그분의 성실하심, 신실하심, 자기 백성 이스라엘을 향한 하나님의 선하심과 자비하심의 선물을 가리킨다. 비는 또한 금식과 기도 가운데 회개하고 하나님께 돌아온 이스라엘의 의를 증명한다. 그것은 이스라엘의 새롭게 된 충성심에 대한 응답이다. 비는 알맞은 양이 내린다는 의미에서 의롭다. 비가 오는 것은 신실한 것이며, 평소에 측정하던 기준에서 벗어나지 않는 것은 충성스러운 것이다.

2:24. 하나님의 질투와 긍휼은 또 다른 방식으로 의를 가져온다. 즉, 밀과 새 포도주와 기름의 풍성한 공급이다(욜 1:10).

2:25. 이 풍성함은 하나님이 전에 보낸 메뚜기의 큰 군대를 갚아주시기 위한 계획이다. 여기서 우리는 다시 한 번 메뚜기와 군대 언어가 나타나는 것을 본다. 메뚜기 재앙은 다가올 군대를 상징하는 징조이며, 메뚜기가 밭을 파괴하는 방식은 잘 훈련된 군사가 적군을 진압하는 것과 비슷하다.

2:26. 하나님의 갚아주심은 너그러웠다. 사람들은 잃어버린 것들, 즉 음식과 하나님을 찬양하고 예배하는 기회를 보상받았다(욜 1:9-16). 2장 14절의 '주께서 혹시'는 너희에게 놀라운 일을 행하신 분(개역개정)이 되셨다. '놀라운 일(wonders, 히. 펠레, peleˀ)'은 주로 시편이나 시편과 관련된 내용 가운데 등장한다.

> 그 말은 어떤 사람이 통상적인 기대에 비추어 특별하고, 불가능하며, 심지어 놀라운 일을 발견하는 사건을 가리킨다. '펠레'는 현상 그 자체에 달려 있는 것이 아니라 예상치 못한 사건과 함께 그에 대한 놀라운 반응을 포함한다. 놀라움과 경악에는 그것을 해석하고 이해하는 자신의 능력의 한계를 인정하는 것이 포함된다. 펠레 사건은 통상적인 것, 일반적인 예상을 뛰어넘는 것을 가리키기 때문에 주로 하나님의 행동으로 이해된다(R. Albertz, *TLOT*, 비교. 창 18:14).

메뚜기는 이방 침입자와 연결되어 이스라엘에게 수치와 당혹감과 멸시와 분노를 가져왔다(욜 2:6, 17). 더 이상은 아니다. 여호와는 그것을 쓰다듬으실 것이다. 이스라엘은 마지막으로 수치와 조롱을 당한 것이다.

2:27. 왜 하나님은 자기 백성에게 보상해주시고 그들을 그런 횡포와 유린으로부터 구해주셨는가? 그분은 그들에게 교훈을 가르쳐주기를 원하셨다. 이스라엘은 "내가 이스라엘 안에 있다. 나는 야훼 너의 하나님이다. 다른 신은 존재하지 않는다"(저자 번역)는 사실을 알아야 한다. 그래서 이스라엘은 이방 민족 앞에서 다시는 부끄러움을 당하지 않을 것이라는 약속을 외칠 수 있었다. 하나님이 이스라엘 가운데 거하신다는 것은, 그들이 여호와 거룩하신 분이 거하실 수 있는 하나님의 거룩한 나라가 되는 것을 의미하기 때문에 어떤 나라도 이스라엘을 해칠 수 없을 것이다(출 19:3-13 참고). 여기에 그들의 하나님이 그들 가운데 거하신다는 이스라엘의 독특한 믿음의 고백이 있다(민 11:20-21). 하나님은 그들 가운데 거하심으로 자기 백성에 대한 특권을 갖고 계신다.

이스라엘이 선택할 수 있는 것은 제한되어 있다. 다른 나라와 백성들은 인생의 모든 상황 속에서 그들이 원하는 신을 선택할 수 있었다. 이스라엘에게는 그런 선택권이 없었다. 이스라엘은 삶의 모든 상황 속에서 오직 한 분 하나님만 있었고, 이 하나님은 질투하시는 하나님이시다(욜 2:18). 따라서 나는 너희 하나님 여호와라는 후렴구가 구약 전체에 울려 퍼지는 가운데 이스라엘에게 위로를 주고 순종하도록 명령을 내리고 있다(출 16:12, 겔 28:26). 다른 신은 없다는 말 역시 강하게 강조되지만, 구약 전체만큼 자주는 아니다(사 45:5-6). 이번에 하나님은 이스라엘이 하나님에 관한 기본 진리와, 그와 함께하는 실천적 의미를 배울 것이라고 약속하신다.

D. 성령을 통한 구원(2:28-32)

Supporting Idea	하나님이 성령을 자기 백성들에게 부어주실 때 심판의 무서운 날로부터 구원을 얻는다.

2:28-29. 이 구절은 히브리어 본문에서는 새로운 장이 시작되는 곳이다. 어떻게 하나님은 그렇게 반역을 저지른 자기 백성을 가르치실 수 있을까? 하나님은 그들을 변화시킴으로써 가르치실 것이다. 그분은 비로 땅을 예전과 같이 회복시키신 뒤에 자기 백성

이 자기 본분에 따라 내 영과 함께 있도록 변화시키실 것이다.

우리 그리스도인들은 이 구절을 읽을 때 자동적으로 자신이 경험한 신약의 성령을 구약 안으로 끌어들이기 때문에 어려움을 느낀다. 우리는 구약의 오순절 이전의 책임을 기억해야 한다. 이 구절은 교회가 오순절을 이해하는 것을 돕도록 사용된 중요한 구절 가운데 하나이지만, 그들이 이 구절을 사용할 수 있었던 것은 오순절을 경험했기 때문이다(행 2:17-21). 우리의 임무는 요엘과 그의 청중들이 우리가 오순절 경험 안에서 세례를 주기 이전에 이 말을 어떻게 이해했는지를 살펴보는 것이다.

구약은 바람, 호흡, 그리고 개인의 삶에서 능력을 주는 요소를 가리키기 위해 '루아흐(ruach)' 란 용어를 사용했다. 성령은 하나님의 백성에게 군사, 정치, 예언과 관련된 지도자들을 주신다. 하나님의 영은 백성들이 그분의 언약 기대에 순종하고 새로운 리더십과 새로운 순종으로 나아가도록 인도한다.

요엘은 하나님의 빛나는 새 약속, 즉 지도자들에게만 제한되지 않고 모든 하나님의 백성을 포함하는 약속을 그리기 위해 그분이 자기 백성을 돕고 능력을 부어주신다는 전통적인 언어를 사용했다. 하나님의 메시지를 결정하기 위해 더 이상 선지자나 제사장들에게 갈 필요가 없을 것이다. 모든 사람이 하나님의 계시를 알게 될 것이다. 나이 많은 세대는 더 이상 지혜를 독점할 수 없을 것이다. 젊은 세대도 하나님의 이상에 접근할 수 있을 것이다. 아들과 딸이 함께 하나님의 이상을 받을 것이기 때문에 더 이상 남성이 여성을 차별할 수 없을 것이다.

경제적으로 이익을 얻은 이들은 더 이상 영적인 이익을 주장할 이유가 없다. 심지어 노예(종들)조차 하나님의 계시의 영과 능력을 받을 것이다. 하나님은 모든 백성이 하나님의 뜻에 다가가고, 하나님의 계획을 알고, 순종과 불순종을 선택할 수 있도록 계획하셨다. 이것은 하나님의 세계 선교의 중심이 되는 성경 본문이다.

2:30. 이 큰 구원의 날은 그 누구도 자신의 공로라고 주장하거나 모방할 수 없는 하나님의 사역 가운데 절정을 이룬다. "내가 하늘들 가운데서와 땅 위에서 놀라운 표적을 보일 것이다" (저자 번역)는 하나님이 사람들에게 자신의 뜻을 예언하고 알 수 있게 하시는 가운데 그분이 애굽에서 행하신 것과 같은 놀라운 일들을 계속하실 것임을 보여준다(대상 16:12). 하나님의 놀라운 표적에는 불순종한 백성들에 대한 저주의 성취가 포함된다(신 28:45-46). 선지자의 자녀들은 백성들에게 선지자의 영감받은 메시지

를 깨우쳐주는 놀라운 표적으로써 기능할 수 있다(사 8:18). 왕의 기적적인 치유와 같은(대하 32:24) 선지자의 상징적인 행동들은 백성들에게 놀라운 표적으로 공헌한다(겔 24:24, 27).

이런 이적은 백성들을 놀라게 한다. 이런 기적적인 표적들은 다가올 승리의 표적인가, 아니면 불순종에 대한 저주를 가리키는가? 요엘의 문맥에 의하면, 이스라엘에 대한 승리를 약속하는 것으로 보인다. 그 이스라엘은 모든 이들이 하나님의 말씀과 메시지를 아는 그런 이스라엘이다. 그러나 요엘은 말씀을 알면서도 그것을 따르기를 거부한 이들을 향한 폭력과 고통의 가능성을 열어놓는다. 불과 연기 기둥은 독자들에게 출애굽에서 하나님이 자기 백성들에게 나타나신 장면을 생각나게 한다(출 14:19-24). 그러나 피는 애굽에서 하나님이 물을 피로 만드신 재앙을 떠올리게 한다(출 7:14-24).

2:31. 하늘의 징조들은 예상을 뛰어넘는다. 그 징조는 하나님이 창조 때 하늘에 두신 큰 광명을 어둡게 한다. 이것은 보통의 여느 심판이 아니다. 이것은 여호와의 크고 두려운 날이 임하는 것이다. 이날은 이스라엘의 영광과 구원 가운데 하나로 여겨질 수 없다. 메뚜기 재앙과 군대의 공격이라는 배경은 여호와의 날이 검고 어두울 수 있으며, 패배를 가져올 수 있다는 역사적 증거를 제공한다. 선지자가 두려운 날을 예언할 때 너는 준비하는 것이 좋다. 불순종하는 자들에 대한 하나님의 저주가 네게 미칠 것이다!

2:32. 소망의 큰 바람이 불어온다. 성령의 사역에 대한 예언이 여호와의 날을 소망과 계시의 날로 만든 것과 마찬가지로 이제 그 약속이 명확해진다. 여호와의 날은 해와 달에 빛이 없어 제아무리 어둡다 해도 희망의 빛이 어둠을 뚫고 들어온다. 누구든지 여호와의 이름을 부르는 자는 구원을 얻을 것이다. 이것은 성경에서 사람들이 처음으로 여호와의 이름을 불렀던 처음 날로 돌아간다(창 4:26). 하나님은 열방의 모든 백성이 예배 가운데 하나님께 헌신하기를 항상 원하셨다. 그것은 여호와의 이름을 부르고, 자신이 하나님의 백성 가운데 속해 있음을 아는 것에 포함된다.

하나님은 계시 가운데 자신의 영을 부어주셨다. 백성들은 그 계시에 순종, 찬양, 헌신, 그리고 기도로 응답했다. 그들은 '구원', 즉 여호와의 두려운 날의 심판으로부터 하나님이 구해주신 것을 경험했다. 이 구원은 단지 여호와의 부름을 받은 살아 남은 자들을 위한 것이다. 하나님의 성전 가까이에 있는 시온 산 위에 있는 것으로는 충분하지 않다. 하나님의 거룩한 성 예루살렘 거민으로도 충분하지 않다. 이 사람은 하나님이 이 일을 가능하게 하시는 주도권을 갖고 계심을 알고 여호와의 이름을 부른다. 하나님은 메뚜기를 불러오셨고, 침입하는 적군을 불러오셨으며, 생존자들을 남기셨고, 자기 영을 부어주셨다. 하나님이 이 모든 일을 행하신 뒤, 이제 백성들은 하나님의 이름을 부르고 그 분의 두려운 날로부터 구함을 받으라는 초대장을 받는다.

Main Idea 복습	하나님의 백성은 하나님의 두려운 날을 맞이하여 회개함으로 그분께 나아가 하나님이 계획하셨던 심판을 멈추시기를 바란다.

결론

기쁜 소식을 기대함

내 침대는 날마다 땀으로 젖었다. 잠옷은 매일 빨아야 했다. 매일 새벽 세 시의 열기가 잠을 방해할 때마다 나는 도와달라고 기도했다. 내가 왜 7월과 8월에 텍사스 주 휴스턴에 있으면서 에어컨도 없는 곳에서 잠을 자야 합니까? 37도의 온도에 습도 99퍼센트를 피할 길이 있습니까? 신문사에서의 여름 아르바이트는 곧 끝이 날 것이고, 나는 그곳을 떠날 수 있을 것이다. 나는 신문에 쓸 그 어떤 기사보다 그날에 대한 좋은 소식을 목마르게 기다렸다.

요엘은 자기 백성이 겪은 메뚜기와 적군의 공격으로 인한 비참한 상황을 생생하게 묘사했다. 이제 그들은 농사와 전쟁, 그리고 경제적인 절망에서 벗어날 수 있는 좋은 소식을 기대했다. 요엘은 모든 사람을 위한 하나님의 기적이 함께하는 여호와의 새로운 날에 대한 소망의 말을 갖고 있었다. 그러나 백성들이 진정한 회개로 응답해야 했다. 그들이 만일 여호와의 날을 기쁜 소식으로 보려면 새로운 삶의 방식이 필요했다. 신약 교회는 오순절에 그 위대한 날을 놀라운 방식으로 경험했다(행 2장). 그렇지만 하나님의 백성은 새로운 여호와의 날, 그리스도가 세상을 심판하시고 자기 백성을 구원하시러 다시 오시는 날을 기대하고 있다. 우리에게 주어진 명령 역시 동일하다. 만일 우리가 그날에 온전히 동참하기를 기대한다면 반드시 회개하고 주님께 순종해야 한다.

▣ 진리 알기

- 여호와의 날은 하나님의 백성에 대한 하나님의 역사 가운데 다양한 모습과 방식으로 나타났다.
- 다가오는 여호와의 날은 하나님의 백성에게 회개를 요구한다.
- 회개는 단순히 애도 의식 그 이상이다. 그것은 하나님 앞에서 자신의 삶의 방식을 변화시키는 것이다.
- 하나님의 본성은 그분으로 하여금 자기 백성에게 은혜를 베풀고 사랑하도록 하신다.
- 어떤 인간의 행동도 하나님으로 행동하시게 만들지 못한다. 그분은 언제나 주권자이신 여호와이시며, 언제 징계를 하며 언제 은혜를 베풀지를 선택하신다.
- 하나님은 자기 백성이 오직 한 분이시며, 참되신 하나님이신 자신과의 언약 관계를 세우도록 일하신다.

▣ 적용하기

- 하나님이 어떤 분이시며, 당신에게 무엇을 의미하는지 확인하는 기도 시간을 가져라.
- 하나님의 징계를 회개와 순종에 대한 명령으로 받아들여라.
- 당신의 죄에 대한 슬픔을 하나님께 표현하라.
- 당신이 지금 당하고 있는 어려움에서 건져주시도록 하나님께 구하라.
- 날마다 삶 가운데 필요한 것을 하나님께 의지하라.
- 하나님이 당신에게 주신 것들을 하나님의 백성과 함께 기뻐하라.
- 오직 하나님만이 당신의 삶의 주님이시도록 당신의 마음을 재다짐하라.
- 성령이 그분의 뜻을 당신에게 계시하시는 것을 깨닫도록 하나님께 구하라.

삶의 적용

음악을 기다림

맥스 루케이도(Max Lucado)는 그의 저서 「소망 있는 기다림(When Christ Comes, 좋은씨앗)」에서 자기 딸 새러(Sara)와 그녀가 기르는 애완용 햄스터인 프레드를 소개한다. 어느 날 루케이도는 집에서 소파에 누워 있는 동안 프레드가 피아노 아래로 달려들어가는 것을 보았다. 햄스터의 '바람 같은 질주'는 "'피아노 치는 것'에 새로운 의미를 불어넣었다."

두 사람은 또한 햄스터를 깊은 곤경에 빠뜨렸는데, 그것은 프레드가 감히 피아노 뚜껑 속으로 들어가 피아노 현과 해머가 잔뜩 있는 곳으로 굴러떨어졌기 때문이다. 프레드가 피하려고 급히 달아나는 동안 현들이 그의 등을 문질렀다. 루케이도와 그의 딸이 도와주려고 손가락을 억지로 집어넣자 프레드는 구석으로 도망쳤다. 부드러운 말로 이름을 부르고 딱딱한 목소리로 위협을 해도 소용이 없었다. 프레드는 구석에 붙어버린 것처럼 꼼짝도 하지 않았다. 가볍게 피아노 건반 몇 개를 눌러보았지만 프레드를 움직이게 하지 못했다. 그래서 피아노를 분해하기로 결정했다. 루케이도는 튼튼한 드라이버를 손에 들고 어디서부터 시작해야 할지 찾아보았지만 찾을 수 없었다.

프레드의 처지를 생각하는 동안 루케이도는 그것이 우리의 모습과 너무도 닮았다는 것을 알았다. 우리 모두 살기 좋은 장소에 있다가 추락했다. 우리 모두 함정에 빠졌다. 프레드는 피아노 현에 그리고 우리는 죄와 근심과 교만에. 우리 역시 낯선 곳, 우리가 전혀 의도하지 않았던 위험한 곳에 살고 있다. 우리 주인의 손은 도움을 줄 만한 가까운 곳에 있지만, 우리는 그것으로부터 물러나 있다. 그래서 우리는 해방 혹은 구원의 길을 알지 못한다.

프레드처럼 우리도 우리의 도움과 희망의 근원에 무지하다. 하나님은 부드럽게 달래거나 쉴 새 없이 소리를 질러 우리를 부르신다. 그럼에도 우리는 희망이 없는 구석에서 침묵 가운데 머물러 있다. 그분은 우리를 유혹하는 노래를 하신다. 아름답고, 사랑스러운 희생의 노래를. 그래도 우리는 그분을 무시한다. 그분은 더 엄한 수단을 강구하신다. 심지어 메뚜기나 군대를 사용하여 징계와 벌로 우리의 세상을 분해하신다. 그런데도 우리는 응답하기를 거부한다.

그리고 바로 그 순간 우리는 하나님의 음성을 듣는다. 그분은 우리로 분명하게 선택할 것을 촉구하신다. 회개할 것인가 아니면 멸망할 것인가. 당신의 마음과 삶을 하나님께 드리거나, 그분으로부터 분리되어 영원한 여호와의 날을 맞이하라. 당신은 어떤 선택을 하겠는가?

기도

하나님 아버지, 우리는 지금까지 당신이 내리시는 징계와 벌을 보아왔습니다. 우리는 우리가 마치 이스라엘처럼 어두운 주님의 날을 통하여 고통을 당하고 있다고 느낍니다. 이제 우리는 회개하고 당신을 위해 살라고 명하시는 당신의 음성을 듣습니다. 우리를 붙드시고, 깨끗하게 하시고, 용서하시고, 사용해주십시오. 우리로 성령 충만하게 해주십시오. 그리고 당신의 말씀을 듣고 순종하게 해주십시오. 아멘.

심층 연구

구약에서의 성령님(2:28)

히브리어 '루아흐(ruach)'는 구약에 378회 등장하며, 그 말에 해당하는 아람어도 11회 나타난다. 이 말의 기본적인 의미는 '움직이는 공기, 바람'(호 13:15)을 뜻한다. 그래서 이 낱말은 성경 여러 곳에서 사람이나 동물의 호흡, 바람, 혹은 호흡하는 동안 가슴의 기복에 의해 인식되는 사람 안에서의 생명을 불어넣는 요소를 가리킨다(렘 2:24, 겔 3:14). 이 하나님의 영은 하나님이 사물을 말씀으로 존재케 하시기 전에 어둠 위에 운행하시면서 세상에 생명을 주었다(창 1:2). 그리고 하나님은 사람을 창조하실 때 이 영으로 생명을 불어넣으셨다(사 42:5).

하나님의 영은 구약에서 몇 가지 기능을 수행한다. 성령은 한 사람에게 임하여, 그에게 지도자로서 행동할 특별한 능력을 주신다(삿 3:10). 이스라엘의 왕은 기름 부음을 받을 때 성령을 받으며 그분의 리더십을 따라야 했다(삼상 16:13-14). 사람들이 고대하는 메시아인 새로운 왕은 하나님의 영의 인도를 받을 것이다(사 42:1). 성령은 특별한 예언의 능력을 주신다(삼상 10:10). 하나님의 백성은 어떤 행동을 계획할 때 반드시 성령과 상의해야 한다(사 30:1). 하나님의 선지자들은 성령의 인도하심 아래 말하는 것으로 간주되었다(미 3:8).

구약은 성령이 선지자와 왕에게만 제한될 것으로 예상하지 않는다. 하나님은 자기 백성이 성령의 통치를 받기를 원하신다(겔 11:19). 이것은 하나님의 가르침에 순종하는 것으로 이어진다(겔 36:27). 하나님의 호흡은 죽은 민족에게 새로운 생명을 가져온다(겔 37:5, 14). 하나님의 백성은 순종에 대한 새로운 마음과 새로운 생각을 갖게 될 것이다(겔 36:26-27).

교안

A. 들어가는 글

1. '회개는 변화를 의미한다' 이야기로 시작하라.

2. 배경 설명 : 요엘은 메뚜기 재앙이 군사적 침공의 형태로 오는 더 깊은 비극에 대한 하나님의 경고임을 설명한 다음에 백성들에게 여호와의 날이 얼마나 심각한지 보여주고, 소망의 행동과 모습을 보여줌으로써 그들을 준비시킨다.

3. 적용 : 행동하라는 명령에는 진정한 회개가 포함된다. 여호와의 날은 하나님이 하나님의 남은 백성을 구하시고, 그들에게 성령을 부어주어 회개의 삶을 살도록 인도하는 일이 그 중심을 차지한다. 이 구약 말씀은 우리에게 신약의 오순절 성령 강림을 준비하게 한다.

B. 본문 이해

1. 비극의 나팔(2:1-11)
2. 돌아오는 것과 회개하는 것이 누그러지는 것과 늦추는 것을 의미하는가?(2:12-17)
3. 만족을 얻고 수치를 면하다(2:18-27)
4. 성령을 통한 구원(2:28-32)

C. 결론: '기쁜 소식을 기대함' 을 읽어주라.

토의 질문

1. 하나님 앞에서의 참된 회개를 설명하고, 하나님 앞에서 당신의 회개 체험을 검증하라.

2. 어떻게 여호와의 날이 역사 가운데 다시 한 번 임하여 어떤 때는 구원의 빛을 비추고, 다른 때는 징계의 어둠의 빛을 비출 수 있는가?

3. 구원을 바라고 여호와의 이름을 부르는 것은 무엇을 의미하는가?

4. 하나님이 질투하시는 하나님이라는 사실이 당신에게는 좋은 일인가?

요엘 3:1-21

여호사밧에서의 심판

"만일 누구라도 하나님의 특별한 섭리가 제시된 이 일에 화를 내려 한다면, 그 사람으로 하여금 살아 남은 유대인들이 자기들의 메시아를 맞이한 무리가 되고 또한 우리가 지금 자랑하고 있는 기독교 신앙의 첫 번째 전달자가 되었다는 사실을 생각하게 하라. 다른 민족들은 덧없이 사라졌는데 말이다."

- 레슬리 앨런(Leslie C. Allen)

요엘서의 마지막 장은 유다의 회복과 열방이 하나님의 백성에게 행한 일을 여호사밧 골짜기에서 처벌할 것을 기대한다. 이것은 여호와의 날을 선택의 날과 하나님이 예루살렘을 자기 백성의 영원한 중심지로 다시 세우시는 날로 규정한다.

들어가는 글

"테러리스트를 위해서는 기도할 수 없어요"

이블린 크리스텐슨(Evelyn Christenson)은 그의 저서 「어둠의 왕자와 겨루기(Battling the Prince of Darkness)」에서 남아프리카 공화국 더반으로 자기를 찾아온 한 그리스도인 여성에 관해 이야기한다. 이블린은 기도의 능력에 관하여 가르치고 있었고, 북아일랜드 감옥에 있는 테러리스트들을 설명하면서 예화를 들었다. 아일랜드와 세계의 많은 사람들은 이 감옥에 간 테러리스트들을 위해 기도했다. 그런 기도 후원의 결과 그 죄수들은 그리스도를 자기 구세주로 발견했다. 양심의 가책을 받은 남아프리카의 그 여성은 이블린에게 털어놓았다. "난 우리나라에서 그 테러리스트들을 위해 기도할 수 없어요." 그리고 이블린의 얼굴을 살피고 놀란 표정을 본 그 여성은 계속 말했다. "그렇지만, 우리는 기도해야겠죠?"

대답이 즉시 나왔다. "그들을 위해서, 물론, 그들이 예수님을 발견하도록 말이죠. 그러면 그들은 더 이상 테러리스트가 되려고 하지 않을 겁니다."

요엘은 테러리스트들이 승리를 거둔 세상을 보았다. 그의 나라는 폐허가 되었다. 하나님은 그에게 걱정하지 말라고 말씀하셨다. 여호와의 날이 가까이 있다. 그것은 선택의 날일 것이다. 북아일랜드의 테러리스트들이 선택에 직면해 예수를 택한 것처럼 유다를 공격한 테러 국가들도 선택에 직면할 것이다. 그러나 이 순간의 선택은 마지막 재판에서 최후 진술의 시간이다. 그들은 하나님께 대한 그 테러의 결과를 책임져야 할 것이다. 왜냐하면 선택하라는 부르심은 두 번 다시 울리지 않을 것이기 때문이다.

본문 이해

여호사밧에서의 심판

Main Idea	여호와의 마지막 날은 하나님의 백성에게 용서와 승리를 가져다주지만, 그 마지막 선택의 날은 하나님의 백성의 대적들에게 영원한 심판을 가져다줄 것이다. 하나님은 시온에서 자기 백성들과 함께 거하실 것이다.

A. 여호사밧 골짜기를 심판함(3:1-12)

Supporting Idea	하나님은 예루살렘을 회복시키시는 날에 자기 백성을 함부로 대한 모든 나라들을 심판하실 것이다.

3:1. 요엘은 열방에 대한 자신의 신탁을 요엘 2장 28-32절에서 행한 자신의 구원의 예언과 연결시킨다. 하나님의 구원 약속의 일부분은 현재 임한 재앙의 원인을 제거하는 것이다. 성령이 부어지고 살아 남은 백성이 구원을 위해 여호와의 이름을 부를 때는 유다와 예루살렘의 부를 회복시킬(NIV 성경) 때와 같은 때이다. '부를 회복시키다' 라는 말은 전문적인 표현으로(신 30:3, 렘 35:11, 겔 16:53) 보통 포로로부터 돌아오는 것을 의미한다. 최근의 연구는 이 의미가 '포로로부터 회복시키다' 가 아니라 '재물을 회복시키다' 임을 확증함으로써 단순히 포로 귀환을 언급하는 것이 아니라 폭넓게 해석할 가능성을 열어두고 있다. 여호와는 항상 이 표현의 주체이시다.

요엘 3장은 많은 면에서 파괴된 1장 1절-2장 11절을 회복시키는 2장의 반복된 후렴구이다. 곡식, 물의 공급, 삼림, 군대, 성읍 등 하나님의 백성이 잃은 모든 것이 이제 회복되었다. 2장이 27절을 강조하듯이 3장은 17절을 강조한다. 하나님의 백성은 회개하라는 부르심에 응답하고, 다시 하나님과의 언약 관계 안에서 살 때 그들의 재산이 온전하게 회복되는 것을 볼 것이다. 이것이 가능한 것은 하나님이 그분의 영을 그들에게 부어 주셨기 때문이다(욜 2:28).

3:2. 열국에 대한 이 신탁은 이스라엘을 공격한 특정한 대적에게만 국한되지 않는다.

어떤 대적은 개별적으로 목록에 실리기도 하지만, 여기서의 초점은 만국이다. 여호와의 날은 이스라엘을 넘어 땅 위의 모든 주민들에게 미칠 것이다. 하나님은 그들을 여호사밧 골짜기로 데리고 내려가실 것이다. 여호사밧은 주전 873년에서 848년까지 살았던 왕이지만(대상 3:10), 그 골짜기 이름이 거론된 것은 왕에 대한 어떤 연관성이라기보다 그 이름의 의미('여호와가 심판하신다')일 것이다. 전승은 그 골짜기가 예루살렘 근처의 기드론 골짜기와 같은 곳이라고 인정하지만, 성경은 그 골짜기나 위치에 대해서는 아무런 언급이 없다.

그 위치가 어디이고, 그 원래의 의미가 무엇이든 요엘은 골짜기의 이름 가운데 나오는 동사 '샤파트(shaphat)'를 사용하여 그곳을 하나님이 만국을 재판하기 위해 법정에 세우시는 곳으로 묘사하고 있다. 재판은 '내 백성, 정말로 나의 상속자 이스라엘'(저자 번역)과 관련되어 있다. 열방에 대한 혐의는 간단하다. 그들이 이스라엘을 열국 중에 흩고 나의 땅을 나누었음이며. 하나님은 여호수아의 지휘 아래 부족들 사이에 그 땅을 나누셨다(수 13-21장). 다른 누구도 그것을 다르게 나눌 권리가 없다. 하나님은 자기 백성을 주관하셨다. 다른 누구도 그들을 열방 사이에 흩을 권리가 없다.

3:3. 하나님은 이제 열방에 대한 구체적인 죄목을 지적하신다. 하나님은 그들이 자기 백성을 포로로 붙잡아가고, 군인들이 누가 자기 종이 될지 결정하기 위해 제비를 뽑았던 것을 책망하신다(옵 1:11). 그들은 기생과 하룻밤 자기 위해 소년 포로와 바꾸려고 자기가 원하는 만큼 많은 노예를 모았다. 그리고 포로가 된 이스라엘의 동녀를 한 잔의 포도주와 바꾸어 마시고 잊어버렸을 것이다. 인간의 삶, 이스라엘 백성의 삶은 이 민족들에게 아무런 의미가 없었다. 이로 인해 그들은 하나님을 법정에서 만나야 할 것이다.

3:4. 페니키아의 두 주요 성읍이자 가나안 원주민의 고향이 분명한 두로와 시돈 두 나라가 목록에 나온다(사 23:11, 두로에 관해서는 암 1:9-10 주석 참고). 시돈은 두로에서 북쪽으로 40킬로미터 떨어진 곳에 위치하며, 애굽과 대항해서 해안 세력과의 연합을 주도한 오랜 역사를 갖고 있다. 이 두 성읍은 자기들의 유명한 배로 여러 나라에서 물품을 실어 나르는 원양 해상 교통을 주도했다.

하나님의 질문은 모호한 것으로, 문자적으로 "네가 내게 무엇이냐?"이다. 이것은 어쩌면 이런 의미일 수 있다. 네가 어떤 의도를 갖고 있느냐? 어떤 관계냐? 내게 무슨 볼일이 있느냐? 내게 무슨 의도냐? 문맥은 호의적으로 보인다. 나를 대하는 네 의도가 무엇이냐? 질문은 계속된다. "너는 내게 보복할 생각인가?" 즉, 너는 복수하려고 하는가? 그 의미는 "무엇에 대한 복수인가? 나와 내 백성은 아무것도 안 했다. 너는 무엇을 하고 있는가? 또 왜 하고 있는가?" 이다. 하나님은 약속하셨다. 만일 보복을 하려고 한다면 조심하라. "빠르고 급하게 내가 네 보복을 네 머리에 돌려주겠다."

3:5. 하나님은 주장하신다. 우리는 죄가 없지만, 너희는 그렇지 않다. 너는 내 돈, 나의 성전 보물을 훔쳐갔다(호 9:6). 더구나 너는 내 진기한 보물을 너희 이교도 신궁에 두었다. 너는 내가 이 모든 수치를 당할 것이라고 예상했는가?

3:6. 너희가 내 백성을 헬라 족속에게 팔았다. 너희는 너희 페니키아인들이 대해를 장악했기 때문에 어떤 종류의 무역을 해도 상관이 없다고 생각한다. 그러나 하나님은 상관이 있다고 선언하신다. 너희가 내 귀한 백성을 결코 거래 물품으로 만들어서는 안 된다. 그들은 내 종이지 너희나 다른 누구의 종이 아니다. 그들은 내가 본 지경에서 멀리 떠나게 할 때까지 내 땅에 속하였다. 너희는 그들을 어느 곳으로도 보낼 권리가 없다. 헬라 족속(히. 야반, javan)은 노아의 아들 야벳까지 거슬러 올라간다(창 10:2). 그들은 멀고, 친숙하지 않은 땅으로 보인다(사 66:19).

3:7. 하나님의 사역은 두 가지 방향으로 진행될 것이다. 그분은 노예가 된 자기 백성을 깨우셔서 그들을 집으로 인도하시고, 그들을 노예로 삼은 이들에게 복수하실 것이다.

3:8. 보복은 당연한 것이다. 하나님은 페니키아인들이 자기 백성을 노예로 삼은 것처럼 그들을 노예로 삼을 것이다. 그들이 하나님의 노예가 된 아들들을 서쪽으로 멀리 보낸 것처럼 그들의 노예가 된 아들들을 남동쪽, 스바 사람들에게 보내실 것이다. 이사야 45장 14절에서 스바 사람들은 키가 큰 민족이며 어쩌면 아프리카와 관련이 있을 수 있다. 욥기 1장 14-15절과 6장 19절에서 스바 사람들은 남아라비아 출신 부족으로 등장한다. 요엘에서 스바 사람들은 먼 나라 사람들이다. 이것은 남아라비아와 스바 왕국, 곧 북스바 사람들이 나중에 그곳을 떠나 이주한 그들의 고향을 가리킬 수 있다. 유목민인 아라비아 상인들은 결국 경제적으로 승자가 되었을 것이다. 요엘은 무슨 권리로 페니키아인과 블레셋 사람들의 부와 정반대되는 약속을 해야 했을까? "여호와가 말씀하셨다!" 하나님의 말씀은 그 약속하신 모든 것을 이루신다.

3:9. 하나님은 적군에게 전쟁을 준비하러 모이라고 명하신다. 거룩한 사령관은 모든 군대와 역사적 사건들을 주관하신다. 그분은 열국을 최후의 전투로 소환하신다.

3:10. 평화는 군사 무기가 농사 도구로 바뀔 때 찾아온다(미 4:3). 전쟁은 흐름을 뒤바꾼다. 특별한 포도칼로 포도 가지를 자르거나 밭을 갈 시간이 없다. 겁쟁이에게도 시간이 없다. 군대에서 가장 약한 부분은 일어서서 강하게 이렇게 외쳐야 한다. "나는 전쟁 영웅이다." 하나님은 열국에게 자기가 가진 모든 것을 보내어 전쟁터에서 그분과 만나게 하라고 명하신다. 모든 이가 그 명령에 응답해야 한다.

3:11. 이 구절은 번역하기가 어렵다. 첫 낱말은 '서두르다', 혹은 '와서 나를 도와라'를 의미할 수 있다. '모이다'는 히브리어에서 명령형이 아니라 문맥 때문에 이곳에 있어야 한다. 마지막 행은 하나님께 드리는 말로 그분의 말을 끊는다. "그 신사는 싸움꾼임이 분명하다." 문맥상의 불확실함에도 불구하고 의미는 비교적 분명하게 남는다. 서둘러라! 허비할 시간이 없다! 이스라엘의 사면을 둘러싼 나라들이여 움직일 준비를 하라. 너희는 모임의 시기를 알고 있다. 네 모든 군대를 그곳에 소집하라. 여호와여 당신의 영웅적인 용사들을 보내어 이곳에서 다시 이 적군을 상대하게 하소서.

3:12. 이제 하나님은 어떤 일이 일어날지 자기 백성에게 요약하신다. 그들은 열국이 전쟁을 위해 소집하고 전쟁터, 곧 여호사밧 골짜기 혹은 심판의 골짜기를 향해 행진하게 내버려두어야 한다. 하나님은 그곳을 보좌에 앉아 사면의 열국을 심판하실 장소로 선택하셨다. 싸움터에 소집된 열국은 그 전쟁이 단순히 그 군대에게 또 하나의 승리나 패배 이상의 의미를 결정짓는다는 것을 깨달을 것이다. 그것은 자기 백성을 함부로 대한 모든 나라에 대한 하나님의 심판을 가리킨다.

B. 선택의 날(3:13-16)

Supporting Idea	여호와의 날은 하나님의 마지막 심판 날이 되어 자기 백성에게는 피난처를, 그리고 열국에게는 심판을 가져올 것이다.

3:13. 하나님은 자기 백성에게 익숙한 추수에 관한 그림 언어로 말씀하신다. 그러나 이 그림 언어는 밭이 아니라 전쟁터에 적용된다. 그 전쟁터 위에서 하나님은 대적을 추수하고 그들에 대한 사형 선고를 집행하실 것이다. 곡식을 추수하는 일이 식물을 죽이지만 농부의 필요를 채우는 것처럼 적군을 추수하는 일은 하나님과 그분의 백성의 필요를 채우는 가운데 병사들을 멸망시킬 것이다. 이 구절의 마지막 행은 포도 추수의 마지

막 장면을 그리고 있다. 가득 찬 포도주 틀은 성공적인 추수를 의미한다. 피처럼 빨간 포도즙은 전쟁터에서 흘린 피와 흡사하여 적군의 멸망을 상징한다. 이 모든 일이 일어난 것은 그들의 악이 크기 때문이다!

3:14. 요엘은 농업에 기반을 둔 심판의 명령으로부터 하나의 묘사를 제시한다. 시끄럽고, 소란스러운 많은 무리가 판결 골짜기 주위에서 요동한다. 사람이 많음을 나타내는 히브리어는 '소동'과 '소란'에서부터 '포효, 소음' '행진, 행렬' '무리, 군중'에 이르기까지 폭넓은 의미를 가지며(*HALOT* 참고), 각각의 의미가 이 군중의 의미 가운데 역할을 맡고 있다. 그들이 모이는 지점은 암울한 분위기를 풍기는 심판의 골짜기이다. 히브리어 '하라츠(charats)'는 탄원이 허락되지 않는 파멸의 심판으로 이어지는 유죄 판결의 의미를 전달한다(욥 14:5).

이것은 마지막, 즉 여호와의 날의 궁극을 위한 무대이다. 백성은 더 이상 마지막 실체에 대한 징조를 경험할 필요가 없을 것이다. 그 실체가 여기 있다. 그 심판은 사람들이 만드는 어떤 것이 아니다. 그것은 하나님이 자기를 대적한 자들을 정죄하시고 멸망시키기 위해 이미 행하신 선택이다.

3:15. 이스라엘의 이웃 나라와 대적들에 의해 신들로 존중받던 하늘의 능력들은 여호와의 날의 어둠과 애곡 가운데 머리를 숙인다(비교. 욜 2:10, 미 3:6). 하나님이 심판하러 오시면 그들은 아무 힘이 없다. 빛을 잃을 것이다〔히. 카다르(qadar), 바른성경, 쉬운성경, 현대인의 성경〕는 어두워지고 애곡한다는 의미이다.

3:16. 여호와의 날은 무엇인가? 요엘은 최종적이며 간략한 요약을 제시한다. 그것은 하나님이 행동하시는 날이다. 그 행동은 두 가지 형태를 띤다. (1) 그분은 적군을 놀라게 하고 멸망시키기 위해 시온에서 부르짖으신다(암 1:2). 그리고 (2) 그분은 자기 백성의 피난처이시다(잠 14:26). 히브리어 '하샤(hasah)'는

> 재앙에 직면한 인간의 불안정과 무능력과, 하나님의 안전과 어려움에 처한 이들을 안정시키고 보존하는 능력을 강조한다(시 11:1, 16:1, 37:40)… 거짓 우상 숭배를 피난처로 삼았기 때문에 하나님의 진노를 받아 멸망당한(사 28:15, 17) 이들과 달리 여호와를 경외하는 이들은 악의 날에 안전한 요새를 얻으며(렘 17:17) 이 믿음의 유산은 그 사람의 자녀들에게도 피난처를 제공한다(잠 14:26). 여호와가

항상 피난처이심을 주목하라. 특히 의지의 행동(시 73:28)과 개인적인 믿음의 증거(시 71:6-7)로 그분을 피난처로 만든 이에게 더욱 그렇다(Andrew E. Hill, *NIDOTTE*).

이것은 '마오즈(ma 'oz)', 즉 산성과 나란히 자리하고 있는데, 그곳은 종종 산속에 숨겨진 피난처 그래서 안전한 장소나 군사적 요새를 가리킨다. 이 언어는 또한 종종 이스라엘의 하나님께 적용되거나 그분이 인계받으신다(삼하 22:33). 여호와의 날은 하나님의 백성에게 아무런 두려움을 가져다주지 못하는데 이는 그들이 그분 안에서 안전함을 발견하기 때문이다.

C. 여호와의 날이 시온 안에 거함(3:17-21)

Supporting Idea	여호와의 날에 거룩하신 하나님은 거룩한 산의 거룩한 성 안에서 자기 백성을 용서하시지만, 자기 대적들은 망하게 버려두실 것이다.

3:17. 하나님의 출애굽 구원 사역의 목적은 처음부터 하나님만이 그들의 하나님이신 것을 보여주시는 것이었다. 그분은 반복해서 17절 상반절의 '인정 문구(recognition formula)'를 자신이 약속하신 것은 실현될 것이라는 증거로 사용하셨다(출 29:46, 겔 5:13). 요엘은 이 문구의 변형을 사용하여 하나님은 자신의 구원 약속을 실행하신다는 것을 이스라엘에게 확신시켜주었다(욜 2:27). 이제 그는 이 문구를 확장하여 이스라엘에게 너희 하나님이 정확히 누구를 의미하는지를 분명히 깨닫게 한다. 이 하나님은 내 성산 시온에 사시는 그분이시다.

요엘 시대의 이스라엘은 이 사실을 의심할 수도 있다. 왜냐하면 메뚜기 떼가 왔고, 또한 적군이 침입했기 때문이다. 그 땅은 황폐해졌다. 하나님이 자기 백성 가운데 계시다는 어떤 증거도 보이지 않았고, 더구나 적군이 벽을 타고 올라가 백성들의 집안에 들어갔던 성읍에서는 말할 것도 없었다.

그러나 현재의 증거는 완료된 것이 아니다. 더 많은 증거가 나타나고 있다. 그 증거가 여호와의 마지막 날에 제시될 때 누구도 의심을 품지 못할 것이다. 여호와는 예루살렘 가운데 거하시는 하나님이시며, '다른 이는 없다'(욜 2:27). 그러면 그 증거는 예루살렘이 듣고자 기다리는 바로 그것이다. 예루살렘이 거룩하리니. 이것은 하나님이 다시는 대적이 그 성읍에 들어가 성전을 모독하고, 성전 안에 소장된 성물을 탈취하지 못하게 하실 것을 의미한다.

3:18. 여호와의 마지막 날에 대한 이 약속이 완전히 성취되면 모든 상황은 뒤집어질 것이다. 여호와의 날은 완전히 역전의 날이 될 것이다. 곡식을 망치는 메뚜기와 가뭄과 적군에 대한 불평이 더 이상 없다. 산에 있는 포도원은 새 포도주(표준새번역)를 떨어뜨릴 것이다(욜 1:10). 가뭄과 초지의 부족으로 멸절될 위기에 처했던 짐승들(욜 1:18)은 이제 문자적으로 산에서 흘러내릴 만큼 많은 젖을 생산할 것이다. 말랐던 시내(비교. 욜 1:20, 욜 3:18에서 동일한 낱말이 골짜기로 사용되었다)가 이제 물을 흘릴 것이다.

어떻게 이런 일이 일어날 수 있는가? 그것은 자연적인 방식에 의해서가 아닐 것이다. 여호와의 전에서 샘이 흘러나올 것이다. 하나님은 자기 백성의 풍요로움의 근원이 되실 것이다. 성경의 사상은 언제나 성전의 정결과 번영을 그 땅의 성결과 번영과 연결시켰다. 범죄하고 거룩하지 못한 땅은 그 땅의 풍요로움과 함께 그 거룩한 임재와 거룩한 성전을 상실했다. 회복되어 거룩한 땅은 하나님의 임재, 거룩한 성전 그리고 그 땅에 대한 물질적 축복을 다시 받았다(겔 47:1-12, 계 22:1-2, 예수님이 이 개념을 요 7:38에서 자신에게 적용하신 것을 보라).

이 모든 것은 유대 사막을 가로질러 기드론 골짜기를 향해 열려 있는 싯딤(아카시아, 현대인의 성경) 골짜기에 새 생명을 가져올 것이다(*HALOT*, Rudolph, KAT, XIII, 2, 86). 쓸모없는 사막이 된 에덴(욜 2:3)은 이제 원래 의도되었던 에덴과 같은 속성으로 돌아간다. 에덴의 물이 세상에 물을 댄 것과 같이(창 2:10-14) 예루살렘 성전의 물이 사막을 꽃이 만발한 골짜기로 만들 것이다.

3:19. 유다의 성전에 기반한 풍요로움은 그의 대적들의 땅과 뚜렷하게 대조된다. 출애굽 때부터 대적인 애굽은 황무지가 될 것이다. 비협조적인 이웃이자 친척(민 20:14-21)이며, 바벨론의 성전 모독에 합세한(옵 1:11-14) 에돔은 황무한 들(황량한 사막 - 새번역, 우리말 성경)이 될 것이다(오바댜서의 해당 구절 참고).

3:20. 하나님의 약속의 땅인 예루살렘과 유다는 동일한 운명에 처하지 않았다. 그들은 자기 죄로 인한 고통을 받았다. 메뚜기와 적군과 가뭄이 그들이 받은 벌을 가져왔다. 그것은 지나간 역사가 되었다. 하나님은 자기 백성을 위한 새로운 약속을 갖고 계셨다. 새

로운 여호와의 날은 새로운 희망을 가져올 것이다. 하나님의 백성은 두 번 다시 황무지와 사막에서 살지 않을 것이다. 그 땅은 영원히 있을 것이다. 하나님의 날이 오고 갔을 때, 예루살렘은 모든 세대가 바라보기에 승리자로 남아 있을 것이다. 거기서 그들은 여호와를 알게 될 것이다.

3:21. 이 구절의 번역은 논란이 되고 있다. 레슬리 앨런은 많은 현대 주석가들을 따라 처음 부분을 의문문으로 바꾼다. "내가 그들의 벌 받지 않은 피흘림을 남겨두겠는가? 그렇지 않다"(NICOT, 117). 듀앤 가렛은 히브리어의 어려움을 인정하고 히브리어 '담(dam)', 즉 '피'가 또한 '살인'을 의미할 수 있으며 구약 최초의 헬라어 번역인 70인역을 따라 이렇게 읽는다. "내가 그들의 피를 복수하고 용서하지 않을 것이다"(NAC 19A, 396).

여기서는 히브리어 본문에 충실하게 요엘이 자신의 마지막 마무리로 우리를 놀라게 하는 것이 바람직하다. 그의 마지막 말은 열방과 그들의 처벌에 관한 것이 아니다. 그것은 하나님의 백성과 그들의 승리에 관한 것이다. 그러나 승리는 범죄한 백성, 즉 하나님께 대하여 죄를 범한 백성에게는 찾아올 수 없다.

그래서 요엘은 하나님의 백성을 위한 마지막 메시지를 준다. 그의 궁극적인 초점은 현재가 아니라 미래에 맞추어져 있다. 그는 '여호와께서 시온에 거하실' 때를 바라본다. 그 일은 하나님의 용서로 인하여 일어날 수 있다. 하나님은 자신의 은혜와 사랑 안에서 그리고 자신의 모든 약속을 지키기 위하여 갚아주지 아니하였던 모든 것을 찾으셔서 그것들을 갚아주실 것이다. 갚아주신 것은 상상할 수 있는 가장 심각한 죄인 피 흘림이다(삼상 25:26, 33). 피 흘림의 죄는 "그 삶이 히브리 성경에 규정된 법 조항들 밖으로 취해질 때 일어나는 죄이다"(S. David Sperling, AB I, 764).

재판에서 유죄측은 "피가 그의 머리로 돌아간다"는 말과 함께 판결을 받으며, 재판의 상대측은 무죄 판결을 받게 된다(수 2:19). 피는 생명의 힘 그 자체를 가리킨다(레 17:11). 그래서 절대로 먹어서는 안 되는 것이다(신 15:23). 대속이 피의 의식을 요구하는 것은 생명의 본질을 포함하고 있고, 그것을 잃으면 죽음이 되는 그 피만이 죄를 대속할 수 있기 때문이다(레 16:14-19). 그렇지만 그런 대속의 능력은 피 가운데 들어 있는 것이 아니라 하나님이 선물로 주신 피 안에 들어 있다(레 17:11).

이스라엘이 하나님께 지은 많은 범죄는 유죄와 사형 선고라는 판결을 가져왔다. 그러나 하나님은 그 판결을 집행하지 않으셨다. 여호와의 날에 그분은 용서하실 것이다. 그분은 자기 백성이 그들에게 내려진 판결을 집행당하고 자신의 징계와 처벌을 견디는 것을 보셨다. 그것은 과거의 일이다. 미래에는 무언가 다른 일이 일어난다. 하나님은 자기 백성과 함께 영원히 사실 것이다. 그러나 그들과 함께 살기 위해서는 그들을 용서하는 것이 필요하다. 하나님은 이것을 행하시겠다고 약속하셨다. 그분은 용서하실 것이다.

요엘은 예상하지 못한 언급으로 자신의 책을 마무리한다. 더 이상 메뚜기 재앙은 없다. 더 이상 군대의 공격은 없다. 더 이상 자연 재해는 없다. 더 이상의 벌은 없다. 여호와의 날은 하나님의 백성에게 구원을 가져올 것이다. 그 구원은 그분이 그들과 함께 영원히 거하시는 모습으로 나타난다. 그것을 가능하게 하는 것은 한 가지이다. 하나님이 갚으시고, 용서하시고 그들이 받아 마땅한 모든 벌을 취소하신 것이다.

Main Idea 복습	여호와의 마지막 날은 하나님의 백성에게 용서와 승리를 가져다주지만, 그 마지막 선택의 날은 하나님의 백성의 대적들에게 영원한 심판을 가져다줄 것이다. 하나님은 시온에서 자기 백성들과 함께 거하실 것이다.

결론

불합리한 행동

필립 얀시(Philip Yancey)는 그의 저서 「놀라운 하나님의 은혜(What' s So Amazing About Grace?, IVP)」에서 한 마리 양이 아흔아홉 마리 양보다 귀하고, 과부가 바친 동전이 부자가 바친 백만금보다 가치 있고, 한 시간 일한 사람도 하루 12시간 종일 일한 사람과 동일한 임금을 받고, 일 년 동안 번 금액에 해당하는 향수를 곧 죽을 사람에게 붓는 등 복음의 수학이 갖는 불합리에 관하여 놀림조의 글을 썼다고 비방과 중상을 당했던 이야기를 들려준다. 그리고 그는 〈아마데우스(Amadeus)〉라는 영화를 보고 거기서도 비슷한 불합리가 제시되고 있음을 발견했다. 왜 하나님은 볼프강 아마데우스 모차르트(Wolfgang Amadeus Mozarrt)와 같은 자격 미달의 젊은 친구에게 그런 엄청난 재능을 주신 것일까?

요엘이 묘사하고 있는 여호와의 날은 그것과 어느 정도 비슷한 논리(혹은 비논리?)를 따르고 있다. 요엘은 여호와의 날은 이중적인 의미가 있음을 상기시킨다. 그날은 빛나는 승리의 날일 수도 있고, 어두운 위험의 날일 수도 있다. 하나님의 백성은 하나님의 날을 기다리지만, 때로는 우리의 기다림의 자세가 조금은 심드렁해지기도 한다. 우리는 우리의 모든 것이 잘될 것이라고, 하나님이 자신의 날이 오면 복을 가져다주실 것이라고 여긴다. 그리고 하나님의 보상 체계에서 하나님의 생각은 우리의 생각과 다르며, 그분의 논리는 우리의 논리와 다르다는 것을 망각한다. 우리는 그분의 날이 왔을 때 우리가 승자 편에 있을 것이라고 간주할 수 없다. 일의 첫 번째 순서는 우리가 지금 그분의 편에 있는지 확인하는 것이다.

▣ 진리 알기

- 하나님은 신실한 자기 백성에게는 상을 주고, 불순종하고 자기 백성을 괴롭힌 자들에게는 벌을 주시는 세상 역사에 대한 계획을 갖고 계신다.
- 죄는 결국 벌을 받는다.
- 하나님은 모든 나라와 개인들의 재판장이시다.
- 하나님은 여호와의 날이 올 때 자기 백성을 보호하실 것이다.
- 하나님의 궁극적인 목적은 자신을 자기 백성의 유일한 하나님으로 소개하는 것이다.
- 모든 소망은 하나님의 용서하심 가운데 있다.

▣ 적용하기

- 오늘 하나님께 당신의 죄를 용서해달라고 구하라.
- 세상의 어떤 것이 아닌 하나님의 보호하심을 의지하라.
- 하나님의 심판대 앞에서 그분을 만날 준비를 확실히 하라.

• 다른 사람들에게 유일하신 하나님에 관해 이야기하라.
• 당신의 손으로 세상을 심판하려 하지 말고, 하나님이 하나님의 때에 세상의 잘못된 것을 바로잡으실 것을 신뢰하라.

삶의 적용

"우리가 언제 당신을 본 적이 있나요?"

라비 재커라이어스(Ravi Zacharias)의 저서 「하나님 어디 계십니까?(Cries of the Heart, 두란노)」를 보면 하나님이 아담에게 손을 내미시는 미켈란젤로의 걸작품에 대한 이야기가 나온다. 하나님이 자신의 손을 최대한 뻗으시자 모든 근육이 긴장되고 탄탄해져 계시다. 그분의 표정에 나타난 찡그림은 범죄한 인간에게 다가가기 위해 최대한의 노력을 기울이시는 하나님의 고통을 그리고 있다. 그리고 재커라이어스는 이렇게 덧붙인다. "이와 대조적으로, 아담은 무기력하게 자기 손을 장난처럼 늘어뜨려 마치 '닿으면 닿는 거지 뭐' 라고 말하는 것처럼 무관심한 태도를 보인다."

하나님의 심판의 날, 즉 여호와의 날에 대한 우리의 응답이 이런 경우가 너무나 많다. 하나님은 힘들게 우리에게 손을 뻗으시는데, 우리는 그분의 노력을 무시하고 모든 것이 잘될 거야라고 생각하면서 멍하니 우리 길을 계속 가고 있다. 성경의 메시지는 우리에게 외치고 있다. 조심해라! 여호와의 날은 빛일 수도 있고, 어둠일 수도 있다. 만일 당신이 준비되지 않았다면 그날은 끔찍한 놀라운 일들을 불러일으킬 수도 있다. 지금 이 순간 우리 앞에 이 질문이 놓여 있다. 당신은 심판의 날을 맞이할 준비가 되어 있는가? 당신은 마태복음 25장에 나오는 염소들처럼 더듬거리며 이렇게 물어보지 않을 자신이 있는가? "우리가 전에 당신을 본 적이 있나요?"

기도

하나님 아버지, 오직 당신의 용서와 관용만이 우리로 하여금 마지막 여호와의 날을 준비할 수 있게 해줍니다. 우리는 죄인입니다. 우리를 용서해주십시오. 우리를 새롭게 해주십시오. 우리를 거룩하게 만드셔서 당신을 위해 살아가고, 당신의 날 당신이 다시 오실 때 당신을 맞이할 준비가 되게 해주십시오. 아멘.

심층 연구

그리스도인의 예언서 읽기

선지자들은 옛 언약 아래 살면서 유대 백성에게 하나님께 대한 언약의 신실함을 새롭게 하도록 촉구하는 구약의 인물들이다. 그들은 십자가에서 나타난 예수님의 사랑과 은혜를 아직 경험하지 못했다. 우리는 하나님의 은혜를 그들보다 더 충만하고 풍성하게 경험하고 있다.

이 사실은 우리에게 하나의 도전을 제기한다. 우리는 그들의 말을 어떻게 읽을 것인가? 우리가 그들을 단순히 그리스도교 이전의 성도로 읽을 수는 없다. 왜냐하면 우리가 그리스도교 이전의 성도가 아니기 때문이다. 그리고 기독교의 복음을 선지자의 메시지 안으로 들여오는 것은 그들의 말 가운데 그들이 알지 못하는 무언가를 첨가하는 것이 된다. 우리는 선지자들이 기대했던 것 이상으로 그 메시지의 성취를 보았기 때문에 그 선지자들이 자기 청중들에게 갖고 있던 원래의 의도를 아는 것만으로는 만족할 수 없다.

그러면 우리는 무엇을 할 수 있는가? 누구도 결정적인 해답을 갖고 있지 못하므로, 겸손이 이 주제와 관련해서 우리가 가르치는 모든 것을 주관해야 마땅하다. 그러나 요엘이 보여준 여호와의 날 가운데 나타난 다음 몇 가지 지침은 제시할 수 있다.

1. 선지자가 가르친 신학적 사실과 선지자가 자기 청중들에게 원했던 실천적 적용이 무엇인지 배우라. 요엘은 여호와의 날을 가르쳤고, 자기 백성들에게 회개를 촉구했다.
2. 선지자가 예언이나 서술을 자신의 현재 상황 가운데 어디에 적용하고 있으며, 미래의 어느 곳에 남겨두고 있고, 역사의 마지막 장 어디를 겨냥하고 있는지 결정하

라. 선지자 요엘은 사람들이 여호와의 이름을 부르고 구원을 받을 때 성령의 부어주심을 겨냥하고 있으며, 또한 예루살렘이 영원히 계속될 미래를 지목하고 있다.

3. 신약은 선지자의 신학적 진리와 그 실천적 적용에 대한 우리의 깨달음을 어떻게 확장하거나 깊이 있게 하고 있는지 살펴보라. 만일 신약이 그 예언의 성취를 지적하고 있는지, 그리고 혹시 여전히 미래에 성취될 기회를 지적하고 있는지 결정하라. 사도행전 2장은 오순절을 요엘이 말한 수천 명이 믿고 구원받는 미래의 여호와의 날의 성취로 해석하지만, 또한 궁극적인 여호와의 날을 가리키고 있다.
4. 선지자의 가르침과 신약에서 나타난 확장된 성취 모두를 결합시켜 신학적 진리를 재표현하라. 여호와의 날은 역사 가운데 믿지 않고 순종하지 않는 백성들에게 심판을 내리시기 위해 개입하시는 모든 순간이지만, 특별히 오순절 때와 같은 특별한 시기이기도 하고, 최후의 심판 가운데 궁극적으로 나타나게 될 것이다. 여호와의 날은 사람들에게 회개하고, 예수님을 믿고, 그분의 이름으로 세례를 받고, 그분의 가르침을 실천하라고 명령한다.
5. 신학적 진리를 믿고 당신의 삶 가운데 그것을 실천적으로 적용하도록 다짐하라.

요엘은 그의 메시지의 중심이 되는 신학적 진리로 여호와의 날을 말한다. 그는 이미 자기 청중들에게 익숙하고, 이미 선지자 무리들 가운데 사용되고 있으며, 그 의미가 풍부해진 용어를 택하였다. 요엘은 아모스의 가르침에 뒤이어 이 가르침의 이중적인 속성을 보여주었다.

여호와의 날은 단지 유대 백성이 그 대적을 전쟁터에서 만나게 되는, 하나님이 주시기로 기대하는 전통적인 구원의 날만은 아니다. 여호와의 날은 메뚜기 재앙, 적군, 혹은 자연 재해와 같은 하나님의 백성을 공격하는 용어 가운데 설명될 수 있다. 이것은 여호와의 날이 계속 진행되는 인간의 역사 가운데 몇몇 특별한 날을 기술하는 데 사용할 수 있음을 의미한다.

요엘은 일련의 여호와의 날을 뛰어넘어 하나님이 모든 백성에게 성령을 부어주시는 축복의 날을 지적한다(욜 2:28). 그러나 요엘은 궁극적으로 "예루살렘이 거룩해지고, 다시는 이방인들이 그곳을 공격하지 않는" 마지막 날을 묘사하였다(욜 3:17).

신약은 요엘의 가르침을 오순절 성령 강림에 적용시켰다. 이것은 예상된 여호와의 날이다. 그날은 많은 사람들이 여호와의 이름을 부르고 구원을 받은 날이다(욜 2:32, 행 2:14-21, 41).

그러나 신약은 오순절을 훨씬 뛰어넘어 마가복음 13장, 마태복음 25장, 그리고 특히 요한계시록에 나타난 최후의 심판을 지목하고 있다. 그날에 모든 무릎이 그리스도이신 예수님 앞에 꿇을 것이며, 그분을 주님으로 고백할 것이다. 그날의 심판이 모든 시대의 모든 인류를 두 무리, 곧 양과 염소로 나눌 것이다. 바로 그날 하나님의 신실한 양은 영원한 상급을 받고 영생에 들어가지만, 믿지 않는 염소는 최후의 영원한 심판을 맞게 될 것이다.

요엘은 최후의 심판을 나사렛 예수라는 용어를 사용하여 말하고 있지 않다. 그는 신약의 용어로 영원한 생명을 설명하고 있지 않다. 그리고 지옥을 신약이 설명하는 방식으로 묘사하고 있지 않다.

그럼에도 불구하고 요엘은 우리에게 여호와의 날에 관해 말할 수 있는 출발점을 제공한다. 그는 우리가 우리 세대를 돌아보아 이 세상에 역사하시는 하나님의 특별한 나타나심을 찾아보고, 사람들이 그분을 유일하신 참 하나님으로 고백하게 인도하도록 준비시킨다. 그리고 오순절을 의사소통과 구원의 놀라운 날이 오기 오래 전에 하나님이 미리 준비하신 어떤 것으로 보게 해준다. 우리는 요엘의 말을 근거로 오순절로부터 오는 모든 것을 설명하거나 예상할 수는 없지만, 요엘의 말을 통하여 오순절에 일어난 일이 무엇인가를 더욱 분명하게 이해할 수 있다.

그리고 요엘은 우리로 하여금 하나님은 항상 마지막 구원과 심판의 날을 계획하고 계시다는 사실을 알고 앞을 내다볼 수 있게 한다. 신약은 이날에 대한 우리의 이해를 더욱 날카롭게 하지만, 요엘은 하나님의 백성의 미래와 하나님의 백성이 아닌 자들의 미래 사이에 있는 날카로운 차이를 볼 수 있게 해준다.

요엘은 자기 세대에게 회개하고 하나님의 용서를 구하라고 외쳤다. 그는 올바른 응답을 기술하기 위해 금식과 애도 의식이라는 언어를 사용했다. 그는 그런 회개의 결과로 죄 용서를 사용했다. 베드로는 오순절에 그 방문을 더욱 분명하게 보여주었다. 베드로는 이렇게 말했다. "너희가 회개하여 각각 예수 그리스도의 이름으로 세례를 받고 죄 사함을 얻으라 그리하면 성령을 선물로 받으리니" (행 2:38).

마태복음 25장은 이 특별한 적용과 약속된 결과를 더 자세히 다룬다.

> 그 때 왕이 오른쪽에 있는 사람들에게 말할 것이다. '내 아버지로부터 복을 받은 너희들이여, 와서 세상이 만들어질 때부터 하나님께서 너희를 위해 준비하신 나라를 물려받아라.' …그 때, 왕이 대답할 것이다. '내가 너희에게 진정으로 말한다. 보잘것 없는 사람에게 한 일, 곧 너희가 이 형제들 중 가장 보잘것 없는 사람에게 한 일이 곧 나에게 한 것이다.' 그러고 나서 왼쪽에 있는 사람들에게 이렇게 말할 것이다. '저주받은 자들아, 내게서 떠나 악마와 그 부하들을 위해 준비한 영원한 불에 들어가거라' …그 때, 왕이 대답할 것이다. '내가 너희에게 진정으로 말한다. 이 사람들 가운데 가장 작은 자 한 사람에게 하지 않은 것이 곧 나에게 하지 않은 것이다.' 이 사람들은 영원히 형벌을 받게 될 것이다. 그러나 의로운 사람들은 영원한 생명에 들어갈 것이다(마 25:34, 40-41, 45-46, 쉬운성경).

따라서 그리스도인은 요엘의 여호와의 날이란 주제를 취하여 사도행전 2장의 약속의 성취로 확장하고, 마태복음 25장의 최후의 성취 너머를 바라본다. 이렇게 할 때 요엘서를 읽는 그리스도인은 회개하라는 부르심, 하나님의 용서를 의지하라는 부르심, 예수님의 구원을 믿으라는 부르심, 그리고 예수님의 사역을 '가장 보잘것없는 사람' 에게 행하라는 부르심(마 25:40)을 발견하게 된다. 그리스도인 독자들은 또한 예수 그리스도 안에 계신 하나님은 재판장이시며, 자신은 어떤 판결도 혼자서는 단 하나라도 내릴 수 없다는 것을 알게 된다. 그는 절대적으로 예수님을 의지하고 그분의 가르침만을 순종할 수 있다.

고안

A. 들어가는 글

1. '테러리스트들을 위해서는 기도할 수 없어요' 이야기로 시작하라.
2. 배경 설명 : 요엘은 서로 다른 모습을 가지고 서로 다른 관점에서 여호와의 날을 그

리고 있다. 그는 이 마지막 장에서 여호와의 날의 현재적 경험이 아니라, 미래의 사건을 요약한다.

3. 적용 : 여호와의 날은 기독교 신앙을 대부분의 다른 종교와 구별하는 성경의 중심이 되는 가르침이다. 그날은 이 땅에 살았던 모든 사람이 세상의 구세주 앞에 서서 그의 마지막 운명이 선고되는 것을 듣는 역사의 마지막 순간에 초점을 맞추고 있다.

B. 본문 이해

1. 여호사밧 골짜기를 심판함(3:1-12)
2. 선택의 날(3:13-16)
3. 여호와의 날이 시온 안에 거함(3:17-21)

C. 결론: '불합리한 행동' 을 읽어주라.

토의 질문

1. 어떻게 여호와의 날이 예루살렘과 유다를 멸망시키는 메뚜기, 군대 그리고 자연적 사건들이 될 수 있으며, 또한 성령에 대한 경험과 유다와 예루살렘의 재물이 회복되는 경험이 될 수 있는가?

2. 오늘날 성도들은 어떤 식으로든 오순절 경험을 공유하고 있는가?

3. 오늘날 우리가 경험하는 것에 여호와의 날이라고 이름표를 붙일 권리가 있는가?

4. 우리는 어떤 방식으로 요엘의 여호와의 날 예언을 오늘날 정의와 공의를 드러내지 않는 국가들을 정죄하는 데 사용할 수 있는가?

5. 당신은 하나님이 마지막 심판 때 당신에게 내리실 판결을 확신할 수 있는가? 왜 그런가?

아모스 서문

아모스는 자신의 메시지를 기록된 형태로 후세에 남긴 최초의 선지자로, 남왕국 유다의 예루살렘에서 남쪽으로 16킬로미터 떨어진 드고아라는 작은 마을(암 1:1)의 목자이자 과일 나무를 가꾸는 자였다(암 1:1, 7:14). 어느 날 하나님은 그를 놀라게 하시고 그에게 북쪽, 곧 이스라엘 왕국으로 가서 예언하라고 말씀하셨다. 이것이 우리가 아모스에 대해 알고 있는 전부이다. 처음에는 그가 교육을 받지 못하고 재산이 별로 없는 사람이라고 생각할 수 있지만, 그는 양과 소를 키우고 무화과나무 열매로 짐승을 먹이는 존경받는 시골의 지주였을 수도 있다. 그는 어떤 형태든 전문 선지자나 전문 사역자와의 관련성을 단호하게 부인한다. 그가 사역할 수 있었던 것은 오직 하나님이 그 당시 종교 지도자들과 그들의 관행을 바로잡으려는 일에 한 지방 기업인을 사용하기로 선택하셨기 때문이다.

아모스는 이 모든 사역을 유다 왕 웃시야(주전 792-740년)와 이스라엘의 여로보암 2세(주전 793-753년) 재위 기간 동안 행했다(암 1:1). 그러나 이것은 지진이 일어나기 2년 전이라는 사실(암 1:1) 외에 우리가 그의 사역 연대에 대해 알고 있는 유일한 정보이다. 고고학자들은 하솔 유적지에서 주전 750년경에 일어났을 수 있는 지진의 증거를 발견했다. 한참 뒤 스가랴(슥 14:4-5)는 이 지진을 기억해냈다. 유대인 역사가 요세푸스(Josephus)는 이 지진을 주전 760년경의 웃시야 왕의 질병과 연결시킨다. 아모스는 분명히 이스라엘의 정치력이 최고조에 달했을 때를 말하고 있다. 그때는 여로보암 2세가 아모스에 의해 6장 14절에서 설명하고 있는 이스라엘의 국경을 회복한 직후였을 것이다. 이것은 또한 주전 760년경이기도 하다(왕하 13:23-25).

이 시대의 고고학적 증거는 므깃도, 디르사, 하솔, 단 그리고 사마리아를 포함하여 이스라엘의 일곱 곳의 부와 화려함을 보여주고 있다. 그러므로 우리는 아모스를 주전 760년 이전의 한두 해에 활약한 선지자로 시대를 정할 수 있게 된다. 그리고 그의 간략한 사역은 일 년이 넘지 않았을 것이다.

이스라엘에게 힘이 넘어간 것은 고대 근동의 강대국들이 약해지거나 다른 문제로 정신이 없었기 때문이다. 앗수르는 주전 805년경에 수리아를 물리쳤다. 이로써 이스라엘의 주요 경쟁자가 사라졌다. 그러나 약한 왕들이 앗수르로 하여금 팔레스타인의 권력 구조로부터 물러나게 만들었다. 남쪽에서는 리비아와 수단의 왕들이 애굽과 다투고 있으면서 북쪽에 군사를 파견하여 통제를 시도할 힘을 잃고 있었기 때문에 이스라엘의 여로보암은 혼자서 권력자로 일어섰다. 유다와 웃시야만이 여로보암의 영토와 명성과 지배욕에 어느 정도 대항 세력이 되었다.

가장 중요한 내용은, 여로보암이 지중해 연안과 요단 강 동편의 국도를 지나는 교역로를 지배했다는 것이다. 아모스는 뜻밖의 경제적 횡재를 누린 무리(암 8:5-6)와 그들이 잔치를 베풀고 편안한 삶을 살 수 있게 된 기회에 대해 말한다(암 4:1-2).

사람들이 화려한 잔치와 연회로 조상들의 전통을 수행하였기 때문에 종교는 커다란 사업이 되었다. 그러나 아모스가 재빨리 보여주는 것처럼, 그런 종교는 과거의 종교적 장소 가운데 있었지만, 과거의 전통적인 목적과 동기와는 거리가 먼 것이었다.

다섯 가지 환상(암 7:1-3, 4-6, 7-9, 8:1-3, 9:1-4)은 계속되는 하나님의 메시지에 드러난 계시와 함께 아모스의 선포 내용을 제공한다. 그 결과는 대단히 힘겨운 임무였다. 아모스는 하나님과 멀리 떨어진 채 그분의 심판을 맞이한 열방들 가운데 자신이 속한 유다와 이스라엘, 즉 자신의 청중들을 포함시켜야 했다. 그는 그들의 종교적 관행이 비록 고대의 전통에 뿌리를 내리고 있지만, 하나님이 보시기에 거룩한 성인이 아니라 죄인이 되고 만 종교적인 사람들과 논쟁을 벌여야 했다. 그는 남자와 함께 여자들에게도 죄를 물었다. 그는 그 나라의 대제사장과 정면으로 맞서서 그를 물러나게 만들었다. 그는 심지어 하나님과 정면으로 맞서서 하나님이 그 백성을 심판하시겠다는 의지의 표현을 누그러뜨리실 시간을 얻었다.

아모스는 전염되는 믿음을 가지고 터무니없는 임무를 맡게 된 용기 있는 사람이었다. 궁극적으로 그는 백성들로 하여금 하나님의 말씀을 듣게 하는 데 성공하지 못했다. 오히려 그들이 그를 유다 고향으로 되돌려보냈지만, 그것은 이미 그 땅이 경고를 받은 뒤였다. 그래서 이스라엘 주민은 하나님을 만날 준비가 되지 않은 것에 대해 다른 누구를 탓할 수가 없다.

아모스는 자신의 북쪽 이웃들에 대한 나쁜 소식에 기쁨으로 반응하지 않았다. 그는 그들을 위해 호소했고, 하나님은 벌을 누그러뜨리셨다(암 7:3, 6). 그는 하나님의 명령이 있을 때에만 예언했다. 왕과 제사장은 정반대의 명령을 내리면서 예언을 멈추게 하려 했지만, 그는 자신의 임무에 충성을 다했다(암 7:10-17). 아쉽게도 언젠가 하나님이 침묵하시고, 백성은 하나님의 말씀의 기근이라는 아픔을 맛볼 것이다(암 8:12).

아모스에 의하면, 하나님의 통치 아래 사는 삶에는 모든 나라 모든 백성의 삶이 포함된다(암 1:3-2:16). 하나님은 백성이 전쟁을 수행하는 방식(암 1:3, 13, 2:2), 다른 백성과 나라를 대하는 방식(암 1:6, 9, 11), 조약과 언약의 약속을 지키는 방식(암 1:9), 자신의 감정과 실망을 다루는 방식(암 1:11) 그리고 탐욕과 힘을 다루는 방식에 대해 기대를 갖고 계신다. 그리고 하나님은 모든 나라의 운명을 주관하시며, 그들이 이스라엘에게 행한 바로 그만큼 그들의 땅을 주신다(암 9:7). 언젠가 하나님은 에돔과 모든 나라를 다윗의 후손 아래에서 회복된 남왕국의 손아귀에 넘기실 것이다(암 9:11-12).

하나님의 백성은 물질적 번영에 대한 탐욕과 갈망을 바탕으로 자신의 행동을 결정해서는 안 된다(암 3:9-10, 15, 4:1, 5:11, 6:3-6, 8:5-6). 그런 물질주의는 그들의 눈을 멀게 하여 그들이 "바른 일 행할 줄 모르"게 만든다(암 3:10). 그것은 그들에게 거짓 안정감에 '만족' 하게 만든다(암 6:1). 그들은 "공법을 물같이 정의를 하수같이" 흐르게 해야 한다(암 5:24).

아모스에게는 한 가지 핵심이 있다. 그것은 이스라엘은 반드시 "네 하나님 만나기를 예비" 해야 한다(암 4:12)는 것이다. 여호와의 백성은 그분을 버렸고, 하나님이 그들에게 가르치신 모든 것에 반대되는 삶을 만들었다. 그들은 두려움으로 미래를 만나야 하는데, 이는 하나님이 "너희 모든 죄악을 너희에게 보응" 하실 것이기 때문이다(암 3:2). 하나님은 그들을 징계하시고, 그들이 회개에 이르기를 구하신다(암 4:6-11). 그들은 그들 주위에 있는 재앙들을 보고, 오직 하나님만이 그런 고난을 일으키실 능력이 있음을 알아야 한다(암 2:3-6).

아모스는 하나님의 백성에게 소망의 약속을 분명하게 전하지 않는다. 그들은 심판을 피할 것이라고 기대해서는 안 된다. 그들은 포로로 끌려갈 것이다(암 5:27, 6:7-8, 14, 7:17). 그들은 자기들의 종교적 관행을 의지해서는 안 된다. 왜냐하면 하나님이 그것을 미워하시기 때문이다(암 5:21-23). 그들은 승리와 구원을 가져오는 여호와의 날을 기대해서는 안 된다. 왜냐하면 하나님의 날은 어둠이고, 빛이 아닐 것이기 때문이다(암 5:18-20, 8:9-14). 만일 그들이 하나님을 찾고, 선을 찾고, 공의를 유지하면, "만군의 하나님 여호와께서 혹시 요셉의 남은 자를 긍휼히 여기" 실 것이다(암 5:15).

그 자비의 '혹시' 는 약간의 작은 의미, 곧 이스라엘과 여로보암 왕이 깜짝 놀랄 의미를 부여받게 된다. 왜냐하면 하나님은 "다윗의 무너진 천막을 일으키" 시겠다고 약속하시기 때문이다(암 9:11). 오직 남왕국만이 미래가 있기 때문에 이것은 이스라엘의 종말을 의미한다. 그런 다음, 남왕국은 다시 새로운 번영을 누려 "내가 준 땅에서 다시 뽑히지 아니하는" 이스라엘이 될 것이다(암 9:15). 이제 이 책에서 유일하게 여호와는 그 말이 갖는 진정한 의미에서 '네 하나님' 이 되신다(암 2:8, 4:12, 5:26, 8:14).

아모스 1:1-2:16

누가 하나님의 지명수배자 명단에 올랐는가?

"하나님의 자녀가 하나님의 가족으로서 쓸모 있는 구성원이 되기 위해서는 징계가 필요하다."

- 빌리 그레이엄(Billy Graham)

하나님은 예루살렘에 있는 지상의 거처인 시온에서 자신이 택하신 선지자 아모스를 통해 말씀하신다. 하나님은 수리아, 블레셋, 두로, 에돔, 암몬, 모압, 유다 그리고 이스라엘의 죄를 낱낱이 밝히시면서 그들로부터 진노를 돌이키지 않으시겠다고 위협하신다. 그리고 이스라엘을 위해 행하신 모든 일을 보이시고 범죄한 나라가 직면한 멸망을 그려 보이신다.

들어가는 글

붙잡힌 공공의 적 1호

그 신문의 머리기사는 우리 기억 속에 생생하게 남아 있다. 우리가 그 신나는 기사 제목을 떠올릴 때마다 기쁨이 되살아난다. "사담 후세인 체포되다!"

아모스 역시 자신이 하나님의 메시지를 선포한 북왕국(이스라엘)에게 신나는 머리기사를 제공하고 있다. 그는 이스라엘을 둘러싸고 있는 모든 나라를 하나님이 붙잡으시고 벌을 주신다고 선언했다. 선지자가 그 나라들의 이름을 하나씩 부를 때마다 "아멘!" 하고 외치는 이스라엘 백성의 소리를 들을 수 있을 것이다. 이어서 선지자는 그 목록에 하나의 이름을 더 추가한다. 바로 이스라엘이다. 하나님의 백성은 하나님의 지명수배자 명단에서 바로 자신의 이름을 발견한다.

본문 이해

누가 하나님의 지명수배자 명단에 올랐는가?

Main Idea	하나님의 심판은 인간의 기본 예의를 망각한 모든 나라에 미치지만, 하나님의 백성이 그분과 그분의 가르침, 그리고 그분이 그들을 위해 행하신 모든 것을 잊을 때 확실히 임한다.

A. 아모스의 메시지가 땅을 흔들다(1:1-2)

Supporting Idea	하나님의 심판의 메시지가 인간 전령을 통하여 임하다.

1:1. 아모스는 북왕국 이스라엘에 대한 하나님의 심판을 선포하기 위해 예루살렘에서 남쪽으로 16킬로미터 정도 떨어진 드고아라는 시골 고향에서 길을 떠났다. 아모스는 농지와 사막의 경계선에서 자신의 양을 돌보고 나무를 가꾸는 가운데 하나님의 보호하심과 보살피심을 깊이 깨달았다(암 7:14-15). 그의 마을 동쪽으로는 '드고아 사막'이 자리 잡고 있다(대하 20:20).

아모스는 일반적이면서 구체적인 방식 모두를 사용하여 자신의 사역 연대를 밝혔다. 일반적으로 말해서, 그는 유다의 웃시야 왕(주전 783-742년, 비교. 왕하 14:21-15:34)과 이스라엘의 여로보암 2세(주전 786-746년, 비교. 왕하 14:23-29) 통치 기간 동안 예언했다. 더 구체적으로, 그는 자신의 메시지를 지진 전 2년 동안 전달했다(슥 14:5). 몇몇 고고학적 증거는 주전 765년부터 760년경의 지진을 가리키는 것으로 볼 수 있다(NAC, 19B, 38 참고). 이 시기는 북왕국과 남왕국이 모두 크게 번성하여 전에 수리아와 다른 작은 왕국에 빼앗긴 영토를 탈환한 시기였다. 아모스의 사역에 연이어 나오는 지진에 대한 언급은 독자들에게 아모스의 말이 진실임을 깨우쳐준다. 하나님은 아모스가 하나님의 메시지를 선포한 직후에 자기 백성에게 심판을 내리신다. 아모스서의 나머지 부분에는 지축을 흔들 만한 소식과 경고가 울려퍼진다.

1:2. 여로보암 1세가 북쪽 지파와 남쪽 지파를 분열시킨 지 거의 2백 년이 지났다. 이 사실은 남쪽의 선지자인 아모스가 북왕국의 지도자들과 주민들에게 그들을 향한 하나님의 메시지를 갖고 있음을 확신시키기 어렵다는 것을 의미한다. 아모스는 우리에게는 이상한 것으로 비쳐지는 전략을 사용했다. 그는 자신의 메시지가 예루살렘에 살아 계시며 그곳에서 말씀하시는 하나님께로부터 왔다고 선언했다(여기서 시온은 예루살렘과 동의어임에 주목하라). 그것은 북왕국 사람들이 듣고 싶어하지 않았던 말이었다. 그들의 예배는 벧엘과 단을 중심으로 이루어졌다(왕상 12:29-30). 그들은 하나님이 예루살렘이 아니라 벧엘과 단에서 말씀하신다고 믿었다.

북왕국 주민들은 그 메시지를 들어야 했다. 거짓된 예배처에서 드려지는 거짓 예배는 그들의 죄 가운데 중요한 부분이었다. 그들은 그들이 원하는 곳이 아닌 하나님이 택하신 곳으로 돌아와 예배해야 했다. 계속된 범죄는 하나님의 심판을 가져올 것이다. 그리고 심판은 가장 비옥한 농지와 초장을 아무 소용없는 메마른 땅으로 바꿀 것이다. 갈멜 산은 이스라엘의 가장 큰 풍요로움을 나타낸다(사 35:2). 그러나 아모스는 풍요로운 갈멜 산이 말라버릴 날을 지적했다.

B. 다메섹에 미칠 군사적 혼란(1:3-5)

Supporting Idea	폭력 행위로 힘을 얻는 것은 하나님의 심판을 초래한다.

1:3. 다메섹은 아모스 시대에 아람이나 수리아의 수도였던 것처럼 오늘날 시리아의 수도이다. 다메섹은 오랫동안 유다와 이스라엘의 가시가 되었다(왕상 15:16-22, 사 7:6). 그들의 죄 가운데는 요단 강 동쪽에 있는 이스라엘의 영토인 길르앗을 점령하면서 보인 군사적 잔혹함이 포함된다(왕하 8:12). 이 구절의 모습은 곡식 알갱이가 바닥에 펼쳐져 있고, 쇠로 만든 도리깨가 달린 도구로 그것을 훑어서 낱알을 분리하고 있는 곡식을 추수하는 장면에서 나온 것이다(사 28:27). 하나님은 수리아 사람들이 길르앗을 공격하고, 여자와 어린이를 포함하여 그들을 포로로 잡아가며, 그들을 마치 타작 마당에 놓인 곡식처럼 대한 것을 정죄하셨다.

1:4. 하사엘(왕상 19:15-17)과 벤하닷(왕하 6:24)은 다메섹의 왕이 사용하던 왕족의 이름이다. 그 왕족은 군사적 폭력을 부추겼고, 하나님이 심판 가운데 임하실 때 중심점이 될 것이다.

1:5. 군사적 범죄는 아웬 골짜기에서 벧에덴까지 미치는 군사적 심판을 받을 것이다. 이 두 지명은 상징적인 이름으로 '아웬'은 '간음, 무가치, 범죄'를 의미하고, '벧에덴'은 '낙원의 집'을 의미하며, 에덴 동산에 대한 언어 유희를 이룬다. 아웬 골짜기는 아마 레바논 골짜기를 가리킬 것이다(수 11:17). 반면 벧에덴은 이스라엘에서 320킬로미터 떨어진 유프라테스 강에 세워진 수리아인(혹은 아람인)들의 도시 국가를 가리킬 것이다(왕하 19:12). 군사적 심판으로 말미암아 수리아 왕조는 종식되고, 그 백성은 포로로 잡혀가게 될 것이다. 수리아인들은 그들이 처음 왔던 곳인 길(Kir)로 돌아갈 것이다(암 9:7).

C. 포로를 사고판 블레셋을 벌함(1:6-8)

Supporting Idea	인간은 본연의 가치를 갖고 있으므로 상품처럼 사고팔아서는 안 된다.

1:6. 블레셋은 북쪽 지중해 쪽의 대륙과 섬에서 와서 지중해 동쪽과 남쪽 해안 지역을 침공한 사람들과 관련된 대해 사람들(Sea People)의 일부였다. 그들이 머문 곳 가운데는 갑돌(크레테, 렘 47:4), 깃딤(사이프러스, 민 24:24), 그리고 우가릿이 있다. 그들은 주전 1200년 직전에 애굽을 공격했고, 주전 1200년 직후에 팔레스타인을 침공했다. 애굽의 람세스 3세는 주전 1190년 경에 그들을 물리쳤지만, 그들이 팔레스타인 해안에 정착하게 했다(신 2:23). 그들은 결국 다섯 성읍, 곧 가사, 아스글론, 아스돗, 에그론 그리고 갓에 모여 살았다. 그들은 이스라엘이 약속의 땅에 정착한 뒤 처음 만나는 위협이 되었다(삼상 4:7).

블레셋은 수리아처럼 죄인들을 괴롭히지 않았다. 그러나 그들은 그들의 인간으로서의 가치를 인정하지 않고 시장에서 가장 높은 값을 부르는 사람에게 팔아넘겼다(쉬운성경). 그들은 사람을 마치 물건처럼 다루었다.

1:7-8. 하나님의 판결은 블레셋 모든 성읍의 완전한 멸망이었다. 사람들은 이익을 위해 사용되는 상품이 아니었다. 그들의 출신지, 그들의 인종, 그들의 색깔, 그들의 언어, 그들의 역사가 무엇이든 모든 사람은 하나님의 가장 고상한 창조의 업적, 곧 하나님 자신의 형상을 드러낸다. 그들은 가치 있는 사람으로 대우받아야지 물건처럼 격하되어서는 안 된다(출 21:16).

D. 조약을 어긴 두로의 환난(1:9-10)

Supporting Idea	하나님은 개인과 민족이 자신의 말을 지키고 자신과의 약속을 어기지 않기를 기대하신다.

1:9. 두로는 다른 중요한 페니키아 성읍인 시돈에서 남쪽으로 40킬로미터 정도 떨어진 지중해 연안의 한 섬에 세워진 교만한 페니키아 성읍이었다. 다윗과 솔로몬은 두로와 동맹을 맺어 건축 자재, 건축가, 그리고 바다로 나갈 기회를 얻었다. 두로와 시돈은

동지중해 안에서 사실상 상업 거래를 독점해서 관리했다. 두로 출신인 아합의 왕비 이세벨은 주전 870년경 이스라엘에 바알 숭배의 강력한 토대를 마련했다(수 19:29).

두로는 블레셋의 폭력적인 악행을 그대로 본받아 한 걸음 더 나아갔다. 두로는 국제적인 계약을 깨뜨렸다. 그들의 전쟁 포로는 그들의 버팀목이 되었다. 그런 위반은 벌을 받아 마땅했다.

1:10. 그래서 두로는 하나님이 보내신 불을 맞이했다. 이 섬의 요새도 하나님의 심판에는 소용이 없었다. 다른 나라들은 다가갈 수 없던 **궁궐들**(요새 - 새번역, 쉬운성경)도 하나님은 한 걸음에 도달하셨다.

E. 에돔의 종말은 가족의 신실함이 무너질 때 온다(1:11-12)

Supporting Idea	민족과 개인은 가족을 지키고 후원해야 하므로 가족 안에서 사랑이 실패했을 때 심판이 가깝다.

1:11. 에돔의 기원은 야곱의 형인 에서로 거슬러 올라간다(창 25:30). 하나님은 에돔에게 특별한 권한을 주셨다(신 2:4-5). 그럼에도 불구하고 에돔은 다른 이들과 연합하여 이스라엘, 특히 유다를 공격했다. 이 괴롭힘은 광야에서 방황할 때부터 아모스와 동시대인 웃시야 왕 때까지 계속되었다(민 20:14-21, 왕상 11:14-25). 나중에 다른 선지자들은 에돔에 대한 아모스의 심판을 반복해서 말한다(사 34장, 옵 1:11).

긍휼을 버리며는 문자적으로 '그가 그의 모성애를 무너뜨렸다' 혹은 '그가 그의 자비를 무너뜨렸다' 이다. 모든 가족 관계의 특징이 되어야 마땅한 이 친근함과 헌신의 감정은 변질되고 말았다. 에돔은 그들을 멸망시키고 **칼로 그 형제를** 쫓아갔다. 무엇이 가족 관계를 무너뜨리는가? 에돔은 사람이 포기하기 거부하는 (분)**노**의 첫 번째 본보기였다. 병행 구절에서 히브리어 본문은 에돔의 노를 "그의 노가 영원히 발산되며 그의 분이 계속 이어진다" 로 기술한다.

1:12. 에돔의 주요 성읍들이 하나님의 멸망에 직면했다. **보스라**는 북부 에돔의 부세리아 마을 북쪽과 가까운 곳에 위치한 에돔의 옛 수도였다(대하 1:44). **데만**은 히브리어에서 '남쪽' 을 의미한다. 이것은 분명 에돔 남쪽의 성읍이나 지역을 의미한다(렘 49:7, 20). 에돔의 산맥 높은 곳에 위치한 이곳은 함락이 불가능한 곳으로 비쳐졌다. 그러나

두로와 에돔 모두 하나님이 벌하시기로 작정하시면 그 어떤 요새도 보호할 수 없다는 것을 발견할 것이다.

F. 군대의 횡포가 암몬의 고통을 증거하다(1:13-15)

Supporting Idea	권력에 대한 탐욕과 굶주림이 적의 포로를 잔인하게 대하는 것을 정당화시켜주지는 않는다.

1:13. 암몬의 기원은 아브라함의 조카인 롯과 관련되어 있다(창 19:36-38). 그러므로 여기서도 가족 관계가 포함된다. 이스라엘은 광야길에서 암몬 족속의 저항에 부딪혔다(민 21:21-25). 요단 강에 의해 분리되어 있는 이 두 나라는 모든 역사를 통하여 항상 충돌을 일으켰다(삼상 11:1-11, 왕하 14:25).

적국의 군사력을 약화시키는 한 가지 확실한 방법은 그 나라에 아기가 태어나지 않게 하는 것이다. 그러기 위해서 군대는 성을 함락시키면 아이 밴 여인의 배를 갈랐다. 이것은 특히 포로로 잡혀간 이들에게 흔히 행해진 군사 전략임이 분명하다(왕하 8:12). 암몬은 모세의 지도하에 있던 이스라엘 백성에게 빼앗긴 길르앗 땅을 다시 찾기 위해 가까운 이웃인 이스라엘을 다룰 때 이 전략을 사용했다.

1:14. 여호와가 그런 비인간적인 행동에 대응하셨다. 하나님의 불이 오늘날 요르단 암만 근처에 있는 암몬의 수도인 랍바 성에 내릴 것이다(수 13:25). 하나님은 적군과 초자연적인 돌풍을 사용하여 암몬에 대한 벌을 내리실 것이다.

1:15. 하나님이 암몬에 내리신 벌은 그 나라를 철저히 망하게 할 것이다. 그 왕과 방백들은 그 땅에서 사로잡혀갈 것이다.

G. 모압의 살인은 애곡을 의미한다(2:1-3)

Supporting Idea	가장 큰 적이라도 무례하고 굴욕적인 대접을 받아서는 안 된다.

2:1. 암몬과 마찬가지로 모압의 시작은 아브라함의 조카 롯으로 거슬러 올라간다(창 19:37). 암몬과 에돔 사이와 사해와 아라비아 사막 사이에 위치한 모압은 더 이상 클 수

있는 여지가 없었다. 그들은 광야를 떠돌던 이스라엘이 자기 영토를 지나가는 것을 거절함으로써 이스라엘의 미움을 샀다(민 22:1-24:25). 더 나쁜 것은 모압 사람들이 이스라엘 사람들을 거짓 숭배로 유혹했다는 것이다(민 25:1-5). 이와 달리 하나님은 이스라엘 백성이 모압 영토를 정복하는 것을 거절하시고 모압을 보호하셨다(신 2:9).

아모스는 모압이 에돔 왕을 붙잡아 그의 남은 부분, 심지어 그의 뼈까지 불사른 것을 비난했다. 이것은 그의 몸이 부활할 여지를 남겨두지 않기 위한 것이다(고전 15:35-54). 이것은 군사적 성공을 방해하고 다른 사람의 무덤까지 빼앗으려 한 것으로 가족 간의 불화가 극에 달한 모습이다.

2:2. 하나님은 자신이 내리실 징벌의 대리인으로 인간의 전쟁을 또 사용하실 것이다. 그리욧은 하나님의 파멸의 불을 맞을 것이다. 그리욧은 '성읍' 에 해당하는 히브리어지만, 분명 모압 족속의 마을 이름이 분명하다(렘 48:24, 41). 모압의 비석(Moabite Stone)이 그리욧을 종교의 중심지로 지목하고 있기 때문에 하나님은 모압의 종교 중심지에 벌을 내리시려는 것이다. 왜냐하면 그들은 이웃 국가의 종교적 신념에 반하는 끔찍한 만행을 저질렀기 때문이다.

2:3. 암몬 방백들이 당한 귀양살이는 에돔에 비하면 너무도 좋은 것이었다. 그들의 방백들은 하나님의 사형 선고를 받을 것이다.

H. 율법을 저버린 유다에 대한 심판(2:4-5)

Supporting Idea	하나님이 택하신 백성도 그분의 인도하심을 따르려 하지 않으면 그분이 보시기에 이방인이 될 수 있다.

2:4. 하나님은 자기 백성을 크게 놀라게 하셨다. 심판이 집에서 시작된다. 심판을 당하는 다른 나라의 이름을 거론하는 것은 전주곡에 불과했다. 진정한 징계는 유다로부터 시작할 것이다. 그들은 하나님이 택하신 백성이었다. 그들 민족의 중심지는 하나님이 친히 말씀하시는 성읍인 예루살렘 안에 있었다(암 1:2). 다른 나라들은 모든 사람의 마음에 자리잡고 있으며, 국제 조약과 모든 나라의 법률이 인정하는 도덕법을 근거로 심판을 받을 수 있을 것이다.

하나님의 백성이 그보다 훨씬 더 심한 벌을 받는 것은 그들이 하나님의 언약의 율법을 받았고, 그것을 지키겠다고 약속했기 때문이다(출 19-20장). 그들의 역사는 가장 나쁜 형태의 불순종의 역사로, 이스라엘의 하나님을 거짓 것(거짓 신 - 새번역, 쉬운성경, 현대인의 성경)으로 바꾸었다. 이것은 십계명 가운데 첫째를 어긴 것이다. 그것은 쉐마(신 6:4-9)의 고백을 저버리고 여호수아 24장의 언약 의식에 반하는 것이다. 그런 불순종은 그들의 열조인 족장에게까지 거슬러 올라가는데(창 31:53), 그들은 "강 저편과 애굽에서" (수 24:14) 신들을 섬겼다.

2:5. 유다는 자신들이 하나님의 백성이기 때문에 이스라엘의 하나님이 자기들을 영원히 보호하실 것이라고 믿었다. 아모스는 이것을 다르게 지적한다. 유다를 향한 하나님의 계획은 다른 이방 나라를 향한 그분의 계획과 동일하게 불과 멸망이었다.

I. 이스라엘의 불의가 하나님의 심판 날을 초래한다(2:6-16)

Supporting Idea	하나님의 백성이라도 불의와 부도덕과 거짓 종교를 행한다면 심판에서 벗어날 수 없다.

2:6-8. 일곱 나라로 완벽한 목록이 완성되어야 마땅하지만, 그렇지 않았다. 하나님은 한 가지 더 놀라운 일을 행하셨다. 이스라엘을 그 목록에 추가하신 것이다. 아모스가 직접 말씀을 전한 북왕국이 하나님의 지명수배 명단에 올랐다.

아모스는 여기서만 네 가지 죄의 목록을 다 채운다. 그들은 하나님의 백성 가운데 가난한 의인을 팔았다. 그리고 팔지 않은 이들은 자신의 이익을 위해 능욕하고 학대했다. 그러는 가운데 하나님이 세우신 모든 사법 제도를 비켜나갔다. 그들은 남녀 모두에게 공격적이 되어 하나님의 율법(신 27:20)을 뻔뻔스럽게 반항하는 가운데 성적 욕구를 가지고 여성들을 부끄럽게 하였다. 이스라엘은 하나님이 거룩하신 것처럼 거룩하라는 명령을 받았다(레 19:2). 그들은 거룩하신 하나님을 세상에 드러냈다. 하나님의 언약 규칙을 어기는 것은 하나님의 이름을 함부로 내뱉는 것이고, 하나님의 거룩한 이름을 더럽히는 것이다.

율법은 이스라엘 백성이 빚에 대한 전당(담보)으로 채무자의 옷을 가져가는 것을 허용하지만, 그 옷은 추운 밤이 되기 전에 돌려주어야 했다(신 24:17). 이스라엘은 해마다 세 가지 거룩한 축제를 기쁨으로 참가했다. 그러기 위해서는 그들의 예배처에서 며칠을 보내야 했다. 그들은 그곳에서 밤에 잘 때 그런 옷을 사용했다. 율법은 또한 자신이 입은 손해에 대한 배상으로 다른 사람에게 벌금을 물리는 것을 허용했다. 이 이스라엘 백성은 가난한 사람에게 벌금을 물리는 일, 즉 가난한 이들의 사소한 위반에서 모은 돈으로 자신의 부를 더하는 것에 대해 변명을 찾았다(출 22:14-17). 설상가상으로, 부자들은 자신이 모은 **포도주**를 이교도 제사에 가져가 예배라는 이름으로 취했다.

2:9-11. 이스라엘은 하나님이 그들을 위해 행하신 것들을 망각했다. 그분은 **아모리 사람을 멸하셨다**(수 11:20). 이스라엘의 초기 역사에서 아모리 사람들은 이스라엘과 싸웠다(신 1:44). 이스라엘은 하나님이 아모리 사람들을 상대로 거두신 승리를 기억해야 했지만 잊었다. 이스라엘은 하나님이 **애굽**에서 거두신 위대한 승리를 기억해야 했지만 잊었다. 하나님이 이 백성 이스라엘을 위해 행하신 사역이 하나같이 옛날의 역사만은 아니다. 하나님은 또한 당시 세대가 듣도록 **선지자**를 일으키셨다. 그들은 선지자의 말에 귀를 기울이고, 하나님의 기대를 기억하고 순종해야 한다.

어떤 이들은 순종했다. 하나님은 순종의 본보기로 **나시르 사람**을 일으키셨다. 이스라엘은 그들의 믿음을 보고 본받을 수 있었다. 나시르인은 특별한 방식으로 하나님께 순종하기 위해 특별한 서약 혹은 맹세를 했다(민 6:1-21). 그 서약 가운데 한 가지 중요한 요소는 나시르인으로 하여금 알코올이 들어간 음료를 마시지 못하게 했다(삿 13:4-5).

2:12. 하나님의 행동과 현재 세대를 향한 하나님의 본보기는 이스라엘에게 아무 의미가 없었다. 그들은 **나시르 사람으로 포도주를 마시게 하며 또 선지자에게 명하여 예언하지 말라고 했다.** 이스라엘은 하나님께 충성하려 하지 않았고, 신실하다고 입증된 사람이 신실하게 남아 있는 것을 거부했다.

2:13. 하나님은 그들의 죄를 잊을 수 없으셨다. 그리고 시간이 다 됐다. 하나님은 이스라엘에 대한 심판을 매우 상세하게 기술하셨다. 그들은 **곡식단**을 가득 실은 **수레** 밑에 놓인 진흙 길처럼 짓이겨질 것이다. 혹은 지면의 홈이나 구멍은 지진이라는 인상을 만들어 아모스 1장 1절을 다시 떠올리게 한다. 선지자가 의도했던 정확한 모습이 무엇이든 그것이 남긴 느낌은 분명하다. 바로 암울한 위협과 임박한 심판이다.

2:14-16. 인간의 노력은 비록 특별한 인간의 능력이 있다 해도 아무 소용이 없을 것이다. 누구도 거기서 벗어날 수 있을 정도로 빠르게 달릴 수 없다. 누구도 전쟁에서 이길 정도로 용감하고 능숙하지 않다. 이스라엘 백성이 자기 무기와 갑옷을 벗어던지고 옷

을 벗은 채 달아나더라도 적군은 그들을 따라잡을 것이다. 그들의 적은 평범한 군대가 아니다. 그들은 하나님의 군대를 만날 것이다.

Main Idea 복습	하나님의 심판은 인간의 기본 예의를 망각한 모든 나라에 미치지만, 하나님의 백성이 그분과 그분의 가르침, 그리고 그분이 그들을 위해 행하신 모든 것을 잊을 때 확실히 임한다.

결론

자유를 기념함

자유는 인간의 존재를 나타내는 핵심 낱말이다. 우리는 선택할 수 있는 자유와 하나님과 또한 다른 사람들과 관계를 맺을 수 있는 자유를 기뻐한다. 그런데 우리는 가끔씩 하나님 역시 자유를 갖고 계심을 망각한다. 그분은 자기 백성들에게 임무를 맡기실 자유와 그 임무를 수행하기를 거부한 이들을 징계할 자유를 갖고 계신다. 이스라엘은 자신들을 하나님이 택하시고 축복하신 백성으로 여겼다. 그들은 그 자유를 즐거움을 얻고 자신의 대단함을 드러내는 데 사용했다.

그리고 아모스는 그들을 깜짝 놀라게 만든다. 그는 그들의 자유가 아니라 하나님의 자유에 관해 말했다. 하나님은 자유롭게 이스라엘의 모든 이웃들을 주관하시고 징계하셨다. 그에 대해 이스라엘은 이렇게 외쳤다. “아멘, 하나님. 그렇게 하세요.” 하나님은 또한 자유롭게 자신의 택한 백성을 주관하시고 징계하신다. 이스라엘은 그 메시지를 듣고 싶어하지 않았다. 그 메시지에 막힌 귀를 돌려댐으로써 북왕국은 멸망을 자초했다. 만일 우리도 하나님께 신실하지 않으면 그와 다르지 않을 것이다.

■ 진리 알기

- 하나님은 침묵하지 않으신다. 그분은 자기 백성의 죄를 목도하시고 포효하신다.
- 모든 나라는 무엇이 옳고, 무엇이 그른지 알기 때문에 심판에 직면한다.
- 하나님은 자기 백성이 경제적으로 정의롭지 못하고, 종교적으로 신실하지 못하기 때문에 심판을 내리신다.
- 하나님의 심판은 완전하여 종교와 물질적인 삶의 모습을 모두 쓸어버리신다.

■ 적용하기

- 하나님께 당신의 삶을 징계받고 싶지 않다면 그분께 당신의 적을 물리쳐달라고 구하지 말라.
- 성경이 삶 가운데 일어나는 모든 도덕적인 선택을 망라하는 정확한 규칙을 담고 있다고 기대하지 말라. 어떤 일들은 이미 당신의 양심 가운데 깊이 새겨져 있을 정도로 분명하게 잘못되어 있다.
- 전쟁은 어떤 나라가 하나님의 보편적인 도덕 법칙을 순종하는 것을 면제해주지 않는다.
- 분노로 인해 긍휼을 막아버리는 것은 결코 옳지 않다.
- 강력한 가족 간의 연대감은 도덕적 의무를 증가시킨다는 사실을 깨달으라.
- 성경의 가르침에 등을 돌리는 것은 하나님 앞에서 당신의 죄를 더하는 것이다.
- 가난하고 궁핍한 자를 개인적, 경제적 이익을 위해 사용하지 말고 보살펴라.
- 하나님이 당신을 위해 행하신 모든 것을 기억하고 순종함으로 그분을 섬겨라.

삶의 적용

조밥(JoBob)에게 무슨 일이 일어났는가?

조밥은 정말 좋은 사람이었다. 어디서든 그가 모습을 보이면, 사탕과 따뜻한 미소와 재미있는 이야기를 얻을 수 있다는 것을 알고 아이들이 모여들었다. 젊은 부부들도 종종 그의 집에 찾아와 그에게서 조언과 격려를 구했다. 고등학생들도 그를 가장 좋아하는 선생님이라고 부르며 인생에 관한 질문과 미래의 진로에 관해 자주 물어보았다. 한 가지 비밀이 조밥의 삶을 둘러싸고 있었다. 그가 일요일에 무엇을 하는지 아무도 아는 사람이 없었다. 그는 교회는 물론이고 공공장소에 일체 모습을 드러내지 않았다. 종교는 그와 무관한 것이었다.

나는 조밥에 대한 기억들을 돌이켜보면서 한 가지 심각한 질문과 마주쳤다. 조밥이 죽었을 때 무슨 일이 일어났을까? 하나님은 조밥처럼 친절하고 착한 사람에게 영원한 형벌을 내리실 수 있을까? 나는 성경이 내게 말하는 심판에 관한 모든 이야기를 진정으로 믿고 있는 것일까? 내가 죽으면 하나님께로부터 무엇을 기대할 수 있을까?

기도

전능하신 하나님 아버지, 당신은 자유롭게 우리에게 요구하시고, 우리를 징계하시고, 벌을 주십니다. 우리가 우리의 자유를 만끽하면서 당신의 자유를 억누르려 할 때 용서해주십시오. 우리가 당신의 음성에 귀 기울일 수 있도록 도와주십시오. 우리가 우리의 삶 가운데 나타난 죄를 볼 수 있게 하시고, 그것들로부터 돌아설 수 있도록 도와주십시오. 그리고 우리가 도와주기를 원하시는 사람이 누구인지 보여주시고, 그들을 도울 수 있는 지혜와 사랑을 주십시오. 아멘.

심층 연구

죄(1:3, 6, 9, 11, 13, 2:1, 4, 6, 3:14, 4:4, 5:12)

아모스는 하나님께 범죄한 열방들을 고소하였다. 히브리어 '피쉐(pish'e)'는 절도(창 31:36), 살인(삼상 24:10-14), 강도(잠 28:24), 유괴(창 50:17), 타인의 재산에 대한 불법 점유(출 22:8), 법적 관계 훼손(사 1:28) 등을 포함하는 공식적인 법률상의 죄를 가리킨다. 이런 심각한 위법 행위는 설령 용서를 구하더라도 용서받을 수 없거나 기대할 수 없다(창 50:17).

'피쉐'는 이스라엘의 죄에 대한 아모스의 가장 심각한 묘사이다. "이 용어는 하나님께 대한 인간의 공개적이고 뻔뻔한 반항을 가리킨다"(Alex Luc, *NIDOTTE*, H7321). "이것은 하나의 규범이나 기준을 고의적으로 악의를 가지고 위반하는 것을 가리킨다. 더 나아가 그것은 신뢰를 깨뜨리는 것을 말한다. 그것은 계약 위반을 통하여 약속이 무산된 경우를 가리킬 때 가장 많이 일어난다"(*ABD* 6:32).

신학적 개념으로 사용되었을 경우, 이 히브리어는 하나님께 대한 죄, 하나님으로부터 멀어진 것, 그래서 용서받을 수 없는 것으로 보이는 범죄를 가리켰다(수 24:19). 그러나 선지자는 백성들에게 그런 죄들을 회개하라고 촉구했고(겔 14:11), 하나님은 자신에 대한 그런 범죄까지도 용서하시겠다고 약속하셨다(사 44:22).

> 누구든 '페샤(히. pesha, 죄)'를 저지른 사람은 단순히 야훼에게 반역하거나 저항한 것이 아니라 그분과의 관계를 깨뜨리고, 그분의 것을 가져가고, 약탈하고, 횡령하고, 착복한 것이다. 그것은 비록 언제나 의식적인 행동을 암시하지만, 그 용어 자체는 태도를 가리키는 것이 아니라 재산을 제거하거나 관계를 깨뜨리는 데 구성된 범죄 행위를 가리킨다(Knierim, TLOT, 1036).

그렇다면 우리는 이렇게 결론을 내릴 수 있다.

> 비록 대부분의 조약 위반에서 한 신하가 그 군주에게 반역하지만, 아모스서에서 '페샤'는 "다른 나라에 의해 저질러진 한 나라에 대한 비인간적인 대우 가운데 드러난 국제적인 도덕, 즉 하나님이 정하신 보편적 규범이라는 일반 기준에 대한 위반"에 관심을 갖는다. 아모스 1장과 2장 가운데 고발되고 있는 모든 나라들은 자신의 능력을 주장함으로써 야훼의 권위를 부인한 죄를 지은 것이다(Andersen and Freedman, AB, 231).

고안

A. 들어가는 글

1. '붙잡힌 공공의 적 1호' 이야기로 시작하라.
2. 배경 설명 : 아모스는 이스라엘을 둘러싼 열방을 법정에 불러 세워 그들의 죄에 대한 판결을 선언하는 것으로 아모스서를 시작한다. 그는 먼저 이스라엘의 가장 가까운 이웃이자 친족인 남왕국 유다라는 자기 동족에게 시선을 좁힌다. 마지막으로 아모스는 자신이 직접 말을 전한 북왕국에 포화를 집중한다.
3. 적용하기 : 이스라엘은 자신이 하나님의 공공의 적 1호임을 발견했다. 이스라엘은 하나님이 그들을 하나의 민족으로 만드시고 유지하기 위해 행하신 수많은 기적들 가운데서 하나님과 오랫동안 관계를 맺어왔음에도 불구하고 하나님의 기대와 그 기대가 채워지지 못했을 때 하나님의 반응에 대한 기본적인 사실들을 배우지 못했다.

B. 본문 이해

1. 아모스의 메시지가 땅을 흔들다(1:1-2)
2. 다메섹에 미칠 군사적 혼란(1:3-5)

3. 포로를 사고판 블레셋을 벌함(1:6-8)
4. 조약을 어긴 두로의 환난(1:9-10)
5. 에돔의 종말은 가족의 신실함이 무너질 때 온다(1:11-12)
6. 군대의 횡포가 암몬의 고통을 증거하다(1:13-15)
7. 모압의 살인은 애곡을 의미한다(2:1-3)
8. 율법을 저버린 유다에 대한 심판(2:4-5)
9. 이스라엘의 불의가 하나님의 심판 날을 초래한다(2:6-16)

C. 결론 : '자유를 기념함' 을 읽어주라.

토의 질문

1. 당신은 하나님이 반드시 벌하셔야 한다고 생각하는 우리나라의 적의 이름을 댈 수 있는가? 당신은 정말로 오늘날에도 하나님이 나라들을 벌하실 수 있다고 생각하는가? 그리고 그분이 그렇게 하실 것이라고 생각하는가?

2. 당신은 가난한 자들을 함부로 대하는 죄를 지었는가? 당신은 종교의 이름으로 하나님이 정죄하시는 행동을 한 번이라도 한 적이 있는가?

3. 하나님이 작성하실 죄의 목록 가운데 당신이 개인적으로 그리고 우리나라가 국가적으로 지은 죄가 들어 있는가? 하나님은 여전히 죄를 심판하고 벌하시는가?

4. 우리는 하나님이 우리 교회와 우리나라에 주신 종교 지도자들과 영적으로 따를 모범이 되는 사람들을 어떻게 대하는가?

5. 하나님은 우리의 마약, 알코올 그리고 담배의 사용에 대해 뭐라고 말씀하시는가?

아모스 3:1-15

택한 백성을 위한 재앙

"하나님의 구원에 대한 지식 안에서 일어난 범죄는 그 무게가 더 크다."

- 요르그 예레미야스(Jorg Jeremias)

하나님은 자신이 애굽에서 이끌어낸 북왕국과 남왕국 모두에게 재앙이 있을 것을 예언하신다. 하나님이 택하신 유일한 백성인 그들은 자신의 모든 죄에 대한 벌을 반드시 받아야 한다. 모든 증거는 출애굽에서와 마찬가지로 하나님이 행하시는 심판이 오고 있음을 가리킨다. 하나님은 자기 백성을 향한 모든 계획을 갖고 계시면서 그것을 선지자를 통하여 선언하셨다. 바르게 행하는 법을 알지 못하는 백성은 멸망을 당한다. 예배하는 집들과 화려한 집들은 하나님의 심판을 경험할 것이다.

들어가는 글

우리는 모든 것을 잃었어요!

나는 내 이웃을 볼 때마다 "모든 것을 잃었어요! 우리는 하나도 건져낼 수 없었어요!"라는 말이 기억 속에 떠오른다. 그 가정은 지역 사회의 축하와 여흥을 위한 저녁 행사에 참석하기 위해 집을 나섰다. 그들이 집에 도착하기 전에 전화가 왔다. 불이 호숫가에 지어진 그들의 아름다운 집을 모두 태워버렸다는 것이다. 지금까지도 그 파괴가 얼마나 신속하고 대대적으로 이루어졌는지 생각하면 믿기 힘들 정도이다. 그 가정은 화마가 할퀴고 간 상처에서부터 다시 시작해야 했다.

이스라엘의 경우는 달랐다. 하나님은 그들이 멸망해야 마땅하다는 것과 그 멸망이 멀지 않았다는 것을 거듭해서 경고하셨다. 하나님의 경고는 어느 날 그들이 일어나 모든 것을 잃었다는 것을 발견할 때까지 계속되었다! 그들은 하나도 건질 수 없었다.

본문 이해

택한 백성을 위한 재앙

Main Idea	하나님은 자신이 택하신 백성들에게 다른 백성들보다 더 높은 수준의 순종과 도덕적인 삶을 기대하신다. 따라서 그들의 죄를 더 심하게 벌하신다.

A. 언약의 결과(3:1-2)

Supporting Idea	하나님이 자신을 가장 잘 아는 백성들로부터 더 많은 것을 기대하시기 때문에 그들에 대한 벌은 더 크다.

3:1. 이스라엘은 아모스를 믿으려 하지 않았다. 그는 3-5장에서도 이 말씀을 들으라는 동일한 명령으로 시작했다. 그는 그들이 왜 하나님께로부터 온 자신의 말을 믿어야 하며, 그것을 순종해야 하는지를 보여주었다.

첫째, 그들은 이스라엘 자손이었다(NIV 성경과 현대인의 성경은 '이스라엘 백성'). 그들은 하나님이 그 민족에게 복을 주시겠다는 약속과 함께 벧엘의 성소에서 나타나신 바 있는 족장 야곱의 가문에 속해 있었다(창 28:10-22).

둘째, 그들은 확장된 가족(NIV 성경)이었다. 그들은 자기만 살펴보는 개인이 아니었다. 그들은 공동의 이익과 공동의 책임을 갖고 있었다. 그들은 자기 자신을 위해서가 아니라 더 큰 가문의 이익을 위해 하나님의 메시지를 듣고 그에 순종해야 했다.

셋째, 그들은 순종해야 할 특별한 이유가 있었다. 그것은 그들과 함께하신 하나님의 구원의 역사이다. 하나님은 그들을 하나의 민족으로 만드시기 위해 애굽에서 노예로 있던 그들을 인도하여 올리셨다. 그러므로 바람직한 유일한 응답은 자신의 구세주에 대한 순종을 통하여 구원에 대한 감사를 나타내는 것이다.

3:2. 하나님께는 이스라엘이 순종해야 하는 마지막 한 가지 이유가 있었다. 그들은 하나님이 택하신(표준새번역, 현대인의 성경, 현대어성경; 개역한글과 ESB, HCSB, KJV 성경은 '너희만 알았다' 로 번역함 - 역주) 특별한 백성이었다. 그분은 땅의 모든 족속 중에 그들과 언약을 맺으셨다(수 24장). 그들은 언약에서 규정하는 것과 기대하는 것들을 순종하는 데 동의했다. 그것은 하나님이 족장들에 대한 자신의 약속을 지키실 것을 알았기 때문이다. 하나님은 자신의 언약 약속을 지키셨다. 이스라엘은 자신의 약속을 지키지 않았다. 그래서 우리는 여기서 재앙을 예언하는 그러므로라는 끔찍한 예언의 낱말을 듣게 된다. 언약 약속을 지키지 않은 백성은 하나님의 언약의 재판을 받게 된다. 그곳에서 하나님은 자기 백성에게 책임을 물으시고, 그들의 모든 죄에 대한 벌을 판결내리신다.

B. 하나님의 자연스럽지 않은 이유의 일관성(3:3-8)

Supporting Idea	자연에서 특정한 결과를 예측할 수 있는 것처럼, 하나님의 행동으로 인한 한 성읍의 초자연적인 멸망을 설명할 수 있다.

3:3. 끔찍한 행동에는 직접적인 원인이 있다. 아모스는 '아니오' 라는 대답이 분명한

일련의 수사법적 질문을 작성하고 있다. 이스라엘은 그것들로부터 무시무시한 결과를 도출해야 했다. 첫째, 두 사람이 만나 동행하는 것은 우연이 아니다. 그들은 미리 약속을 한 것이다. 그러므로 이스라엘이 하나님과 동행한 것은 우연이 아니다. 하나님은 그것을 계획하시고 일정을 잡으셨지만, 이스라엘은 예정된 약속 날짜에 나타나지 못했다.

3:4. 자연 세계, 특히 사자의 세계는 우리에게 분명한 교훈을 준다. 사자의 포효 혹은 부르짖음은 백수의 제왕이 먹을 것을 찾아다니다가 무언가를 잡은 것을 의미한다. 그러므로 하나님은 이유 없이 부르짖지 않으신다. 그분의 천둥 같은 음성은 우리에게 그분이 심판 가운데 오신다는 것을 경고한다.

3:5. 새들 역시 우리의 교사가 될 수 있다. 새는 유혹하는 미끼가 없으면 덫을 향해 날아들지 않을 것이다. 이 그림의 다른 뜻은 먹잇감이 건드리지 않으면 창애가 갑자기 땅에서 튀지 않는다는 것이다. 하나님의 으르렁거리는 심판은 막연히 일어난 것이 아니다. 무언가가 그것을 촉발시킨 것이다.

3:6. 아모스는 2장 6-12절에서 이스라엘의 끔찍한 행동들, 즉 그가 예언했던 심판의 무시무시한 원인 목록을 작성했다. 그리고 이제 그는 심판의 실체에 초점을 맞추고 있다. 나팔 소리는 적군이 다가오고 있음을 알리는 경고의 신호였다. 분명히 성읍은 그 소리를 듣고 두려워했을 것이다. 그러나 이스라엘은 한 단계 더 깊이 생각해야 할 필요가 있다. 왜 적군이 하나님의 백성이 사는 성읍에 재앙을 가져다주려 하는가? 그 답은 분명했다. 여호와의 시키심이다.

3:7. 아모스는 핵심을 지적할 준비가 되었다. 하나님은 충동적으로 어떤 성에 재앙을 내리지 않으셨다. 그분은 자신의 생각을 자기 백성들에게 선포하셨고, 자기의 비밀을 그 종 선지자들에게 보이심으로써 그들에게 알리셨다. 아모스는 자신이 선포하는 것이 곧 하나님의 직접적인 경고라고 주장했다. 백성은 이를 믿고 순종해야 했다. 그렇게 하지 않으면 하나님의 재앙을 경험하게 될 것이다.

3:8. 사자의 포효를 들은(암 1:2) 백성들은 한 가지 반응, 곧 두려움을 보여야 옳다. 그들은 선지자들을 정죄하지 말아야 했다. 그는 단지 하나님의 사자와 같은 음성에 자연스러운 응답을 했을 뿐이다. 그도 그들의 두려움을 공유했지만, 그는 하나님이 말씀하신 메시지를 반드시 선포해야 했다.

C. 전령을 위한 메시지(3:9-11)

Supporting Idea	올바로 행동하는 법을 잊은 사회는 잘못된 것만 행하게 되고, 하나님의 심판을 받아 마땅하다.

3:9. 하나님은 여러 나라를 여행할 전령들을 준비하신다. 그들은 블레셋과 애굽 사람들에게 메시지를 전해야 한다. 이스라엘은 수리아와 앗수르의 전쟁 가운데 계속해서 남쪽의 도움을 구했다. 첫 번째는 블레셋이고, 이어서 애굽이었다. 그러나 누구도 큰 도움이 되지 못했다(암 1:6-8).

그래서 하나님은 형세를 뒤집으셨다. 그분은 이스라엘의 예정된 동맹국에 사자 혹은 정치적 전령을 보내어 그들이 그분의 증거가 되라고 명하셨다. 그들은 사마리아 산에 모여야 했는데, 이것은 이스라엘을 공격하거나 지키기 위한 것이 아니었다. 그렇다. 그들은 이스라엘 만족 안에 있는 문제들을 보기 위해 이스라엘의 수도로 모인 것이다. 큰 요란함과 학대함이 그 성을 지배했다. '요란함'은 전쟁에 의해 만들어지고, 특히 하나님이 자기 백성을 위한 혹은 그들과의 싸움에서 승리하심으로써 야기된 소요나 공황, 혹은 경황이나 낙심을 가리킨다(신 7:23).

학대함은 "종종 이스라엘 사회 안의 부자들이 가난한 자들을 압제하던 다양한 형태의 사회적 불의를 묘사한다…학대를 받고 사회적으로 압제를 받기 가장 쉬운 사람들은 자기의 권리를 바로 지켜줄 사람이 없는 과부, 고아, 체류자 그리고 가난한 사람들이었다"(I. Swart, *NIDOTTE*, 6943). 외국인들마저 이스라엘 안에서 벌어진 부도덕한 상황을 증언할 수 있었다.

3:10. 어떻게 하나님의 백성이 자기 백성들 사이에 공황을 일으키게 하는 압제자가 되었는가? 그들은 하나님이 그들의 역사 전체를 통하여 가르치고자 하셨던 기본이 되는 교훈을 잊었다. 그들은 바른 일 행할 줄을 몰랐다. 그들은 더 이상 좋은 것과 나쁜 것, 옳은 것과 그른 것을 구별하지 못했다. 그 결과 자기 궁궐에서 포학과 겁탈을 쌓았다. 이 두 낱말은 주로 '폭력과 파괴'를 의미한다. 선지자는 언어 유희를 하고 있다. 이스라엘은 자신의 부를 얻기 위하여 가난한 자들에게 폭력과 파괴를 일삼았고, 이어서 그 돈을 가장 강한 군사 요새에 조심스럽게 숨기면서 어떤 침입에도 안전할 것이라고 생각했다. 하나님의 생각은 달랐다. 그들이 숨긴 것은 재산이 아니라 폭력과 파괴였고, 하나님

이 반드시 벌하시는 두 가지 범죄였다(겔 45:9).

3:11. 여기서 하나님의 암울한 그러므로가 메아리친다. 구체적인 심판이 다가온다. 네가 약탈한 것은 안전하지 못하다. 왜냐하면 그 정체가 알려지지 않아서 수수께끼 같은 대적이 와서 폭력과 파괴가 그리도 조심스럽게 '재산'을 저장해놓은 요새를 약탈할 것이기 때문이다. 하나님이 오셔서 심판하시면 우리는 그것을 가져갈 수 없다.

D. 역설적인 구원(3:12-15)

Supporting Idea	거짓 종교와 탐욕은 사회적 불의와 손잡고 하나님의 백성에게 하나님의 심판을 초래한다.

3:12. 여호와께서 가라사대, 혹은 더 문자적으로 '야훼께서 이렇게 말씀하시다'는 히브리식 전달 문구이다. 전령 혹은 사자는 자기 주인이나 통치자로부터 말을 받아 그 메시지를 제 삼자에게 전달한다. 전령은 그 말이 자기에게서 난 것이 아니라 주인이나 통치자로부터 나온 것임을 알리기 위해 이 문구를 가지고 자신의 메시지를 소개한다. 아모스는 동일한 문구를 사용하여 1장과 2장에서 이방 나라에 대한 신탁을 소개했다. 이 문구는 선지자의 선포 이면에 하늘의 권세를 배치한다.

이 선언은 멸망을 설명하는 방식으로 구원에 대해 역설적으로 말하고 있고, 핵심을 전달하기 위해 비유를 사용하고 있다는 점에서 특이하다. 선지자들은 종종 자신이 그리고 있는 어두운 심판의 그림에 구원의 메시지를 끼워넣는다. 어떤 때는 그 구원의 그림이 남은 자들의 구원이라는 용어로 나타난다. 여기서는 그런 경우와 거리가 멀다.

출애굽기 22장 13절은 자기 소유가 아닌 동물에 대해 책임을 지고 있는 목자나 다른 사람이 따라야 하는 절차를 설명하고 있다. "만일 찢겼으면 그것을 가져다가 증거할 것이요 그 찢긴 것에 대하여 배상하지 않을지니라." 사자가 그 짐승을 가져갔고, 목자는 겨우 일부분만을 갖고 있어서 사자가 만든 파괴를 보이기에 충분하다. 마찬가지로 이스라엘은 건져냄을 입을 것이다, 혹은 더 문자적으로 '구함을 받을 것이다.' 이것은 전쟁에서 자기 백성을 위한 하나님의 승리를 묘사하는 데 자주 사용되는 말이다.

HCSB(Holman Christian Standard Bible) 성경은 아모스 3장 12절의 마지막 부분의 의미를 분명하게 밝힌다. "그러므로 사마리아에 사는 이스라엘 백성은 침상의 일부분이나 긴 의자의 솜만 가진 채 구출을 받을 것이다." 이스라엘은 겨우 침대 몇 조각만 소유한 채 적의 공격에서 벗어날 수 있을 것이다. 이것은 구출이나 구원으로 보기 어려운 것이다. 이스라엘이 행한 것처럼 행하면서 구원을 기대한 사람은 누구든 큰 놀라움 가운데 있게 된다.

3:13. 전령은 다시 주의를 환기시킨다. 애굽과 앗수르가 하나님의 증인 노릇을 한 것처럼 이제 아모스는 하나님의 메시지를 듣고 이스라엘에 대한 증인이 되라는 명을 받았다. **야곱의 족속**(집-바른성경, 쉬운성경, 우리말 성경)은 이스라엘을 그들의 족장의 유산과 가깝게 연결하는 방식으로, 다만 족장들에게 주어진 약속을 취소하는 메시지를 전하기 위한 것이다. 그 메시지는 **주 여호와 만군의 하나님께로부터** 왔다. 아모스는 전통적인 용어를 여럿 사용하여 자신이 권위를 드러내고 자신이 지적해야만 하는 이스라엘의 미래의 끔찍한 모습을 준비시키려 했다.

3:14. 형벌의 날이 반드시 선포되어야 하는 것은 아니다. 현재로서는 하나의 가정이다. 이스라엘은 여호와의 날을 구원의 날로 보았다. 그러나 하나님은 그 대신에 어두운 재앙의 날을 가져오실 것이다.

종교적 죄와 경제적 죄는 심판을 가져왔다(암 2:6-8). 이제 종교적 행사가 거행되던 곳인 벧엘은 멸망당할 것이고, 경제적 죄로 인한 호화스러운 결과물들은 파괴될 것이다(벧엘에 관해서는 암 4:4 주석 참고). 제단(암 2:8)은 제거될 것이다. **단의 뿔들**은 이스라엘의 속죄 의식에서 필수적인 것이다(출 29:12). 고발당한 사람은 재판 없이 벌 받는 것을 피하기 위해 예배처에 나가 제단의 뿔을 잡을 수 있었다(왕상 2:28). 제단 뿔이 땅에 떨어지면 이스라엘의 속죄와 피난처에 대한 희망 역시 그렇게 된다.

3:15. 이스라엘의 상류층은 호화로운 **궁**(혹은 집-바른성경, 현대인의 성경)을 유지하기 위해 가난한 자들을 압제해야 했다. 이 호화 주택들은 분명 더울 때 시원한 바람을 맞을 수 있는 이층과 추위를 막을 보온 장치를 가진 아래층이 설치되어 있음이 분명하다. 혹은 부자들은 일반적으로 왕들만 누릴 수 있는 것, 즉 언덕 위의 **여름 궁**(혹은 별장-새번역, 쉬운성경)과 골짜기의 **겨울 궁**을 소유할 수 있었다. 이런 **궁**(혹은 저택-새번역, 현대인의 성경)은 하나님의 불이 그들을 무너뜨릴 때 열기를 느낄 것이다. 장식을 위해 상아를 수입하는 일에 제아무리 많은 돈과 노력을 기울였어도 재산과 권력이 그 주인을 하나님의 확실한 심판으로부터 지켜주지 못할 것이다.

Main Idea 복습	하나님은 자신이 택하신 백성들에게 다른 백성들보다 더 높은 수준의 순종과 도덕적인 삶을 기대하신다. 따라서 그들의 죄를 더 심하게 벌하신다.

결론

쳤어! 네가 술래야!

"쳤어! 네가 술래야!" 란 말은 내가 텍사스 주 스윗워터에서 자랄 때 가장 듣기 싫어했던 말이다. 나는 어쩌다가 그 학교 역사상 가장 훌륭하고, 크고, 빠른 미식축구팀을 세운 세대에 속하게 되었다. 그 팀은 텍사스 주 대회 결승에 나가게 되었다. 열여덟 명은 주요 대학에 장학금을 받고 들어갔다. 그 선수들 가운데 많은 이들이 내 이웃에 살았다. 대부분은 나보다 한두 살 많았다. 그리고 하나같이 나보다 크고 빨랐다. 그들이 나를 쳐서 '술래' 를 만들면 재미가 시작된다. 적어도 그들에게는 말이다. 그들은 내가 한 명도 쳐서 '술래' 를 만들지 못한다는 것을 알았다.

아모스는 이스라엘에게 그들이 '술래' 라는 것을 알려주었다. 하나님은 더 이상 그들의 적을 물리치기 위해 일하지 않으실 것이다. 이제 하나님의 초점은 이스라엘에게 집중되어 있다. 나와 마찬가지로 그들도 술래에서 벗어날 하등의 이유가 없다. 선지자는 메시지를 중계했다. 세상의 모든 가문으로부터 축복을 받기 위해 선택된 백성이 이제 하나님의 멸망을 위해 선택되었다.

▣ 진리 알기

- 하나님의 백성은 하나님이 그들을 택하셨기 때문에 세상의 다른 백성과 다르다.
- 하나님의 백성은 하나님을 섬길 더 큰 기회가 주어졌기 때문에 그분 앞에서 더 큰 책임을 진다.
- 하나님은 모든 나라의 운명을 주관하신다.
- 하나님은 자신의 선지자를 통해 하나님의 목적을 자기 백성에게 계시하기로 선택하셨다.
- 하나님의 백성은 죄가 자신의 삶을 지배하게 만들었을 때 옳고 그른 것의 차이점을 망각했다.
- 하나님이 내리신 벌은 종종 사람들이 가장 좋아하는 것과 그들의 죄와 연관된 것을 그들에게서 빼앗는 것이다.

▣ 적용하기

- 당신을 하나님의 택한 백성으로 삼으신 하나님께 감사하라.
- 당신의 예배 습관이 하나님께 경배를 드리는 것보다는 당신이 즐기는 것에 초점을 맞추고 있는지 확인하라.
- 당신이 소유하고 있는 물질적 자원 가운데 세상의 빈곤에 처한 사람들의 희생을 모아서 만들어진 것들을 적어보라.
- 당신이 지역 사회 안의 가난한 사람들의 존경과 자원을 회복시켜줄 수 있는 방법들을 찾으라.
- 성경을 공부하면 하나님의 말씀과 방법들을 이해할 수 있을 것이다.

삶의 적용

평소로 돌아가라

9 · 11! 많은 사람에게 많은 의미가 되는 두 개의 숫자! 졸고 있던 한 나라가 그 취약함에 눈을 떴다. 그러나 오래지 않아 그 나라는 조용히 평소와 같이 돌아갔다. 늘어난 공

항의 보안 검색 같은 몇 가지 불편한 것들이 우리의 삶에 영향을 미쳤다. 그러나 위기를 알리던 그 비상 종소리는 오래 가지 않았다. 우리들 대부분은 평소의 업무로 복귀했다.

이스라엘은 노골적인 경고를 들었다. 평소와 같은 업무, 여느 때와 같은 삶은 하나님을 만족시키지 못할 것이다. 그분은 더 많은 것을 기대하셨다. 그분은 그 민족이 그들의 도덕적 결함과 종교적 위선을 깨닫기를 요구하셨다. 아모스는 이스라엘을 음산하게 그렸다. 그리고 40년 뒤 북왕국은 세계사에서 사라졌고, 열 지파는 앗수르 제국 전체로 흩어졌다. 하나님의 백성은 그런 일이 일어날 것이라고 꿈에도 생각하지 못했다. 오늘날 우리에게 그런 일이 일어날 수 있을까?

기도

모든 역사의 주인이신 하나님 아버지, 우리의 완고하고 자기 만족에 빠진 마음을 열어주십시오. 우리의 죄를 책망해주십시오. 당신의 징계의 힘으로 우리를 각인시켜주십시오. 우리의 회개를 받으시고, 우리의 마음을 변화시켜주십시오. 재앙이 아니라 변화와 회심을 우리 자신과 우리나라에 보내주십시오. 아멘.

심층 연구

A. 하나님의 벌(3:2)

하나님은 이스라엘에 대한 자신의 경고를 '엡코드('epqod, '내가 너를 벌하기 위해 방문할 것이다')'라는 히브리어로 요약하신다. 이 히브리 동사는 자세한 검열이나 분명한 목적을 가진 특별한 방문을 가리키는 데 사용되었다(시 17:3). 그래서 지휘관은 자기 군대를 소집하며(삼상 14:17), 인구 조사원은 시민 명단에 있는 사람들을 등록시킨다(민 4:2). 그 방문 혹은 검열이 벌과 심판을 받을 만한 상황을 빚어내면 일반적인 방문에서 구체적인 행동인 처벌로 그 의미가 이동한다(왕하 9:34).

이 동사는 예레미야 23장 2절에 두 번 등장한다. 통치자들이 '보살핌을 베풀지 않았기' 때문에 하나님은 '벌을 내리실' 것이다. 우리는 하나님 앞에서 우리 죄를 숨길 수 없다. 그분은 우리를 방문하시고, 우리를 검사하시고, 우리의 죄를 발견하시고, 우리를 죄인들 가운데 등록하시고, 오셔서 우리를 벌하신다(출 34:7).

B. 선지자의 사명(3:7-8)

아모스는 선지자의 음성이 가득한 사회 가운데 살았다. 모든 종교에는 저마다의 고유한 선지자들이 있다. 앗수르와 가나안의 많은 이방 종교에도 선지자들이 있었다. 종종 이교도 선지자들은 국가에서 급료가 지불되었다(왕상 18:19). 그런 선지자들은 보통 자기 신들로부터 메시지를 발견하고 전달하는 특별한 방식을 갖고 있었다(렘 27:9). 그 가운데 어떤 선지자들은 자신들이야말로 하나님이 보내신 진짜 선지자라고 생각하게끔 하나님의 백성을 속이고 꼬드길 수 있었다(신 13:2-6).

보통 하나님의 선지자 무리는 인기 있는 예배처 주위에 모여 살거나(왕하 2:7) 혹은 왕과 함께(왕상 22장) 살았다. 그런 선지자들은 종종 백성들 사이에서 평판이 좋지 않았다(왕하 9:11). 그러나 왕의 신하로 있는 선지자들도 하나님의 메시지를 신실하게 전달했다(삼하 24:11).

성경은 궁정이나 성전에 매어 있지 않으면서 개별적으로 임무를 수행한 선지자 개인들을 묘사하기도 한다(왕상 18:36). 아모스는 나름대로 선지자의 정의를 내렸다. 선지자는 하나님이 자신의 계획을 알려주신 사람이며, 공적으로 말을 해야 하는 사람이다. 왜냐하면 하나님이 자신의 메시지를 그에게 큰 소리로 외치셨기 때문이다. 그런 일이 일어나면, 선택된 선지자는 선택의 여지가 없었다. 그는 반드시 하나님의 음성을 전하고 예언해야 했다.

교안

A. 들어가는 글

1. '우리는 모든 것을 잃었어요!' 이야기로 시작하라.
2. 배경 설명 : 오랜 종교적 전통을 갖고 있는 부자 나라는 종교와 부를 의지한다. 그들은 하나님을 잊고, 예배하는 법을 잊으며, 옳은 것과 그른 것의 차이를 잊는다. 그리고 소수의 특권층과 다수의 빈곤층 사이에 너무도 큰 차별을 만든다. 그런 그들을 향해 하나님은 메시지를 발하신다.
3. 적용하기 : 하나님께로부터 온 메시지는 여러 가지 형태를 띠고 있는데, 하나같이 동일한 핵심을 지적하고 있다. 종말이 보인다. 하나님이 자기 백성에게 재앙을 계획하셨다. 이런 대담한 선포는 백성들의 침체를 말끔히 씻겨내고 너무 늦기 전에 그들을 소생시키고 새롭게 하여 참된 종교로 깨어나게 할 수 있을까?

B. 본문 이해

1. 언약의 결과(3:1-2)
2. 하나님의 자연스럽지 않은 이유의 일관성(3:3-8)

3. 전령을 위한 메시지(3:9-11)
4. 역설적인 구원(3:12-15)

C. 결론 : '쳤어! 네가 술래야!' 를 읽어주라.

토의 질문

1. 하나님이 이스라엘을 애굽에서 건져내신 것처럼 당신에게 구원을 베푸시기 위해 행하셨던 일들이 무엇인지 말해보라. 당신을 위해 반드시 필요했던 하나님의 과거의 역사가 지금 이 순간에도 그분과 함께 있어야 하는가?

2. 하나님이 당신의 죄를 벌하실 어떤 권리를 갖고 계신가? 당신은 그분이 지금이나 장래에 당신에게 무엇이든 행하실 것이라고 믿는가? 그 이유는 무엇인가?

3. 하나님은 어떤 방식으로 자신의 계획을 자기 백성에게 계시하시는가? 당신은 그분이 당신의 삶을 위해 어떤 계획을 갖고 계신지 알고 있는가? 당신은 그분의 계획을 기꺼이 따르겠는가?

아모스 4:1-13

죄로의 초대

"그의 자아 안에서 싸움이 시작될 때 그 사람에게 어떤 가치가 있는 것이다."

- 로버트 브라우닝(Robert Browning)

아모스는 여성들에게 가난한 자들을 학대하고서 이곳저곳 잔칫집을 돌아다니는 삶을 산다고 고발한다. 이어서 백성들이 죄의 단계를 증가시킬 수 있게 국가 사원에서 예배하라는 명령을 내린다. 이스라엘은 하나님이 모든 것을 행하셨음에도 불구하고 그분에게 돌아가지 않았기 때문에 예배나 구속 가운데서가 아닌 심판 가운데서 하나님을 만나야 했다.

들어가는 글

죄의 초대

짐 심발라(Jim Symbala)는 그의 저서 「푸른 믿음(Fresh Faith, 죠이선교회)」에서 웬디 앨비어(Wendy Alvear)를 소개한다. 어린 웬디는 자기 어머니와 함께 일주일에 서너 차례 스페인어를 사용하는 엄격한 교회에 출석했다. 마침내 어머니가 예수님을 영접하고 교회 식구가 되던 날, 그녀는 교회에는 반드시 따라야 하는 긴 목록의 규칙이 있음을 알게 되었다. 그 가운데 하나는 여성과 소녀들이 항상 치마를 입어야 한다는 것이었다.

어느 날 웬디는 학교 친구들과 함께 놀이 공원에 소풍을 가게 되었다. 웬디는 그런 곳에서 치마를 입는 것이 불편해서 오후에 바지를 빌려주겠다는 한 친구의 제안을 받아들였다. 소풍은 늦어졌다. 어머니는 버스가 학교에 도착할 때까지 기다렸다. 바지를 입은 채 버스에서 내리던 웬디는 자신이 함정에 빠졌다는 것을 알았다. 집에 들어간 웬디를 기다리고 있던 계속된 꾸지람은 그녀로 하여금 더 이상 교회에 다니지 않겠다는 결심을 하게 만들었다. 그녀는 그 결심을 하면서 하나님과 타협을 했다. '내가 결혼해서 이 집을 나가게 되면 그때는 다시 교회에 나갈게요.'

졸업반이 되자 친구들은 단순히 바지를 빌려주는 것 이상의 행동을 했다. 그들은 그녀에게 흡연, 음주, 댄스클럽과 같은 습관들을 갖게 만들었다. 그리고 그 습관들은 다시 그녀를 자기 가족과 친구들로부터 멀어지게 만들었다. 결국 우울증이 생겼다. 그리고 회심한 지 얼마 되지 않은 그녀의 아버지의 죽음이 그녀를 다시 하나님과 교회로 돌아오게 만들었다.

죄로 향하는 내리막길은 때로 간단한 것에서 시작된다. 많은 이들은 자신에게 찾아온 죄의 초대장과 그것을 어떻게 받아들였는지를 기록으로 남길 수 있을 것이다. 많은 이들에게 그것은 마치 잘못인 줄 아는 상황에서 바지를 입기로 결심하는 것처럼 간단한 어떤 일과 함께 시작된다. 선지자 아모스는 스스로 이스라엘을 죄로 초대함으로써 이스라엘을 놀라게 한다. 당신은 아모스의 손님 명단에 올라 있는가?

본문 이해

죄로의 초대

Main Idea	가난한 사람들을 학대하고, 여러 모임에서 시간을 허비하고, 심지어 회개가 없이 시끄럽기만 한 종교에 가담하는 것은 재앙에 이르게 하는 죄의 초대를 받아들였음을 보여준다.

A. 암소들을 쫓아내다(4:1-3)

Supporting Idea	교만과 편견 그리고 특별한 대우를 요구하는 것은 벌을 받는 지름길이다.

4:1. 주목하라는 선지자의 부름은(암 3:1, 5:1) 그다지 기분 좋지 않은 방식으로 이스라엘 여성들에게 집중되어 있다. 그들은 바산의 암소들이었다. 즉 모든 사교 모임에서 사람들의 이목의 중심이 되려고 하는 잘 먹고 눈에 잘 띄는 여성들이었다. 바산은 야르묵 강의 북쪽이자 갈릴리 바다의 동쪽에 있는 목초지였다(민 21:33, 사 2:13).

여성들은 바산의 살찐 암소들처럼 보였을 수도 있지만, 그들은 이스라엘의 수도인 사마리아에 살았다. 주전 900년이 지난 직후에 오므리 왕은 그 성을 수도로 삼았다(왕상 16:23-24). 아모스 시대에 그 수도 성읍의 암소들은 밤에는 잔치에 그리고 낮에는 자기 가장에게 와서 센 술을 마시라고 강요하면서 시간을 보냈다.

4:2-3. 하나님은 엄숙하고 위협적인 분위기로 응답하신다. 그분은 증인석에 서셔서 자신이 말씀하시는 것은 그대로 행할 것이라고 굳게 맹세하셨다. 하나님은 자신의 신실함의 보증으로 자신의 거룩함을 가리키셨다. '거룩함' 이란 낱말은 하나님의 절대적인 도덕적 완전함을 가리키는 말로, 본질상 거짓말을 할 수 없게 만드는 그분의 속성이다.

하나님의 증언의 내용은 이스라엘에 미칠 폭력과 운명의 분위기를 풍긴다. 1절에서 흥청거리던 여성은 이스라엘의 남자들과 동일한 운명에 처할 것이다. 그들의 콧구멍은 갈고리와 낚시 바늘로 꿰어질 것이고, 앗수르로 끌려갈 것이다.

하르몬에 던지우리라는 어구는 학자들에게 골칫거리가 된다. 히브리 원문을 살짝 바꾸어 '헐몬' 이라는 말로 바꾸지 않으면 그런 장소가 알려진 적이 없다. 이것은 가나안 신들의 고향이며, 앗수르에 도착하기 위해 반드시 거쳐야 하는 방향인 헐몬 산을 향한 북쪽으로의 행군을 가리킬 수 있다. 이 교만한 여성과 남성들은 그들이 갈취한 토지의 주인이며, 그들이 공의와 경제적 기회를 부인한 가난한 농부들에게 퍼부었던 쓰라린 아픔과 경멸보다 더 큰 고통을 당할 것이다. 만일 이스라엘이 가난하고, 약하고, 도움받지 못하는 사람들의 권리를 위하지 않으면, 하나님이 잊지 못할 방식으로 그렇게 하실 것이다.

B. 죄악된 예배로의 부르심(4:4-5)

Supporting Idea	진정한 예배는 즐기려는 사람의 욕구를 만족시키는 것이 아니라 하나님을 찬양하려고 노력한다.

4:4. 남쪽의 선지자가 북쪽의 회중들 가운데 일어서서 예배하라는 명령을 내린다. 그는 그렇게 하는 가운데 제사장들의 정해진 기능을 흉내낸다(욜 1:14). 선지자는 자기 목소리에 담긴 역설을 통하여 백성들에게 이스라엘의 가장 오래되고 가장 거룩한 예배 장소로 모이라고 초대한다. 이스라엘을 세운 위대한 선조인 족장들은 벧엘에서 멋진 예배 체험을 했다(창 13:3). 벧엘은 여호수아의 정복과 땅의 분배 가운데 중요한 역할을 했으며(수 8:9, 12, 17), 사사들(삿 4:5)과 초기 군주들(삼상 13:2)에게 중요한 정치적, 종교적 중심이 되었다. 벧엘은 여로보암 왕이 예루살렘을 대신하는 국가적인 예배 장소로 북왕국에 세운 두 개의 성전 가운데 하나로 가장 유명한 장소가 되었다(왕상 12:29, 32-33). 이것은 하나님의 정죄를 가져왔다(왕하 10:29).

그럼에도 불구하고 벧엘은 선지자들의 중심지로 남았다(왕하 2:2-3, 23). 북왕국이 포로로 잡혀가고 역사에서 사라진 뒤에도 벧엘은 부끄러움과 실패의 상징(렘 48:13)일 뿐 아니라 종교적 교훈과 예배의 중심지(왕하 17:28)로 기여했다. 아모스 시대에 벧엘은 왕과 그의 부하 제사장의 정치 권력의 중심이었다(암 7:10, 13). 심지어 포로들이 예루살렘으로 돌아온 뒤에도 벧엘은 중요한 성이었다(슥 7:2, 느 7:32).

여리고 근처의 길갈 역시 그와 동일한 화려한 역사를 갖고 있었다. 여호수아 휘하에서 이스라엘 백성은 약속의 땅 안에서 그곳에 첫 진지와 예배처를 세웠다(수 4:19-20)

그 민족 가운데 모든 남자들은 그곳에서 할례를 받았고, 백성들은 그 새 땅에서 처음으로 유월절을 지켰다. 이것으로 그들은 광야 기간 동안 불평하던 세대와 구별되는 하나님께 순종하는 백성으로 인정받았다(수 5:2-12). 그러나 그 와중에서 길갈은 거짓 예배의 중심지가 되어 선지자의 정죄를 받고 그 역사적 기원이 드러났다(호 12:11).

아모스는 북쪽 형제들이 선호하는 예배처를 범죄의 사원으로 그리고 그들이 선호하는 예배 관행을 배교로 규정함으로써 그들에게 충격을 주고 노하게 만들었다. 희생(히. 제바힘, zebachim)은 하나님과 그리고 예배자들 사이에 교제와 교통을 만들기 위한 짐승 제물이었다(삼상 6:15). 그 가운데 한 가지 문제는 가나안 족속이 그와 동일한 종류의 제물을 가리키기 위해 동일한 용어를 사용했다는 것이다. 이스라엘 백성은 이스라엘의 하나님 야훼께 드리는 예배 행위와 바알이나 다른 가나안 신들을 위한 이웃 민족의 예배 행위를 쉽게 혼동할 수 있었다(왕하 16:15).

십일조는 정치적 행위와 종교적 행위 모두를 반영했다. 이스라엘의 이웃들 사이에서 왕은 종종 마을의 곡식으로부터 십일조를 세금으로 걷어 들였다(삼상 8:15, 17). 어떤 때에는 이것이 제사장에게 바쳐졌는데, 이는 정부가 성전을 관리하고 제사장들에게 임금을 지급했기 때문이다(암 7장). 이스라엘 백성은 십일조를 내는 것을 종교적인 의무로 행했다(레 27:30-33, 마 23:23).

4:5. 수은제(감사 제물, 새번역, 쉬운성경, 우리말 성경, 현대어 성경)와 낙헌제는 율법이 요구하는 것이 아니었다(레 7:12-18). 따라서 이스라엘 백성은 '최소한의 기대를 넘어서는' 것에 대해 자랑했다(Douglas Stewart, WBC 31, 338). 그들은 제사드리는 것을 기뻐하지 않았다. 그들은 자랑하는 것을 기뻐했다. 그러나 그들의 요구된 것 이상의 제사는 율법을 무시하였기 때문에 그들에게는 자랑할 것이 하나도 없었다. 율법은 누룩이 들어가지 않은 빵을 요구했다. 효모를 넣어 만든 누룩 넣은 것은 화제로 드려 사를 수 없었다(레 2:11). 율법은 이스라엘 백성에게 그들의 하나님 여호와와 그들의 이웃을 사랑하라고 명했다(신 6:5). 십일조는 가난한 이들을 도울 수 있었기에 이웃 사랑을 증거하는 것이지만, 이스라엘의 사랑은 이기적인 사랑, 뽐내는 사랑, 결코 자신의 입장을 넘어서지 못하는 사랑이었다. 이스라엘은 예배하라는 아모스의 역설적 명령에 지나치게 잘 준비된 대답을 하였다. 왜냐하면 이스라엘은 자신이 예배하는 것을 다른 이들이 보고 하나님이 아니라 자신들에게 칭찬을 쏟아붓는 것을 좋아했기 때문이다.

C. 네 하나님을 만나라는 명령(4:6-13)

Supporting Idea	하나님의 징계 행위와 회개하라는 명령을 무시하는 것은 재앙이라는 마지막 판결을 가져온다.

4:6. 재앙은 이스라엘에게 새로운 것이 아니었다. 하나님은 자기 백성에게 징계의 심판을 반복해서 보내시면서 하나님께 돌아오라고 명하셨다. 아모스는 하나님의 심판에 대한 다섯 가지 예를 제시하는데, 그 어느 것도 정확한 연대를 알 수는 없지만 이스라엘이 모두 기억하는 것이다. 이스라엘은 회개하기를 거듭해서 거부했다. 하나님은 충분히 참으셨다. 그들은 그분의 징계를 무시할 수 있었다. 그들은 여호와의 공의가 아니라 자신의 종교 안에서 흥청댈 수 있었다. 결국 시간이 되었다. 그들은 하나님과 대면하고 그분의 마지막 재앙의 판결을 들을 것이다.

첫째, 하나님은 말씀하셨다. "내가 네 모든 성읍에서 네 이를 하얗게 만들고 네 모든 처소에서 빵이 부족하게 만들었다"(저자 번역). 더 이상 이가 썩는 문제가 없게 되었다. 하나님이 모든 음식을 걷어가셨기 때문에 이빨 사이에 남을 것이 입으로 들어가지 않아 충치를 일으킬 수 없게 되었다.

너희가 내게로 돌아오지 아니하였느니라. 이것은 아모스의 후렴구이다(4:6, 8-11). 신명기 4장 29-31절과 30장 1-10절은 이스라엘에게 하나님의 심판에 응답하는 방법을 보여준다. 하나님의 징계는 하나님의 백성으로 하여금 회개하고, 하나님을 무시하는 경박한 생활 방식에서 물러나 하나님을 경외하는 삶의 방식으로 돌아오게 하는 강력한 목적을 갖고 있다. 이스라엘은 하나님의 주권을 인정하기를 거부했다. 그들은 자기가 계획한 예배 방식과 자기가 즐기는 삶의 방식을 가지고 얼마든지 잘 해내갈 수 있다고 생각했다. 기근은 그들의 예배 방식에 더 많고 더 좋은 제물을 요구했다. 그러나 기근은 그들에게 하나님의 말씀을 즐거워하고, 하나님의 뜻을 찾으라고 명령한다. 만일 그렇지 않으면, 예배하라는 명령은 죄를 지으라는 명령이 되고 결국 심판을 촉구하게 된다.

아모스는 선지자의 신탁 문구로 자신의 명령의 심각함을 강조했다. 그 내용을 문자적으로 옮기면 '야훼의 말씀하심'이다. 그 문구는 그것이 붙어 있는 말이 하나님의 정확한 계시임을 가리킨다. 그러나 그분의 백성은 무시했고, 심판이 오고 있다.

4:7-8. 가나안 신들의 우두머리인 바알은 풍요로움과 풍성한 곡식을 생산하는 모든

환경을 주관한다고 주장한다. 아모스는 그 주장에 이의를 제기했다. 이스라엘은 바알 숭배에 참여해보았지만, 아무런 소득을 얻지 못했다. 이스라엘의 하나님이신 야훼야말로 풍요로움과 농업 생산을 다스리는 권세를 갖고 계신다. 그분은 자기 백성에게 비를 멈추게 하셨다. 그렇다. 하나님은 어떤 성읍에는 내리고 어떤 성읍에는 내리지 않게 하는 책임을 맡고 계신다(신 28:22-24). 그분은 자기 백성의 시선을 끌어 그들을 자신에게로 돌아오게 하시려고 애쓰셨다. 그렇지만 그 백성은 "두세 성읍이 물을 먹기 위해 다른 성읍에 비틀거리며 나아갔지만 결코 채우지 못했음" (저자 번역)에도 불구하고 하나님을 무시했다. 그들은 하나님께 돌아와야 했다.

4:9. 가뭄이 제 일을 해내지 못하자 하나님은 '뜨거운 바람과 질병' (저자 번역)을 곡식에게 보내셨다(신 28:22). "네 커다란 장원과 포도원, 네 무화과나무와 감람나무를 벌레들이(혹은 메뚜기가) 먹어치웠다" (저자 번역, 신 28:39-42 참고). 시장에 내놓을 생산품과 기본 식량이 없어서 그 시골 공동체는 망했다. 많은 땅을 소유한 교만한 성읍 사람들도 마찬가지였다. 회개할 시간이 무르익었지만, 하나님의 백성은 그 부르심에 귀를 막았다.

4:10. 하나님은 아모스를 통해서 하나님이 그들 중에 염병이 임하게 하기를 애굽에서 한 것처럼 하였음에도 불구하고 그 행하신 일 가운데 교훈을 배우거나 그분의 위협에 귀를 기울이지 않고, 그 백성이 바로의 어리석음을 되풀이하고 있다고(출 5-15장) 선언하셨다. 이 일은 어쩌면 공동체 전체를 사라지게 할 수도 있는 일이었다(신 28:49-57). 하나님은 이제 막 성년이 된 건장한 청년들을 죽이고, 그 민족의 미래를 위태롭게 하는 군대의 재앙을 더하셨다. 모든 말들을 노략하는 것은 모든 군사력과 이동할 수 있는 능력을 없애 보병만이 남아서 기병과 전차부대에 맞서게 하는 것을 의미했다. 죽은 병사들과 말들은 참혹한 결과를 빚었다. "내가 너의 진영에서 고약한 냄새가 일어나 네 코로 들어가게 했다" (저자 번역). 그런 악취가 나게 하는 일도 아무런 응답을 만들어내지 못했다. 하나님의 백성은 좀처럼 회개하려 하지 않았다.

4:11. 하나님이 소돔과 고모라의 부도덕과 비인간성으로 인해 그들을 멸망시키셨을 때보다 땅에서 더 큰 악취가 난 적은 없었다(창 19장). 하나님은 비슷한 재앙들을 이스라엘 몇몇 성읍에 내리셨다. 이스라엘은 불붙는 가운데서 빼낸 나무 조각같이 많은 희망과 도움의 손길이 있었다. 그러나 그들은 회개하느니 불에 타 재가 되었다.

4:12. 백성들의 회개치 않음은 심판의 선고를 알리는 하나님의 무서운 그러므로를 초래하였다. 멸망을 가져오는 징계가 회개를 가져오는 것은 아니었다. 그래서 그들은 궁극적인 재판장의 마지막 재판 일정에 그 운명이 놓이게 되었다. 네 하나님 만나기를 예비하라는 말은 회개하지 않은 백성이 듣고 기뻐할 만한 초대가 아니다. 이 초대는 오직 한 가지, 즉 더 이상 회개할 기회가 없다는 의미이다. 하나님과의 인격적인 만남은 그분의 영원한 심판이 내려지는 최후 선고를 가져올 것이다(출 19:17). 희망은 사라졌고, 회개의 부르심은 더 이상 들리지 않으며, 징계는 끝났다. 이제 심판만이 남아 있다.

4:13. 그런 위협을 하시는 주권자 하나님은 누구신가? 아모스는 이스라엘의 찬송 언어를 사용하여 그들이 반드시 만나야 하는 하나님을 상기시켰다. 그분은 그들이 오를 수 없는 산들을 지으시며 그들이 볼 수 없는 바람을 창조하신다. 그러나 그분은 가장 높은 하늘 위나 접근할 수 없는 산자락에 숨어 계시는 희미한 하나님이 아니시다. 그분은 자기 뜻을 사람에게 보이신다. 그래서 그들은 변명할 수 없다. 이런 위대하신 창조주께서는 또한 놀랍고 두려운 측면도 갖고 계신다. 그분은 아침을 어둡게 하며, 땅의 높은 데를 밟는 분이시다.

어둠은 피조물을 혼돈으로 돌아가게 위협하는 두려움과 신비의 요소이다(창 1:4-5, 18). 높은 곳은 인간이 오를 수 없는 산 정상이며, 하나님이 멸망시키기 원하시는 이교도 예배처이다(삼상 9:12, 미 1:5). 그분이 바로 자기 백성이 만날 준비를 해야만 하는 하나님이시다.

Main Idea 복습	가난한 사람들을 학대하고, 여러 모임에서 시간을 허비하고, 심지어 회개가 없이 시끄럽기만 한 종교에 가담하는 것은 재앙에 이르게 하는 죄의 초대를 받아들였음을 보여준다.

결론

누가 하는 쇼인가?

당신은 예배를 드릴 수 있는가? 나는 음악 목사가 쇼를 주관하던 한 교회를 기억한다. 기도와 헌금과 설교 등의 모든 요소는 음악 뒤로 물러나 있었다. 사람들은 혹시 음악 목사가 지난주에 보여준 쇼나 지난해에 보여준 가장행렬을 뛰어넘을 수 있을지 궁금해서 찾아왔다. 그 음악 목회자가 다른 마을에 가자 성도들도 다른 교회로 옮겼다. 그들은 교제나 봉사 활동 혹은 성경 공부나 선교 동참 혹은 찬양을 드리고 하나님을 체험할 수 있는 기회를 구하지 않았다. 그들은 전율과 재미와 여흥이 주가 된 예배를 구했다. 그 교회 사람들은 진정한 예배를 드린 것인가?

아모스는 결국 이스라엘의 예배를 중지시키는 명령을 내려야 했다. 왜냐하면 그들은 하나님을 즐거워하는 대신 자신이 한 것을 즐겼기 때문이다. 여호와는 그 예배를 버리셨고, 그것을 아무도 알지 못했다.

■ 진리 알기

- 예배는 인간의 행동이나 오락이 아니라 하나님을 그 중심에 둔다.
- 사이비 예배는 하나님과의 모든 접촉을 상실했으면서도 하나님과 올바른 관계를 맺고 있다고 생각하도록 유혹한다.
- 하나님이 더 이상 예배의 중심이 되지 않을 때 예배는 죄가 된다.
- 예배는 전통적인 규정을 따르면서도 참된 예배에서 가장 중요한 요소들을 배제시킬 수 있다.
- 하나님은 자기 백성을 회개와 참된 예배로 돌아오게 하려고 그들을 징계하신다.
- 예배를 버리고, 하나님을 거부하고, 하나님의 징계를 무시한 백성은 영원한 심판을 받는다.

■ 적용하기

- 당신의 삶을 변화시키는 방식으로 예배 가운데 당신이 하나님을 만난 마지막 순간이 언제였

는지 생각해보라.

- 당신의 예배 요소들이 당신으로 하여금 하나님을 찬양하게 만드는지 아니면 당신 자신을 칭찬하게 만드는지 살펴보라.
- 하나님이 당신의 삶 안에 징계를 내리시는 방식에 어떤 것이 있는지 들어보라.
- 하나님이 왜 당신의 삶 가운데 징계를 내리시는지 그 이유를 생각해보라.
- 당신이 깨닫고 있는 모든 죄를 회개하고, 그분을 노엽게 하는 모든 것들로부터 당신의 삶을 깨끗하게 해달라고 하나님께 구하라.
- 하나님께 순종하고 그분만 섬기겠다고 새롭게 다짐하라.

삶의 적용

예배 논쟁

현대적 예배 스타일…

전통적 예배 스타일…

혼합된 예배 스타일…

나는 성경 공부로 충분하며, 예배가 필요하지 않다…

예배는 오늘날 많은 교회에서 논쟁과 분란의 대상이 되고 있다. 목회자들은 앞서 가는 '성공적인' 목회자들과 그들의 예배 스타일을 모방하려고 애쓴다. 예배와 관련된 논쟁은 교회를 세대별로 나뉘게 만든다. 교회가 그 중심이 되는 행위를 정의하지 못할 때 세상이 보고 비웃는다.

하나님의 백성들 사이에서의 이런 분파와 논쟁은 전혀 새로운 것이 아니다. 아모스는 이스라엘의 가장 오래되고, 가장 존중받는 예배 장소 안에서 그런 문제점을 발견했다. 그는 백성들이 사실상 죄를 짓고 있기 때문에 예배하러 가지 말라고 경고했다. 이스라엘에게 예배란 하찮은 것이 되고 말았다. 바산의 황소와 암소들은 예배하러 가서 자신의 사회적 지위를 드러내고, 헌금 시간에 '너희들은 이만큼 할 수 있어' 라고 자랑하기를 즐겼다. 예배는 사회적 과시를 위한 것이었다. 스스로 전통에 충실하다고 생각하는 사람은 자신이 하나님께로부터 분리되었다는 것을 깨달았다.

아모스는 그들을 깜짝 놀라게 했다. 하나님은 그들의 예배와 아무 상관이 없으셨다. 한 분이신 참 하나님을 무시하는 예배는 예배가 아니다. 예배자에게 초점이 맞춰진 예배는 죄이다. 그런 예배는 사람들이 하나님을 만나도록 준비시켜주지 않는다. 그것은 그들로 고백하도록 준비시켜준다. 그것은 그들에게 회개하든가 아니면 멸망당하라고 명한다.

그럼에도 불구하고 이스라엘은 계속해서 참된 예배를 위한 명령 대신에 죄의 초대에 응답했다. 아모스는 한 가지 명령을 추가했다. 이제 출석은 임의적인 것이 아니고 강제적인 것이다. 그들은 나와서 자기 하나님을 만나야 한다. 그것은 즐거운 만남이 전혀 아닐 것이다. 회개가 없는 죄는 결코 그 사람으로 하여금 하나님과 즐거운 시간을 가질 수 있도록 준비시켜주지 못한다. 오히려 사형 선고를 들을 영원한 법정을 준비시켜준다.

우리 세대는 아모스의 시대와 마찬가지로 예배와 관련된 논쟁이 넘쳐난다. 예배를 위한 부르심이 죄 가운데로 초대하는 경우가 너무 많다. 당신은 회개하라는 하나님의 명령을 듣고, 참되시고 살아 계신 하나님께 대한 예배로 온갖 반대를 무릅쓰고 돌아갈 수 있는가? 아니면 마지막으로 하나님을 만날 준비를 하기 위한 강제 소환 명령을 받겠는가?

기도

하나님 아버지, 죄송합니다. 우리는 예배를 사역자들이 얼마나 공연을 잘하는지, 그리고 회중들이 얼마나 형편없이 참여하는지를 판단하는 기회로 삼았습니다. 우리는 예배를 우리의 명성을 높이는 하나의 수단으로 사용했습니다. 또한 예배가 당신과 함께하는 체험이 아니라 하나의 습관이 되게 했습니다. 우리에게 예배를 가르쳐주십시오. 우리의 거짓된 예배와 교만의 죄를 용서해주십시오. 우리가 마지막 심판 자리에서 당신을 기쁨으로 만나 잘했다는 당신의 선고를 들을 수 있도록 준비시켜주십시오. 아멘.

심층 연구

A. 제물과 십일조(4:4-5)

이스라엘은 한 가지 취미, 곧 즐기는 일이 있었다. 그들은 예배하기를 좋아했다. 그들의 예배는 시각, 청각, 후각 그리고 촉각이 모두 살아 있었다. 좋아하는 예배 장소에 모인 많은 군중들은 예배 체험에 흥분과 활력을 맛보았다. 그 체험에는 많은 요소들이 포함되어 있었다. 아모스는 지나가는 말로 몇 가지를 언급했다.

예배의 첫 번째 요소는 제물(히. 제바흐, zebach)이다. 여기에는 양을 잡는 일과 예배자들과 하나님 사이에 교제와 교통을 가져오기 위해 살코기를 먹는 일이 포함되었다. 이런 제물은 가끔씩 조약이나 협정을 비준하기 위해 사용되었다(창 31:54). 어떤 제물은 하나님의 인정을 받지만(출 20:24), 어떤 제물은 그분의 분노를 사기도 한다(왕하 16:15). 다른 신들에게 바쳐진 제물도 '제바흐' 라 불릴 수 있었다(삿 16:23).

하나님께 경건한 예배를 드리는 자들은 그분께 제물을 드리기 위해 해마다 순례를 떠났다(삼상 2:19). 그런 제사들은 모세와 시내 산보다 훨씬 이전에 시작되었다(출 3:18). 그 일은 약속의 땅에 있는 여러 장소에서 계속되었다(수 8:30-31). 이스라엘의 예배 제도 가운데 그렇게 중요한 위치를 차지하고 있는 제사와 관련해서 아모스는 왜 그 관행들을 정죄했는가? 더글러스 스튜어트는 예배가 어떻게 하나님께 반역하고 율법을 범하는 죄가 되었는지 세 가지 측면을 제공한다. (1) 그들은 합당하지 않은 장소에서 예배를 드렸다. (2) 그들은 합당하지 않은 방식으로 예배를 드렸다(불법적인 제사장과 우상 등을 통하여). (3) 그리고 그들은 의로운 행동을 예배로 대신했다(WBC 31, 338). 하나님과 그 백성의 관계를 상징하고 또한 굳게 하는 중심되는 의식은 백성들이 자신의 쾌락을 위하여, 자신의 방식으로, 그리고 자신의 목적을 채우기 위해 참석할 때 죄로 변질된다.

유대인들의 예배의 두 번째 요소는 시제(timing)였다. 성전은 아침과 저녁에 제사를 드렸다(레 6:8-13). 부자인 이스라엘 백성은 분명 아침 제사를 하나님께 가져옴으로써 자신의 부와 자신의 '경건함'을 과시했을 것이다. 이것은 하나님과의 관계라는 사적인 의식이 아니라 공적인 과시가 되어갔다.

예배의 세 번째 요소는 십일조였다. 구약은 이스라엘 백성이 레위인들에게 주어야 하는 십일조를 자주 언급하고 있다. 아모스는 십일조를 드리려는 이스라엘 백성의 열심을 기뻐했다. 그는 더 나아가 그들이 가난한 사람들과 레위인들을 위해 3년마다 한 번씩이 아니라 3일에 한 번씩(문자적 히브리어) 십일조를 드리고 있다고 묘사했다. 그러나 문제는 "그들의 동기가 그들을 향한 하나님의 너그러운 공급하심을 찬양하는 것이 아니라 하나님을 향한 자신의 너그러움을 돋보이게 하려는 것"이라는 데 있다(Billy Smith, NAC 19b, 88).

예배의 다음 요소는 감사 제사였다. 이스라엘의 예배에는 하나님의 구체적인 행동과 그분의 은혜에 감사드리기 위한 구체적인 행사와 의식들이 포함되어 있다. 백성들은 히브리어 '토다(toadah)' 혹은 감사제(시 107:22)라는 용어를 사용하여 감사 제사라 불리는 제물을 가져왔다. 이스라엘은 이 의식의 전문가가 되었다. 그러나 아모스는 이스라엘 백성이 감사 제물을 드린 것은 그들이 그렇게 하기를 좋아했고, 또한 자기들이 그렇게 하는 것을 다른 사람에게 보이고 싶었기 때문이지 하나님께 감사를 드리기 위해서가 아니기 때문에 하나님의 은혜를 조롱한 것이라고 주장했다.

마지막으로, 낙헌제는 이스라엘의 예배 가운데 중심이 되는 부분이었다(신 16:10). 이런 제사는 고통당할 때 하나님께 드린 서원이나 약속의 결과로 드려진 경우가 많았다 그런 서원은 반드시 이행되어야 했다(레 22:23). 아마도 그런 행위들은 '하나님께 드리는 기쁨과 헌신의 행위'(신 12:6-7)였다(Gary Smith, 「Amos」, 143). 그런 제물은 하나님의 구체적인 구원의 행동이나 일반적인 그분의 사랑에 대한 사랑과 감사의 표시를 나타냈다(시 54:6).

이스라엘이 그런 제사를 드리기를 기뻐한 것은 자기들이 무엇을 하는지 큰 소리로 외쳐서 모든 사람들이 알 수 있었기 때문이다. 제사는 "온 마음으로 하나님을 사랑하는 사람이 갖고 있는 사랑의 내적 표현"이 아니라 "친구들 앞에서 관대함과 선한 행위를 과시하는 수단"(마 6:2)이 되었다(Gary Smith, 143).

B. 하나님께 돌아오다: 회개(4:6, 8-11)

아모스는 이스라엘이 하나님께 돌아오기를 바라는 하나님의 염원을 중계했다. '돌아오다(히. 슈브, Shub)' 는 회개하라는 하나님의 부르심이다. 그것은 어느 한 가지에서 돌아서서 다른 것으로 가는 행동을 가리킨다. 아모스는 하나님께 대한 이스라엘의 죄와 범죄를 생생하게 묘사했다. 그런 다음, 그 백성이 여호와께 돌아오지 않았다고 선언했다. 하나님이 행하신 모든 것은 이스라엘 백성을 자기에게 돌이키시기 위함이었지만, 이스라엘은 무엇이 일어나고 있는지 실마리조차 잡지 못했다.

그들은 자신들이 방향을 바꾸었다는 것을 조금도 깨닫지 못했다. 그들은 자신들이 거짓 신을 좇고 있다는 것을 전혀 알지 못했다. 그들은 자신들의 예배가 여호와가 아니라 바알과 가나안의 신들을 섬겼다는 것을 조금도 깨닫지 못했다. 자신들이 길을 잃고 잘못된 방향으로 가고 있다는 것을 알지 못한 그들은 돌아오라는 부르심에 전혀 주의를 기울이지 않았다. 하나님의 징계와 심판마저도 이스라엘의 주목을 받는 데 실패했다. 죄의 덫에 걸린 이스라엘은 회개하라는 하나님의 부르심을 듣지도, 응답하지도 않았다.

교안

1. '죄의 초대' 이야기로 시작하라.
2. 배경 설명 : 심판이 열방과(1-2장) 하나님의 택하신 백성에게(3장) 임할 것이라고 외친 아모스는 이스라엘의 지도층에 충격적인 주장을 펼친다. 그들의 부는 의에 대한 상급이 아니었다. 그들의 예배는 하나님을 기쁘시게 한 것이 아니었다.
3. 적용 : 아모스는 하나님이 어떤 청중을 두시더라도 두려워하지 않고 선포했다. 그는 화려한 숙녀들을 향해 암소라고 불렀다. 그리고 정기적으로 예배하는 이들을 이교도라고 고소했다. 그는 제사장들이 예배하라고 외치는 자리에 서서 회개하라고 외쳤다. 누가 그런 외침에 응답할 것인가? 당신은 어떤가?

B. 본문 이해

1. 암소들을 쫓아내다(4:1-3)
2. 죄악된 예배로의 부르심(4:4-5)
3. 네 하나님을 만나라는 명령(4:6-13)

C. 결론 : '누가 하는 쇼인가?' 를 읽어주라.

토의 질문

1. 오늘날 여성들 사이에 만연하는 죄는 무엇인가? 그 이유는?

2. 우리는 아무것도 하지 않음으로써 가난한 자들을 압제할 수 있는가?

3. 어떻게 해서 우리의 예배가 하나님을 찬양하는 것이 아니라 인간의 헛됨과 교만에 초점을 맞추게 되는가?

4. 성도들은 언제 그리고 왜 하나님의 징계와 심판을 경험하는가?

5. 정기적으로 교회에 출석하는 사람이 하나님을 만날 준비를 하라는 하나님의 부르심을 두려워할 어떤 이유가 있을까?

아모스 5:1-6:14

하나님과 생명을 구하라

"정의는 자유라는 테두리 안에서 미래를 가리키는 나침반이자 심판이라는 재앙의 날을 피하게 해주는 일상의 안내자이다."

- 게리 스미스(Gary V. Smith)

선지자는 이스라엘 백성들로 자신의 장례식에 살짝 참석해보도록 초대한다. 그들이 살 희망은 전통적인 예배 장소가 아니라 하나님을 구하는 것이다. 그들은 더 이상 작동하지 않는 사법 체계를 버리고 모든 사람을 위해 굴러가는 제도를 시행해야 한다. 그들은 임박한 여호와의 날을 의지할 수 없었다. 그날은 빛과 생명이 아니라 어둠과 죽음을 가져올 것이기 때문이다. 현재의 '편안한 삶'을 즐기는 이들은 하나님의 영원한 심판에 처하게 될 것이다.

들어가는 글

하나님을 구하고 정의를 행하라

앨라배마의 몽고메리에서 버스 보이콧 운동으로 피곤한 하루를 보낸 마틴 루터 킹 2세(Martin Luther King Jr.)는 잘 시간이 되어 침대에 누웠다. 그때 전화벨이 울렸다. 잠시 머뭇거리다 전화를 받은 킹은 이런 못된 음성만 들을 수 있었다. "잘 들어, 깜둥아. 우리는 원하는 모든 것을 네게서 가져갔어. 다음 주가 되기 전에 너는 몽고메리에 온 것을 후회하게 될 거야."

계속된 살해 위협이 하나 더 추가된 것뿐이었지만, 이번 것은 킹의 생각 속에 오랫동안 맴돌았다. 그의 영혼은 마침내 포화 상태에까지 도달했다. 그는 비틀거리며 부엌에 달려가 커피를 마시면서 자기가 맡은 리더의 자리에서 물러나는 방안을 모색했다. 그는 갓 태어난 딸과 아내를 걱정하는 마음에서 이런 질문을 던졌다. "나는 더 이상 이 일을 계속 할 수 없어. 난 약해." 마침내 계속 밀고 나갈 힘을 구하던 그는 고개를 숙이고 모든 두려움과 좌절과 걱정을 쏟아놓았다. 그리고 기도했다. "나는 내 능력의 끝자락에 도착했습니다. 내겐 남은 것이 하나도 없습니다."

그 순간 갑자기 킹은 그가 그토록 간절히 원하던 능력에 붙들렸다. 마음속에서 울려 나오는 음성이 이렇게 약속했다. "마틴 루터, 공의를 위하여 일어서라. 정의를 위하여 일어서라. 진리를 위하여 일어서라. 그리고 보아라. 내가 너와 함께하겠다. 세상이 끝나는 날까지도."(Michael G. Long, 「Martin Luther King, Jr. on Creative Living」, pp. 9-11).

킹은 하나님을 구하는 가운데 자신이 싸워야 할 힘과 목적을 발견했다. 그는 아모스가 이스라엘에게 들려주려고 그토록 절실하게 투쟁한 메시지를 실천했다. 백성들은 하나님을 구하고 의를 행해야 한다.

본문 이해

하나님과 생명을 구하라

Main Idea	종교는 일상생활에 영향을 미친다. 사람들은 하나님과의 관계에 초점을 맞춘 사랑 많고, 일관되고, 경건한 행동을 통하여 하나님을 향한 자신의 믿음을 증거한다.

A. 당신의 장례식을 살짝 엿보라(5:1-3)

Supporting Idea	죽음은 정의와 영원한 생명 대신에 개인적인 쾌락과 성공을 구하는 모든 사람을 기다린다.

5:1. 하나님은 선지자의 입에 비가 혹은 애가, 즉 장송곡을 두셨다. 그것은 예레미야 애가에 나오는 애도의 시와 동일한 시적 구조를 갖고 있다. 스스로 전성기를 누리고 있다고 믿은 이스라엘 민족은 죽음을 생각해야 했다. 그것도 보편적인 죽음이 아니라 그들 자신의 죽음을.

5:2. 하나님은 그 민족이 엎드러져 다시 일어나지 못할 것이라고 말씀하셨다. 잔치를 좋아하며 번영하던 이스라엘은 이런 것들을 하나도 보지 못했다. 그들은 하나님의 보호하심을 누리는 하나님의 택하신 백성이었다. 안 돼! 선지자는 울부짖었다. 너희는 자기 땅에 던져져 일으킬 자가 없는 민족이다. 하나님은 그들에게 자신의 보호하심이 영원할 것이라고 보장하지 않으셨다. 불순종한 민족은 노래를, 자기를 위한 장송곡을 들어야 한다.

5:3. 이스라엘은 승승장구하던 자기 군대로 인해 교만해졌다. 하나님은 그들이 다시 한 번 전쟁터로 나가게 하실 것이지만, 이번에는 패배를 불러올 것이다. 열 명의 병사들 가운데 아홉은 다시 돌아오지 못할 것이다. 이 전쟁은 소망을 가진 남은 자들이 아니라, 패배와 멸망을 나타냈다.

B. 다른 것이 아닌 하나님을 구하라(5:4-7)

Supporting Idea	예배 의식이 하나님의 영원한 축복을 보장하지는 않는다. 그런 보장은 그 사람이 모든 사람을 정의로 뒷받침할 때에만 찾아온다. 그 보장은 하나님과의 개인적인 관계에 초점이 맞추어져 있기 때문이다.

5:4. 희망은 사라지지 않았다. 하나님은 마지막 초대장을 남겨두셨다. 나를 찾으라 그리하면 살리라. 이 말씀은 하나님의 율법의 약속(레 18:5)과 하나님의 지혜(잠 15:27)를 반영한다. 이것은 예배하라는 하나님의 부르심이다. 그분은 자기 백성이 참된 예배로 돌아오라고 초대하신다. 예배야말로 하나님과 함께하는 모든 생명이 거하는 기초이기 때문이다. 찬양과 감사 가운데 참된 헌신이 없으면 사람은 죽는다. 이스라엘은 선택해야 했다. 평소와 같은 삶을 통한 죽음이냐, 아니면 하나님께 돌아감을 통한 생명이냐.

5:5. 이스라엘은 깨닫지 못했다. 그들은 정기적으로 예배를 드렸다. 그들의 옛 성소는 번창했다. 길갈은 여호수아 시대로 돌아간 것이 분명했다(수 4:20). 벧엘은 더 이전으로 돌아갔다(창 12:8, 암 4:4 주석 참고). 브엘세바도 마찬가지였다(창 22:19). 역사는 진정한 예배가 이들 세 옛 장소에서 드려졌다고 기록했다. 하나님의 메시지는 전혀 다르게 말씀하고 있다. 예배가 죄로 변한 곳에 심판이 다가오고 있다. 어떻게 거룩한 곳이 심판을 맞을 수 있는가? 그곳에서 종교 행위가 하나님과의 관계를 구하는 것보다 더 중요해졌기 때문이다. 종교 행위가 하나님을 구하는 것을 대신한 것이다.

5:6. 하나님은 자기 백성을 위한 두 번째 계획을 갖고 계셨다. 그들을 위한 첫 번째 계획은 그들이 하나님을 찾고 그로 인하여 사는 것이다. 두 번째 계획은 만일 그들이 첫 번째 계획을 선택하지 않으면, 두 번째 계획이 자동으로 시행된다고 경고하셨다. 하나님은 맹렬한 불이 되어 북왕국 이스라엘, 곧 요셉의 집을 쓸어버리실 것이다. 완벽한 순종의 모습을 가진 요셉의 후예라고 주장했던 이들은 하나님의 심판의 불 가운데 죽을 수도 있다.

5:7. 예배하는 백성은 하나님이 다른 백성을 대하시는 것처럼 대해야 한다. 그러나 예배하는 백성은 자신의 이익을 위해 종교적 율법과 공동체의 관행 그리고 약한 백성들을 조작했다. 그들은 '정의를 쑥으로 바꾸었다' (저자 번역). 하나님의 백성에게 달콤하고 일반적인 상태여야 하는 것, 즉 정의가 모든 것에 만연한 세상은 상상할 수 있는 쓰라린

경험이다. 이 경험은 식물 가운데 가장 쓴 쑥을 먹는 모습을 가져옴으로써만 묘사될 수 있었다(렘 9:15).

하나님의 삶의 방식인 정의는 마치 쓰레기처럼 땅에 던져졌다. 사법 제도는 부자든 가난한 사람이든 모든 당사자에게 공평과 정의를 베푸는 정의로운 사람, 곧 성문의 장로들과 사사들에게 달려 있다. 그러나 부자는 사법 제도를 조작했고, 가난한 사람들은 더 가난해지는 수밖에 없었다. 이스라엘은 예배 행위를 할 수는 있었지만, 그렇게 하는 가운데 하나님을 찾지 않았고, 심판이 닥쳐왔다.

C. 여호와는 그분의 이름이다! 그분을 찾으라(5:8-9)

Supporting Idea	이스라엘 백성은 땅 위의 생명을 주관하시고, 선악 간에 자기 백성에게 가장 좋은 것을 선택하셔서 주실 수 있는 창조주 하나님을 찾아야 했다.

5:8. 아모스는 아모스서의 가장 핵심적인 부분마다(1:2, 4:13, 5:8-9, 9:5-6) 이스라엘의 예배 가운데 사용된 짧은 찬송시를 사용하여 이스라엘에게 이웃 나라의 신들과 다른 유일하신 참 하나님의 속성을 깨우쳐주려고 했다. 그분은 묘성(욥 38:31, 황소자리 - 역주)과 삼성(사 13:10, 오리온자리 - 역주)이라고 불리는 별자리를 만드셨다. 이스라엘의 이웃 나라들은 이 별자리를 예배해야 하는 신성한 것으로, 또 특별한 전문가가 신의 뜻이 무엇인지 읽을 수 있는 징조를 보내는 계시의 수단으로 보았다. 이스라엘은 그것을 하나님의 창조 대상으로, 하나님이 통치하시는 강력한 군대의 일부분으로 보았다.

이스라엘은 정의를 쑥 혹은 쓰라린 것으로 바꾸어버렸고, 하나님은 어둠을 새로운 빛과 새 희망의 새벽으로 바꾸셨다. 또한 만일 이스라엘이 하나님과 생명을 찾는다면 임박한 자신들의 장례식의 어둠을 빛과 생명으로 바꿀 수 있었다. 깊은 바닷물은 두려움과 떨림을 가져온다. 그것은 혼돈과 위험과 죽음을 상징한다. 하나님은 이 물을 들어 바닷가 모래 사장에 쏟아부으셨다. 그렇게 함으로써 땅에 필요한 수분을 공급할 수 있었으나 땅에 깊은 바다의 위험과 혼돈을 가져오실 수도 있었다. 하나님은 사람을 즐겁게 할 자유도 갖고 계시지만, 인간에게 징계와 심판을 내리실 자유도 갖고 계신다.

5:9. 그러나 이스라엘은 요새화된 성읍으로 방어벽을 구축했기 때문에 스스로를 강

하다고 생각했다(저자 번역). 그러나 아모스는 그래도 아무 소용이 없다고 경고했다. 하나님은 번갯불을 보내시는 것처럼 패망이 임하게 하셨다. 하나님은 원하실 때 패망이 산성에 미치게 하신다. 아모스는 기존에 거둔 승리와 방어막에 안주하지 말라고 선언했다. 하나님이 이 능력을 보이실 때에도 그분과 생명을 구하라.

D. 고난의 시기에 침묵을 지키라(5:10-13)

Supporting Idea	하나님이 자기 백성의 죄를 아시고 그들에게 심판을 베푸실 것이므로 지혜로운 자는 압제자들이 죽음을 당하는 동안 자기 행동을 돌아볼 것이다.

5:10. 모든 나라를 다스리시는(5:8-9) 창조주 하나님이 말씀하신다. 10-13절은 이스라엘도 동참한, 하나님이 경멸하시는 세 가지 행동을 다룬다. 하나님은 이스라엘에게 강한 어조로 말씀하신다. 그들의 사법 제도는 무너져버렸다. 이스라엘의 장로는 성문 통로에 앉아 백성들의 송사를 들을 의무가 있었다. 그는 사건을 판결하고 곤란한 상황을 중재하여 공동체 안에서 정의를 유지시켰다. 성문의 장로는 책망하는 자이다. 그는 소송의 양 당사자의 말을 듣고 누가 옳고 누가 벌을 받아 마땅한지 결정하며 죄인에게 벌을 내린다(합 1:12).

정직히 말하는 자는 소송에서 자기가 경험한 것을 그대로 말하는 증인이다. 그러나 사법 제도가 시행되도록 노력하는 사람에게 어떤 일이 일어나는가? 사람들은 그들을 미워하고 싫어한다. 예배가 이스라엘에서 제대로 시행되지 않은 것은 정의와 공의가 아닌 죄와 이기심이 매일의 삶을 지배했기 때문이다.

5:11. 아모스는 이스라엘의 문제점을 더욱 솔직하게 묘사한다. 예배하던 백성은 가난한 자를 밟고 곡식에 세를 강제로 부과하던 바로 그 사람이었다. 이스라엘의 경제 제도는 소규모의 지주와 그가 속한 부족 안에 소속되어 있는 땅에 의존하고 있었다. 이것은 하나님이 여호수아로 하여금 그 땅을 부족들에게 나누어줄 때 의도하셨던 것이다(수 13-21장). 그런데 힘 있는 사업가가 이 모든 것을 바꾸었다. 그들은 백성들을 부채의 늪에 빠뜨렸고, 그 빚을 갚도록 하기 위해 그 땅을 가져갔으며, 이어서 자신들을 위해 과거의 소유자들에게 그 땅을 경작하고 그 땅을 빌리는 대가로 과도한 세를 강제로 내게 했다.

5:12. 하나님을 구하지 않는 그런 예배자를 위해 하나님은 심판이라는 최후의 말을 선포하셨다. 그들은 자기 노동의 열매를 누리지 못할 것이다. 왜냐하면 모든 것을 아시는 하나님은 그들이 지은 죄악을 아시기 때문이다. 그분은 그 숫자, 곧 그들이 다른 사람을 해침으로써 그분께 불순종한 적이 몇 번이나 되는지 모두 아셨다. 하나님의 삶의 방식을 지키려 했던 대부분의 궁핍한 의인들은 압제를 당했다. 경제적 정의는 뇌물에 의해 무너졌다. 다른 사람들의 필요는 무시되었는데, 특히나 하나님을 예배하는 이들로 인하여 더욱 악화되었다.

5:13. 그런 죄악된 시기에 하나님은 자기 백성을 향해 하나의 조언을 들려주셨다. 그것은 잠잠하는 것이다. 여기서 다시 선지자의 역설과 언어 유희가 나타난다. 지혜자 혹은 신중한(히. 마스길, maskil) 사람은 '성공한 사람' 혹은 '가르칠 수 있는 사람'을 의미하기도 한다. 잠잠하다(히. 다맘, damam)는 어구는 애도하고 통곡하는 것 혹은 죽는 것을 의미할 수 있다. 지혜로운 사람은 선지자의 말에 귀 기울이는 사람이다. 그는 사회의 악에서 손을 떼고, 심판의 때에 하나님의 보호하심을 찾을 것이다. 그러나 아모스의 정죄를 받은 대지주들인 '성공한 사람'은 탄식 가운데 울고, 가르칠 수 있게 되거나, 혹은 땅에서 멸망당할 것이다. 따라서 이 진술은 신실한 사람에게는 위로가 되는 한편, 예배하는 압제자들에게는 경고가 된다.

E. 악이 아니라 하나님을 구하라(5:14-15)

Supporting Idea	하나님의 백성은 하나님의 심판에 직면해 있음을 알고 있는 고난의 시기에 자신의 삶의 방식을 바꾸고, 악이 아니라 선을, 압제가 아니라 공의를 구해야 한다.

5:14-15. 여기서 마지막으로 한 마디 조언이 등장한다. 하나님은 자신의 초대장을 발부하신다. 선을 구하고 악을 구하지 말지어다. 악을 미워하고 선을 사랑하며 성문에서 공의를 세울지어다. 이것은 예배자들이 자신의 믿는 바를 진정으로 드러내는 방식이다. 고난의 시기에도 하나님은 희망의 마지막 빛줄기를 제공하신다. 그렇게 하면 너희가 살 수 있다. "혹시 만군의 하나님 여호와께서 은혜를 베푸시면"(저자 번역). 그러나 그것은 요셉의 남은 자에게뿐이다. 도망은 더 이상 가능하지 않다. 하나님은 자기 백성을 남은

자로 줄여버리실 것이다. 그들은 그분의 초대를 듣고 자신의 삶을 참된 예배를 통해 만들어진 삶으로 변화시키는 마지막 기회를 얻게 될 것이다. 그렇게 할 수 있는 유일한 길은 회개를 통해서, 즉 하나님이 악하다고 보시는 법적 압제와 거짓 예배에서 돌아서서 하나님이 자기 백성들에게 기대하시는 참된 예배와 정의로 돌아오는 것이다.

F. 하나님은 이스라엘의 남은 자를 찾으신다(5:16-17)

Supporting Idea	탄식과 분노는 하나님이 자기 백성의 죄를 심판하시고 벌하시기 위해 그들 가운데 오실 때 남아 있는 유일한 행동이다.

5:16. 선지자의 불길한 **그러므로**는 하나님의 심판이라는 역설적 선언을 들려준다. 1-3절에서 표현된 애가가 다시 소개되고 있다. 이스라엘은 공적으로 탄식해야 한다. 비록 성읍 사람들이 시골 사람들을 압제했더라도 성읍 사람들과 시골 사람들이 함께 모여야 했다. 그리고 전문 **울음꾼**이 앞장을 섰다.

5:17. 포도원에서 즐거움을 가져다주는 음료를 만드는 일을 하는 일꾼조차도 그 애도에 참여해야 한다. 그런 전국적인 슬픔과 상처를 가져온 것은 무엇인가? 하나님은 **내가 너희 가운데로 지나갈 것**이라고 선언하셨다. 하나님이 자기 백성들 가운데 나타나심은 축복이 아니라 심판을 가져올 수 있다. 하나님이 죄인들 가운데 임재하심은 무서운 일이며, 특히 자신의 죄를 인정하고 회개하기를 거부한 죄인들에게는 더욱 그렇다.

아모스는 이스라엘에게 자기 하나님을 만날 준비를 하라고 초대했다. 이제 그는 그 만남이 어떤 모습이 될지 설명한다. 그 만남은 지금까지 그 어느 것도 하지 못했을 정도의 눈물과 슬픔을 가져올 것이다. 이스라엘은 하나님이 내리신 징계의 본보기들을 보아왔다. 이제 그들은 그보다 더 심한 것, 마지막 심판에 그분이 임재하신 것을 경험하게 될 것이다.

G. 제사가 아니라 공의를 구하라(5:18-27)

Supporting Idea	하나님의 재앙이 하나님의 백성에게 임하면, 그들은 하나님의 말씀에 귀 기울이고, 모든 계층과 그룹이 공평과 정의로운 대접을 받는 의로운 삶으로 돌아와야 한다.

5:18. 장례 절차에 사용되는 언어는 이스라엘에게 임한 화를 선포하는 선지자의 의도를 잘 드러낸다. 이 히브리어(호이, hoy)는 사랑하는 사람의 죽음으로 인한 슬픔을 애도하는 사람으로부터 나왔다. 애도와 슬픔이 그 나라를 휩쓸 것이다(5:16-17). 그들은 하나님이 여호와의 날에 오셔서 구원을 베푸실 것이라고 기대했다. 그들은 자신들이 당하고 있는 어둠을 몰아낼 하나님의 빛을 기다렸다. 그러나 아모스는 그들에게 자신의 신학적 전통을 의지하지 말라고 경고했다. 그들이 하나님의 날에 관해 배운 것은 모두 잘못되었다. 그날은 어두움이요 빛이 아니다.

5:19. 하나님은 심판 가운데 오실 것이다. 백성들이 최악의 심판에서 벗어났다고 생각할 때, 그들은 더 크고 거센 대적을 만나게 될 것이다. 사자를 피하다 곰을 만나고, 허겁지겁 집으로 들어가 숨을 고르기 위해 벽에 손을 짚다가 독이 든 뱀에게 물릴 것이다.

5:20. 그리고 아모스는 무서운 결론을 내린다. 여호와의 날이 어찌 어두워서 빛이 없음이 아니며 캄캄하여 빛남이 없음이 아니냐.

5:21-23. 하나님은 왜 자기 백성에게 이렇게 행하시는가? 그들은 정해진 시기에 항상 예배를 드리지 않았던가? 그들은 출애굽기, 레위기, 민수기 가운데 정해진 예배 조건들을 충족시키지 않았는가? 무엇이 잘못되었는가? 하나님의 대답은 간단했다. 내가 너희 절기를 미워하여 멸시하며 너희 성회들을 기뻐하지 아니하나니. 예배와 의식은 혹시 빠뜨린 것은 없는지 확인하기 위해 영감받은 설명서를 점검하는 가운데 정해진 행위를 진행하는 것 이상이 되어야 한다. 예배는 율법의 조문을 모두 수행했지만 그럼에도 여전히 예배가 되지 않을 수도 있다. 어떻게 그런 일이 일어날 수 있는가?

그 답은 제물의 가치에 있지 않다. 인간은 하나님의 호의를 얻기에 충분할 만큼의 대가를 지불할 수 없다. 그 답은 노래 소리의 품질에 달려 있지도 않다. 사람은 하나님의 분노를 누그러뜨리거나 그분의 기쁨을 보장할 만큼 훌륭한 노래를 부르거나 연극을 할 수 없다. 중요한 것은 예배의 중심이지 행사의 질이 아니다. 찬양대, 훌륭한 악기, 혹은 많은 헌금을 드리는 사람이 없는 교회도 필요한 모든 것을 갖춘 오늘날의 대형 교회보다 하나님을 훨씬 더 기쁘시게 할 수 있다.

5:24. 하나님은 자기를 예배하는 자들에게 한 가지를 요구하신다. 공법을 물같이, 정의를 하수같이 흘릴지로다. 주일에 드리는 진정한 예배의 성패는 주중 다른 날의 의로운 삶에 달려 있다. 하나님께 순종하는 사람만이 그분을 진정으로 예배할 수 있다. 그들은

월요일에 이웃 사람을 이용할 수 없고, 화요일에 거래를 속임수로 진행할 수 없으며, 수요일에 거짓말을 늘어놓을 수 없고, 목요일에 배우자를 속일 수 없으며, 금요일에 친구와 싸울 수 없고, 토요일에 술에 취해 망나니 노릇하다가 주일이 되었다고 예배를 드릴 수는 없다. 그 사람의 예배는 그 사람의 삶으로부터 나온다. 순종의 삶만이 하나님이 받으시는 예배를 드릴 수 있다. 그분은 예배 의식에 앞서 정의를 요구하신다.

5:25. 그러나 여기서 이스라엘의 반론을 들을 수 있다. '우리는 모세가 우리에게 행하라고 가르친 것을 행했습니다.' 그에 대해 하나님은 이런 질문으로 대답하신다. 너희가 어린 내 백성이었을 때, 광야에서 나를 섬기기 시작했을 때, 무엇을 했느냐? 너희가 광야를 돌아다니며 모든 의식 규정들을 지켰느냐? 당연히 그렇지 않다! 만일 그때 그것이 절대적인 조건이 아니었다면, 지금도 절대적인 조건이 아니다. 하나님이 가장 원하시는 것은 다른 것이다. 정의는 언제나 예배 의식보다 앞선다.

5:26. 동전의 뒷면을 보라. 너희는 정의 대신에 무엇을 행했는가? 너희가 너희 왕 식굿과 너희 우상 기윤 곧 너희가 너희를 위하여 만들어서 신으로 삼은 별 형상을 지고 가리라.

'너희 왕' 과 '너희 우상' 은 히브리인들이 조금이라도 알고 있는 가장 먼 행성인 토성을 가리킨다. 이스라엘은 분명 자신의 대적인 앗수르와 바벨론을 흉내내어 토성을 신으로 섬기는 법을 배웠을 것이다. 아모스는 그들에게 별과 행성은 신이 아님을 깨우쳐 주어야 했다. 그들에게는 능력이 없다. 천체는 하나님의 피조물이며, 그들이 지상에서의 예배 가운데 사용하는 형상들은 인간이 만든 것이다.

5:27. 아모스는 메시지의 간결한 결론을 제시한다. 내가 너희를 다메섹 밖으로 사로잡혀가게 하리라. 다메섹을 중심으로 하는 수리아는 이스라엘의 적으로 보일 수 있었다. 그러나 그렇지 않다. 바로 이스라엘이 차지하고 있는 영토에 대한 지배권을 주장하고 있는 수리아 뒤에는 동쪽의 앗수르와 바벨론이 도사리고 있다. 그들이야말로 두려워해야 할 적이다. 그들은 결국 하나님의 백성을 포로로 잡아갈 자들이다. 한 세대가 지난 뒤에 아모스의 말이 현실이 되어 앗수르가 북왕국을 포로로 잡아갔다.

H. 부자들에게 임한 화(6:1-7)

Supporting Idea	부는 하나님을 예배하고 순종하지 않을 사람들에게 안전을 가져다 주지 못한다.

6:1. 선지자는 다시 이스라엘의 부유층을 정죄하기 위하여 장례식 수사법을 선택한다. 이스라엘의 지배층은 시온에서 안일, 혹은 만족해했다. 그들은 국가적인 상황이나 선지자의 예언에도 아랑곳하지 않고 자기 만족에 빠진 채 태평했다. 그들은 사마리아 산에서 마음이 든든했다. 아모스는 열방에 대해 예언한 서두의 신탁에서 행한 것처럼(암 1-2장) 여기서도 남왕국을 첫 번째로 소개했다. 시온 산은 종교적, 정치적 전통을 가지고 있는 예루살렘을 가리킨다. 그곳은 아모스의 수도였다. 아모스는 남왕국에 임할 재앙을 선언함으로써 북왕국에서 신뢰를 얻고, 사람들이 그의 말을 듣게 되었다. 사마리아 안에 있던 그의 청중들은 예루살렘의 희생의 대가로 그들이 그날에 남쪽으로 이동하여 자기 영토와 힘을 확장할 수 있을 것이라고 기대했다.

그러나 아모스는 북왕국의 수도인 사마리아 산으로 빨리 화제를 돌렸다. 당시 사마리아는 세상에서 가장 강력하고 영향력 있는 도시 가운데 하나로 잘나가고 있었다. 하나님의 예언의 말씀은 그런 권력과 번영의 종말을 지목하였다. 이제는 사마리아의 장례를 선포할 때이지만, 아무도 귀담아들으려 하지 않았다. 사마리아 사람들은 유명한 자들이고 고위층이었다. 그들은 열국 중에서 우승하여 이스라엘에 영향력을 행사했다. 이스라엘 족속은 그들에게 찾아와 조언과 방향을 구했다. 이 사람들은 중요한 일을 하느라 너무 바쁘고 권력에 깊이 취해 있었다. 그래서 남쪽 선지자의 장례식 수사법에 신경을 쓸 시간이 없었다.

6:2. 아모스는 자기 나름대로 나아갈 방향이 있었다. 갈레에 건너가라. 그곳은 북서 수리아에 있는 성읍 국가였다. 아모스 시대에 그곳은 수리아의 다른 성읍 국가들과 앗수르 그리고 이스라엘로부터 위협을 받았다. 하맛은 오론테스 강에 위치한 수리아 중심지의 또 다른 성읍 국가였다. 그곳은 이스라엘이 영유권을 주장하는 북쪽 국경으로, 이스라엘은 아모스 시대 때 그곳에 대한 권리를 주장했다(민 13:21, 겔 47:20). 가드는 아모스 1장 6-8절의 목록에 언급되지 않은 블레셋 성읍이었다. 그곳은 지중해 연안에서 내륙 쪽으로 위치하여 유다에서 가장 가까운 블레셋 성읍이었다. 가드는 아모스 시대에

안전이나 권력을 주장하지 않았다(대하 26:6). 아모스는 북동쪽에서 남서쪽으로 여행을 해온 뒤에 불쑥 비극적인 질문을 던진다. 그곳들이 이 나라들보다 나으냐.

갈레와 하맛, 그리고 가드 세 성읍 모두 풍성한 역사를 갖고 있었지만, 그들은 아모스 시대에 독립을 유지하기 위해 애썼다. 그들은 유다와 이스라엘보다 별로 나을 것이 없었지만, 이스라엘과 유다도 이웃한 세 성읍 국가보다 나을 것이 없었다. 그들의 땅은 이스라엘이나 유다의 땅보다 넓지 않았다. 하나님은 이웃한 땅을 취하셔서 자신이 택한 누구에게라도 주실 수 있으셨다. 그리고 그분은 이스라엘 땅에 대해서도 그렇게 하실 수 있으셨다.

6:3. 이스라엘의 무책임한 지도자들은 흉한 날을 '연기시켰' 지만, 폭력의 지배(개역한글은 '강포한 자리' - 역주) 혹은 그보다 '폭력의 중단' (역자 번역)을 '초대' 혹은 '예정보다 앞당겨 축하' 했다. 이스라엘은 선지자의 경고를 무시하고 마치 심판의 날이 결코 오지 않을 것처럼 살았다. 그들은 현실에서 도피하여 자신들이 위험이 없는 왕국을 세웠기 때문에 자신들의 시대에 폭력이 없는 것을 축하할 수 있다고 생각했다. 아모스는 여기서 언어 유희를 사용한 것이 분명하다. 사람들은 폭력이 없을 것이라 기대했지만, 히브리어의 동일 어구를 '폭력의 지배' 로 이해할 수 있다. 아모스는 이스라엘이 다만 그런 폭력의 지배를 세웠다고 말했다. 시온에서 안온하고 사마리아의 산을 신뢰하는 이들, 곧 정치적, 경제적 상류층은 경제적 하위 계급을 압제하는 행동으로 자신의 생활 방식을 새겨넣었다.

6:4. 아모스는 지도층의 생활 방식을 사실적으로 묘사했다. 그들을 위해 농장과 가게에서 노예처럼 일하는 백성들은 가구도 거의 없고, 고기도 좀처럼 먹어보지 못할 때 그들은 값비싼 가구에 기대 누우며 최상급 고기로 식사를 했다.

6:5. 이 이스라엘 상류층은 노래를 만들면서 자신이 이스라엘의 최고 음악가인 다윗과 같은 사람이라고 생각하느라 시간을 보냈다. 다윗처럼은 개역한글에서와 마찬가지로 문장 앞부분이 아니라 뒷부분에 연결된다. 마지막 어구의 의미는 정확히 무엇을 의미하는지 분명하지 않다. 이 동사는 '추정하다, 생각하다, 상상하다, 계획하다, 혹은 발명하다' 등을 의미할 수 있다. 그 동사의 직접 목적어는 문자적으로 '노래 그릇들' 이다. 그것은 노래하기, 노래 만들기, 자신의 음악 창작물에 관해 상상하기, 혹은 새로운 노래나 악기 만들기일 수 있다.

6:6. 재앙이 다가오고, 이스라엘 귀족들은 귀한 기름과 화장품을 자기 피부에 바르고 포도주를 목구멍에 들이부었다. 그러나 그들은 요셉의 환난을 인하여는 근심하지 않았다(더 문자적으로는 '역겨워하지 않았다'). 그들의 나라는 마지막을 향해 가고 있었다. 장례식 선언이 전해진 것이다. 이스라엘의 실력자들은 포도주와 미용술로 스스로를 안위했다.

6:7. 그런 생활 방식의 끝이 가까웠다. 기지개 켜는 자의 떠드는 소리가 더 이상 허락되지 않을 것이다. 하나님이 말씀하시는 그러므로는 암울하게 들린다. 이 백성은 포로가 되는 길에 들어설 것이다. 그 나라는 죽고 폐허의 길로 접어들었다.

I. 혐오의 맹세(6:8-14)

Supporting Idea	하나님은 그 생활 방식이 하나님이 기대하시는 것과 정반대가 된 백성에게 완전한 멸망을 내리시겠다고 맹세하신다.

6:8. 아모스는 심판하시겠다는 하나님의 결단이 얼마나 심각한지 보여주기 위하여 하나님의 이름과 감정에 호소하는 용어를 사용한다. 서두는 문자적으로 이렇게 읽을 수 있다. "주 야훼께서 자신의 영혼으로 맹세하셨다. 만군의 주 야훼의 신탁이다." 여호와께서는 이스라엘에게 그들이 우주의 모든 권세를 주관하시는 힘과 거래를 하고 있음을 일깨워주셨다. 그분은 만유의 주시다. 하나님은 이스라엘에게 그들이 출애굽의 주님과 거래를 하고 있음을 일깨워주셨다(출 1-15장). 그분은 그들을 한 나라로 만드시고, 노예 상태에서 구해주시고, 그들과 언약을 세우신 분이다(출 19-24장). 만군의 여호와는 자신의 군사력과 성취를 자랑스러워하는 민족에게 자신이 바로 이스라엘의 군대와 하늘의 군대를 통치하고 계심을 깨우쳐주셨다. 그 어떤 군대도 감히 그분의 군대를 공격하지 않을 것이다.

이 전능하시고 모든 것을 주관하시는 하나님이 화를 내신다! 그분은 이스라엘의 건방진 교만(혹은 영광, 개역한글)에 기분이 상하셨다. 그분은 이스라엘의 군사력을 상징하며 그들로 하여금 자신의 성읍과 국가는 침입할 수 없다고 생각하게 만드는 궁궐 혹은 요새를 혐오하신다. 이스라엘은 자신이 두 번 다시 적에게 항복하지 않을 것이라고 생각했다. 하나님은 이렇게 말씀하신다. "내가 그 성읍과 그 안의 모든 것을 네게 넘겨줄 것이다(저자 번역)." 너는 그 성읍을 소유하거나 다스리지 않는다. 너는 언제 넘겨줄지 결정하지 않는다. 내가 그 성을 다스리며 내가 택하는 이에게 넘겨줄 것이다. 나는 네게 화가 났고, 네 성읍을 적에게 넘겨주었다. 너희도 곧 포로가 될 것이다.

6:9. 하나님은 이스라엘을 부분적으로 포기하시는 것이 아닐 것이다. 한 집에 적으로부터 피하려는 사람이 열 사람이 있으며, 그 열 모두 죽을 것이다. 한 사람도 피하지 못할 것이다.

6:10. 마지막으로, 이스라엘은 하나님의 능력과 임재를 배우겠지만, 끔찍한 방식으로 배울 것이다. 두 사람이 말한다. 한 사람은 집 안에 있는 사람의 사랑하는 사람 혹은 친척이다. 이 '사랑하는 사람' 이 '그를 소각하는 사람' 이 되어 정체를 알 수 없는 사람에게 말을 하거나, 그 두 번째 사람이 시신을 불태워야 한다. 이것은 상황이 얼마나 엄중한지를 보여준다. 왜냐하면 이스라엘은 일반적으로 시신을 불태우거나 소각하지 않았기 때문이다(수 7:15, 25). 이것은 무서운 전염병이 돌아서 일반적인 관습을 깨뜨리게 되었거나, 아니면 목숨을 잃은 사람이 너무 많아서 현실적으로 소각만이 이 거대한 숫자의 시신을 처리할 수 있는 유일한 방법이 된 것이다.

어느 경우든, 그 친족은 자기가 사랑하는 사람의 "뼈를 들어 집 밖으로 가져가면서 안에 누가 있는지 물어볼 것이다"(저자 번역). 질문은 하나였다. 너와 함께한 자가 있느냐? 그리고 신속하게 한마디의 답이 나온다. '없다' 혹은 문자적으로 '이게 끝이다' . 그 즉시 응답이 들려온다. "쉿, 누구도 야훼의 이름을 기억할 수 없게 될 것이다."

하나님은 철저한 심판을 내리셨다. 그분은 자신의 놀라운 능력을 증거하셨고, 이스라엘의 교만을 얼마나 미워하셨는지를 분명히 보이셨다. 그런 상황 속에서 그분이 다시 오셔서 또 다른 심판을 내리실까 두려워 아무도 거룩한 이름을 감히 부르지 못했다.

6:11. 하나님의 심판은 편애가 없다. 하나님은 멸망시키고 포로로 잡아가라는 명령을 내리셨다. 누구도 피할 수 없을 것이다. 그의 집이 크든 작든 폐허가 되어 파묻힐 것이다.

6:12. 선지자는 곧바로 핵심을 지적하기 위해 부정적인 대답을 기대하는 수사법적 질문을 던진다. 말들이 어찌 바위 위에서 달리겠으며 소가 어찌 거기 밭 갈겠느냐. 분명히 그럴 수 없다. 그러나 이스라엘의 행동은 바다가 보이는 거대한 바위 골짜기를 갈려고 애쓰는 농부와 같은 모습이었다. 하나님은 일관되게 공법을 요구하셨다. 이스라엘은 공동체 안에 평등과 공평을 유지해야 하는 공의를 공동체에 죽음을 가져오는 독이 있는

식물로 바꾸었다. 하나님은 정의가 자기 백성의 특징이 되어 그들의 공동체의 안정적인 질서가 유지되기를 기대하셨다. 정의로 사는 자는 공의를 열매로 맺을 것이다. 그러나 이스라엘의 지도층은 쓴 맛이 나는 인진쑥을 열매 맺었다(암 5:7).

6:13. 이 백성은 하늘 군대를 주관하시는 대장으로부터 위협을 받았고, 그들은 로 드발(Lo Debar), 문자적으로 '허무한 것' 에 대한 승리를 축하할 시간을 얻었다. 그들은 이렇게 주장했다. "우리의 뿔(가르나임, Karnaim)은 우리 힘으로 취하지 아니하였느냐?" (저자 번역). 로 드발은 요단 강 동쪽의 성읍 국가였다(삼하 9:4-5). 야르묵 강 바로 북쪽에 있는 가르나임은 바산이라 불리는 요단 저편의 북부에서 가장 중요한 성읍이었다. 분명히 여로보암 2세는 최근에 동쪽과 북쪽으로 영토를 확장하는 가운데 이 성읍들을 취하였을 것이다. 이로 인해 이스라엘은 자기 힘이 얼마나 강한지 느꼈을 것이다. 아모스는 그것이 '허무한 것' 이라고 선언했다. 하나님이야말로 능력과 힘을 가진 유일한 분이시다.

6:14. 하나님은 곧 자신의 능력과 힘을 보여주실 것이다. 그분은 대적의 나라를 일으켜 이스라엘을 압제하실 것이다. 여로보암 2세가 이스라엘을 위해 새로 정복한 모든 영토(왕하 14:25)는 하나님이 세우신 적국이 돌려받을 것이다. 하맛 어귀 혹은 르보 하맛(Lebo Hamath)은 아모스 6장 2절에 언급된 수리아의 성읍 국가의 남쪽 국경을 가리킨다(겔 48:1). 아라바 시내 혹은 아라바 오아시스는 우기에만 물을 공급하는 사해로 흐르는 강을 가리킨다. 그 강은 여로보암 2세의 정복 가운데 남쪽으로의 확장을 가리킨다.

이스라엘이 거둔 모든 전리품은 잃게 될 것이다. 이스라엘은 충분히 오랫동안 잔치를 즐겼다. 그들은 하나님의 일에 신경을 쓰거나 하나님의 경고에 주의를 기울이지 않았다. 그 마지막이 눈에 들어왔다. 하나님이 매일의 삶에 아무 영향력이 없을 때, 하나님 없이 살아가는 사람들은 더 이상 살 수 없게 될 것이다.

Main Idea 복습	종교는 일상생활에 영향을 미친다. 사람들은 하나님과의 관계에 초점을 맞춘 사랑 많고, 일관되고, 경건한 행동을 통하여 하나님을 향한 자신의 믿음을 증거한다.

결론

우리의 사법 제도

필립 얀시는 그의 저서 「놀라운 하나님의 은혜(What' s So Amazing About Grace?, IVP)」에서 1990년대의 연쇄 살인범 제프리 다머(Jeffrey Dahmer)가 어떻게 미디어를 독점했는지를 들려준다. 그는 열입곱 명의 젊은이를 학대한 뒤 살해하고, 그들의 인육을 먹었으며, 나머지 시신은 냉장고에 넣어 보관했다. 그의 이야기는 경찰관들이 그의 희생자 가운데 한 사람의 호소를 무시한 사실이 드러나면서 더 큰 주목을 받게 되었다. 다머는 교도소 안에서 새로운 사법 제도를 만나게 되었는데, 그것은 '교도소의 정의' 로, 동료 죄수가 그를 빗자루로 때려 숨지게 한 것이다.

우리는 이런 일들을 접하면 치를 떨면서 우리가 자랑하는 사법 제도와 공정함이 어떻게 그렇게 철저하게 무너져버릴 수 있는지 의아해한다. 우리는 이스라엘과 같은 생각을 하고 있으며, 자신의 종 아모스를 통해 그들에게 말씀하시는 하나님의 메시지를 들을 필요가 있다. 하나님의 메시지는 오늘날 우리에게도 진정한 예배와 참된 삶에 대해 말씀하신다. 만일 우리가 하나님의 말씀에 귀를 막지 않는다면, 중요한 핵심이 우리에게 외치는 소리가 들릴 것이다.

■ 진리 알기

- 참된 삶은 우리가 순종함으로 하나님을 찾을 때 오는 것이지 전통적인 예배 의식을 수행할 때 오는 것이 아니다.
- 하나님은 하나님께 예배드리는 자들이 다른 이들을 공평하게 대하고, 자신의 이익을 위해 그들을 이용하지 않기를 기대하신다.
- 하나님은 우리가 일주일 동안 정의와 공의를 넓히지 않을 때 우리의 예배를 싫어하신다.
- 하나님은 공의를 실현하는 계획을 갖고 계신다. 설령 그렇게 되면 여호와의 날이 자기 백성에게 어둠을 의미하게 되더라도 말이다.

• 개인이나 나라를 위한 유일한 희망은 하나님과 인격적인 관계를 구하는 것이다.
• 하나님과의 인격적인 관계는 한 나라와 개인의 삶의 방식을 변화시켜 선과 의를 추구하게 만든다.
• 부유함이 하나님의 기뻐하심을 보장하거나 가리키지는 않는다.

■ 적용하기

• 당신이 예배에 참석하는 다섯 가지 이유를 들어보고, 각각의 이유에 대해 하나님이 어떻게 반응하실지 여쭈어보라.
• 당신이 가난하고, 외롭고, 의지할 데 없는 사람을 도와줌으로써 공동체의 공의를 증진시킬 수 있는 방법을 찾으라.
• 하나님이 여호와의 마지막 날을 임하게 하시면 어떤 일이 일어날지 당신이 기대하는 것들을 적어보라.
• 교만이 어떤 방식으로 당신의 행동의 방향을 정하고 하나님의 미움을 자극하는지 알아보라.
• 자기 만족과 거짓된 안정감이 어떻게 당신을 하나님으로부터 분리시킬 수 있는지 스스로에게 물어보라.

삶의 적용

우리 공동체 안에서 정의를 구현하는 하나님의 종

그를 짐(Jim)이라 부르기로 하자. 그는 한 목회자의 친한 친구이다. 그는 느긋한 시골풍의 방식으로 교회의 교인 되는 것이 어떤 것인지에 관한 몇 가지 교훈을 가르쳐주었다. 그는 한 번도 교사가 되어 가르치거나 집사로 봉사한 적이 없으며, 교회 모임에 불참함으로써 빈자리가 자주 눈에 띄는 사람이었다. 내가 그를 존경하게 된 것은 나머지 월요일, 화요일, 수요일, 목요일, 금요일에 그를 발견한 곳이었다.

그는 그런 날 가운데 하루는 교회 사택에서 무언가 고장난 것을 고치곤 했다. 다른 날이면 지역 사회 안의 다른 사람들과 어울려 그들을 대신해 자치 단체의 대변인 노릇도 하고 그밖의 많은 일을 했다. 많은 사람들이 그에게 돈을 빌리기도 하고, 어떤 이들은 자기 십대 자녀에 관해 이야기를 하고 그에게 솔직한 충고를 듣느라 그의 시간을 빼앗기도 했다. 그는 소작인들에게 그들의 권리를 확실히 알려주었는데, 심지어 자기 땅에서 자기를 위해 농사를 짓고 있는 소작인들에게도 마찬가지였다. 그는 여러 인종의 사람들과도 교제하면서 그들이 큰 문제를 해결하는 데 도움을 주었다. 그는 술에 취해 아내와 자식들을 함부로 대하는 변덕스러운 남편들을 꾸짖었다. 그는 우리 지역 사회 안에서 정의를 구현하는 하나님의 종이었다. 그에게 예배는 매우 중요한 것이지만, 사람들을 돕는 것은 더 큰 의미를 갖고 있었다.

아모스라면 이 사람의 행동을 인정해줄 것이다. 선지자는 이스라엘에게 하나님은 참된 예배에 의식보다는 정의를 명하신다고 가르쳤다.

기도

정확하시고 공의로우신 하나님 아버지, 우리는 상한 마음을 가지고 당신께 나옵니다. 우리는 우리의 충성심을 우리 교회에 자랑하며, 우리의 신실함을 그 예배에 뽐냅니다. 또한 우리 자신과 우리의 안락함과 편안함에 전념하는 것을, 심지어 그것을 함께 나눌 수 없는 사람들을 희생시키면서 얻었을 때에도 자랑합니다. 어떻게 하면 정의가 펼쳐져 모든 사람이 공의의 열매를 함께 누릴 수 있는지 보여주십시오. 아멘.

심층 연구

A. 하나님을 찾음(5:4-6, 14)

아모스는 5장에서 하나님이 요구하시는 것들을 '찾으라(히. 다라쉬, darash)'는 한마디 말로 웅변한다. 이 히브리어는 폭넓은 의미를 갖고 있다. '조심스럽게 찾다, 돌보다(사람, 렘 30:14 혹은 길 잃은 동물, 신 22:2), 질문하다, 탐문하다, 조사하다, 몰두하다, 하나님께 간청하다, 물어보다, 하나님께 말씀을 구하다.' 그 기본적인 의미에는 지식을 추구하는 것이 포함된다. 의미의 확장은 그 대상이 공의(사 16:5), 하나님의 사역(시 111:2), 혹은 다른 사람을 위한 평화와 번영(겔 9:12)과 같은 이상적인 가치일 때 그 말에 감정적인 요소가 추가된다.

아모스는 깊은 종교적 의미로 가득 찬 용어를 택하여 북왕국의 청중들을 향해 풍자적으로 비틀어 말했다. "아모스서의 핵심 메시지는 이스라엘이 이제 야훼와 직접 거래를 해야 한다는 것이다. 그분은 성소와 순례자들의 야훼가 아니라 이스라엘에 새로운 행위를 실행하실 미지의 야훼이시다"(G. von Rad, 「Theology of the Old Testament」, II, 134). 아모스는 백성들에게 예배하라고 외치는 제사장을 본받아 그들에게 예배처를 버리고 하나님 자체를 찾으라고 명한다.

예배 행위로는 충분하지 않다. 예배가 의미 있기에 앞서 하나님과의 관계가 든든해야만 한다. 예배가 전통에 의존하고 의미 없는 것이 되면, 하나님은 자기 백성을 예배 밖으로 부르시고 하나님께 돌아오도록 부르신다. 단지 예배만 찾는 사람은 죽음을 맞이하며, 하나님을 찾는 자는 살 것이다. 진정으로 하나님을 찾는 이는 또한 그 이상을 찾는다. 그것은 다른 사람의 유익이다. 아모스에게 하나님을 찾는 것은 선을 찾는 것이다.

교안

A. 들어가는 글

1. '하나님을 구하고 정의를 행하라' 이야기로 시작하라.
2. 배경 설명 : 아모스는 이스라엘의 예배의 풍요로움과 예배에 참석하는 백성의 부요함을 보았다. 그리고 예배에 참석하는 이들을 위해 종노릇하는 이들의 가난함을 보았다. 무언가 앞뒤가 맞지 않았다. 예배는 크게 분리된 두 가지 계급을 만들었다. 부자와 가난한 자, 다시 말해 교만한 예배자와 하찮은 방관자이다.
3. 적용 : 만일 평화와 안전과 자기 확신이 하나님의 축복과, 주님과 올바르게 서 있는 것을 나타내지 않는다면 무엇이 그렇게 하겠는가? 우리가 하나님 나라의 충분한 자격을 갖춘 회원인 것을 어떻게 알 수 있는가? 아모스는 5장과 6장에서 이 질문에 신속하게 대답한다.

B. 본문 이해

1. 당신의 장례식을 살짝 엿보라(5:1-3)
2. 다른 것이 아닌 하나님을 구하라(5:4-7)
3. 여호와는 그분의 이름이다! 그분을 찾으라(5:8-9)
4. 고난의 시기에 침묵을 지키라(5:10-13)
5. 악이 아니라 하나님을 구하라(5:14-15)
6. 하나님은 이스라엘의 남은 자를 찾으신다(5:16-17)
7. 제사가 아니라 공의를 구하라(5:18-27)
8. 부자들에게 임한 화(6:1-7)
9. 혐오의 맹세(6:8-14)

C. 결론 : '우리의 사법 제도' 를 읽어주라.

토의 질문

1. 당신 교회의 예배 가운데 어떤 요소들이 하나님을 기쁘시게 하는가? 그리고 어떤 요소들이 기분을 상하시게 하는가?

2. 당신이 살고 있는 공동체에서 가장 필요한 사람에게 선과 공의를 가져다줄 수 있도록 봉사할 수 있는 다섯 가지 기회를 목록으로 만들어보라.

3. 우리가 악을 미워하고 선을 사랑한다는 것을 보여주기 위해 할 수 있는 것은 무엇인가?

4. 현재 우리의 정치 제도 안에서 우리 사회에 정의와 공의를 기대하는 것이 가능한가?

아모스 7:1-8:3

선지자의 이득

"역사는 성경에 바탕을 둔 믿음을 무너뜨리는 것이 절대 불가능하다는 것을 증명한다. 설령 그 나라에서 가장 파괴적인 혁명을 통한다 해도 말이다."

- 임마누엘 칸트(Immanuel Kant)

하나님은 아모스에게 세 개의 환상을 보여주셨다. 메뚜기 떼는 곡식을 모두 먹어버릴 것이다. 아모스는 호소했고, 하나님은 돌이키셨다. 불에 의한 심판은 가장 깊은 것이라도 모든 피조물을 멸망시킬 것이다. 아모스는 호소했고, 하나님은 돌이키셨다. 하나님은 담 곁에서 다림줄을 잡고 서 계시면서 그 벽이 굽은 상태로 세워졌음을 보여주셨다. 이제 하나님은 더 이상 자기 백성을 구하지 않으실 것이다. 이스라엘은 철저한 패배를 맛보았다. 벧엘의 왕궁 성소의 제사장인 아마샤는 아모스에 맞서서 남왕국으로 돌아가 자기 백성에게나 선포하라고 말했다. 아모스는 자신이 원래 선지자가 아니라 목자이자 과수원을 돌보는 사람이라고 증언했다. 그가 예언한 것은 오직 하나님이 그에게 명하신 것을 거부할 수 없었기 때문이다. 그는 아마샤와 이스라엘에게 임할 심판을 선언했다. 마지막으로 바구니에 담긴 과일 환상은 이스라엘이 하나님의 마지막 추수에 합당하게 무르익었음을 보여주었다.

들어가는 글

“여성 한 분만 더 만나야겠어요”

우리의 선교 여행은 끝이 났고, 이제 승합차에 올라타 공항으로 갈 시간이었다. “1분만 기다려주세요.” 아르헨티나 목회자가 불쑥 말했다. “떠나기 전에 여성 한 분만 더 만나야 합니다.”

우리 그룹은 그 말을 특별히 좋은 소식이라 여기지 않았다. 그러면서도 그 목회자와 함께 한 블록 더 걸어가 거실에 앉아 앞에 놓인 식탁 위에 성경을 펼치고 있는 여성에게 정중하게 인사했다. “나는 당신을 꼭 만나야 했어요.” 그녀가 말했다. “나는 당신들의 방문에 맞춰 계획위원회에 들렀지만, 그때 의사가 암을 발견했어요. 그리고 몇 주 전에 수술을 받았죠. 그것 때문에 당신들을 만날 수 없게 되어서 너무 싫었어요. 그렇지만 이 마을을 다니는 당신들의 발걸음을 위해 밤낮을 가리지 않고 기도했어요.” 이 죽어가는 여성은 자신이 확신하고 있는 것을 날마다 용기 있게 실천했다. 그 때문에 우리는 마지막 방문을 가져야 했고, 하나님은 우리가 부에노스아이레스에서 보낸 열흘간의 일정을 축복하셨다.

마찬가지로 아모스는 신실함 혹은 순종이란 다른 사람은 아무도 하지 않아도 하나님이 말씀하신 것을 행하는 것임을 알게 해준다.

본문 이해

선지자의 이득

Main Idea	하나님은 자기 백성의 숫자가 불신자들보다 크게 부족하더라도 그들이 신실하게 남아 있기를 기대하신다.

A. 선지자의 기도의 능력(7:1-6)

Supporting Idea	하나님은 신실한 중보 기도를 들어주신다.

7:1. 아모스는 하나님이 자기에게 주신 환상을 보고하기 위해 자신의 설교를 중단했다. 우선 그는 하나님이 거대한 **황충** 곧 메뚜기 떼를 준비하시는 것을 보았다. 그 시기는 급박했다. 왕은 이미 자기 몫의 곡식을 모아들였다. 이제 백성은 늦은 비가 와서 곡식과 풀이 자라 자기와 짐승이 먹을 음식을 얻게 되기를 기다렸다. 황충은 새싹이 추수할 정도로 자라기 전에 모두 먹어치울 것이다. 황충이 먹을 음식은 곧 백성의 기근을 의미했다.

7:2. 환상은 황충이 풀을 다 먹은 것으로 끝난다. 이 환상은 설교로 이어지지 않았다. 그 대신 기도 가운데 예언의 항변으로 이어졌다. 이 기도의 중심에는 **사하소서**라는 한마디 말이 자리하고 있다. 이 용어는 보통 성전에서의 공식 의전과 연계되어 등장하며 항상 그 주어로 하나님을 받는다(단 9:19).

아모스는 이스라엘에게 자신의 죄를 고백하고, 회개하고, 배상의 규칙을 준수하고, 하나님께 대한 헌신을 새롭게 하라고 명령하는 일반적인 과정을 따르지 않았다. 그는 그들에게 제물을 드리고 속죄 의식을 행하라고 명하지 않았다. 아모스는 그저 하나님의 은혜를 의지했다. 하나님은 용서의 하나님이시기 때문에 우리의 모든 죄들을 낱낱이 기록하시고 그것을 갚으시기를 요구하지 않으신다(시 130:3-4). 그분이 용서하시는 것은 그분이 선하시며, 성실한 언약의 사랑이 후하신 분이시기 때문이다(시 86:5). 아모스는 하나님의 사랑과, 선하심과, 성실하심과, 은혜를 알기에 이렇게 질문했다. **야곱이**

미약하오니 어떻게 서리이까. 하나님은 그런 무시무시한 재앙을 자기 백성에게 내리실 것인가?

7:3. 여호와는 이에 대해 뜻을 돌이키셨다. 여기서 하나님의 반응을 설명하는 것은 쉬운 일이 아니다. 히브리어 '니함(nicham)' 은 '무언가에 고통을 느끼다, 감정적인 표현 없이 그것을 후회하다' 를 의미한다(삿 2:18, 암 7:6). 이 용어는 가장 기본적인 의미에서의 하나님의 자유를 보여준다. 하나님은 "자신의 주권적인 목적에 따라 사람들을 대하는 방식을 변화시키신다" (Marvin R. Wilson, *TWOT*, II, 571). 하나님의 영원한 목적은 변하지 않는다. 그러나 그분의 즉각적인 대응은 인간의 중보나 인간의 변화에 맞추어 변할 수 있다.

이 점에서 성경적인 신앙은 대부분의 다른 종교와 다르다. 왜냐하면 "하나님은 확정된 운명의 요소를 제시하지 않으시며, 다만 영향을 받으실 수 있으시다" (J. Jeremias, OTL, 127). 따라서 하나님은 아모스에게, 내가 네게 재앙을 환상으로 주지만, 네 중보가 나로 하여금 내 예정된 행동을 바꾸게 만들었다라고 말씀하실 수 있는 것이다.

7:4. 두 번째 환상은 첫 번째와 정확히 동일한 도입과 결론 공식을 사용한다. 그러나 그 환상의 내용은 다르다. 큰 불이 황충을 대신했다. 이 불은 곡식만 먹어치우지 않을 것이다. 그것은 "큰 바다 깊은 곳을 삼키고 그 땅이 물려받은 부분까지 삼킬 것" 이다(문자적 번역). **큰 바다**는 창조 기사 가운데 나타난 혼돈과 연관이 있으며, 고대의 모든 뱃사람들을 두렵게 만든 곳이다(창 1:2, 잠 3:20, 욘 2:6). 땅과 바다는 사라질 것이다.

7:5. **청컨대 그치소서!**는 그 무서운 환상에 대한 아모스의 반응이다. 그는 더 이상 용서를 구하지도 못했다. 그는 그 환상이 그치기를 원했다. 그는 그 환상에 따를 실체가 그치기를 원했다. 그는 그 이유를 다음과 같이 반복해서 말한다. **야곱이 미약하오니!**

7:6. 6절은 약간의 예외를 제외하면 3절의 반복이다. 우리는 여기서 기도에 관한 교훈을 배운다. "아모스는 하나님의 뜻을 바꾸었고, 하나님은 이스라엘이 살아남는 것을 허락하셨으며…이스라엘은 그 큰 죄악에도 불구하고 오직 하나님의 은총에 근거하여 살아 남았다. 하나님은 '미약한 야곱' 을 멸망시킬 수 없으셨기에 멸망시키려는 (정당한!) 계획을 돌이키셨다" (OTL, 128).

여기서 우리는 선지자가 자기 임무를 가장 잘 수행한 것을 보게 된다. 심판을 선언하라는 명을 받은 선지자는 자기 백성과 하나가 되었고, 심판하시는 하나님과 범죄한 백성 사이에 섰다. 그는 기도를 통하여 하나님이 용서하시고 하나님의 심판을 그치시게 했다.

B. 심판의 확실함(7:7-9)

Supporting Idea	하나님의 인내심은 자기 백성이 회개하거나 순종하기를 거부할 때 한계에 달한다.

7:7. 선지자는 세 번째 환상을 받았다. 하나님은 직접 다림줄을 손에 들고 담 곁에 서셨다. 그분은 그 벽이 똑바로 세워졌는지 그렇지 않은지를 살피고 계셨다. 만일 똑바르지 않다면, 그 벽을 무너뜨리고 다시 세우실 것이다.

7:8. 하나님이 질문하셨다. 아모스야 네가 무엇을 보느냐? 선지자는 당연한 대답을 했다. 다림줄이니이다. 하나님의 대답은 당연한 것이 아니었다. 그분은 다림줄을 내 백성 이스라엘 가운데 베풀고 계셨다. 하나님은 그들을 하나의 민족으로 만드셨다. 그분은 그들을 위해 그 땅을 정복하셨다. 그분은 왕국을 세우시고 심지어 여로보암을 택하여 북왕국을 시작하셨다(왕상 11:29-40). 왜 하나님이 자신이 만드신 것을 다림줄로 재시는 것일까? 분명히 그분은 그 나라를 곧고 바르게 지으셨다.

하나님은 모든 것을 완전하게 지으셨다. 그러나 그분은 자기 백성에게 자유를 주셨다. 그들은 그분께 신실하게 순종하는 삶을 선택할 수도 있고, 아니면 세상의 방식을 따라 그분을 무시하는 삶을 선택할 수도 있다. 우리가 세상의 방식을 선택할 때 우리의 삶은 뒤틀리고 기울어지게 된다. 우리는 더 이상 하나님의 완전한 형상을 드러내지 못한다. 그리고 그분의 목적을 추구하지 않게 된다. 또한 기울어져서 곧 무너질 담처럼 쓸모없게 된다. 결국 우리는 만물을 지으신 분의 손에 의해 새롭게 만들어지고 빚어져야 한다. 그래서 아모스는 환상 가운데 이스라엘이 회복될 수 없는 지경에 이르렀다는 것을 알았다. 중대한 징계 행위가 필요했다. 다시는 용서치 아니하리니.

7:9. 9절은 하나님이 무엇을 행하시려고 계획하시는지 묘사한다. 하나님의 파괴의 계획을 당신 자신의 말로 써보라. 왜 그분은 산당들과 성소들을 강조하셨는가?

이삭은 아브라함과 사라에게 주신 약속의 아들이었다(창 21:1-5). 그는 브엘세바와 관련이 있다(창 26:25-33). 그래서 아모스는 이삭이 예배를 드렸던 브엘세바와 같은 남쪽의 예배처에 위협을 가했다(암 5:5). 이스라엘은 북왕국을 가리키는 나라 이름이었다. 그 말은 야곱의 두 번째 이름에서 기원했다(창 32:28). 이삭과 야곱과 관련된 예배 장소의 멸망은 아브라함의 아들들의 전통과 아브라함과의 언약의 약속의 멸망을 의미했다. 이스라엘의 종교적인 전통은 죽었고, 하나님은 그것을 무너뜨리실 것이다.

더 이상 선지자는 기도하고 하나님이 '돌이키실' 것을 기대할 수 없었다. 긍휼의 날은 지나갔다. 이스라엘은 하나님 앞에서 진실되지 못하고 믿음을 잃었다. 심판의 날이 선포되었다. 이스라엘의 날이 계수되었다. 하나님은 기도를 들으시고 긍휼을 베푸시는 일을 하시지만, 또한 자기 백성을 줄로 재어 하나님께 진실되지 못한 이들에게 심판을 내리시는 일도 하신다.

이제 선지자의 임무가 변했다. 중보와 중재는 소용이 없고 불가능해졌다. 선지자는 하나님 앞에서 그 백성을 대신하는 일에서 그 백성 앞에 하나님의 심판을 나타내는 일로 그 역할을 바꾸어야 했다. 이제 이스라엘은 어려운 선택 앞에 놓였다. 그들은 누가 여호와를 위한 참된 대변인인지 결정해야 했다.

C. 충성의 갈등(7:10-17)

Supporting Idea	하나님의 사역자들은 그분의 부르심과 명령을 섬긴다. 그들은 그 어떤 인간의 임무나 제도에 충성하지 않는다.

7:10. 벧엘의 제사장 아마샤란 인물은 다른 어느 곳에도 등장하지 않는다. 그의 역할은 우리가 제사장에게서 기대하는 것과 전혀 달랐다. 그는 하나님께로부터 온 선지자의 환상과 말씀을 듣고 선지자를 왕에게 일러바쳤다. 이것은 그가 왕으로부터 급여를 받고 있을 가능성을 보여준다.

아마샤가 왕에게 아모스의 말을 보고한 방식은 의미가 있다. **이스라엘 족속 중에 아모스가 왕을 모반하나니.** 아마샤는 아모스를 왕에 대한 반역의 우두머리이자 국가의 안전에 위협이 되는 사람으로 보았다. 아모스는 너무나 위험한 인물이기 때문에 그 나라를 떠나야 했다. 왜냐하면 **그 모든 말을 이 땅이 견딜 수 없기 때문이었다.** 아마샤에게 중요한 것은 이스라엘의 왕인 여로보암의 안전과 계속되는 통치였다. 아마샤에게는 왕과 나라가 하나님과 선함보다 더 중요한 것이었다.

7:11. 제사장은 자기 마음대로 선지자의 말을 인용했다. 선지자는 하나님의 말씀을 보고했다. "내가 일어나 칼로 여로보암의 집을 치리라"(암 7:9). 제사장은 아모스가 이렇게 말했다고 보고했다. 여로보암은 칼에 죽겠고 이스라엘은 정녕 사로잡혀 그 땅에서 떠나겠다. 아모스는 앞에서 이스라엘이 포로로 잡혀갈 것이라고 경고했다(예를 들면, 암 5:5, 27, 6:7-8 참고). 그는 왕이 죽을 것이라고 말한 적이 한 번도 없다. 제사장은 왕의 관심을 끌기 위해 메시지를 과장했다.

7:12-13. 제사장은 자기 상사에게 보고를 한 뒤에 아모스에게 이렇게 조언했다. 유다 땅으로 도망하여 거기서 살아라. 그리고 우리는 이곳 번영하는 북왕국에 그냥 내버려두어라. 나는 여기서 하나님을 대변하며, 너는 벧엘에서 환영받지 못한다. 왕은 이곳을 주관하고 있으며, 왕에게 대적하는 말은 설령 하나님께로부터 직접 나온 말이라도 허락되지 않는다.

7:14. 아모스는 다른 시각을 갖고 있었다. 아마샤는 아모스가 자기와 마찬가지로 종교를 통해 먹고사는 직업 선지자인 것으로 여겼다. 그렇지 않소! 아모스는 부정했다. "나는 선지자 일을 해서 먹고살지 않소. 나는 성전이나 예배처에서 일하는 직원이 아니오." '나는 선지자의 아들도 아니오(문자적 번역)' 라는 어구는 두 가지 의미를 가질 수 있다. 제사장들은 보통 상속을 통해 자기 신분을 획득한다. 왕들은 기존의 제사장이 죽거나 은퇴하면 그 제사장의 아들을 임명했다. 아모스는 자기 아버지의 직업은 자기가 선지자가 되는 것과 아무 관련이 없다고 말했다.

'선지자의 아들들' 은 예배처에서 한 리더 선지자를 섬기는 선지자 무리나 단체를 가리키는 전문 용어였다(왕상 20:35). 아모스는 그런 직업군에 포함되지 않았다. 그는 자신의 직업을 갖고 있었다. 그는 양을 치는 목자였다. 한편 그는 팔기 위한 목적으로 뽕나무를 배양하는 자였다.

7:15. 아모스가 양 떼를 몰던 때에 여호와께서 그를 부르셨다. 그 부르심은 분명했다. 가서 내 백성 이스라엘에게 예언하라. 아모스는 모세나 기드온 혹은 예레미야와 달리 그분의 부르심에 의문을 달지 않았다. 그는 부르심을 듣고, 양 떼를 떠나 북쪽으로 향했다. 선지자가 아니었던 사람이 선지자가 된 것이다. 그것은 돈을 벌기 위해서가 아니라 하나님께 순종하기 위해서였다.

7:16. 자신의 위치를 설명한 아모스는 이제 하나님의 메시지를 아마샤에게 다시 한

번 전할 수 있었다. 아모스는 하나님의 말씀에 대한 아마샤의 말에 논박했다. 당신은 이렇게 말하지만, 하나님은 이렇게 말씀하신다. 내가 누구 말을 들어야하겠는가? 내가 누구에게 순종해야 하겠는가? 아마샤는 말했다. 예언하지 말며…경계하지 말라. 그것은 아모스가 방금 설명한 부르심에 반하는 것이다. 그는 하나님이 그렇게 하라고 하시는데, 예언하거나 선포하기를 거부할 수 없었다.

7:17. 이어서 아모스는 예언의 망치를 두드렸다. 선지자의 글에서 여호와께서 말씀하시기를이란 말을 보면 그 뒤에는 보통 강력한 심판의 문구가 따라온다. 이 말은 개인적이면서 구체적이었다. 아마샤의 가족은 아마샤가 신실하지 못했기 때문에 불행을 당할 것이다. 그의 아내는 공창에서 창기가 될 것이다. 그 이유는? 그것은 분명 자신을 보호해줄 남편이 없게 될 것이기 때문이다. 아마샤의 자녀들은 그의 보호를 받지 못하여 침입한 적군에게 희생당할 것이다. 아마샤는 이스라엘의 포로 가운데 포함되어 그 본토에서 떠나게 될 것이다. 그가 아무리 여러 차례 아모스에게 이스라엘이 포로로 잡혀갈 것이라고 예언하지 말라고 해도 이 일은 일어날 것이다. 그리고 아마샤는 포로 생활 가운데 죽을 것이다.

D. 추수할 수 있게 무르익음(8:1-3)

Supporting Idea	하나님께 순종하지 않는 백성은 그의 심판의 추수를 맞이하게 된다.

8:1. 하나님은 아모스에게 네 번째 환상을 주셨다. 이번에는 히브리어의 언어 유희가 포함되었다. 아모스는 무화과 혹은 여름에 수확한 실과(히. 카이츠, qayits)가 가득 찬 광주리를 보았다. 그 모습은 축하, 추수감사제, 예배, 그리고 축제의 모습을 떠올렸다.

8:2. 하나님은 세 번째 환상에서와 마찬가지로(암 7:8) 간단한 질문을 던지셨다. 아모스야 네가 무엇을 보느냐? 선지자는 당연한 대답을 했고, 하나님은 그리 분명하지 않은 설명을 해주셨다. "내 백성의 끝(히. 케츠, qets)이 이르렀다"(문자적 번역). 정치와 종교 지도자들이 하나님께 순종하는 일보다는 개인의 권세와 정치적 지위에 더 많은 관심을 갖고 있는 불순종하는 나라는 자신이 스스로 생각하는 것보다 안전하지 않다는 사실을 발견한다. 하나님은 세상에서 가장 강한 민족에게라도 '시간이 다 되었다' 고 선포하

실 수 있으시다.

8:3. 이스라엘은 예배하기를 좋아했다. 그들은 궁전〔대부분의 영어 성경은 성전(temple)으로 번역함 - 역주〕의 노래를 소리 높여 불렀다. 하나님은 그들의 노래에 귀를 막으셨다. 그분의 행동은 그들의 곡조를 찬양과 기쁨에서 애곡과 탄식으로 바꿀 것이다. 더 나아가 수많은 이스라엘 사람들의 시체가 처처에 내버려질 것이다. 더 이상 노래는 그치고, 잠잠해질 것이다. 선지자의 목소리마저 그칠 것이다. 예배는 끝이 났다. 왜냐하면 그 민족이 그 끝을 맞이했기 때문이다. 이 모든 것이 그날, 이스라엘이 여호와의 날이라 부른 그날, 승리와 구원의 날에 일어날 것이다. 하나님은 그날 승리하실 것이며, 그분이 패배시킨 적은 바로 이스라엘일 것이다.

Main Idea 복습	하나님은 자기 백성의 숫자가 불신자들보다 크게 부족하더라도 그들이 신실하게 남아 있기를 기대하신다.

결론

당신이 결코 잊지 못할 날

한 대의 비행기가 국제 무역 센터를 향해 날아간다. 화염이 솟구친다. 사람들이 고통 가운데 비명을 지른다. 하나님 치하의 한 나라가 다시는 맛보지 못할 슬픔에 빠졌다. 그리고 그 아수라장을 치우는 데 몇 달이 걸렸다.

누가 그날을 잊을 것인가? 그러나 그것은 아모스가 이스라엘과 그 대제사장 아마샤에게 설명한 그날에 비교할 바가 못 된다. 한 소수파가 그 나라의 권력층과 맞부딪쳤다. 그러나 그는 다수의 의견임이 입증되었다. 왜냐하면 그는 하나님의 산수 공식이 어떤 것인지 알았기 때문이다. 하나 더하기 하나님은 항상 다수이다.

▣ 진리 알기

- 하나님은 자기 백성이라도 신실하지 못할 때에는 심판하신다.
- 종교 지도자들은 종종 하나님과 그분의 말씀보다는 세상의 지위와 경제적 보상, 혹은 직업과 관련된 입장에 충실하기 위하여 하나님과 반대편에 선다.
- 하나님은 자기 백성에게 오래 참으시지만, 그 인내에는 한계가 있다.
- 하나님은 자기 백성의 기도에 자유롭게 응답하신다.
- 하나님은 자기 백성의 역사를 주관하신다.
- 하나님은 자기 메시지를 전달하기 위해 평신도를 사용하신다.

▣ 적용하기

- 힘 있는 자리에 앉은 사람이 아니라, 하나님의 메시지를 듣고 순종하라.
- 하나님이 당신에게 하나님의 일을 하라고 부르시면, 그분의 부르심에 순종하라.
- 지금 하나님의 심판의 날을 준비하라.
- 공경과 거룩함으로 하나님을 예배할 수 있을 때 그렇게 예배하라.

삶의 적용

도덕 기계

C. S. 루이스는 한 영국 남학생에 대한 이야기를 들려준다. 그 학생은 누군가 "하나님은 어떤 분인가?" 라고 물어오면 "내가 말할 수 있는 범위에서 하나님은 항상 즐겁게 지내고 있는 사람이 있는지 두루 살피고 다니다 그 사람을 발견하면 그짓을 멈추게 하는 분" 이라고 말했다.

루이스는 이어서 이렇게 설명한다.

나는 도덕이라는 말을 들을 때 수많은 사람들의 마음속에 떠오르는 개념이 바로 방해가 되는 어떤 것, 당신이 좋은 시간을 보내는 것을 중단시키는 어떤 것이라는 생각은 아닌지 걱정한다. 현실에서 도덕 법칙은 인간이라는 기계를 움직이는 방향이다. 모든 도덕 법칙은 그 기계가 작동하다가 고장이나 변형 혹은 알력이 생기는 것을 방지하기 위한 것이다…당신이 어떤 기계를 사용하는 법을 배울 때면 교사는 이런 말을 계속한다. "아니야, 그렇게 하지 마." 그것은 겉으로는 괜찮아 보이고 그 기계를 다루는 자연스러운 방식처럼 보이지만 실제로는 효과가 없는 그런 것들이 많이 존재하기 때문이다(「순전한 기독교(Mere Christianity, 홍성사)」).

당신 자신과 당신 교회의 태도와 행동을 도덕적으로 평가해보라. 그리고 어떤 것이든 하나님이 잘못되었다고 보여주신 것으로부터 돌아설 준비를 하라.

기도

우주를 주관하시는 하나님 아버지, 당신은 거룩하시고 우리에게 거룩하라고 명령하십니다. 우리에게 순종하는 법을 보여주십시오. 그리고 순종할 수 있는 믿음을 주십시오. 우리고 하여금 당신을 만날 준비를 하면서 살아가게 해주십시오. 아멘.

심층 연구

A. 여호와께서 뜻을 돌이키시다(7:3, 6)

하나님은 자기 백성의 기도와 필요에 자유롭게 응답하신다. 구약은 이 자유를 '하나님께서 돌이키시다' (히. 니함, nicham)라는 말로 표현한다. 이 말은 '후회하다' 혹은 '한탄하다' 의 의미이다.

하나님은 노아 시대 때 인간이 저지른 무수한 범죄에 대하여 자신이 지면에 사람을 창조하신 것을 돌이키시기 혹은 '한탄하시기' 로 응답하셨다(창 6:6). 그분은 자비를 구하는 모세의 기도에 응답하시고 자기 백성을 멸망시키지 않으셨다(출 32:12-14). 사사 시대에는 압제받는 백성의 신음 소리를 들으시고 돌이키셔서 그들을 불쌍히 여기셨다(삿 2:18). 다윗 왕이 정당하지 못한 인구조사를 한 까닭에 백성에게 벌을 내리신 뒤에 하나님은 돌이키시고 '뉘우치사' 예루살렘을 멸망시키지 않으셨다(삼하 24:16).

예레미야는 백성들에게 만일 그들이 악에서 돌아서면 하나님께서 돌이키사 재앙을 내리지 않으실 것이라고 약속했다(렘 18:8). 예레미야가 경고했을 때 장로들은 하나님이 뜻을 돌이키사 심판의 예언을 이행하지 않으신 히스기야와 미가 시대를 떠올렸다(렘 26:19). 그리고 하나님이 자유로 뜻을 돌이키사 니느웨에 대하여 경고하신 재앙을 내리지 않으신 일은 그분의 선지자를 미치게 만들었다(욘 3:10-4:1).

자기 백성이나 자기 선지자의 탄원을 들으시고 뜻을 돌이키시는 하나님은 그렇게 하기를 거절하실 수도 있는 동일한 분이시다. "이로 인하여 땅이 슬퍼할 것이며 위의 하늘이 흑암할 것이라 내가 이미 말하였으며 작정하였고 후회하지 아니하였은즉 또한 돌이키지 아니하리라" (렘 4:28).

우리는 이렇게 돌이키기도 하시고 돌이키지 않기도 하시는 하나님의 자유를 어떻게 이해해야 하는가? 우선 "여기에는 아무런 감정적인 요소도 명시적으로 나타나지 않는다"(H. J. Stoebe, *TLOT*, II, 738)는 것을 인식하는 것부터 시작한다. 이것은 현재 자신의 감정 상태에 따라 반응하시는 하나님을 가리키지 않는다. 오히려 그 말은 "후회가 담긴 포기가 아니라 항상 구체적인 결과를 갖고 있다"(Stoebe, 738). 하나님은 개인이나 민족의 관계를 변화시킴으로써 그 사람을 위한 혹은 그에 반하는 일련의 행동을 변화시키신다.

마이크 버터워스(Mike Butterworth)는 이렇게 간략하게 설명한다. "하나님은 변덕스럽게 자기 의도나 행동 방식을 바꾸시지 않는다. 이런 후회의 표현을 이끌어낸 것은 사울의 행동의 변화이다. 많은 경우에 여호와의 마음의 '변화'는 인간의 요소들에 대한 은혜로운 대응이다"(*NIDOTTE*, III, 82)

하나님은 미리 예측할 수 있는 고정된 그리고 변하지 않는 분이 아니시다. 그분은 자유롭게 자기 백성과 관계를 맺으시는 인격적인 하나님이시다. 그분은 그들의 간구를 들으시고, 그들의 연약함과 한계를 보시고, 압제받는 백성의 부르짖음을 들으시고, 자기 백성과의 관계 안에서 알맞은 때에 알맞은 응답으로 행동을 취하신다. 그렇다고 하나님이 무엇에 구속받거나 예측할 수 있다는 의미는 아니다. 그분은 언제 돌이키시고, 언제 돌이키지 않으실지를 자유롭게 선택하신다.

고안

A. 들어가는 글

1. '여성 한 분만 더 만나야겠어요' 이야기로 시작하라.
2. 배경 설명 : 아모스는 이방 나라들에 대한 자신의 신탁과 하나님의 백성인 이스라엘에 대한 자신의 설교를 전했다. 이제 그는 자신이 왜 선포했는지, 어떤 영접을 받았는지, 그리고 자신의 예언 사역의 최종 결과를 보여준다.
3. 적용 : 네 가지 환상과 국가 종교 지도자와의 한 번의 만남은 우리로 하여금 하나님의 심판이라는 실체와 만나지 않을 수 없게 만든다. 심판은 스스로를 하나님의 백

성이라고 생각하는 사람들에게도 종종 찾아온다. 심판은 하나님이 자기 백성에게 경고하신 뒤에, 심지어 예고된 처벌을 이행하는 것을 은혜 가운데 돌이키신 뒤에도 찾아온다. 그러나 하나님의 인내에는 한계가 있으며, 그분의 심판의 날은 실재이다.

B. 본문 이해

1. 선지자의 기도의 능력(7:1-6)
2. 심판의 확실함(7:7-9)
3. 충성의 갈등(7:10-17)
4. 추수할 수 있게 무르익음(8:1-3)

C. 결론 : '당신이 결코 잊지 못할 날' 을 읽어주라.

토의 질문

1. 하나님은 아직도 환상을 통해 자기 백성에게 자신의 뜻을 계시하시는가?
2. 하나님의 백성은 그분의 심판이 자신에게 임하도록 하기 위해 무엇을 하고 또 무엇을 하지 않는가?
3. 성경이 '여호와께서 돌이키신다' 고 선포할 때 하나님의 성품에 관해 무엇이라고 말하는가?
4. 아모스는 중보 기도의 본질에 관해 우리에게 무엇을 가르쳐주는가?
5. 만일 하나님이 다림줄을 들고 우리 곁에 서신다면 우리의 삶과 우리 교회 안에서 무엇을 발견하시겠는가?

아모스 8:4-9:15

말씀을 좇아 방랑하다

"하나님이 당신에게 명령하실 때는 그분이 당신을 위해 갖고 계신 가장 좋은 것을 지키고 보호하시려는 것이다. 그분은 당신이 그것을 잃는 것을 원치 않으신다. 하나님이 당신에게 명령하실 때는 당신을 제한하시는 것이 아니라, 당신을 자유케 하시는 것이다. 하나님의 목적은 당신이 번성하고 잘 사는 것이다."

- 헨리 T. 블랙가비와 클로드 V. 킹(Henry T. Blackaby and Claude V. King)

가난한 이들을 압제하면서도 돈 버는 일에 돌아갈 수 있기 위해 예배를 참아내는 사람들은 다음과 같은 하나님의 메시지를 듣게 된다. "나는 절대 잊지 않을 것이다." 하나님은 그들에게 기쁨과 축제를 슬픔과 눈물로 바꾸어놓을 심판을 경고하신다. 가장 강력한 위협은 하나님이 하나님의 말씀을 듣지 못하는 기근이 온다고 선포하실 때 찾아온다.

들어가는 글

아프리카의 굶주림

케냐 시골로의 선교 여행 첫날 나는 마을에서 교회 건물로 사용하는 한 초가지붕 건물 앞에 서 있었다. 우리는 기도했다. 그때 갑자기 나 혼자서 이 케냐 평신도를 따라다니며 질병이 창궐한 지역으로 난 좁은 길들을 따라 복음을 증거해야 한다는 생각이 들었다. 누가 가던 길을 멈추고 내 말을 들어줄까? 우리는 길을 가다 첫 번째 굽은 길에서 방향을 틀었다. 대여섯 명이 길옆에 서 있었다. 내 말을 통역하는 사람이 그들에게 몇 분 정도 내 말을 들어줄 수 있느냐고 물었다. 나는 예수 그리스도 안에 있는 하나님의 사랑에 관해 간단히 이야기했다. 그리고 그들 모두 나와 함께 죄인의 기도를 따라했다.

그동안 전혀 새로운 사람들이 내 말을 듣기 위해 기다리고 있었다. 나는 하나님의 말씀이 없는 사람들이 하나님의 메시지를 듣기 위해 얼마나 굶주려 있는지를 발견했다. 케냐는 하나님의 말씀의 기근을 당하고 있었는데, 그것은 하나님이 그들에게 기근을 주셨기 때문이 아니라 우리가 말씀을 그들에게 전하지 않았기 때문이다. 2년 사이에 6개의 교회가 125개의 교회로 늘어났다. 새로운 신학교가 하나님의 말씀을 전할 목회자들을 훈련시키는 일에 이바지하고 있다. 기근은 끝이 났다.

아모스는 수세기 동안 하나님을 말씀을 알았던 사람들과 대면했다. 그는 그들에게 하나님이 그들에게서 말씀을 가져가신다고 경고했다. 오늘날 이스라엘과 신약의 전도자들이 초대 교회를 세웠던 곳을 보면 하나님이 여전히 하나님의 말씀의 기근을 보내실 수 있음을 알 수 있다.

본문 이해

말씀을 좇아 방랑하다

Main Idea	함께 살고, 함께 일하는 사람들에게 하나님의 사랑을 보여주지 않는 사람은 하나님이 심판을 선언하시며, 그분의 말씀을 그들에게서 가져가시는 것을 발견하지만, 징계를 받은 사람은 하나님이 그들을 향한 하나님의 약속을 새롭게 하시는 것을 발견한다.

A. 신실한 사람은 결코 잊지 않는다(8:4-8)

Supporting Idea	가난한 사람보다 장사와 동전에 더욱 전념하는 사람은 하나님의 심판을 불러온다.

8:4. 아모스는 주목하라는 명령을 발했는데, 이것은 선지자들이 청중들로 하여금 그들이 어떤 사람인가에 대한 하나님의 의견을 듣고 충격을 받게 하기 위해 자주 사용하는 수단이다(사 47:8, 호 4:1). 이 공식은 백성들이 예상하지 않은 방식으로 그들에게 전해졌다. 벧엘에서 예배를 드리기 위해 모인 이들은 궁핍한 자를 삼키며 땅의 가난한 자를 망케 하려는 자들이었다(암 2:7). 하나님은 그들의 종교 행위보다는 그들의 압제적인 사업 관행과 용납할 수 없는 교류 관계에 더 많은 관심을 가지신다.

8:5. 하나님은 그런 비난의 증거를 어디서 모으셨을까? 그들이 예배하러 오면서 서로 속삭이는 대화를 자세히 듣기만 하면 되었다. 사람들은 한 달에 한 번, 월삭에 가게에서 벗어나 예배하러 가면서 특별한 제물을 드리고, 잔치를 벌이고, 나팔을 불어야 했다(왕하 4:23, 학 1:1).

더 나쁜 것은, 사업이라는 관점에서 볼 때, 안식일은 이스라엘이 천지창조(출 20:8-11)와 출애굽(신 5:12-15)을 기념하기 위해 매주 하루의 영업일을 따로 떼어놓은 것이었다. 이스라엘은 하나님이 안식일에 기대하시는 것이 무엇이며, 불순종에 따르는 결과가 어떤 것인지 알고 있었다(출 31:12-17). 그래서 이스라엘은 안식일과 월삭을 기념하는 행동은 취했지만, 그러면서 불평을 했고, 하나님은 그들의 원망을 들으셨다. 그들은 성전을 닫고 자기의 상점 문을 열기를 원했다.

그들은 상점에서 음식을 사기 위해 그 상점에 올 수밖에 없는 가난한 이들을 압제했다. 부자인 상점 주인은 거짓 저울을 사용하여 곡식의 양을 줄였고, 가난한 사람들에게 더 높은 가격을 매겼다(신 25:13-16, 미 6:9-12).

8:6. 이런 압제는 즉시 가난한 사람들의 호주머니를 비웠고, 그들은 자기 몸을 팔아 부자들의 종으로 들어가거나 그들에게 큰 빚을 지게 되어 부자가 명하는 것은 무엇이든 해야만 했다. 때로 가난한 이들은 신 한 켤레의 가격으로 자신을 종으로 팔아넘겨야 했다. 심지어 판매자들은 밤에 마룻바닥을 훔쳐내어 먼지와 껍질을 비롯해 그밖의 것들을 쓸어 모아 그것을 자신이 판매하는 곡식에 섞었다. 이런 일을 하는 사람들이 어떻게 자신을 하나님의 백성이라고 생각하고, 자신이 드리는 예배가 하나님을 기쁘시게 한다고 생각할 수 있겠는가?

8:7. 그런 일은 하나님으로 하여금 분노와 판결을 실행시키시려는 결심을 강조하는 맹세를 하게 만들었다. 자기 자신보다 더 큰 맹세의 근거가 없으신 하나님은 야곱의 영광을 두고 맹세하셨는데, 이것은 "야훼를 가리키는 역설적인 이름이 분명했다. 이스라엘은 하나님을 위엄 있는 분으로 대하지 않았다. 그들의 행동은 그분을 별로 자랑스러워하지 않음을 드러냈지만, 하나님은 자신의 영광을 되찾고 자신의 위엄을 변호하기 위하여 자신의 영광스럽고 위엄 있는 이름을 근거로 맹세하셨다" (Gary V. Smith, 「Amos」, 254-255).

그 맹세는 불길했다. 내가 저희의 모든 소위를 영영 잊지 아니하리라. 우리는 하나님이 어떤 것을 잊으시기를 바라지만, 그분은 회개하지 않는 죄는 잊지 않으신다. 그것은 심판의 날까지 그분의 목록 가운데 남아 있다.

8:8. 이스라엘은 하나님의 맹세를 무시할 수도 있다. 그러나 그 땅, 심지어 지구 전체는 그런 무서운 위협을 무시할 수 없었다. 땅은 범람기의 강력한 나일 강처럼 흔들릴 것이다. 그 최종적인 결과는 그 가운데 모든 거민이 애통하게 되는 것이다.

B. 잔치가 장례식이 되다(8:9-14)

Supporting Idea	하나님은 종교적인 축제가 장례식이 되고, 하나님의 말씀이 사라질 심판의 날을 준비하셨다.

8:9. 아모스는 다른 사람들을 정의와 공평으로 대하지 못하고, 마땅히 드려야 하는 예배는 규칙적으로 드리지만, 스스로 원해서 드리는 것이 아닌 백성에 대한 하나님의 심판을 설명하는 데 여덟 장을 할애했다. 그리고 이상한 기근을 설명하는 것으로 그 심판에 대한 묘사를 마친다. 이 일은 **그날**에(암 8:9, 13) 일어날 것이며, '그날이 오고 있다'(암 8:11). 그날은 달력에 표시할 수 없는 정해지지 않은 표현이지만, 그날은 하나님이 불순종한 자기 백성들에게 정하신 확실한 날이었다.

자연 세계의 징조들은 기근을 예고하고 있다. 어둠이 낮을 지배했다. 이것은 하나님이 빛과 어둠을 나누시고 빛을 낮이라 칭하시고 어둠을 밤이라 칭하셨을 때 이루신 것과 정반대되는 것이다(창 1:3-5). 하나님의 창조는 이스라엘의 혼란스러운 삶의 모습을 반영하는 것이다.

8:10. 이스라엘의 삶 가운데 종교적인 부분 역시 하나님의 위대한 반전 가운데 혼돈으로 변해갔다. 유월절과 장막절 같은 기쁨의 축제가 찬양과 감사와 같은 요소를 상실했다. 애통과 애곡이 벧엘과 단에서 드려지는 성전 예배를 지배했다. 안식일에 입는 외출복이 애곡, 슬픔, 상실을 상징하는 **굵은 베옷**으로 바뀔 것이다. 모든 머리 모양은 대머리, 빡빡 깎은 **머리**가 될 것이다. 기쁨의 축제일이 **곤고한 날**이 될 것이다. 이런 날과 가장 가까운 날로 비견될 수 있는 유일한 날은 바로 자기 **독자**를 장사지내는 날일 것이다.

8:11. 무엇이 그날을 그렇게 끔찍한 날로 만들 수 있을까? 모든 땅은 살아가는 데 반드시 있어야 하는 것들이 부족하게 될 것이다. 이 요소는 먹을 것이나 마실 것보다 더 기본적인 것이다. 하나님은 **여호와의 말씀을 듣지 못하는 기갈**을 보내신다. 이것은 사람들이 겪은 그 어떤 기갈보다 더 심한 것이다.

8:12. 사람들은 먹지 못할 때와 마찬가지로 매일 섭취해야 하는 거룩한 **말씀**을 얻지 못해 약해질 것이다. 그래서 그들은 약해진 몸을 이끌고 **비틀거리며** 자신에게 가장 필요한 것을 찾아다니지만, **얻지 못할** 것이다. 하나님의 무서운 처벌이 그들에게 임한 것이다. 그들은 하나님의 말씀을 찾지도, 먹지도 못한다.

8:13-14. 그날에 좋은 외모와 육체적인 힘은 소용이 없을 것이다. 평소와 같은 종교, 사마리아의 죄 된 우상과 단의 신, 혹은 '브엘세바로 가는 길' (문자적 번역, 이것은 북왕국 사람들이 자신의 조상 이삭과 야곱의 예배처를 찾아가던 순례 여행을 가리키는 것이 분명하다. 암 5:5 주석 참고)을 섬기는 종교도 마찬가지일 것이다. 이스라엘은 그 이름(히. 쉠, Shem)을 섬겨야 했다. 그러나 아모스의 정죄를 받은 그들은 죄 된 것(히. 쉬마, shmah)을 섬겼다. 이것은 사마리아에 있던 바알-아세라 신상을 가리키는 것이 분명하다(왕상 16:32-33).

마지막으로, 하나님의 백성은 우리가 "떡으로만 살 것이 아니요 하나님의 입으로 나오는 모든 말씀"(마 4:4)이 있어야 한다는 것을 배울 것이다. 우리는 이렇게 기도하는 법을 배워야 한다. "우리에게 일용할 양식을 주옵소서"(마 6:11). 이스라엘은 그들의 삶의 방향을 인도하시는 하나님의 메시지를 계속 들을 것이라고 생각했다. 하나님은 언제나 그들에게 선지자와 교사들을 보내셨다. 왜 그분이 그렇게 하기를 멈추시겠는가? 말라기 시대 이후 400년 동안 이스라엘은 세례 요한과 예수님이 이스라엘 백성을 향한 하나님의 말씀의 기근을 마치실 때까지 그 어떤 선지자의 말도 듣지 못했다.

C. 하나님의 임재는 탈출을 불가능하게 만든다(9:1-4)

Supporting Idea	하나님이 자기 백성을 심판하시기 위해 그들을 바라보실 때 그 누구도 하나님을 피할 수 없다.

9:1. 하나님은 아모스에게 또 하나의 환상을 보여주셨다. 이것은 그 구조와 어휘와 아무런 대화가 없다는 점에서 다른 모든 환상과 달랐다. 무엇보다 이번 환상은 내용이 달랐다. 아모스는 더 이상 자연 세계에서 무언가를 보고 그것을 하나님의 심판의 메시지와 연결시키지 않았다. 이제 아모스는 하나님이 직접 단 곁에 서신 것을 보았다. 이 얼마나 예상치 못한 모습인가! 하나님은 성전 안에서 보이지 않는 성소 가운데, 오직 대제사장만 들어갈 수 있는 두꺼운 장막 뒤편에 계셨다. 하나님은 단 옆에 나오셔서 무엇을 행하시는 것을 보여주셨는가? 그분은 수수께끼 같고 알 수 없는 무리에게 명령을 내리셨다.

그 명령은 끔찍하였다. 기둥 머리를 쳐서 문지방이 움직이게 하라. 기둥 머리는 성전

지붕을 떠받치는 튼튼한 장식용 기둥이었다. 그 머리(혹은 꼭대기)는 둥근 모양으로, 기둥 위에는 손잡이 모양의 장식이 있는데, 아마 꽃무늬였을 것이다. 문지방은 문의 축이 회전하는 문틀 아래의 돌이었다. 그러므로 하나님은 성전의 지지대를 꼭대기(머리)에서부터 바닥(문지방)까지 흔드신 것이다.

하나님은 자신에게 바쳐진 제물을 즐기고 자신에게 드려진 예배를 누리기 위해서가 아니라 공적인 일로 성전을 방문하셨다. 그분은 성전과 그 모든 백성, 특히 아마샤와 같은 제사장들(암 7:10)을 멸하시기 위해 성전에 오셨다. 하나님은 진심이셨다. 기둥이 한 사람이라도 맞추지 못하면, 하나님이 직접 그 남은 자를 **칼로 살육하실** 것이다. 이것은 피할 수 없는 마지막 심판의 모습이다. 환상은 더 이상 경고가 아니며, 하나님의 인내와 은혜를 호소할 수 있는 기회가 아니었다. 이번 환상은 마지막 재앙에 대한 선포였다. 하나님은 더 이상 죄에 대해 인내하거나 관대하지 않으셨다.

9:2. 하나님은 누구도 피할 수 없을 것이라는 말씀이 얼마나 진지한 것인지를 설명하셨다. 음부, 곧 죽은 자들이 가는 곳으로 상상할 수 있는 가장 깊은 곳인 스올까지 **내려갈 수 있을** 것이다. NIV 성경에서 번역한 **무덤**이라는 말로는 히브리어 '스올(Sheol)'의 의미를 충분히 전달할 수 없다. 하나님은 그 손과 팔을 뻗치셔서 **그들을 취하여 내실** 것이다. 그들은 가장 높은 산에 올라 **하늘**까지 기어 올라갈 수도 있다. 그럼에도 불구하고 그들은 하나님으로부터 팔 하나 정도 거리밖에 도망하지 못할 것이다.

9:3. 그들은 지중해 연안의 **갈멜** 산에 있는 동굴과 바위 틈과 골짜기 사이에 **숨을** 것이다(삿 6:2). 하나님은 사냥꾼이 되어 그들을 찾아내실 것이다. 어쩌면 그들은 용감하게도 온갖 두려운 생명체가 있는 깊은 바다 속으로 뛰어들지도 모른다. 하나님은 **명령**을 내리시고, **뱀**이 그들을 물 것이다. 아모스는 그 뱀이 큰 악어(히. 리워야단, Leviathan, 욥 3:8)라고 밝히지 않았지만, 독자들은 그것이 엄청난 뱀 모양의 괴물이라는 것을 이해할 수 있다. 높은 곳이든, 깊은 곳이든 이스라엘은 하나님을 피할 수 없었다. 그분은 어디나 계셨다. 그리고 무시무시한 뱀마저도 그분의 명령에 순종했다.

9:4. 아마 이스라엘은 가장 대담한 조처를 취했을 것이다. 그래서 적에게 항복하여 **포로로 잡혀갔을** 것이다. 약속의 땅을 포기하는 것은 하나님을 피하는 것이 아니다. 그분은 어떤 지리적인 공간 안에 제한되지 않으신다. 그분은 자신의 규칙을 다른 신들과 공유하지 않으신다. 그분은 제아무리 먼 거리에 계셔도 모든 땅과 모든 나라를 다스리신

다. 살육하라는 하나님의 명령은 최종적인 것이다. 하나님은 부인당하지 않으실 것이다. 이스라엘이 쓸데없이 도망치려고 노력할 때마다 하나님이 이미 그곳에 계신 것을 발견할 것이다.

일반적으로 이스라엘은 하나님이 그들 가운데 임재하심을 감사한다. 그러나 이번에는 아니었다. 왜냐하면 하나님이 그들을 주목하여 화를 내리고 복을 내리지 아니하시기 때문이다. 하나님께 불순종하는 사람, 회개하고 하나님께 돌아와 용서받기를 거부하는 사람은 하나님의 행동이 악하다고 생각한다. 그러나 절대적으로 악하다는 의미에서의 악이 아니라, 하나님의 심판을 받는 백성에게 손해와 멸망을 가져온다는 점에서 그렇다.

D. 만군의 여호와가 누구인지 밝히다(9:5-6)

Supporting Idea	만군의 여호와는 피조물을 주관하시고 아무 저항 없이 그것들을 다스리신다.

9:5. 하나님의 백성은 하나님의 심판을 피할 수 없다. 아모스는 증거 자료로 자신의 찬송가 모음집을 펼친다(암 4:13, 5:8-9 참고). 그 찬송가에 묘사된 하나님의 속성은, 하나님이 자기 백성에게 끔찍한 심판을 가져오실 수 있는 분임을 입증했다. 그분이 바로 주님, 곧 만물을 절대적으로 주관하시는 주인이시다. 우리는 주님의 말씀을 반드시 받아들이고 따라야 하는 종들이다. 그분은 만군의 여호와[NIV 성경은 '전능하신 하나님(LORD Almighty)'으로 번역함 - 역주]이시다. 여호와는 출애굽 직전에 모세와 이스라엘에게 계시하신 하나님의 개인적인 이름이다(출 3:13-18). '만군(Hosts)'은 하나님의 군대를 가리키는 말로서, 그분이 사용하시기 위해 택하신 하늘의 천사들과 땅의 군대로 이루어졌다. 그분은 총사령관이시다. 우리는 그분의 명령을 따라야 하는 일등병들이다.

9:6. 하나님은 자신을 위해 2층짜리 건물을 세우셨다. 그 기초는 땅에 두었으며, 위층은 하늘에 닿아 있다. 그런 건축자가 자기 집의 기초로만 사용되는 땅을 무너뜨리지 않으시겠는가? 그분은 인간의 손으로 지은 땅 위의 성전을 무너뜨리실 수 있는가? 물론 그분은 하실 수 있다. 그분은 자신을 위해 하늘에 훨씬 더 좋은 것을 지으셨다. 무엇보다도 그분은 땅 위의 모든 물의 근원을 주관하시는 여호와이시다. 그분은 그것을 땅에

쏟아부어 자기 백성이 간절히 원하는 물을 공급하실 수도 있고, 아니면 그것을 쏟아부어 세상에 홍수를 만들고 멸망과 파괴를 가져오실 수도 있다. 하나님은 땅을 심판하실 수 있는데, 그것은 그분이 땅을 다스리시기 때문이다. 그리고 이스라엘이 모세에게서 배운 것을 기억하라. 그 이름은 여호와(히. 야훼, Yahweh)시니라. 어리석게 다른 신들을 섬기지 말라. 그분이야말로 유일하신 능력의 하나님이시다.

E. 택한 백성이라고 주장해도 보호받지 못한다(9:7-10)

Supporting Idea	신학적으로 하나님의 백성으로 선택받았다는 주장이 불순종한 백성에게 임하는 하나님의 심판으로부터 보호해주지는 않는다. 왜냐하면 하나님은 열방의 운명을 주관하시기 때문이다.

9:7. 이스라엘 백성은 아모스에게 즉시 대답할 말이 있었다. 그렇지만 너는 우리의 역사가 주는 교훈을 잊었다. 그렇다. 하나님은 네가 말한 것처럼 자기 이름을 모세에게 계시하셨다. 하나님은 또한 그 순간에 우리를 그분의 특별한 백성으로 삼으셨다. 그분은 우리를 택하셨다. 그분은 우리를 세우시고 우리와 언약을 맺으셨다. 하나님은 이 땅에서 우리와 엮어지셨다. 우리는 그분의 유일한 후계자이다. 그분은 반드시 이 세상에서 우리를 통해서 일하셔야 한다.

아, 그렇지 않소! 아모스는 대답한다. 내가 3장을 어떻게 시작했는지 기억하라. 너희는 애굽 가까이에 있는 구스 사람들과 똑같지 않으냐(삼하 18:21-32)? 너희는 너무나 교만해서 내가 너희를 애굽 땅에서 구해냈다. 기억하라. 나는 블레셋과 아람(혹은 수리아) 사람들에게도 똑같은 일을 행했다. 블레셋 사람들은 오늘날 크레테가 분명한 갑돌(신 2:23)에서 팔레스타인 남서 해안에 있는 자기 고향으로 갔다. 아람 사람 혹은 수리아 사람은 그 위치가 확실히 알려지지 않은 길(사 22:6)에서 팔레스타인 북동쪽에 있는 고향으로 갔다.

하나님은 아모스로 하여금 하나님이 이스라엘의 역사를 주관하신 것과 마찬가지로 이 백성들의 역사를 지휘하신다고 담대하게 주장하게 하셨다. 선지자는 자신들이야말로 여호와가 그 역사를 계획하시고 주관하시는 유일한 나라라고 자랑하는 이스라엘의 주장을 받아들이지 않았다. 하나님은 모든 나라의 역사를 주관하신다. 어떤 나라도 하나님이 그 나라의 백성을 보살피시는 선택된 나라이기 때문에 그것을 자랑하고 하나님께 요구할 수는 없다. 하나님은 모든 민족에게 심판을 선언하실 수 있으며(암 1:3-2:16), 모든 민족의 역사의 주인이시라고 주장하실 수 있다. 그 어떤 나라도 하나님의 징계와 멸망으로부터 예외가 될 수 없다.

9:8. 아모스는 하나님이 심판하실 수 있는 권위를 세운 다음에 하나님의 심판하시려는 결정을 전할 수 있었다. 하나님의 눈은 범죄한 나라에 주목하신다. 일반적으로 이스라엘은 이런 말을 들으면 기뻐한다. 그 말은 하나님이 이스라엘의 대적을 벌하시겠다는 것을 의미하는 것이었다. 그러나 택한 백성 이스라엘은 범죄한 이스라엘이 되었다. 애굽에서 해방된 이스라엘은 메소포타미아로 끌려가게 되었다. 그러나 자세히 보라. 모든 것을 잃은 것은 아니다. 야곱의 집은 온전히 멸하지는 아니하리라. 하나님은 남은 자를 남겨두실 것이다. 이것은 좋은 징조이다. 그러나 먼저 심판이 임해야만 한다.

9:9. 하나님은 자기 곡식을 체질하실 것이다. 좋은 낱알은 체에서 땅으로 떨어지지만, 체에 남는 것도 있다. 이것은 낱알과 섞이게 된 돌멩이나 자갈이다. 자갈은 너무 커서 체를 통과하지 못한다. 그것은 체에 걸려 남게 된다. 이스라엘이 바로 이런 모습이다. 하나님의 백성은 하나님의 체에 걸려서 쓰레기 더미에 버려져 멸망당할 준비가 되었다. 그들은 하나님이 그분의 목적에 사용하실 수 있는 곡식 더미에 들어가지 못할 것이다.

9:10. 이것을 수사법을 사용하지 않고 일상어로 말해보라. 모든 죄인은 칼에 죽으리라. 이 말은 당신에게 두려움을 가져다주고 몇 가지 질문을 하게 한다. 하나님은 언제 심판하러 오시며, 나는 죽게 되는가? 하나님은 내가 심판 가운데 죽은 사람들의 목록 가운데 있음을 아시는데, 나는 나 자신을 하나님의 신실한 백성에 속한다고 잘못 알고 있지는 않은가? 하나님은 그런 질문에 즉시 대답하신다. 죄인은 바로 화가 우리에게 미치지 아니하며 임하지 아니하리라라고 경솔하게 말하는 이들이다. 예수님이 마태복음 25장에서 양과 염소를 가르시면서 이스라엘 백성을 놀라게 하신 것처럼 하나님은 하나님의 사랑의 팔 안에서 안전함을 누리고 있던 백성에게 심판을 내리심으로써 이스라엘을 놀라게 하셨다.

F. 폐허를 회복하라(9:11-15)

Supporting Idea	하나님의 마지막 말씀은 벌을 받은 백성에게 새롭게 하심과 소망을 약속한다.

9:11. 이스라엘의 죄인들은 크게 놀랐다. 심판이 왔다. 이스라엘의 신실한 사람들은 크게 놀랐다. 심판은 하나님의 마지막 말씀이 아니었다. 하나님은 다윗의 무너진 천막을 일으키실 것이다. 천막은 작은 가지로 만들어진 작은 공간으로, 전쟁터에서나(삼하 11:1), 하나님의 법궤(삼하 11:11), 혹은 들에서 추수하는 일꾼들(사 1:8), 혹은 짐승들을(창 33:17) 위한 임시 거주지를 말한다. 여기서 다윗은 영원한 집이 아니라 약속된 임시 거처이다. 그럼에도 불구하고 그 거처는 옛날의 영화에서 보여주었던 이전의 양식에 맞추어 다시 세워질 것이다.

그 약속은 놀라운 또 하나의 요소이다. 아모스는 북왕국 이스라엘에 대한 메시지를 전했다. 그러나 그의 주장은 항상 하나님이 "시온에서부터 부르짖으시며 예루살렘에서부터 음성을 발하"(암 1:2)신다는 것이었다. 따라서 마지막 약속은 여로보암의 북왕국 전통이 아니라 다윗의 예루살렘 전통에 중심을 두고 있다.

9:12. 그 희망은 단지 왕조를 다시 세우는 것 이상의 일이다. 새 다윗은 에돔의 남은 자를 다스리는 권세를 갖게 될 것이다. 그 민족은 예루살렘이 바벨론에 무너졌을 때 예루살렘을 배반했다고 선지자 오바댜가 비난한 민족이다. 사실 새 다윗은 '내 이름으로 일컫는 만국'을 다스릴 권세를 갖게 될 것이다. 이 일이 일어날지 어떻게 확신할 수 있는가? 심판이 일어날 것이라고 확신하는 것과 같다. 그분은 야훼, 이를 행하시는 여호와이시다.

9:13. 언어로는 축복의 모습을 정확하게 그릴 수 없다. 농사의 비유는 실패한다. 추수가 다 끝나지도 않았는데 새 곡식을 위한 파종이 시작될 것이다. 수확한 포도가 포도주로 변하기 전에 새 씨앗이 뿌려질 것이다. 곡식이 너무 풍성해서 새로운 곡식을 심기 전에는 거둘 수가 없다. 어느 곳이나 포도가 보일 것이다. 그 생산물이 강처럼 작은 산으로 흘러내려서 사람들이 추수하고 과즙을 짜내는 수고를 하지 않고서도 목마름을 채울 수 있다.

9:14. 이 일이 언제 이루어질 것인가? 바로 하나님이 자기 약속을 성취하셔서 포로들

을 그 고향으로 돌아가게 하실 때이다. 하나님의 명령에 따라 적들이 황무하게 만든 성읍을 예루살렘이 하나님의 명령에 따라 자기가 사용하기 위해 다시 세울 것이다. 그 땅은 다시 한 번 농부들의 꿈이 되어 사람들이 곡식을 심고 추수하게 될 것이다.

9:15. 이 일이 얼마나 오래 계속될 수 있는가? 하나님은 영원히라고 약속하신다! 그들은 땅에서 다시 뽑히지 아니할 것이다. 왜냐하면 그 땅은 그분이 그들에게 주신 것이기 때문이다.

하나님은 자신의 많은 약속들을 성취하셨다. 그리고 다른 약속들은 하나님이 택하신 시간에 맞추어 성취를 기다린다. 당신은 삶의 가장 어두운 순간에도 하나님이 당신을 회복시키시고 당신을 향한 그분의 약속을 성취하실 것이라고 믿는가?

Main Idea 복습	함께 살고, 함께 일하는 사람들에게 하나님의 사랑을 보여주지 않는 사람은 하나님이 심판을 선언하시며, 그분의 말씀을 그들에게서 가져가시는 것을 발견하지만, 징계를 받은 사람은 하나님이 그들을 향한 하나님의 약속을 새롭게 하시는 것을 발견한다.

결론

자유 잃기

어느 날 밤 우리는 손녀와 함께 산책을 하러 갔다. 그리고 두 살짜리의 가느다란 다리가 한계에 도달할 것을 생각해서 유모차도 가지고 갔다. 물론 그 유모차를 손녀가 끌고 싶어해서 우리는 손녀와 나란히 유모차 윗부분을 잡고 거리로 밀고 나갔다. 곧이어 손녀는 더 많은 자극이 필요했고, 그러다 자기 혼자 유모차를 밀 수 있다는 것을 발견하고 유모차 혼자서 내리막길을 달려가게 했다. 몇 번의 "안 돼, 안 돼, 그러지 마라"는 경고는 제 역할을 하지 못했다. 결국 아내는 손녀를 유모차에 태우고 말았다. 그리고 자유를 잃은 손녀는 즉시 큰 소리로 울기 시작했다.

우리 손녀는 여러 면에서 이스라엘과 닮았다. 아모스 시대의 이스라엘 백성은 여러 번에 걸쳐 하나님의 경고를 들었으나 계속해서 제 길로 나아갔다. 그들은 곧 하나님이 자기 백성을 구원하실 뿐 아니라 그들을 심판하시는 일도 하신다는 것을 발견했다. 아쉽게도 그들은 마지막 교훈을 배워야 했다. 하나님은 불순종한 백성을 향한 심판의 날을 준비하고 계시며, 그날엔 신실한 소수의 남은 자들만 살아남게 된다.

▣ 진리 알기

- 하나님의 심판은 너무도 극심해서 인간의 언어로 묘사할 수 없으며, 너무도 분명한 것이어서 무시해서도 안 된다.
- 심판은 물질적인 상실로 인한 고통 이상의 것이다. 심판에는 하나님의 백성들 사이에 그분의 말씀이 없는 경우에 표현되는 하나님과의 관계 상실이 포함된다.
- 심판은 하나님의 마지막 말씀이 아니다. 그분의 영원한 목적은 하나님을 의지하는 백성을 세우고 복 주시는 것이다.

▣ 적용하기

- 하나님의 말씀을 매일 읽는 일에 매진하고, 하나님이 그 말씀을 당신에게서 가져가시지 않은 것에 감사하라.
- 기도, 예배 그리고 헌금과 같은 당신의 종교적인 행위를 살펴보아 혹시 그런 것들이 하나님의 기준을 만족시키는지 아니면 그분의 호의를 얻기 위하여 당신이 애쓰는 어떤 것에 지나지 않는지 확인하라.
- 혹시 영적 우선순위가 아니라 경제적 우선순위가 당신의 삶을 지배하고 있지는 않은지 살펴보라.
- 혹시 당신이 섬기고 있을지 모르는 거짓 신이 있는지 발견할 수 있도록 하나님의 도우심을 구하라.
- 영원한 구원을 주신 하나님의 약속에 감사하라.

삶의 적용

예상은 현실을 반영하지 못할 수 있다

최근에 내 친구들이 캄보디아 선교 여행을 마치고 돌아왔다. 그들은 처음에 그곳이 전쟁으로 폐허가 되고 정치적 격변으로 엉망이 된 땅이라는 생각을 가지고 출발했다. 그리고 돌아올 때는 예수님을 알고 싶어 목말라하며 선교사들에게 기꺼이 두 팔과 집을 열어 그들로 하나님의 사랑에 관한 이야기를 들려줄 수 있게 하는 사랑 많은 사람들에 대한 보고를 가지고 왔다. 현실은 그들이 예상한 것과 크게 다를 수 있다.

이스라엘이 예상했던 것 역시 아모스가 그린 그 땅에 대한 하나님의 절대적 심판과 너무도 달랐다. 많은 이들이 그를 미치광이 취급하며 비웃었다. 그리고 다른 이들은 그의 말을 진지하게 받아들이고 절망했다. 그러나 아모스는 새로운 말로 이스라엘을 놀라게 했다. 그 말은 심판 가운데 희망을 비추는 말이었다. 하나님은 심판 가운데 회복과 갱신을 가져다주실 것이다. 하나님은 그분을 진지하게 여기지 않는 자들에게는 두려움을 안기시고, 그분을 진지하게 여기는 자들에게는 희망을 주신다. 우리는 이스라엘로부터 교훈을 받을 수 있다. 우리는 그분의 징계의 경고를 심각하게 받아들여야 한다. 그러면서 그분의 소망의 말씀을 굳게 붙잡아야 한다.

기도

온 땅의 신실한 재판장이신 하나님 아버지, 우리가 당신의 눈을 통해 현실을 보도록 도와주십시오. 우리가 거짓 신학에 근거한 거짓된 모습을 만들어내지 않게 해주십시오. 우리에게 우리의 죄악을 보여주십시오. 그 죄악을 회개합니다. 그리고 믿음과 순종 가운데 당신께 돌아갑니다. 아멘.

심층 연구

A. 선택(9:7)

아모스는 이스라엘의 믿음의 핵심인 하나님이 자기 백성 이스라엘을 특별히 선택했다는 교리를 강타했다. 신명기 7장 6-8절은 그 믿음을 다음과 같은 분명한 말로 표현한다.

> 너는 여호와 네 하나님의 성민이라 네 하나님 여호와께서 지상 만민 중에서 너를 자기 기업의 백성으로 택하셨나니 여호와께서 너희를 기뻐하시고 너희를 택하심은 너희가 다른 민족보다 수효가 많은 연고가 아니라 너희는 모든 민족 중에 가장 적으니라 여호와께서 다만 너희를 사랑하심을 인하여 또는 너희 열조에게 하신 맹세를 지키려 하심을 인하여 자기의 권능의 손으로 너희를 인도하여 내시되 너희를 그 종 되었던 집에서 애굽 왕 바로의 손에서 속량하셨나니.

이것은 "고대 근동 종교에서 찾아볼 수 없는 것이다. 이스라엘이 야훼 앞에서 특별한 지위를 갖고 있다는 사상은 그 믿음의 본질을 이루기에 부족함이 없다." 아모스는 이스라엘이 선택의 교리 가운데 무시했던 것을 강조했다.

> 야훼의 선택은 선택받은 자의 합당한 행동이라는 응답이 있어야 한다. 선택 가운데 내재된 책임을 인식하지 않는다면, 그 선택 자체는 의문의 소지가 있게 된다…따라서 이스라엘의 선택은 따로 분리해서 다룰 것이 아니라 이스라엘에 대한 야훼의 권리를 정당화하기 위한 것이다. 실제로 신명기 10장 12절에서 선택에 대한 언급은 순종에 대한 야훼의 광범위한 요구를 확립한다. 즉, 하나님을 경외하고, 그분의 길을 걸으며, 그분을 사랑하고 온 마음과 영혼을 다해 그분을 섬겨야 한다.

> 그러나 이스라엘의 거룩함은 타고난 것이 아니라 야훼의 선택에 근거한 것이기 때문에 이스라엘은 야훼의 자유로운 은혜의 행동에 부응해야 할 의무를 인식해야 한다. 야훼의 선택이 이스라엘의 특별한 장점에 근거한 것이라는 오해는 격렬한 저항에 부딪친다(H. Wildberger, *TLOT* I, 214, 신 9:4-6, 10:1-15 참고).

그렇다면 선택은 "이스라엘을 향한 야훼의 사랑 안에 근거한 절대적인 은혜의 행동 외에 달리 설명할 수 없다"(Wildberger, 217).

아모스는 선택 교리가 극단적으로 강하게 퍼져 있는 것으로 보이는 북왕국 청중들에게 말씀을 전하면서 선택이 처벌을 가져온다고 경고했다(암 3:2). 선택은 이스라엘을 하나님의 진노로부터 보호해주지 못한다. 이스라엘이 하나님께 대한 사랑과 순종에서 벗어나 이방 종교의 예배를 사랑한 일은 주님으로 하여금 이스라엘의 특권적 지위를 박탈하고 그들을 다른 열방과 같은 수준에 두시게 만들었다. 하나님은 이스라엘뿐 아니라 모든 나라의 역사를 주관하신다.

만일 이스라엘이 선택을 언약의 순종이라는 신앙과 관련이 없는, 역사 가운데 나타난 하나님의 행동으로만 본다면, 하나님은 이스라엘을 하나님께로부터 분리시키실 것이다. 이제 이스라엘은 새로운 선택의 행동, 하나님이 그들을 위해 베푸시는 새로운 은혜의 움직임을 기다려야 했다(사 14:1). 하나님은 이스라엘이 "야훼의 선택은 단지 축복받은 운명만을 의미하지 않는다는 것을 배우기 원하셨다. 그것은 책임을 요구하는 소환이다"(W. Zimmerli, Ezekiel, 「Hermeneia」, 1, 408).

고안

A. 들어가는 글

1. '아프리카의 굶주림' 이야기로 시작하라.
2. 배경 설명 : 아모스의 환상과 아모스를 이스라엘과 이스라엘의 예배처에서 쫓아내

려고 한 아마샤의 시도는 그 민족의 절박한 상황을 드러낸다. 그들은 하나님이 선지자에게 주신 마지막 환상과 곧 임할 재앙을 넘어서는 소망의 말씀을 위한 길을 예비한다.

3. 적용 : 아모스서의 마지막 두 장은 대조되는 두 가지 그림을 그리고 있는데, 첫째는 절대적인 어둠과 그 어둠 너머에 있는 희미한 빛이다. 무엇이 하나님으로 하여금 그런 어두운 그림을 그리게 하셨는가? 오늘날 교회는 아모스가 본 것을 대변하고 있는가 아니면 그가 소망했던 것을 대변하고 있는가? 우리는 하나님의 심판의 경고가 우리를 향한 그분의 마지막 말씀이 되지 않도록 무엇을 해야 하는가?

B. 본문 이해

1. 신실한 사람은 결코 잊지 않는다(8:4-8)
2. 잔치가 장례식이 되다(8:9-14)
3. 하나님의 임재는 탈출을 불가능하게 만든다(9:1-4)
4. 만군의 여호와가 누구인지 밝히다(9:5-6)
5. 택한 백성이라고 주장해도 보호받지 못한다(9:7-10)
6. 폐허를 회복하라(9:11-15)

C. 결론 : '자유 잃기' 를 읽어주라.

토의 질문

1. 오늘날 아모스가 당신에게서 어떤 경제적인 죄를 지적하겠는가?

2. 아모스는 당신의 교회와 당신의 개인적인 관행 가운데서 어떤 거짓 종교의 모습을 발견하겠는가?

3. 오늘날 사람들은 하나님께로부터 피하기 위해 어떤 노력을 하는가? 그리고 어떤 성공을 거두는가?

4. 오늘날 우리 가운데 하나님의 말씀의 기근에 대한 어떤 징후가 존재하는가?

5. 하나님이 신실하지 못한 백성에게 내리시는 징계와 심판이라는 현실로부터 우리를 보호하기 위해 신학적으로 어떤 길을 찾을 수 있는가?

오바댜 서문

오바댜서는 짧으면서 강력하다. 그래서 이 책에 대한 소개 역시 간략할 수밖에 없는 반면, 선지자에 대해 아는 것이 거의 없기 때문에 강력한 내용을 갖기에는 힘이 든다. 그 이름의 의미는 '야(Yah, 혹은 야훼 Yahweh)의 종' 이다.

오바댜는 유다에게 당시 유다의 적이었던 에돔에 관하여 선포했다(주전 586년). 에돔은 두 나라가 지리적으로 인접해 있고, 동일한 조상을 공유하고 있었기 때문에(창 36장) 유다의 동맹국이자 조약의 동반자였다. 아쉽게도 두 나라는 적개심과 폭력의 역사도 공유하였다.

유다는 다른 적을 필요로 하지 않았다. 바벨론은 얼마 전 예루살렘을 멸망시켰고 성전을 폐허로 만들었다. 그리고 이제 유다는 자기가 미워하는 적의 운명으로부터 교훈을 배워야 했다. 그 교훈은 너무도 간단했다. 하나님은 교만, 자기 의존, 배신 그리고 자기 친구와 동역자 앞에서 뽐내는 죄를 벌하실 것이다. 에돔이 벌을 받았다고 유다가 하나님의 호의를 자랑과, 배신과, 교만과 자기 자신을 의지하는 것으로 갚아 드려서는 안 된다. 에돔에 대한 벌은 유다가 하나님의 왕 되심을 축하하고, 영원하신 왕께 그분이 오바댜의 약속을 이루실 때까지 드리는 합당한 예배에 전념해야 할 때임을 가르쳐준다.

그러나 오바댜서를 읽는 것은 우리에게 큰 시험거리가 된다. 우리는 그런 진노와 폭력과 복수를 보이시는 하나님을 진정으로 섬기기 원하는가? 우리는 하나님의 약속을 믿지 않기 때문에 하나님에 대해 오해하고 불평하는 일에 유다와 함께 동참하지 않았는가? 우리는 허풍쟁이가 되어 다른 사람이 받는 고난을 보면서 그것이 하나님께 받아 마땅한 벌이라고 생각하고 웃는 경향이 있는가?

오바댜는 우리로 하여금 우리 자신의 교만과 자기 의존에 직면하여 하나님께 용서를 구하고, 그분으로 하여금 우리의 삶 가운데 이런 인격적 특성을 지우시도록 약속하고, 하나님이 우리 삶 가운데 있는 교만의 자리에 겸손을 불어넣으시도록 하며, 삶의 문제를 우리 스스로 해결하려고 노력하기보다는 하나님이 구해주시기를 신뢰하도록 도전한다. 오바댜는 우리 모두가 듣고 귀 기울여야 하는 한 가지 민감한 교훈을 갖고 있다. 그는 우리에게 핵가족과 대가족을 포함해 모든 가족 관계를 살펴보라고 명령한다. 교만과 자기 의존은 우리와 우리 가족 사이의 화해와 평화에 방해가 될 수 있다.

우리는 오바댜서를 읽으면서 레슬리 앨런이 다음과 같이 요약한 것을 기억해야 한다.

> 종말을 앞둔 그들의 종교 공동체는 민족주의가 되지 않으면 멸망당하고, 개인주의가 되지 않으면 사라진다. 야훼는 오바댜를 통해 그 시대에 맞는 말씀을 분별력 있게 제공하신다. 그분은 민족적 수치로 인하여 생겨난 짓무른 마음의 상처를 싸매시지만, 그 문제를 단순한 적개심이나 복수 이상의 높은 차원으로 끌어올리신다…이 시대 성도들의 맥풀린 눈동자에 새로운 광채를 더하시고, 그들이 삶의 냉혹한 현실을 이겨내도록 붙드실 것이 분명한 (하나님의) 서약은 그리스도를 통하여 기독 교회의 소유 안으로 들어왔다. 그 서약은 그 새로운 언약을 오늘날에도 의미 있게 하는 언어로의 번역을 필요로 한다. 오바댜서는 이 사악한 세상의 뻔뻔한 잘못들을 바로잡으시고 도덕적 균형을 회복시키실 하나님이 주시는 도덕적인 정

의감에 대한 확신을 제공한다. 하나님은 눈에 보이는 장면 뒤에서 역사하시며 모든 것을 주관하시는 가운데 인간의 움직임과 그 반동이라는 혼돈을 통하여 자신의 계획을 펼쳐나가신다. 교회의 개선은 우리의 운명이며, 우리는 이 목표를 향하여 확신을 가지고 나아가야 한다. 그러나 지금 이 땅의 많은 기독교 공동체는 움츠러들고 무기력해 보이기만 하다(NICOT, 138).

소망과, 확신과, 겸손한 마음을 가지고 오바댜서를 읽으라. 그리고 원수에 대한 사랑과 하나님을 향한 믿음을 가지고 읽으라.

오바댜 1-21절

왕국은 여호와의 것이다

"천국을 소유한 사람은 자기 중심적이 아니라 그리스도를 중심으로 하는 사람이다. 당신은 죄가 없는 상태가 될 것이다. 죄가 없다는 것이 명성을 보호하거나 어떤 이미지를 투사하지는 않는다. 당신은 부끄러워하지 않을 것이다. 당신은 하나님이 땅에서 하신 일을 천국에서도 하시게 함으로, 즉 당신의 연약함 가운데 그분이 높임을 받으시게 함으로 행복할 것이다.

- 맥스 루케이도(Max Lucado)

하나님은 유다의 남동쪽 이웃 나라인 에돔의 교만과, 과신과, 필요할 때 도와주기를 거부한 것, 유다가 바벨론의 공격을 받는 동안 예루살렘을 약탈한 것, 그리고 유다의 피난민들을 사로잡은 것 등을 비난하신다. 그리고 에돔이 멸망하고, 유다가 해방되며, 여호와의 왕국이 세워질 여호와의 날이 오고 있음을 선포하셨다.

들어가는 글

악마와 함께 춤을

케이 아더(Kay Arthur)는 그녀의 저서 「주님, 전쟁입니까?(Lord, Is It Warfare?)」에서 자신이 열여섯 살이었을 때 새로운 지역에 이사 와서 고등학교 학생들의 눈에 띄고 그들에게 인정받고 싶어했던 일을 기억하고 있다. 그녀는 교회 식당을 오하이오 주 세이커 하이츠의 청소년들의 수준을 높이는 일에 사용하기로 결심했다.

그녀는 우선 '천국과 지옥 댄스'로 시작했다. 예배당 한쪽 자리는 천사들이 솜으로 만든 구름에 매달려 있는 은은한 파란색 조명으로 장식이 되었다. 그러나 지옥이 더 매력적인 아니 감전시킬 정도였는데, 빨간 불빛이 번쩍이고 큰 그릇에서 연기가 모락모락 올라오고, 커다란 붉은 악마가 손에 쇠스랑을 들고 벽에 걸려 있었다. 지옥은 뭔가 움직임이 있는 곳 같아 보였다. 그날 저녁은 실제로 그러했다. 천국은 학생들이 모두 지옥으로 가는 바람에 텅 비었다. 케이는 12년이 지난 뒤에 "나는 악마와 함께 춤을 추고 있었고, 그 사실을 전혀 깨닫지 못했다"고 고백했다.

오바댜는 유다의 이웃 나라가 악마와 함께 춤을 추면서 그것을 알지 못했고, 되어서는 안 될 그런 존재가 된 것을 비난했다. 우리는 이 작은 책을 연구하면서 우리 자신을 돌아보고, 우리가 어떻게 케이와 에돔처럼 악마와 춤을 추면서 그것을 알지 못할 수 있는지 알아볼 것이다. 아마 이 연구는 너무 늦기 전에 악마의 춤 대신에 하나님의 나라를 발견하도록 도와줄 것이다.

본문 이해

왕국은 여호와의 것이다

Main Idea	에돔은 교만, 과신, 필요할 때 도움 주기를 거절하기, 다른 사람이 힘들 때 공격하기, 그리고 개인과 국가에 임한 하나님의 심판을 시행하는 대적 도와주기를 드러냈는데, 하나님의 계획은 자기 백성이 하나님 나라의 일부가 되는 것이다.

A. 교만을 벌하다(1-4절)

Supporting Idea	하나님의 심판은 교만하고 자신을 과신하는 사람에게 임한다.

1. 오바댜는 '야(Yah, 혹은 야훼 Yahweh)의 종'이라는 의미이며, 이 선지자의 이름은 그가 맡은 임무를 나타낸다. 그는 하나님의 종, 유다에게 이방 나라에 대한 신탁을 들으라고 전달하는 하나님의 전령이었다. 오바댜서는 그런 신탁 모음집이 발견되는 이사야(13-23장), 예레미야(46-51장), 에스겔(25-32장), 아모스(1-2장) 그리고 스바냐(2:4-15)와 달리 한 나라에 대한 폭넓은 신탁이 담겨 있다. 그 나라는 사해의 남쪽과 동쪽에 위치한 작은 나라 에돔으로 그 역사는 야곱의 형 에서에게까지 거슬러 올라간다(창 25:30). 두 나라 사이의 관계는 적대감과 다툼이 지배했다(삿 11:17, 사 11:14, 말 1:4).

오바댜는 자신의 예언을 하나의 묵시라고 소개했다. 많은 학자들은 선지자의 묵시를 '대개 밤에 깊이 잠들어 있을 때와 가끔씩 비록 깨어 있더라도 감정적으로 흥분되어 있을 때 주어진 하나님의 말씀의 계시'(민 24:4, 16)라고 본다. 어떻게 받았든 "그 계시된 환상의 강조점은 하나님의 말씀의 계시에 놓이는데, 이때 계시는 선지자에게 그가 선포해야 하는 하나님의 일에 대한 특별한 지식을 부여한다(사 1:1, 2:1, 13:1, 암 1:1, 미 1:1, 합 1:1)" (Jackie A. Naude, *NIDOTTE* II, 58).

이스라엘의 문제는 거짓 환상을 가진 선지자들을 경험했다는 데 있다(사 30:10, 겔 21:29). 이스라엘은 하나님께로부터 어떤 환상도 오지 않았을 때 하나님께 불평했다(삼상 3:1). 그래서 "선지자의 환상에는 주로 하나님과 그분의 말씀의 계시가 포함되며 그런 다음에 시각적인 효과가 포함된다. 하나님은 자신이 원하시는 것 혹은 행하려고 하시는 것을 알리시기 위해 선택한 누군가에게 그것을 보여주셨다"(Jackie A. Naude, 59).

오바댜의 환상은 하나님이 그에게 보여주신 그림에 근거할 수도 있으나 하나님의 백성이 듣기를 원하시는 하나님의 메시지를 주된 내용으로 하고 있다. 흥미롭게도 오바댜는 1-5절의 메시지를 예레미야 49장 9절, 14-16절과 공유하고 있다. 이 사실은 하나님이 이미 기록되거나 다른 맥락에서 전달된 메시지를 사용하여 자신의 뜻을 다른 청중들에게 계시하실 수 있음을 보여준다. 오바댜는 예레미야가 선포하여 청중들이 이미 알고 있는 메시지를 반복했을 수 있고, 혹은 두 선지자 모두 이스라엘의 예배 가운데 사용된 자료를 취하여 특정한 청중을 위하여 하나님이 택하신 방식으로 제시했을 수도 있다.

오바댜는 "여호와께서 이같이 말씀하셨다"(thus says the Lord, 저자 번역)라는 전령어법을 사용하여 일반적인 선지자의 의사 전달 방식으로 메시지를 전달했다. 이 공식은 구약에 136회 등장하는데, "이렇게 야훼께서 말씀하셨다"(thus says Yahweh)는 293회 등장한다. 이 공식은 선지자를 하나님의 칙령을 선포하기 위해 하나님의 보좌로부터 그분의 백성에게 보내심을 받은 전령으로 간주한다. 오바댜는 이런 말로 전령으로서의 자신의 역할을 강조한다. **우리가 여호와께로 말미암아 소식을 들었나니 곧 사자가 열국 중에 보내심을 받고.** 이렇게 해서 예언은 하나님의 메시지를 기다리는 긴장감 넘치는 악보를 펼친다. 그 메시지는 이스라엘에게 주어진 것이지만 에돔에 관한 것이며, 모든 나라에 대한 경고로 주어진 것이다.

2. 에돔에게 있어서 그 메시지는 좋은 것이 아니었다. 다른 나라에게는 그들이 에돔에 대한 그 메시지를 하나님이 자신들에게도 그렇게 말씀하실 것임을 일깨워주는 상징으로 받아들이지 않는 한 기쁨의 외침일 수 있다. 에돔은 높고 거친 산맥이 있다는 점에서만 큰 나라였다. 그 밖에 그 나라는 작은 영토를 다스리며 국제 관계에서 최소한의 영향력만 행사하는 나라였다. 에돔이 명성을 얻을 수 있는 유일한 희망은 메소포타미아와 홍해 사이 혹은 서쪽으로는 애굽과 동쪽으로는 앗수르와 바벨론 사이의 교역로 상에 위치했다는 점이다. 아라비아와 아프리카에서 온 색다른 물품들은 에돔을 경유하여 북쪽과 동쪽과 서쪽에 있는 고객들에게 전해졌다. 경제적인 중요성이 없었다면 에돔은 미

약했을 것이다. 그뿐 아니라 에돔은 크게 멸시를 받았을 것이다.

3. 교만은 에돔의 문젯거리였다. 히브리어 '자돈(zadon)'은 '주제넘음, 과신'(*HALOT*)을 가리킨다(신 17:12, 렘 49:16 참고). 에돔은 자신이 바위 틈의 높은 곳에 안전하고 든든하게 거하고 있다고 생각했다. 페트라 성읍 가운데 있는 그들의 산성은 난공불락으로 보였다. 어떤 적군이 그 성의 유명한 성벽을 무너뜨리기 위해 무장을 하고 시간과 노력을 들여 그 산을 오르는 수고를 하겠는가? 그래서 에돔은 승리를 주장했다. 누가 능히 나를 땅에 끌어내리겠느냐?

4. 하나님이 그 대답을 갖고 계셨다. 그들은 독수리처럼 되어 그 날개를 펴고 높은 산 위로 솟아오르며, 심지어 하늘의 별들 사이에 있을 정도로 높이 올라 거기에 깃들일 수 있었다. 그러나 하나님은 선언하셨다. 내가 거기서 너를 끌어내리리라.

B. 친구들이 네 적이 될 것이다(5-7절)

Supporting Idea	교만하고, 매정한 백성에게는 친구도 적으로 변한다.

5. 수사의문문으로 에돔에 임할 이 간략한 심판의 예언적 선포가 시작된다. 너희는 도적, 혹은 심지어 폭력적이고 무서운 강도가 네 모든 것을 가져갈 것을 예상하지 못할 것이다. 그들이 들어와 자기가 노린 것을 취한 뒤에 사라진다. 그러나 에돔을 기다리고 있는 것은 그보다 나쁜 것이다. 그들은 그들이 가진 모든 것을 잃을 것이다. 오바댜는 그런 소식에 오직 탄식의 부르짖음으로 반응할 수밖에 없었다. 오(히. 에크, 'ek, 우리말 성경에는 번역되지 않음 - 역주)는 죽은 자나 불행한 소식을 들은 뒤의 애곡과 통곡의 부르짖음을 소개하는 데 사용되었다(삼하 1:19).

네 포도원에 포도를 따러 온 자가 설령 네게 대한 아무런 지식이 없더라도 모든 포도를 다 따지는 않을 것이다. 포도를 따는 자들은 가난하고 궁핍한 자들을 위해 얼마만큼의 포도는 남겨두어야 했다(신 24:21). 이제 에돔은 가난한 이들을 위해 남겨둔 것마저 취하는 역할을 맡았다. 에돔이 꿈꾸는 경제적 능력이란 이런 것이다!

6. 어찌란 말은 애도 공식을 반복하면서 에돔을 기다리고 있는 비극적인 운명에 대한 오바댜의 애곡을 계속 드러낸다. 에서는 에돔을 가리키는 또 다른 이름으로, 그 민족을

조상의 이름으로 부른 것이다. 도둑과 강도 예화는 여기서 완결된다. 이 도둑과 강도는 그 탐욕이 끝이 없다. 그들은 모든 것을 가지려 하고 오뎀이 지닌 모든 것을 얻기까지 낱낱이 찾고 또 찾는 일을 수행할 것이다. 에돔이 산 속 은신처에 안전하게 숨겨두었다고 생각한 큰 재물과 재산이 모두 발견되어 실려나갈 것이다.

7. **너와 약조한 자들**은 문자적으로 '너와 언약을 맺은 모든 사람들' 이다. 에돔은 주변 국가들 혹은 강력한 정복 군주들과 평화 협정 및 상호 보호 조약을 체결했다. 오바댜 11-14절에 묘사된 행동들은 에돔이 주전 586년 바벨론이 예루살렘을 정복하기 전에 자원해서 바벨론의 신하가 되고 그들과 조약을 체결했다는 것을 암시한다. 조약을 신뢰하는 것은 지리적인 고립을 신뢰하는 것만큼 에돔에게 가치 있는 일로 입증되었다.

그러나 그런 동맹국들은 어떻게 되었는가? **너를 쫓아 변방에 이르게 하다**의 어구는 히브리어에서 분명하게 나타나지 않는다. 그 동사는 '보내다' 의 강세형이다. 그 동사는 의미가 폭넓어 본문에서 여러 해석을 가능하게 했다. 더 이상 조약을 맺지 않고 에돔의 외교 사절을 본국으로 보내다, 에돔의 전쟁 포로를 본국으로 송환시키다, 에돔을 본국에서 몰아내 포로로 삼다 등. 가장 분명한 설명은 에돔의 군사력이 산 위의 피난처에서 여전히 자신감을 유지하고 있다는 것이다. 그러나 그것으로는 충분하지 않다. 공격해 들어오는 적군이 에돔으로 하여금 자기 국경선을 지키기 위해 싸우게 만들 것이다.

화목하던 자들은 문자적으로 '너와 조약을 맺은 자들' 로, 싸우지 않고 함께 사는 사람들을 말한다. 이 말은 어쩌면 서로 조약을 체결한 무리들을 가리킬 수 있다. 에돔은 어떤 동맹국과 화목하던 자들을 갖고 있었나? 그들은 속이고 기만하는 자들이었다(왕하 18:29, 렘 4:10). 그들은 조약의 의무와 약속을 무시하고 에돔을 제압하려 했다.

네 식물을 먹는 자들은 우방으로서 조약을 맺어 정치적 연회와 축하 모임에 초대받고 조약이나 계약을 확정하는 축하 음식을 먹는 이들을 말한다. 그들은 에돔을 잡을 **함정을 베풀** 것이다. **네 마음에 지각이 없음**은 문자적으로 '그 사실을 인식하지 못함' 을 말한다. 에돔은 지혜와 분별력으로 엄청난 명성을 얻었다. 그러나 그 명성은 이 상황에서 에돔에게 아무 소용이 없었다. 누구도 에돔에게 어떤 일이 일어났는지 설명할 수 없을 것이다. 이것은 하나님이 주신 환상으로, 인간의 설명을 넘어서는 일들을 계시하는 선지자의 신탁이다.

C. 형제들 앞에서 자랑하다(8-14절)

Supporting Idea	매우 궁핍한 상황에 처한 형제를 대적하는 것은 하나님의 진노를 일으킨다.

8. 에돔을 향한 하나님의 결론은 자명한 것이다. 여호와는 뼈아픈 질문을 던지신다. 그 질문은 그날에를 중심으로 전개된다. 이스라엘과 그 이웃들은 하나님이 개입하셔서 하나님의 백성에게 최후의 승리를 안겨줄 그날을 기대하였다. 그날은 축하와 기쁨의 날이 될 것이다. 하나님은 그런 희망에 거듭해서 찬물을 끼얹으셔야 했다. 그날은 여호와께 대적한 백성에게 기쁨의 날이 되지 않을 것이다. 에돔도 거기에 포함되었다. 그날에 하나님은 에돔이 가장 자랑하던 지각 있는 자를 멸하실 것이다. 그들의 경제적, 군사적, 정치적 도움말은 소용없음이 밝혀질 것이다. 여호와로 인한 멸망이 찾아올 것이다. 산에 숨은 지각 있는 자들도 그분을 막지 못할 것이다.

9. 드만(혹은 데만, 바른성경, 쉬운성경, 새번역, 현대인의 성경)은 '남쪽' 을 의미하는데, 에돔의 옛 조상의 이름에서 유래한 말로(창 36:11) 그를 가리키는 또 다른 이름이다. 드만은 원래 수도 보스라 주위의 영토를 가리키는 부족의 이름에서 유래하다가 점차 에돔 전체를 가리키는 말로 확장되었을 것이다. 산에 있던 피난처에서 강제로 내몰린 에돔의 군사들은 놀랄 것이다. 그 나라의 주민들은 살육을 당할 것이다.

10-11. 하나님은 에돔에 대한 구체적인 죄목을 나열하신다. 그 목록은 야곱과 에서 사이에 있었던 다툼까지도 포함된다(창 27:1-45). 그때 이후로 포학이 그들의 후손 사이의 관계를 가장 잘 나타내는 말이 되었다. 결국 에돔은 이스라엘을 대하던 태도에 합당한 수욕을 입게 될 것이다. 그들은 하나님이 그들이 영원히 멸절될 것을 보실 것이기 때문에 민족으로서의 정체성을 완전히 상실하게 될 것이다.

에돔에 대한 주된 정죄는 주전 586년에 일어난 바벨론에 의한 예루살렘의 멸망 사건을 중심으로 전개된다. 에돔은 당시, 즉 이방인이 그의 재물을 늑탈하던 날에 유다의 반대편에서 멀리 서 있었다. 바벨론이 예루살렘 성을 불태우고 성전의 보물을 가져갈 때(왕하 25장), 에돔은 예루살렘이라는 동맹국 혹은 조약의 당사자로서 합당한 아무런 행동도 취하지 않았다. 오히려 그들은 그들 중 한 사람같이 되었다. 에돔은 이스라엘과 아무 관계가 없던 이방인과 똑같이 행동했다. 그들은 경제적 이익을 얻기 위해 자기 친족을 멸망시키는 것을 도왔다.

12-14. 오바댜는 에돔에게 그들의 태도와 행동의 결과를 경고하기 위해 명령형 동사를 사용한다. 그는 예루살렘의 멸망이라는 쓰라린 경험을 위로한다. 그는 문자적으로 이렇게 말한다. "네 형제의 날, 그의 불행의 날을 지켜만 보지 말라. 유다 자손이 멸망하는 날 기뻐하지 말며, 환난의 날에 네 입을 크게 열지 말라." 에돔은 예루살렘과 그 멸망을 보고 무서워 고개를 돌려야 했다. 그러나 에돔은 오히려 가져갈 만한 값진 물건이 없는지 찾으러 달려갔다. 에돔은 예루살렘의 애곡과 탄식에 동참해야 했지만, 바벨론의 축하와 기쁨에 합류했다. 에돔은 폐허가 된 예루살렘을 보고 경악하며 주저앉아야 했지만, 그들은 오히려 그 노략질에 참여한 것을 자랑했다.

오바댜는 계속해서 말했다. "내 백성의 멸망의 날에 그 성문에 들어가지 말라. 비록 너희라도 그들이 멸망하는 날에 그들의 악을 보지 말라. 그의 멸망의 날에 그들의 재물을 빼돌리지 말라." 선지자는 북을 치는 것처럼 반복한다. 그날, 그날, 그날, 그날, 그의 재앙의, 그의 재앙, 그의 재앙. 에돔은 유다가 가장 무력한 순간에 등을 돌렸기 때문에 그도 따돌림을 받아 마땅한 동맹이었다.

에돔은 유다에 대하여 세 단계의 못된 짓을 했다. (1) 그들은 성문으로 들어갔다. (2) 그들은 예루살렘에 행해진 악을 자세히 살펴보았다. (3) 그들은 모든 값나가는 것을 가져가 개인적으로 사용했다. 그들은 한 가지를 망각했다. 하나님은 그들이 바로 자기 백성이라고 선언하셨다. 바벨론은 예루살렘을 패배시켰다. 바벨론은 예루살렘의 하나님이신 야훼를 패배시킨 것이 아니다. 그분은 또 다른 날 싸우기 위해 남아 계셔야 했다. 에돔이여, 조심하라!

하나님은 에돔을 향해 마지막으로 '하지 말라, 하지 말라'를 연발하셨다. "사거리에 서서 도망하는 자들을 막지 말라. 고난의 날에 살아 남은 자를 팔아넘기지 말라." 에돔은 하나님의 진노를 향해 한 걸음 더 내려갔다. 에돔은 값진 물건을 취하여 집으로 돌아간 것으로 만족하지 않았다. 에돔은 큰 사거리에 서서 유다에서 살아 남아 도망하는 몇몇 사람들을 포로로 잡았다. 에돔은 예루살렘의 친구, 친척, 동맹국이 아니라 바벨론의 동맹국으로 가담했다.

D. 자신이 행한 것을 마시기 혹은 멸망에서의 구원(15-21절)

Supporting Idea	하나님은 마침내 자기 왕국을 세우시고, 악인들의 행위가 그 머리로 돌아가게 하실 것이다.

15. 선지자는 다시 백성이 승리와 축하와 기쁨을 기대하는 그 영광스러운 여호와의 날을 언급한다. 이 여호와의 날은 축하해야 할 이유가 있는 몇몇 나라나 지역 사회만 참가하는 한 지역에만 국한된 사건이 아니다. 오바댜는 여호와의 날을 국제적인 차원으로 확대시켰다. 만국은 자신이 원하든 원하지 않든 그날에 참여하게 될 것이다. 눈에는 눈, 이에는 이가 활개칠 것이다. 너의 행한 대로 너도 받을 것이다. 에돔의 머리에 보응이 내려질 것이다. 준비하라. 여호와의 진군 명령이 곧 울려퍼질 것이다. 에돔 사람들은 여호와의 날을 공포 가운데 맞이할 것이다.

16. 오바댜는 예레미야를 비롯해 그의 선배 선지자들로부터 또 하나의 비유를 채택했다. 그것은 하나님의 진노의 잔을 그의 대적들에게 쏟아부어 마시게 하는 것이다(시 60:3). 주전 586년 예루살렘은 하나님의 거룩한 산인 성전이 있는 산에서 그 잔을 마셨다(사 11:9). 이제 예루살렘의 적들은 에돔을 포함하여 그 잔을 들게 될 것이다. 하나님의 진노의 심판이 너무도 심하여 열방은 그 존재의 흔적조차 남기지 못할 것이다. 그들은 하나님의 진노가 사라질 때까지 항상 마실 것이다.

에돔, 모압, 암몬, 앗수르, 바벨론을 비롯한 나라들의 강대함은 모래에서 복구된 고대의 기록으로만 남아 있다. 세상은 그런 나라들이 존재하지도 않았던 것처럼 여전히 지속되었다. 그러나 예루살렘은 우리에게 예수 그리스도를 주었고, 그분이 역사에 남긴 흔적은 결코 지워지지 않을 것이며, 그분은 영원한 구원으로 가는 유일한 길이다.

17. 선지자는 예루살렘의 또 다른 모습을 갖고 있었다. 세상 역사는 하나님이 땅에 거하시던 시온 산에 집중되어 있다(애 5:18). 이곳은 다시 하나님의 백성이 거룩함과 그분의 말씀에 대한 순종 가운데 살아가는 거룩한 곳이 될 것이다. 에서가 아니라 야곱이 그 기업을 누릴 것이다.

18. 선지자는 하나님의 분노와 자주 연결되는 불로 비유의 대상을 바꾼다. 요셉 족속과 야곱 족속은 북왕국을 가리키는 말로 주전 722년 북왕국의 멸망 이후로 하나님의 백성 전체에 적용되었다. 하나님의 백성이 에돔을 완전히 멸망시키는 그분의 도구가 되

어 그곳에는 남은 자가 없을 것이다.

19. 선지자는 간단하면서도 명료하게 그 땅을 하나님의 백성에게 분배하는 새 여호수아의 역할을 떠맡았다. 본문은 문자적으로 이렇게 해석된다. "네게브는 에서 산에게, 그리고 쉐펠라는 블레셋에게 상속(혹은 소유)될 것이다. 그들은 에브라임 평지와 사마리아 평지를, 그리고 베냐민은 길르앗을 상속받을 것이다." 오바댜는 그 땅을 지파들에게 분배하지 않고, 하나님의 백성이 차지하고 있던 지리적 위치에 따라 그 땅을 나누었다. 네게브는 브엘세바와 아랏의 남쪽, 시내 반도의 북동쪽, 그리고 사해 아래편 아라바의 서쪽에 위치한 건조 지역이다. 그곳에 살고 있던 유대 백성은 에돔의 땅, 곧 에서의 산을 얻을 것이다.

쉐펠라는 "유다의 서쪽 측면에 이어진 구릉 지대이다. 이 용어는 '낮은 땅' 을 의미하며 더 높은 지대에서 사는 사람들에 의해 주어진 이름이 분명하다"(Thomass, Brisco, 「Holman Bible Atlas」, 18). 쉐펠라는 예루살렘 정서쪽의 해안 평야와 서부 고지대 사이에 펼쳐져 있다. 아이잘론, 소렉, 엘라 그리고 헤브론 가는 길이라는 네 개의 골짜기가 쉐펠라를 관통하며 큰 성읍으로 연결된다. 그 골짜기들을 보호하는 성읍인 라치쉬, 아즈카, 소코 그리고 딤나에서 전쟁이 벌어졌다.

오바댜는 하나님이 쉐펠라의 유다 백성으로 하여금 블레셋을 얻게 하실 때 그런 전쟁들은 지나간 것이 될 것임을 암시하는 것으로 보인다. 쉐펠라 주민들, 혹은 이름이 알려지지 않은 유다의 '그들' 은 에브라임을 차지할 것인데, 그곳은 갈릴리와 유다 사이의 서쪽 산맥을 가르는 주요 구분인 사마리아를 가리킬 수도 있다. 사마리아는 북왕국이 멸망하고 앗수르가 옛 북왕국 안에 위치한 정치 지역을 가리키는 이름을 짓기 전까지 북왕국의 수도였다.

따라서 유다는 다윗의 가장 사나운 적인 블레셋과 북왕국(이스라엘)의 영토를 얻게 되었다. 베냐민은 지파 가운데 가장 작은 채로 남왕국과 북왕국 사이에 위치해 대개 유다의 그늘에 가려 있었지만, 실제로 기브온, 기브아, 벧엘 그리고 여리고와 마찬가지로 유다의 수도인 예루살렘을 포함하고 있었다. 이들은 사해와 야르묵 강 사이의 요단 강 서쪽의 산악 지역인 길르앗을 얻거나 혹은 상속받을 것이다. 결국 하나님은 오바댜를 통해서 유다에게 약속하셨던 원래의 땅을 다시 약속하셨다.

20. 이 구절의 히브리어 본문은 많은 문제를 제시한다. 본문은 문자적으로 이렇게 읽

힌다. "그리고 가나안 사람인 이스라엘의 아들들의 포로들 - 이 군대(?) - 은 사르밧까지, 그리고 스바랏 안의 예루살렘의 포로들은 네게브의 성읍들을 소유할 것이다." 이 문장에서 거의 모든 낱말의 의미와 해석은 논란의 여지가 있다. 이 무리 혹은 이 군대는 이 어려운 히브리어 본문의 가능한 해석이다. 더글러스 스튜어트는 이렇게 읽는다. "이 소유물인 포로들"(Douglas Stuart, WBC 31, 412). 이 말은 분명 주전 722년 사마리아로부터 포로로 잡혀간 이스라엘 백성을 가리키는 것으로, 북이스라엘과 남이스라엘의 하나 됨과 팔레스타인에 살고 있는 이스라엘과 포로로 잡혀간 이스라엘의 하나 됨을 강조한다. '무리' 혹은 '군대' 혹은 '소유물' 이라는 용어는 더 나아가 이 포로들이 군사적 혹은 경제적 능력을 갖고 있음을 말해준다.

구약의 최초의 헬라어 번역인 70인역은 이 낱말을 '최초의' 로 읽는데, 이 말은 이 포로들이 예루살렘에서 온 마지막 포로가 아닌 북왕국 이스라엘에서 온 첫 번째 포로임을 분명히 밝힌다. '가나안 사람' 은 북쪽의 포로들로 그 땅 원주민들과 너무 많이 혼합되어 더 이상 정체성을 갖고 있지 못하지만 여전히 하나님께 쓰임받은 이들을 가리킬 수 있다. 다른 번역본은 히브리어 본문을 변경시켜 이들을 페니키아인 혹은 상인(가나안 사람이란 용어의 원래의 의미)으로 해석하고 있는데, 이스라엘이 장차 새로운 정복에서 그들의 땅을 점령하게 될 것이다.

'얻을 것' 이라는 동사는 히브리어 본문에서 문장 마지막에 한 차례만 나오지만, '사르밧까지' 에도 적용되는 것으로 예상된다. 사르밧은 두로에서 북쪽으로 22.5킬로미터, 시돈에서 남쪽으로 13킬로미터 가량 떨어진 레바논 지중해 연안에 펼쳐진 바위 곶 끝에 위치한 도시 국가였다. "사르밧은 페니키아 안에 있는 해안 도로 상에 위치해 있어서 그곳을 지나가는 많은 군대와 만나게 된다. 그래서 가끔씩 고대 기록에 언급되지만, 중요한 도시였던 적은 한 번도 없다"(Ray L. Roth, *ABD*, VI, 1041; 왕상 17:8-24, 눅 4:26 참고). 고고학자들은 사르밧이 도자기 생산의 중심지인 것을 밝혀냈다. 오바댜는 이 페니키아의 해변 도시가 이스라엘의 새로운 북쪽 국경이라고 지적한다.

그 새 정복에는 북왕국의 포로들뿐 아니라 주전 586년에 예루살렘에서 포로로 잡혀간 이들도 포함될 것이다. 이들은 스바랏에 살고 있는 이들과 같은 사람들이었다. "성경 본문은 스바랏의 위치에 대해 아무런 언급도 하고 있지 않지만, 적어도 가능성 있는 세 장소가 제시되고 있다. 한 성은 스페인에 있는 곳으로 세파라(Sefarad), 메대(Media)지역에 있는 한 성, 그리고 소아시아 루디아에 위치한 사르디스(Sardis)이다" (John D. Wineland, *ABD*, V, 1089). 현재의 증거에 의하면, 루디아의 중심 도시가 가장 가능성이 높은 후보로 나타나지만, 많은 학자들은 아직도 바벨론의 북쪽과 남쪽으로 본다. 어느 위치가 정확하든 오바댜는 멀리 있는 포로들에게 유대 고향으로 돌아와 남쪽 성읍들을 차지하라는 명령을 내리고 있는 것이다(렘 13:19, 32:44, 33:13, 대하 28:18 참고).

오바댜는 자신의 시야를 넓혀서 포로로 잡혀간 이방 나라 가운데 흩어진 북왕국과 남왕국의 시민들을 모두 포함하고 있다.

21. 오바댜의 마지막 말은 에돔을 향한 것이지만, 당연히 자기 동족인 유대인들을 위한 강력한 교훈도 함께 들어 있다. 구원자들이란 말은 오바댜에만 나온다. 그 말은 여호수아와 사사들처럼 최초의 정복 시대에 하나님의 백성을 극적인 승리로 인도한 이들을 가리킨다. 이들은 이제 하나님의 성전의 고향인 예루살렘을 가리키는 종교적 이름인 시온 산에 거할 것이다(왕하 19:31, 미 4:7). 그들은 에서의 산에 살던 에돔을 심판할 것이다. '심판하다' 는 히브리어 '쉐폿(shepot)' 을 번역한 것으로, 이 용어는 사사기에서 사사들을 가리키는 데 사용했다. 사사기는 이스라엘이 자신들에게 왕이 없는 불쌍한 상태를 비난하는 것으로 결론을 내린다(삿 21:25).

오바댜가 돌이켜본 긴 역사는 국왕 제도가 이스라엘의 문제를 해결해주지 않았음을 보여준다. 문제는 그들이, 기드온이 이스라엘을 다스리는 왕이 되어달라는 요청을 거절한 사건에 들어 있는 교훈을 배우지 못했다는 사실이다. "내가 너희를 다스리지 아니하겠고 나의 아들도 너희를 다스리지 아니할 것이요 여호와께서 너희를 다스리시리라" (삿 8:23). 오바댜는 예루살렘 지도자들이 에돔과 다른 이방 영토, 곧 원래의 약속된 땅에 근접하는 곳을 다스릴 것이라고 다시 한 번 말했다.

그러나 오바댜는 마지막으로 이스라엘이 깜짝 놀랄 만한 교훈을 갖고 있었다. 그것은 그 나라가 여호와께 속한다는 것이다. 새롭게 통치하는 이스라엘의 날은 이전과 다를 것이다. 왜냐하면 이제 여호와가 이스라엘과 이스라엘이 소유한 모든 것의 왕이 되실 것이기 때문이다. 그때야 비로소 오바댜는 약속할 수 있을 것이다. "시온 산에 구원이 있을 것이며 그곳이 거룩하게 되어 이스라엘이 그 땅을 다시 소유할 것이다" (옵 1:17, 현대인의 성경).

Main Idea 복 습	에돔은 교만, 과신, 필요할 때 도움 주기를 거절하기, 다른 사람이 힘들 때 공격하기, 그리고 개인과 국가에 임한 하나님의 심판을 시행하는 대적 도와주기를 드러냈는데, 하나님의 계획은 자기 백성이 하나님 나라의 일부가 되는 것이다.

결론

용서는 불공평하고, 불공정하며, 불합리하게 보인다

시몬 비젠탈(Simon Wiseenthal)은 그의 저서 「해바라기(The Sunflower, 뜨인돌출판사)」에서 고통스러운 선택에 직면했을 때 자신이 처한 딜레마를 묘사하고 있다. 이 젊은 폴란드 군인은 독일 군인들이 자기 집 계단에 있는 자기 할머니를 죽이고 나이 든 유대인 여성들로 가득한 화물차 안으로 자기 어머니를 강제로 태우는 것을 무기력하게 바라보았다. 최종적으로 비젠탈은 나치가 살해한 친척들의 숫자를 89까지 헤아렸다.

그리고 한 나치 병원의 감호소에서 근무하던 비젠탈은 소환을 받았다. 한 간호사가 그에게 신호를 보내어 자기를 따라 계단을 올라오게 한 다음 계단을 내려와 한 나치 병사가 붕대를 두른 채 혼자 누워 있는 복도로 데려갔다.

그 병사는 곰팡내 나는 병실에서 비젠탈에게 자기 이야기를 듣게 했다. "나는 이 끔찍한 행동을 당신에게 꼭 말해야 합니다. 당신에게 말하는 이유는 당신이 유대인이기 때문입니다." 그 병사는 말을 시작했다. 그는 히틀러의 소년단에 들면서 가톨릭의 믿음과 생활 방식에서 동떨어져 있다가 우크라이나의 드니에프로페트로프스크 마을에서 벌어진 전투에 배속받았다. 그곳에서 부비트랩으로 인해 그의 부대원 30명이 살해당했다. 이 병사와 그의 분대원은 복수심에서 300명의 유대인들을 3층 건물 안에 모아놓고 휘발유를 부은 다음 그곳에 불을 질렀다. 그리고 아무도 도망하지 못하도록 마구 총을 쏘아댔다.

그 부상당한 병사는 마지막으로 이렇게 말했다.

나는 죄책감을 가지고 이곳을 떠납니다. 내 인생 마지막 몇 시간 동안 당신은 나와 함께 있었습니다. 나는 당신이 누구인지 모릅니다. 내가 아는 것은 당신이 유대인이라는 것뿐인데, 나는 그것으로 충분합니다. 나는 죽음을 기다리는 동안 며칠 밤에 걸쳐 이 사실을 유대인에게 말하고 용서를 구할 수 있기를 수없이 고대했습니다. 나의 요구가 당신에게 너무 벅차다는 것을 알지만, 나는 당신의 대답이 없이는 평안히 잠들 수 없을 것입니다.

시몬 비젠탈은 창 밖으로 햇볕이 든 뜰을 바라보고 이어서 침상에 누워 붕대를 감고 있는 병사를 본 다음 아무 말 없이 그 방을 나섰다. 그렇지만 이 선택은 그의 남은 생애 동안 계속 따라다녔다.

필립 얀시는 이렇게 결론내린다. "「해바라기」는 이론 가운데서 용서를 이끌어내 그것을 살아 있는 역사 가운데 밀어넣는다…나는 용서하지 않음이 갖고 있는 끔찍하고 투명한 논리에 충격을 받았다. 말할 수 없이 흉폭한 사회에서 용서는 불공평하고, 불공정하고, 불합리하게 보인다"〔「놀라운 하나님의 은혜(What' s So Amazing About Grace?)」〕.

이스라엘은 비젠탈의 질문을 두 개의 전선에서 직면했다. 포로가 되고 고향을 잃은 나라도 하나님께 용서받을 수 있다는 희망을 가질 수 있는가? 용서받은 백성은 하나님이 그들을 벌하시기 위해 사용하신 사람들에게 어떻게 대응해야 하는가? 오바댜는 이 문제에 대해 간략히 대답한다. 하나님은 이스라엘을 용서하실 것이다. 그 용서의 한 가지 증표는 바벨론이 예루살렘을 멸망시키고, 그 민족을 포로로 잡아가려고 쳐들어왔을 때 배반했던 에돔을 벌하신 것이다. 또 하나의 증표는 하나님이 예루살렘과 모든 이스라엘을 힘 있는 자리로 회복시키실 것이라는 사실이다. 그래도 질문은 여전히 남는다. 이스라엘은 에돔을 어떻게 대할 것인가? 오바댜서는 이스라엘에게 에돔으로부터 교훈을 배우라고 촉구한다.

■ 진리 알기

- 교만은 넘어짐의 앞잡이이며, 하나님의 진노를 가져온다.
- 자기 사람을 배반하는 것은 항상 잘못된 것이다.
- 힘없는 백성을 공격하는 것은 잘못된 일이다.
- 적을 도와주는 것은 잘못이다.
- 하나님은 사람들이 다른 사람을 벌하는 그 방식대로 그들을 벌하신다.
- 하나님은 자기 백성을 위한 구원과 갱신의 계획을 갖고 계신다.

■ 적용하기

- 오늘 밤 집에 들어가면서 문 앞에서 당신의 교만이 무엇인지 살펴보고, 그것을 다시는 주워 담지 말라.
- 당신이 갖고 있는 자기-확신을 하나님-확신으로 변화시켜라.
- 당신이 적으로 생각하고 있는 사람에게 사랑을 표현할 수 있는 방법을 찾으라.
- 하나님이 당신과 당신 가족의 인생을 오늘부터 영원까지 주관하시도록 그분께 자유를 드리라.
- 하나님이 자신의 왕국을 세우시고 그 세계 안에서 새로운 삶의 방식을 창조하신다는 것을 신뢰하라.

삶의 적용

갈등과 해결

목사는 집사가 하는 일과 관련해 잘못하고 있다고 생각하는 몇 가지 일들에 관해 설교했다. 그리고 집사는 목사가 갖고 있는 교회 관련 계획에 반대 투표를 했다. 곧 싸움판이 벌어질 것 같았다. 교인들은 누구 편에 서야 할까? 앞으로 전개될 싸움에서 누가 승리할 것인가? 그때 그 성숙한 집사가 젊은 목회자를 찾아와 면담을 했다. 그는 자신이 무엇을 잘못했는지 시인하고, 목회자 역시 자기 잘못을 인정하는 방법을 설명했다. 이 집사는 자신의 교만을 내려놓고 젊은 목회자의 자존감과 위신을 회복시켰다. 교회와 목회자를 향한 그의 사랑이 열매 맺는 사역의 문을 열었다. 왜냐하면 그가 증오와 불신의 문을 부숴버렸기 때문이다.

오바댜는 폭력으로 맞서는 적이 된 두 무리에게 선포했다. 그는 에돔이 교만과, 자기 확신과, 탐욕에 빠져 결국 증오와 자신이 조약을 맺은 동맹국과 친족을 배신하게 되었음을 보여주었다. 그의 메시지는 증오와, 질투와, 복수로 가득한 되갚기 연설처럼 들릴 수 있다. 그러나 그 메시지는 오바댜의 것이 아니다. 그것은 하나님의 것이다. 하나님은 이스라엘에게 복수하라고 명하지 않으셨다. 그분은 이스라엘에게 무기를 들라고 명하지 않으셨다. 하나님은 자신이 그 싸움에서 승리를 거두실 것이라고 약속하셨다.

그 사이에 유다는 에돔이 배우지 못한 교훈을 배워야 했다. 우리도 마찬가지이다. 무엇이 당신의 개인적인 사업과 교회 관계 안에서 적을 만들어내는가? 당신은 우정을 회복하기보다는 적대감을 유지하게 만드는 어떤 태도를 취하고 있는가? 탐욕과 혼합된 자기 과신이 당신으로 하여금 어떻게 친구를 배신하고 하나님께로부터 멀어지는 길로 인도하는가?

기도

하나님 아버지, 우리를 용서해주십시오. 오바댜는 우리가 어떤 존재인지 보여주었습니다. 우리는 교만하고, 자기를 의지하며, 금전적 이익을 위해 약속을 깨뜨리는 탐욕스러운 배신자들입니다. 우리가 사업상 아는 사람들, 교회 안의 동료 신자들, 친지들, 그리고 특별히 우리의 가족을 대하는 방식을 변화시켜주십시오. 하늘에서와 마찬가지로 이 땅에서 우리의 삶 가운데 주님의 나라가 임하시고, 주님의 뜻이 이루어지게 해주십시오. 아멘.

심층 연구

A. 구약에서의 하나님 나라(21절)

예수 그리스도의 중심 메시지는 간략한 한 문장으로 요약할 수 있다. "하나님 나라가 가까웠으니 회개하고 복음을 믿으라"(막 1:15). 이 메시지는 구약에 나타난 하나님의 계획의 성취를 약속했는데, 구약에서도 하나님 나라가 중요한 주제였다. 히브리어 '말쿠스(malkuth)'는 구약에 91회 나타나지만, 하나님 나라를 가리키는 경우는 그다지 많지 않다(시 103:19, 145:11-13, 대상 17:14, 28:5). 히브리어 '멜루카(melukah)'는 24회 등장하는데 하나님 나라를 언급하는 경우가 적다(시 22:29). 무엇보다 중요한 것은 구약이 하나님의 나라를 짧은 감탄문으로 언급한다는 사실이다. '야훼 말락(Yhwh malak)', '여호와께서 통치하시다'(출 15:18, 시 96:10), '야훼 멜렉(Yhwh melek)', '여호와는 왕이시다'(신 33:5, 습 3:15).

이스라엘은 애굽을 나오면서 열방을 다스리시는 하나님의 왕권을 선포했다(민 23:21). 기드온은 이스라엘에게 여호와가 그들의 왕이시므로 그 어떤 인간도 그들을 통치하지 못할 것임을 가르쳐주려 했다(삿 8:22-23). 이스라엘은 하나님이 이스라엘과, 이방 나라와, 땅과, 다른 모든 신들의 왕이심을(시 96:4) 기념하기 위해 예배 가운데 '여호와께서 통치하시다' 혹은 '여호와는 왕이시다'라고 부르짖곤 했다.

그럼에도 불구하고 이스라엘에는 인간 통치자인 왕이 있었다. 사실 "구약에서 하나님 나라라는 개념은 다윗 왕국과 결합되어 있다"고 주장할 수 있다(Ralph L. Smith, 「Old Testament Theology」, 408). 그 왕은 하나님의 대리인으로, 자기 백성을 위한 하나님의 뜻을 이행했다. 그 왕은 하나님의 대리인과 동일시되었기 때문에 하나님의 아들이라고(시 2:6-7), 심지어 '엘로힘('elohim)', 곧 하나님이라고 부를 수 있었다(시 45:6).

> 이스라엘이라는 나라를 다스리던 지상의 왕은 하나님 나라를 가져오고 만인을 위한 공의와 정의라는 목표를 달성하는 데 실패했다(시 72:1-2, 4). 그러나 왕 됨 자체가 전적으로 실패한 것은 아니다…왕에게 기름을 붓는 일은 메시아 사상의 문을 열어주었는데, 메시아는 장차 임하여 이상적인 왕의 기능을 수행할 기름 부음 받은 궁극적인 인물이다(Ralph L. Smith, 「Old Testament Theology」, 410).

> 이스라엘의 하나님-왕 신학과 그 궁극적 주장에 의하면, 왕은 하나님의 우편에 앉아 있으며, 하나님의 주권을 선포하고 실행하며, 하나님의 구원을 세상에 전달한다(시 110편). 이 다윗과 같은 왕의 분신은 특정한 역사적 상황을 초월하여 다양한 메시아에 대한 소망에 적용될 수 있다(사 9:5-6). 메시아와 하나님의 통치 사이의 긴밀한 연계로 인하여 신약의 성도들은 예수 안에서 메시아가 실현된 것을 보았다. 따라서 그는 그리스도이셨다(요 4:25). 예수는 메시아, 다윗의 아들이다(눅 19:38, Philip J. Nel, *NIDOTTE*, II, 960).

이스라엘의 이웃들은 그들의 이방 신이 하늘의 왕, 땅의 왕, 그리고 신들의 왕이라고 선언했다. 마찬가지로 이스라엘은 이렇게 선언할 수 있었다. "여호와께서 홍수 때에 좌정하셨음이여 여호와께서 영영토록 왕으로 좌정하시도다"(시 29:10). 그리고 "여호와께서 통치하시니 스스로 권위를 입으셨도다 여호와께서 능력을 입으시며 띠셨으므로 세계도 견고히 서서 요동치 아니하도다 주의 보좌는 예로부터 견고히 섰으며 주는 영원부터 계셨나이다"(시 93:1-2).

따라서 우리는 랠프 스미스와 같은 결론을 내릴 수 있다. "구약에 산재되어 있는 많은 실마리들은 새로운, 앞으로 임할 하나님의 나라를 지적하고 있다. 다윗의 아들, 하나님의 아들, 사람의 아들, 그리고 고난받는 종과 같은 개념들이 각기 다른 시대와 상황에 나타난다. 그 개념들은 구약에서 어떤 조직적인 형태 안으로 통합되거나 연결된 적이 한 번도 없다. 신약은 이 모든 개념을 한데 모아 예수 그리스도가 그 모든 개념들의 성취라고 말씀한다"(랠프 스미스, 「Old Testament Theology」, 426).

고안

A. 들어가는 글

1. '악마와 함께 춤을' 이야기로 시작하라.
2. 배경 설명 : 예루살렘이 바벨론에 멸망당하고 유대 주민이 포로로 잡혀간 직후에 선지자 오바댜는 유다에 나타나 유다의 조약 파트너이자 형제였다가 배신자와 적군이 된 에돔을 정죄했다. 그렇게 하는 가운데 선지자는 또한 유다의 귀를 사로잡았다.
3. 적용 : 오바댜의 메시지는 간략하면서도 신랄하다. 교만, 자기 과신, 배반 그리고 쓰러진 자를 괴롭히는 일은 어떤 것보다 신속하게 하나님의 정의와 처벌을 불러일으킨다. 유다는 포로로 잡혀가겠지만, 여전히 극복할 것이다. 그러나 그들의 승리는 사울과 다윗 이전으로 돌아가 하나님이 왕이 되게 하시고, 유다의 왕 됨이 아니라 하나님의 왕 되심을 기뻐하는 일이 수반된다.

B. 본문 이해

1. 교만을 벌하다(1-4절)
2. 친구들이 네 적이 될 것이다(5-7절)
3. 형제들 앞에서 자랑하다(8-14절)
4. 자신이 행한 것을 마시기 혹은 멸망에서의 구원(15-21절)

C. 결론 : '용서는 불공평하고, 불공정하며, 불합리하게 보인다' 를 읽어주라.

토의 질문

1. 교만이 어떻게 당신을 속이는가?

2. 삶의 어떤 분야가 성도들로 하여금 교만을 드러내도록 가장 많이 유혹하는가?

3. 친구가 당신을 배반할 때 당신은 어떻게 대응하는가?

4. 당신은 소돔이 그랬던 것처럼 멀리 떨어져 사람들을 돕지 않은 적이 있는가?

5. 하나님을 우주의 왕으로 고백하는 일이 당신의 매일의 삶 가운데 어떤 변화를 가져오는가?

요나 서문

새로운 경험을 준비하라. 요나서는 성경에 나오는 다른 모든 선지서와 다르다. 요나서는 성경의 다른 모든 책과 다르다. 요나서는 다른 선지서들처럼 선지자의 선포를 보고하지 않는다. 요나서는 대부분의 성경처럼 선지자를 영웅으로 만들지 않는다. 요나서는 우리에게 직설적인 신학적 혹은 윤리적 가르침을 제공하여 우리가 그 구절을 암송하고 하나님이 오늘 우리에게 원하시는 것이 무엇인지 알 수 있게 해주지 않는다.

요나서는 하나의 이야기를 들려준다. 그 이야기는 역설과 풍자, 성격의 반전과 해학으로 가득 차 있다. 요나서는 독자들이 웃기를 원한다. 그리고 독자들이 놀라기를 원한다. 요나서는 계속해서 독자들이 예상치 못한 것들을 던지며, 독자들이 반응하기를 기다린다. 요나서는 어떻게 하면 하나님의 전령이 되지 않을 수 있는지에 관한 부정적인 모범을 제공한다. 요나서는 독자들이 부정적인 풍자를 긍정적인 메시지로 변환시키기를 원한다.

요나는 그 당시 이스라엘에서는 잘 알려진 선지자였지만, 오직 열왕기하 14장 25

절에서만 알려진 선지자의 이야기를 들려준다. 요나는 이스라엘의 여로보암 2세(주전 783-753년)에게 북왕국의 영토를 다윗 왕국의 면적에 이를 정도로 확장하라는 하나님의 권세를 부여하였다. 이 일은 여로보암을 "북왕국 이스라엘의 왕들 가운데 가장 위대한 왕"(Walter C. Kaiser Jr., 「A History of Israel」, p. 351)으로 만들어주었다. 그리고 그 시대에 요나를 북왕국에서 가장 위대한, 이스라엘 백성의 마음속에 아모스나 호세아보다 확실히 훌륭한 선지자로 만들었다.

요나서의 저자는 선지자의 이야기의 다른 측면을 잘 알았다. 이 측면에서 보면 등장 인물들이 전혀 다른 모습으로 나타난다. 이방인 뱃사람, 적국의 시민, 그 당시 가장 사악한 통치자, 심지어 소 떼와 곤충까지. 물론 그 중심이 되는 등장 인물은 하나님이시다. 그리고 그 반대 측면에 요나가 서 있다. 그는 우스꽝스러운 악당으로, 하나님의 전령이 되어서는 안 되는 인물의 최고의 본보기였다.

이 책은 누가 기록했는가? 선지자에 대한 묘사를 보면, 그 즉시 요나를 저자에서 배제시키게 된다. 이것은 1인칭 관점의 이야기가 아니지만 선지자의 경험에 바탕을 둔, 영감받은 무명의 저자에 의한 풍자적 교훈이다. 요나를 저자에서 배제시킨다면 이 책이 언제 기록되었는가라는 질문이 뒤따른다. 저자는 이스라엘의 성문서를 읽은 경건한 사람이 분명하다. 왜냐하면 그의 어휘와 일화들은 다른 성경 내용들을 떠올리게 하기 때문이다.

요나 1:2	창세기 10:12, 18:20-21
요나 1:9	창세기 1:9-10, 시편 95:5
요나 1:10	창세기 3:13
요나 2:2-9	시편 42:8, 103:4, 120:1, 142:4
요나 3:9-10	예레미야 18:7-8, 11, 26:3-6
요나 3:9	요엘 2:14
요나 3:10	출애굽기 32:14
요나 4:2	출애굽기 32:12, 34:6, 요엘 2:13
요나 4:2-3	열왕기상 19:4

요나 4:4, 9　　　창세기 4:5

어떤 주석가들은 이 사실과 자신들이 후대 아람어의 언어적 특징이라고 여기는 것을 결합하여 이 책의 연대를 이스라엘 문학사의 가장 후대로 잡는다. 빌헬름 루돌프(Wilhelm Rudolph)는 이 책을 주전 6세기부터 3세기 사이, 주전 600년부터 200년 사이로 잡는다(KAT, XIII2, p. 330). 레슬리 앨런은 "후대의 저자가 역사적 교훈을 가르치려는 의도가 없이 그 시대의 전승을 교훈적인 우화를 위한 기본 재료로 채택한 것" 이라고 말하고, 이 책의 연대를 주전 550년부터 350년 사이로 잡는다(NICOT, p. 186).

한스 발터 볼프(Hans Walter Wolff)는 그 어휘와 역사적인 이름들을 자유롭게 사용하는 것, 예컨대 니느웨를 크기 면에서 앗수르 왕국의 중심으로 묘사하지만 또 한편 페르시아 시대의 거대한 성읍 국가처럼 묘사하며, 또한 욥바를 갈릴리에서 가장 가까운 항구로 만드는 등 지리적인 사실을 변경한 것들을 들어 포로기 이후로 연대를 잡는다. 볼프에게 있어서 예레미야의 후반부와 요엘서에 대한 문학적 의존은, 요나서가 주전 350년 이전에 기록될 수 없음을 의미한다. 볼프는 더 나아가 헬라 문헌에서 취한 모티브들을 본다. 그래서 저작 연대는 주전 330년 이후로 떨어지며, 주전 300년일 가능성을 높게 보았다(BKAT XIV3, 54-56).

제임스 림버그(James Limburg)는 언어학적인 증거와 관련된 성구를 증거로 제시하여 "이런 언어, 문학, 주제에 대한 어떤 고찰도 요나서의 저작 연대 문제를 해결하는 데 결정적인 요소가 되지 않는다" 고 결론 내리고, 이어서 "그런 고찰들을 종합하면 이 책의 저작 연대는 예레미야 이후와 신명기-열왕기하 저작 이후, 포로기 후기나 포로 이후 시대를 가리키는 것으로 본다" 고 판단했다(OTL, 30-31).

이런 증거들은 더글러스 스튜어트에게 별로 설득력 있지 않은 것이어서 그는 "이 책의 실제 저작은 가장 넓은 범위(주전 750년-250년경)를 제외하고는 달리 연대를 잡을 수 없다" 고 주장한다. 아람어의 사용이 북서 고대 셈족어 문헌에는 어휘적으로 일반적일 수 있다. 예레미야의 '후반부' 에 의지하는 것은 한 저자가 다른 책에서 개념을 빌려온 것이라기보다 성경 전체를 통한 '하나님의 계시' 라는 일관된 목소리로 보는 것이 나을 것이다.

요나가 요엘에서 빌려왔는지, 혹은 요엘이 요나에게서 빌려왔는지, 아니면 둘 다 공통된 자료를 사용했는지는 증명할 수 없다. 니느웨는 오늘날 우리가 말하는 용어로 앗수르의 수도가 아닐 수 있지만, 왕이 거하던 곳 가운데 하나일 수는 있으며, '니느웨 왕'은 열왕기상 21장 1절에서 이스라엘 왕 아합을 사마리아 왕으로 언급하는 것처럼 더 큰 영토를 지배하는 왕을 가리키는 일반적인 방식이었다. 그래서 더글러스 스튜어트는 "이 책의 역사성을 뒷받침하는 많은 증거가 있으며, 놀랍게도 그것을 손상시키는 증거는 거의 없다"라고 결론을 내린다(WBC 31, 432-433, 440-442).

비슷한 어조로, C. 하젤 불럭(C. Hassell Bullock)은 이렇게 주장한다.

> 이 책은 선지자의 이력을 신학적 가치를 위해 기록한 세련된 이야기이다. 그러나 저자는 그 신학을 전달하기 위해 역사를 남용하지 않고 있다. 이 책의 역사성에 대해서 제기되는 반대들은 비록 가끔씩 본질적인 부분을 지적하기는 하지만, 이 책의 역사성을 부정하기에 충분하지 못하다.

하젤 불럭은 연대 추정에 대하여 이렇게 말한다. "이 책은 8세기 중반부터 12선지서가 정경화된 5세기 말까지 어느 시기에도 기록될 수 있다." 그러면서 그는 8세기 중엽도 가능하지만 예언 가운데 나타난 북왕국의 분위기와 자부심은 최소한 주전 722년의 사마리아 멸망 직후 혹은 이전을 가리킨다고 결론내린다(하젤 불럭, 「An Introduction to the Old Testament Prophetic Books」, pp. 48-52).

우리는 이 책의 저작을 후대로 추정하는 근거와 역사적 사실성의 부족에 대한 증거를 찾는 요나서에 대한 고등비평적 접근법에 의문을 제기한다는 점에서 더글러스 스튜어트와 입장을 같이한다. 어떤 증거도 정확한 연대를 알려주지 않지만, 만일 독자들이 니느웨를 증오하는 경향을 갖고 있고, 이스라엘의 영광에 대하여 희미하게나마 어느 정도 연관성을 갖고 있다면, 그들은 이 책이 제기하는 문제를 훨씬 더 공감하게 될 것이다. 그 어떤 증거도 이 책이 북왕국 이스라엘의 남은 자들이 약속의 땅에 살고 있고, 남왕국이 강력한 앗수르의 공격을 당하고 있던 주전 700년까지 기록되었음을 배제하지는 않는다. 이 책은 주전 735년부터 722년 사이에 앗수르가 그 영토를 빼앗아가는 것을 지켜본 북왕국에 의해 훨씬 더 강력하게 받아들여졌을 것이다.

이 책의 연대 추정은 우리에게 큰 관심사가 되지 않는다. 왜냐하면 이 책의 저자가 대부분의 선지서의 저자들과 달리 언제 이 책을 저술했는지 아무런 단서도 제공하지 않기 때문이다. 이 책을 이해하는 데 중요한 것은 그 문학적 완성도를 올바로 이해하는 것이다.

요나서의 저자는 이야기를 들려주고, 독자들의 관심을 끌고, 그들로 하여금 요나의 본보기가 그들 자신의 삶에 제기하는 핵심을 정면으로 마주하게 만드는 법을 알고 있었다. 그는 자신의 내러티브를 일곱 개의 짧은 장면들로 구분 지음으로써 그 방법을 실행했다. (1) 선지자가 처한 딜레마(1:1-3), (2) 배 안에서의 혼란(1:4-16), (3) 물고기로부터의 구원과 감사(1:17-2:10), (4) 선지자에게 주어진 두 번째 기회(3:1-3 상), (5) 선지자의 선포 사역(3:3 하-10), (6) 선지자의 분노의 기도(4:1-3), (7) 하나님과의 대화(4:4-11). 이 장면들은 두 개의 파송 장면(1과 4), 두 번의 이방인의 회심(2와 5), 그리고 두 개의 기도 장면(3과 6)이 서로 맞물리는 가운데 전개된다. 이런 전개는 이 내러티브의 절정 부분에 나오는 대화를 짝을 이루지 않은 상태로 남겨두어 이 내러티브의 핵심으로 삼는다.

열네 개의 질문이 이 이야기의 메시지를 전달하면서 독자들로 하여금 내러티브 안의 인물과 함께 그 질문에 대답하게 만든다(1:6, 8, 10, 11, 2:4, 3:9, 4:2, 4, 9, 11, 어떤 절은 하나 이상의 질문을 담고 있다). 모든 질문은 독자에게 요나 4장 11절의 최종적이며 절정에 오른 질문을 준비하게 한다. 그 질문은 답을 제시하지 않기 때문에, 독자들이 스스로 그 질문의 답을 제시해야 한다.

풍자적 역설은 독자들로 하여금 선지자의 빈약하고 애처로운 변명에 웃음을 짓다가 이 질문들이 독자들도 선지자만큼이나 애처로울 수 있다는 의미를 갖고 있음을 깨닫고 웃음을 그치게 만든다. 동쪽으로 가라는 명을 받은 선지자는 서쪽으로 갔다. 하나님의 전령으로 부르심을 받은 선지자는 이방인 뱃사람들이 기도하는 동안 잠을 잤다. 자신의 죽음을 원한 선지자는 결국 이방인 뱃사람들로 하여금 한 분이신 참 하나님께 기도하고 제사를 드리게 만들었다. 하나님의 메시지를 니느웨에 전해야 했던 선지자는 다섯 마디 말을 전하고 세상에서 가장 큰 영적 부흥이 일어나는 것을 보았다.

선지자는 자기 회중들이 회개하는 것을 보고 하나님이 그분의 심판의 말씀에 신실하신지 검증하러 떠났다. 타는 듯한 열기에서 구함을 받은 선지자는 회개한 백성에 대한 증오심을 간직한 채 박 넝쿨과 사랑에 빠졌다. 하나님으로부터 자신의 분노의 가치에 대해 질문을 받은 선지자는 하나님의 사랑의 은혜에 항거하는 기도를 드렸다. 벌레가 그늘의 근거를 무너뜨리는 것을 본 선지자는 그 이유를 묻는 대신 화를 내며 항거했다. 박 넝쿨을 향한 자신의 사랑과 한 백성을 향한 하나님의 사랑이라는 역설적인 대비에 직면한 선지자는 침묵에 빠졌다.

요나서는 한 가지 중요한 핵심을 지적한다.

> 하나님의 은혜를 경험하고서도 그분의 긍휼을 기꺼이 다른 사람에게 전하지 않는 것은 모든 사람이 반드시 피해야 하는 비극이다. 하나님의 전령이 하나님의 은혜를 제한하거나 그 은혜를 나누어주시는 것을 통제할 수는 없지만, 하나님의 은혜가 자신의 삶 가운데서 영향을 미치는 것을 방해할 수는 있다(Gary V. Smith, 「The Prophets as Preachers」, p. 97).

당신은 이 교훈을 결코 잊어서는 안 된다. 하나님은 당신의 긍휼이 모든 사람, 특히 당신의 대적에게까지 미치기를 기대하신다.

그런 긍휼은 선한 의지와 분노하지 않음이라는 감정보다 더 큰 것이다. 그런 긍휼은 헌신을 요구한다. 그런 긍휼은 모든 죄인들, 곧 이방인과 대적, 불가촉천민, 미움받는 자들, 두려워하는 이들, 사회적으로 우월한 이들, 사회적으로 열등한 이들에게 하나님의 구원을 전하라는 하나님의 부르심을 좇는다. 하나님은 하나님을 믿지 않는 이방인들로 가득한 세상의 가장 큰 성읍에 대하여, 단지 우리가 그들에게 복음의 메시지를 들려주지 않는다는 이유로 관심을 갖지 않으셔야 하는가? 만일 하나님이 그들에게 관심을 가지신다면, 우리는 왜 갖지 않는가?

요나 1:1-17

도망자를 위한 물고기

"그것은 항상 너무 빨리 그만두는 것이다."

- 데이빗 타일러 스코츠(David Tyler Scoates)

이전의 예언으로 군사적 승리를 이끈 민족의 영웅이 된 요나는 하나님이 방금 내리신 사명이 마음에 들지 않았다. 그것은 니느웨에 있는 적들에게 선포하라는 것이었다. 그는 하나님께로부터 도망하여 동쪽이 아니라 서쪽으로 가는 배에 올라타서는 배 밑으로 들어가 폭풍우가 치는 동안 이방인 뱃사람들이 구해달라고 기도할 때 잠을 잤다. 화가 난 배의 선장이 그를 깨웠을 때 그는 자기에게 떨어진 뱃사람의 제비가 폭풍우를 일으킨 범인으로 자신을 지목하고 있음을 알았다. 그는 그들의 질문에 가능한 간략하게 대답하고 자기를 바다에 던져 폭풍우를 멈추게 하라고 말했다. 결국 다부진 뱃사람들은 요나가 요청한 대로 그를 바다에 던지고는 하나님께 용서를 구했다. 하나님은 특별한 물고기를 보내셔서 제 길에서 벗어난 하나님의 선지자를 삼키게 하셨다.

들어가는 글

당신을 울게 만드는 웃기는 이야기

"요나 이야기 해주세요, 아빠. 요나 이야기요!" 우리 아들들의 목소리가 아직도 내 귓가에 맴돈다. '교수 아빠' 가 설교를 하도록 초대받았을 때, 아들들은 요나 이야기를 다시 듣고 싶어했다. 그 아이들은 하나님이 동쪽으로 가라고 하신 말씀을 듣고도 서쪽 끝에 있는 휴양지로 가는 표를 구입한 선지자, 이방인 뱃사람들이 기도하는 동안 자고 있던 선지자, 큰 고기 뱃속에서 드린 감사의 기도, 인류 역사상 가장 큰 부흥을 가져온 다섯 마디 설교, 그리고 부흥을 보내신 하나님께 입을 삐죽이며 항의하는 선지자의 모습에 웃음을 터뜨렸다.

요나서는 재미있는 이야기이다. 당연한 일이다. 그러나 그 이야기는 또한 하나님의 백성인 우리에게 슬픈 주석이기도 하다. 하나님은 세상과 사랑의 관계를 이어가기를 원하시는데, 우리는 이기적으로 그분의 사랑을 우리 자신과, 우리와 같기 때문이라는 이유로 우리가 좋아하는 사람들에게만 제한하려고 한다. 우리는 요나서를 읽으면서 웃기도 하고, 그 이야기에 담긴 많은 역설적인 우여곡절(twists)을 보아야 한다. 또한 요나로 하여금 우리가 갖고 있는 편견과 하나님께 두고 있는 한계를 보여주도록 부르짖어야 한다.

본문 이해

도망자를 위한 물고기

Main Idea	믿음은 과거의 역사나 가족 관계 혹은 민족의 조상에 의해서가 아니라 경건과 신뢰의 행동에 의해 평가된다.

A. 항의하는 선지자(1:1-3)

Supporting Idea	성도는 전하라는 하나님의 부르심을 피할 수 없다.

1:1. 요나서는 선교에 관한 책이다. 이 책은 잃어버린 세상을 구속하시는 하나님의 영원한 사명과, 자기 보존과 자기 만족이라는 인간의 계속적인 사명 사이의 대조를 보여준다. 요나는 이 두 가지 사명 사이에 서로 얽힌 관계를 보여주는 좋은 예이다. 요나는 하나님이 주신 첫 번째 사명을 완수했을 때 민족의 영웅이 되었다. 열왕기하 14장 25절은 요나가 어떻게 여로보암 왕에게 자기 영토를 확장하도록 용기를 주었는지, 그리고 왕이 어떻게 요나가 전한 하나님의 메시지를 성공적으로 이행했는지를 보여준다.

요나서는 우리가 열왕기하에 나오는 이야기를 알고 있다고 가정한다. 왜냐하면 요나서는 그 이야기와 정반대의 어조로 기록되었기 때문이다. 여기서 요나는 여호와의 말씀, 곧 하나님이 자기 선지자에게 주신 메시지를 또다시 들었다. 구약은 '다바르 야훼(dabar Yahweh)'란 표현을 438회 사용하는데, 그 가운데 161회가 선지서에 등장한다. 이 표현은 여호와가 자기 백성에게 자신의 뜻을 계시하시는 주요 방법이다.

열왕기하와 요나서의 기록 외에 우리가 이 선지자에 대해 알고 있는 것은 아무것도 없다(요나 서문 참고).

1:2. 하나님의 이 메시지는 달랐다. 그것은 요나의 지평을 넓혀주었다. 그는 왕에게 보고하는 것 이상의 일을 해야 했다. 하나님은 이 여호와의 말씀 가운데 요나에게 진정으로 하나님다운 임무를 명하셨다. 그것은 하나님의 메시지를 지상에서 가장 잔혹한 적의 수도에 선포하는 것이었다. 앗수르 제국의 수도인 니느웨는 이스달(Ishtar)의 거대한 신전이 있는 것이 특징이었다. 니느웨의 유적은 오늘날 티그리스 강 동쪽 기슭에 있는 이라크에서 두 번째로 큰 도시인 모술 안에 위치해 있다.

창세기 10장 11-12절은 니느웨의 창건이 고대의 사냥꾼 니므롯에 의한 것으로 밝히며, 오늘날의 연구는 선사 시대에 이미 그곳에 사람이 거주했음을 보여준다. 그 성의 둘레는 거의 13킬로미터에 이르렀다. 니느웨는 주전 1363년 무렵부터 강력한 성읍 국가로 발전했으며, 주전 700년경 산헤립은 그곳을 앗수르 제국의 수도로 삼았다. 그곳은 주전 612년 메대와 바벨론에 의해 멸망당했다. 고고학자들은 니느웨에서 앗수르바니발 왕(King Asshurbanipal)의 도서관을 포함하여 많은 유물을 발굴해냈다.

니느웨는 단지 정치적 능력이나 문화적 세련됨에서만 대단한 곳이 아니었다. 니느웨는 크게 악독했다. 그리고 그 악독함으로 인해 하나님의 주목을 받았다. 그 사실은 유다에게 위로가 될 것이다. 하나님은 악독함과 죄 앞에서 그저 서 계시기만 할 수 없으시다. 하나님은 그 거룩하심 가운데 그런 끔찍한 상황에 관하여 무언가를 행하셔야 했다. 그리고 하나님은 무언가를 행하고 계셨다. 그분은 요나에게 그 성읍을 쳐서(향하여-개역개정) 외치라고 명하셨다.

1:3. 요나는 그 부르심을 믿을 수 없었다. 이 사명은 그가 이해하고 있는 하나님의 사명을 벗어난 것이었다. 요나의 응답은 이런 식이었을 것이다. "주님, 주님은 제가 주님을 사랑한다는 것을 아십니다. 그러나 믿음에는 한계가 있습니다. 저는 주님이 보내시는 곳이면 어디든 가겠습니다. 그러나 니느웨는 아닙니다. 주님, 그곳은 위험합니다. 주님, 우리나라에도 사역이 필요한 사람들이 많이 있습니다. 주님, 니느웨는 당신의 말씀을 들을 자격이 없습니다. 주님, 미리 가셔서 그들을 멸망시키시옵소서. 그 일을 위해 저를 보내실 필요는 없습니다. 그건 제게 휴가와 같은 것입니다. 제가 돌아오면 그때 다시 부르셔서 제게 더 좋은 임무를 맡기십시오."

그렇다. 본문을 바르게 읽은 것이다. "요나는 일어나서 여호와의 얼굴로부터 다시스로 도망했다"(저자 번역). 하나님의 선지자가 하나님의 말씀을 듣고 달아난 것이다. 감정이 일었고, 그는 하나님이 계시지 않는 피난처를 발견할 수 있다고 생각했다. 동쪽으로 가서 선포하라는 명을 받은 그는 서쪽으로 배를 타고 갔다. 다시스는 비록 그 정확한 위치는 수수께끼로 남아 있지만 팔레스타인에서 가장 멀리 떨어진 서쪽 끝이었다. 분명 그곳은 배와 관련된 항구였을 것이다(왕상 9:26-27). 그곳은 또한 귀금속이 나는 곳이었다(렘 10:9). 학자들은 그곳을 스페인 남서부에 있는 타르테수스, 사르디니아에 있는 한 마을, 북아프리카의 카르타고와 같은 곳이라고 지적한다. 다시스가 어느 곳이든 그곳은 서쪽이었으며, 니느웨는 동쪽이었다. 요나는 서쪽으로 가는 것을 선택했다.

그래서 그는 먼저 욥바로 내려가 배에 탔는데, 그는 계속해서 아래로 내려갔다(욘 1:5, 2:6). 하나님의 임재로부터 멀어지는 것은 아래로 내려가는 것이다. 그 하강 여행의 처음 정류장은 욥바였다(텔아비브 남쪽에 있는 오늘날의 자파). 그 성은 단 지파의 북서쪽 경계였다(수 19:46). 전성기 때 애굽은 욥바를 군사 요새로 사용했다. 애굽과 아코(나중에 프톨레마이스로 불림) 사이에서 항해가 가능한 유일한 항구인 욥바는 이스라엘에게 중요한 곳이었고, 솔로몬 성전을 건설하기 위한 물자를 실어나르는 데 사용되었다(스 3:7).

본문은 요나의 궁극적인 목적지, 곧 하나님의 낯을 피하는 것을 반복하고 있다. 하나님의 승리의 말씀을 여로보암에게 전한 국가적 영웅이 니느웨라는 이방 도시를 향한 하나님의 메시지가 가져올 결과가 두려워 도망하는 선지자가 되었다.

B. 기도하는 이교도들(1:4-6)

Supporting Idea	믿음은 우리가 정한 자격 기준에 미치지 못하는 사람들 사이에서 놀라운 방식으로 자신을 드러낸다.

1:4. 요나는 새 선장이 배를 조정할 것이라고 기대하지 않았지만, 히브리어 어순은 이스라엘의 하나님 여호와를 정확하게 무대 중앙에 올리고 있다. 하나님은 야구 경기의 투수처럼 "큰 바람을 집어들어 그것을 바다에 던지셨다"(문자적 히브리어). 그 결과로 "바다 가운데 큰 폭풍이 일어났다." 그리고 배가 거의 깨어지게 되었다('산산조각이 나게', 저자 번역). 하나님과 배는 서로 모의하여 하나님께로부터 도망하려는 요나의 시도를 가로막았다.

1:5. 당신은 하나님이 당신을 위협하실 때 어떻게 하는가? 그 배는 포기하고 부서지기 시작했다. 모든 나이 든 '뱃사람'들은 각각 자기의 신을 불러 도움을 청하면서 배를 가볍게 하려고 자신의 돈벌이 수단인 짐을 바다에 '던졌다'.

그러나 요나는 배에서 '접근할 수 없는 가장 깊숙한 곳'(*HALOT*)으로 내려갔다. 그는 자신이 하나님께로부터 그리고 배에 타고 있는 모든 사람들로부터 도망하고 있다고 생각했다. 하나님의 부르심을 거부하고 하나님의 임재로부터 달아나려고 모든 정서적, 육체적 노력을 기울인 뒤 그는 피곤에 지쳤다. 요나의 마음에는 오직 한 가지만 남았다. 그것은 잠이었다.

1:6. 요나를 찾기 위해 하나님이 필요하지는 않았다. 그 배의 선장(문자적으로 '가장 커다란 밧줄')이 그를 찾았다. 그는 자기 배와 그 승객 명단을 알고 있었다. 그는 사라

진 승객을 찾아 고함을 질렀다. "어찌된 일이오, 깊이 잠든 자여? 일어나 네 하나님께 기도하시오. 혹시나 하나님이 우리를 돌이키시면 우리가 망하지 않을 것이오!" (저자 번역). 선장은 선지자를 깨워 기도 모임에 참석하게 했다. 선장은 모든 조치를 취하고, 모든 신께 간구함으로 결국 하나님(히브리어 본문은 '신들' 로 번역될 수 있지만 그렇게 보기 힘들다)이 알아보시고 무언가 행하시기를 원했다.

C. 안전을 위한 해결책을 찾다(1:7-12)

Supporting Idea	하나님은 잘못한 편을 아시고 무죄한 이에게 안전한 길을 보여주신다.

1:7. 뱃사람들은 반대편에서부터 수수께끼를 풀었다. 그들은 이렇게 선언했다. "죄인을 벌하여 하나님을 달래자." 그래서 그들은 신들 혹은 하나님의 뜻을 발견하는 고대의 방법인 제비를 뽑았다('심층 연구' 참고). 제사장이나 선지자가 아닌 경건한 뱃사람들이 제비를 뽑았다. 그리고 하나님은 선지자가 아닌 뱃사람들에게 자기 계시를 주셨다. 그리고 제비가 요나에게 당하였다. 그가 죄인이었다. 이제 모두 그의 비밀을 알았다. 그가 이 재앙을 임하게 한 자였다.

1:8. 선지자는 자신을 변호하지 않고 침묵을 지켰다. 뱃사람들은 그에게 압박을 가했다. 무슨 연고로…? 네 생업이 무엇이며…? 어디서 왔으며…? 그들은 온통 의문 투성이었다.

1:9. 결국 선지자는 입을 열었지만 단지 자기 이름과 지위와 일련번호만을 알려주었다. 그는 히브리 사람이었다. 이 히브리어는 "자주 나타나지 않으며 대개 이방인이(예외는 창 14:13, 출 2:12) 있을 때(혹은 그의 입술로부터) 이스라엘과 그 조상의 인종적인 특징을 가리킨다" (*HALOT*). '히브리 사람' 은 외국인들이 이스라엘 백성을 가리키는 말이었다. 요나는 자신이 하나님께로부터 도망하고 있기 때문에 자신을 이스라엘의 외부인 가운데 하나로 보았을 것이다.

요나는 뱃사람들에게 자신에 관해 한 가지를 더 설명했다. 그러면서 거룩하신 이름을 그 문장의 맨 앞에 놓았다. 이것은 그 문장의 주어인 자기가 아니라 그 이름을 주목하게 하는 히브리어 용법이다. 문자적으로 그는 이렇게 주장했다. "나 자신은 야훼, 곧 바다와 육지를 만드신 하늘의 하나님을 경외하는 사람이오." 이것은 자신의 삶 대부분을 하늘 아래에서 살며 바다나 육지에서의 삶으로 분류되는 바다에 지친 뱃사람에게 너무도 잘 맞는 대답이었다. 그러나 그것은 일반적인 이스라엘 백성이 하나님을 고백하는 말이 아니었다. 왜냐하면 그 말은 이스라엘 백성과 그 민족을 만드신 하나님이 애굽에서 행하신 기적을 무시하고 있기 때문이다.

요나의 고백은 고대 근동 사람들이 자기네 종교에서 자기가 매일 찾아가는 더 개인적이고, 저급한 신이 아니라 가장 높은 신에 대해 설명하라는 요청을 받았을 때 하는 고백과 유사했다. 그래서 요나는 자기 자신과 자기 하나님을 뱃사람들에게 밝힐 때 그들의 언어를 사용했다.

1:10. 뱃사람들은 어떤 반응을 보였는가? 문자적으로 '사람들(뱃사람이 아니라)은 크게 두려워했다.' 이야기는 그 사람들의 직업이 무엇인지에 대해 관심을 끄고, 그들을 요나와 동일한 하나의 인간으로 보았다. NIV 성경이 옳게 보고 있다. 이 사실은 그들을 두려워하게 만들었다. 그들의 공포는 요나가 "여호와의 낯을 피하여 도망하고 있다"고 시인함으로써 더욱 커졌다. 그들이 그런 어려움을 당한 것이 전혀 이상한 일이 아니었다! 물론 그들은 더 많은 것을 알려고 했다. "네가 행한 이 일이 무엇인가?"(저자 번역). 그가 무슨 짓을 한 것은 분명하지만, 무엇이 그 사람을 하나님께로부터 도망하게 만들었을까?

1:11. 뱃사람들은 행동파였기 때문에 왜냐고 물어보는 것 이상을 행했다. 그들은 이 문제의 해결책을 강구했다. 우리가 너를 어떻게 하여야 바다가 우리를 위하여 잔잔하겠느냐? 분명 요나는 자신이 진노하게 한 하나님을 달래는 방법을 알고 있을 것이다.

1:12. 선지자는 그 비난을 받아들였고, 그 해결 방법이 무엇인지 알았다. 나를 들어 바다에 던지라. 뱃사람들에게 요나의 해결책은 분명 이치에 맞는 것이었다. 바다의 신이 그들을 공격했다. 그들은 바다의 신의 분노를 누그러뜨릴 것을 제공하려 했다.

D. 처벌과 경건함(1:13-17)

Supporting Idea	신실한 성도는 죄인이라도 구원하려고 하며, 경건한 예배 가운데 자기의 믿음을 보인다.

1:13. 배에 있던 선원들은 인간적으로 너무나 착해서 요나가 제시한 해결책을 즉시 실행에 옮기려 하지 않았다. 분명 그보다 덜 극단적인 것도 효과가 있을 것이라고 생각했다. 그들은 육지로 가기 위해 힘써 노를 저어보았다. 그러나 능히 못하였다. "바다가 그들을 향하여 계속 휘몰아쳤다"(저자 번역).

1:14. 그들은 요나와 자신들을 살릴 수 있는 또 한 가지 희망을 갖고 있었다. 그들은 하나님께 호소했다. 그들은 이교도가 섬기는 바다의 신이 아니라 요나의 하나님께 나아갔다. 그들은 절망 가운데 요나가 잘못한 것이 사실임을 인정했고, 그 죄가 반드시 해결되어야 함을 알았다. 그래서 그들이 다른 맥락에서 보면 매우 자기 중심적으로 들릴 수 있는 기도를 드렸지만, 하나님은 그들이 행하는 어떤 것도 요나를 구할 수 없음을 보여주셨다.

그래서 그들은 기도했다. "하나님, 제발 이 남자의 영혼으로 인하여 우리를 멸망시키지 마소서. 무고한 피를 우리에게 돌리지 마소서. 왜냐하면 당신은 당신이 하고자 하시는 일을 행하셨기 때문입니다." 무고한 피의 죄란 죽어서는 안 되는 사람을 죽이는 것을 의미한다(렘 26:15). 선원들은 제비를 뽑아 하나님의 뜻을 찾았다. 그들은 자기 신들에게 기도했다. 그리고 만일 자기들이 요나를 죽이면 하나님이 어떻게 하실지 두려워했다. 그들은 자기가 원하시는 때에 원하시는 방법으로 폭풍우를 만드시는 하나님의 능력을 인정했다.

여기에 완벽한 역할의 전도가 나타난다. 이교도 선원들이 가장 경건한 이스라엘 사람처럼 행동하는 반면, 이스라엘의 선지자는 이교를 믿는 이방인처럼 하나님께 도망하고 있다.

1:15. "그들은 요나를 들어 바다에 던졌다. 바다는 그 몰아치던 분노를 누그러뜨렸다." 결국 다른 모든 방법이 실패하자 선원들은 요나를 폭풍과 바다의 제물로 삼았다. 그 즉시 하나님은 바다를 멈추게 하셨고, 바다는 더 이상 요동하지 않았다.

1:16. 다시 한 번 "사람들은 여호와를 더 크게 두려워했다"(HCSB 성경). 그들이 가졌던 두려움은 점점 존경과 경배로 바뀌었지만, 공포의 모습이 완전히 사라지지는 않았다. 폭풍은 그들을 두렵게 만들었다. 요나의 고백 또한 그들을 두렵게 만들었다. 그들은 기도와 행동 가운데 하나님을 만난 체험으로 하나님을 경배하게 되었고, 여호와께 제물을 드리고 서원을 하였다. 예배로 이어지는 두려움은 단순한 감정이나 느낌에 머물지 않

는다. 그것은 행동, 자기 헌신, 그리고 나눔으로 이어진다.

1:17. "하나님이 큰 물고기(종류는 명시되지 않음)를 미리 준비하셔서 요나를 삼키게 하셨다." 하나님은 이야기가 완성되기 전에 몇 가지 일이 일어나도록 준비하실 것이다. 하나님은 도망치는 선지자를 뒤쫓고 계셨다. 깊은 바다 속도 그 추적을 멈추게 할 수 없다. 그래서 요나는 사흘 밤낮을 고기 뱃속에 머물러 있었다. 성경은 어떻게 이런 일이 일어날 수 있는지에 대해서는 말하지 않는다. 분명한 사실은 하나님이 요나의 생명을 유지하기 위하여 물고기를 사용하셨으며, 사람이 물고기 뱃속에서 사흘 동안 사는 것이 가능하게 하셨다는 것이다. 성경은 하나님이 하시고자 하는 일을 행하실 능력이 있음을 담대하게 고백한다. 성경은 우리도 하나님의 능력을 고백하는 담대함을 가지도록 초대한다.

Main Idea 복습	믿음은 과거의 역사나 가족 관계 혹은 민족의 조상에 의해서가 아니라 경건과 신뢰의 행동에 의해 평가된다.

결론

나는 너와 함께 갈 거야

로이스 크루거(Lois Krueger)는 그녀의 저서 「여성의 영혼을 위한 치킨 수프(Chicken Soup for the Woman' s Soul)」에서 네 살하고도 1개월 된 자신의 아들 저스틴 칼(Justin Carl)에 대한 이야기를 들려준다. 로이스와 그녀의 남편은 사방팔방으로 뛰어다니는 정신없는 날들을 보내고 있다. 두 사람은 어느 곳을 가든 말썽이 생기는 곳에 저스틴 칼이 있다는 것을 알았다. 두 사람은 칼에게 이 말을 몇 번이나 들려주었다. "그런 행동은 하지 마라!" 결국 남편 조지는 저스틴 칼을 골방으로 보냈다. 그곳이 싫은 칼은 소리를 질러댔다. "난 집에서 나갈 거예요!"

로이스는 잠시 멈추고 자신이 어렸을 때 그런 말을 했던 것을 기억했다. 사랑받지 못해 외롭다는 그 아련한 느낌이 그녀를 사로잡았다. 그녀는 자기 아들이 지금 "제발 나 좀 봐주세요. 나도 중요하다구요" 라고 말하고 있다는 것을 알게 되었다.

> "좋아, 제시, 집을 나가도 좋아." 그녀는 부드럽게 말하고는 옷가지를 챙기기 시작했다.
> "엄마, 지금 뭐하시는 거예요?" 칼이 물었다.
> "내 코트와 잠옷이 필요하니까." 로이스는 말하면서 계속 물건들을 가방에 넣고 그것을 현관 문 앞에 놓았다. "다 됐다, 제시, 너 정말 집에서 나가고 싶니?"
> "예, 그런데 엄마는 어디 가시는데요?"
> "있잖아, 만일 네가 집을 나간다면, 이 엄마도 너랑 함께 나갈 거야. 왜냐하면 나는 네가 혼자 있는 것을 절대 원하지 않기 때문이지. 나는 널 너무도 사랑한단다, 저스틴 칼." (p. 172-173).

자기 아들이 집을 나가겠다고 결심하는 것을 바라보는 로이스처럼, 하나님도 자신의 고집불통인 선지자가 도망치는 것을 바라보셨다. 하나님은 로이스가 저스틴 칼을 사랑하는 것보다 훨씬 더 많이 요나를 사랑하셨다. 그래서 요나와 함께 길을 나서시고, 요나에게 자신의 사랑이 얼마나 큰지를 보여주려 하셨다. 요나의 작은 사랑은 자기 자신과 자기 민족만을 감쌌다. 하나님의 크신 사랑은 온 세상을, 심지어 니느웨와 배에 탄 이방 선원들까지 덮는다. 요나는 과거의 성공에 안주하여 자신이 하나님을 위해 행한 일들을 의지해서는 안 된다. 요나는 하나님을 따라 어디든 그분이 인도하시는 곳으로 가야 했다.

▣ 진리 알기

- 주권자이신 하나님은 자신의 목적에 따라 자신이 원하시는 곳으로 당신을 보내신다.
- 주권자이신 하나님은 자신의 목적을 이루기 위해 예상치 못한 사람들과 물건들을 사용하신다.
- 주권자이신 하나님은 당신이 반역할 때에도 당신을 구원하신다.

• 당신이 어제 하나님을 위해 행한 것은 당신이 오늘 하는 것을 통해 인증받아야 한다.
• 당신이 가장 나쁜 죄인이라고 생각하는 사람도 하나님의 능력에 응답하고 그분을 예배하는 자리에 들어갈 수 있다.

▣ 적용하기

• 그 누구도 하나님을 찾을 수 없을 정도로 멀리 갔다고 판단하지 말라.
• 오늘 하나님께 대한 당신의 다짐을 새롭게 하라.
• 전도 팀과 함께 다른 사람에게 하나님의 사랑을 증거하는 일에 자원하라.
• 당신을 파송하시는 하나님의 말씀에 귀를 기울여라.
• 당신이 과거에 그분과 함께 무언가를 이루었기 때문에 당신과 하나님의 관계가 바르다고 생각하지 말라.

삶의 적용

자리 잡기

찰스 스탠리(Charles Stanley)는 「성령 충만 그 아름다운 삶(Wonderful Spirit-Filled Life, 도서출판 두란노)」에서 바하마 제도 이나구아라는 작은 섬에서 사진을 찍은 경험을 들려준다. 그는 소금 배들이 짐을 싣기 위해 정박하고 있는 작은 상업항 근처에 있었다. 그곳에는 15미터 높이의 기둥 세 개가 선적 지역 한쪽의 몇 미터 떨어진 곳에 일렬로 세워져 있었다. 스탠리는 기둥들이 물 위가 아니라 육지에 세워져 있는 이유를 좀처럼 알 수 없었다.

결국 그는 그 지역 사람에게 그 기둥에 대해 물어보았다. 그는 수로가 너무 얕아 커다란 소금 배가 들어가지 못한다는 것을 알았다. 배들은 하나의 길고 좁은 수로를 통해 부두로 접근해야 했다. 배의 선장이 항구에 진입하면, 그는 자기가 보는 각도에서 세 개의 기둥이 하나로 보이게끔 일직선이 되게 한다. 그제서야 그는 자기가 수로에서 가장 깊은 곳에 들어섰음을 알게 되고, 안전하게 부두로 접근할 수 있게 된다.

하나님은 요나에게 한 가지 교훈을 가르쳐주셔야 했다. 그것은 바다와도 관련된 것이다. 요나는 자기 자신을 하나님과 그분의 뜻에 맞추기보다는 자기 감정과 필요에 맞추기 위해 자신의 삶을 영위하려고 노력하는 것이 얼마나 위험한지를 배워야 했다. 그러므로 우리는 우리가 하나님을 위하여 완수할 임무를 스스로 선택할 수 없다는 것을 배워야 한다. 우리는 우리의 삶이 하나님과 조화를 이루게 조정하고, 우리에게 주신 그분의 메시지에 귀를 기울이며, 그분이 인도하시는 곳으로만 우리 자신을 이끌고 나아가야 한다. 하나님은 우리가 무엇을 하기를 원하는지 선택한 다음 그분께 우리가 선택한 것을 축복해달라고 요청하도록 우리를 부르지 않으셨다. 하나님을 위한 사명은 메뉴판에서 음식을 선택하는 것이 아니다. 그것은 그분이 역사하시는 곳에 동참하라는 명령이다.

기도

하나님 아버지, 당신은 어디나 계십니다. 우리가 아무리 높은 곳에 올라가고, 아무리 깊은 곳에 내려가도, 혹은 아무리 멀리 달아나도 결코 당신의 임재에서 벗어날 수 없습니다. 우리를 너무나 많이 사랑하셔서 항상 우리 곁에 계심을 감사드립니다. 우리가 당신의 임재를 많이 사랑하여 당신의 말씀에 순종할 수 있도록 가르쳐주십시오. 아멘.

심층 연구

제비뽑기(1:7)

구약은 제비뽑기가 특정한 경우에 하나님의 뜻을 발견하는 하나의 수단이라고 몇 차례에 걸쳐 언급하고 있다. 제비뽑기는 약속의 땅을 어떻게 나눌지(수 14:2), 전쟁에서 누가 공격을 이끌지(삿 20:9), 누구를 왕으로 선택할지(삼상 10:18-19), 어느 가족이 예루살렘에서 살지(느 11:1), 그리고 레위인의 거주지를 어떻게 할당할지(수 21:8)를 결정하는 방법으로 사용되기도 했다.

제비뽑기는 예/아니오, 이것/저것 가운데 하나를 선택할 수 있게 해준다. 제비뽑기의 본질과 그 방식은 시간이 지나면서 잊혀졌다. 작은 돌멩이나 주사위와 같은 또는 그와 비슷한 물건이 사용된 것이 분명하다. 제비뽑기에 의한 선택의 결과는 특히 재산의 분배와 같은 경우(수 15:1)에 그 사람의 운명으로 결정되었다.

교안

A. 들어가는 글

1. '당신을 울게 만드는 웃기는 이야기' 이야기로 시작하라.
2. 배경 설명 : 이스라엘은 스스로 만족하면서 솔로몬 이후 가장 크게 확장된 그 영토를 다스리는 일을 즐겼고, 그 적들을 미워하는 일에 열중하였으며, 하나님을 당연히 자신들에게 복을 주셔야 하는 분으로 생각했다. 이스라엘은 여로보암 왕의 위

대한 업적을 기렸다. 그의 업적은 신실한 선지자 요나가 하나님의 축복의 메시지를 전달했기 때문에 이루어졌다. 그래서 백성들은 하나님이 그들에게 더 많은 정복과 승리를 위한 원정을 보내실 것을 기대했다. 그러나 요나는 하나님께로부터 개인적인 메시지를 받았다. 그 메시지는 그에게 선택을 요구하는 메시지였다.

3. 적용 : 이 장은 우리에게 예상치 못한, 그러나 하나님의 성품과 본질에 관한 중요한 요소를 소개한다. 그분은 자기 백성에게 그들의 한계와 선입견과 자기 만족의 자세를 넘어서는 임무를 맡기신다.

B. 본문 이해

1. 항의하는 선지자(1:1-3)
2. 기도하는 이교도들(1:4-6)
3. 안전을 위한 해결책을 찾다(1:7-12)
4. 처벌과 경건함(1:13-17)

C. 결론 : '나는 너와 함께 갈 거야' 를 읽어주라.

토의 질문

1. 당신의 교회는 우리의 안전지대 밖에서 하나님의 사명에 얼마나 깊이 관여하고 있는가?

2. 나로 하여금 하나님의 임재로부터 도망하게 만들었던, 혹은 도망하게 만들려는 것은 무엇인가?

3. 오늘날 요나 시대의 선원들과 가장 가까운 위치에 있는 이들은 어떤 사람들인가?

4. 하나님은 이 시대 사람들에게도 말씀하시며 그들이 이행하리라 예상하는 임무를 맡기시는가?

5. 당신은 하나님이 당신으로 하여금 그분의 사명 가운데 구체적인 부분에 참여하도록 부르시는 것을 어떻게 아는가?

요나 2:1-10

구덩이 속에서 기도하기

우리 중 많은 사람들의 기도를 대하는 자세에는 두 가지가 있다. '자기를 기도 안에 집어넣는' 사람과 '자기를 기도 밖으로 드러내는' 사람이다. 불행하게도 대부분의 사람들은 '자기를 기도 밖으로 드러낼' 때에만 기도 생활을 가장 진지하게 행한다.

- 레너드 스위트(Leonard Sweet)

요나는 물고기 뱃속에서 감사의 노래로 자신의 구원을 축하한다. 그는 자신이 아무런 소망이 없는 고통 가운데 드린 기도에 하나님이 응답하셨다고 고백하고, 자기가 직면한 상황을 이야기하고, 기도하는 것을 기억했을 때 자기를 다시 살아나게 하신 하나님을 찬양한다. 요나는 자신이 구원받은 상황을 하나님의 은혜를 박탈당한 우상 숭배자와 비교하고, 이어서 하나님께 예배와 제사를 드리겠다는 약속과 함께 결론을 내린다. 그러자 물고기가 요나를 육지로 내뱉는다.

들어가는 글

극적인 응답들

대학 졸업반인 제임스 답슨(James Dobson)은 집에서 온 전화를 받았다. 부모님의 목소리는 화가 나고 흥분되어 있었다. 56세이신 아버지는 오른팔에 좀처럼 치료되지 않는 '화가 난 것처럼 보이는 상처' 를 갖고 계셨다. 그날 피부과 의사는 그 상처를 상피세포 암종, 즉 일종의 피부암으로 초기 단계에는 치료가 가능하지만 일찍 치료하지 않으면 그 상태에서 위험하다고 진단을 내렸다. 현미경은 답슨 씨가 '매우 성숙한' 세포를 갖고 있음을 보여주었다. 의사는 그것이 그의 몸 가운데 다른 부분으로 퍼졌는지 알지 못했다.

의사는 6주간의 방사선 치료를 추천했다. 치료는 그 주에 바로 시작되어 추가로 5주가 소요되어야 했다. 그 시점에 치료가 되지 않으면 절단만이 유일한 선택이 될 것이다. 예술가인 그에게 이것은 삶의 의미와 생계 수단을 가져간다는 의미였다. 방사선 치료가 시작되었다. 그리고 집중 기도도 시작되었다. 방사선 치료가 끝나고 4주 뒤에 '아무런 치료의 징후가 보이지 않았다.'

의사는 다음 단계에 관해 이야기하기 시작했다. 긴장과 걱정이 가족의 삶을 지배했다. 마침내 다섯 번째 주에서 5일이 되던 날, 답슨 씨는 교회 지도자들을 찾아가 하나님께 암 치료를 구하는 특별 기도회를 요청했다. 그리고 이틀 뒤 그 상처는 치료되었고, 다시는 재발하지 않았다〔「하나님 어찌 이런 일이(When God Doesn' t Make Sense, 도서출판 두란노)」〕.

이 이야기는 요나 이야기가 응답받은 기도에 대한 단 하나의 예임을 깨닫게 해준다. 비참한 상황 가운데 나타난 하나님의 능력에 대한 이런 이야기는 교회의 증거에 활기를 불어넣어준다. 그러나 요나는 우리에게 기도의 다른 측면을 보여준다. 그는 고기와 바다 밖으로 나가기를 기도했을 뿐 아니라, 육지로 돌아가면 기도하고 예배하겠다고 약속했다. 이례적인 장소에서 드린 그의 감사 기도는 하나님과 함께하는 우리의 기도 순례에 안내자가 되어준다.

본문 이해

구덩이 속에서 기도하기

Main Idea	사람의 처지가 아무리 절망스러워도 하나님은 기도를 들으시고 구원을 베푸실 수 있다.

A. 스올로부터의 구원(2:1-2)

Supporting Idea	하나님은 어떤 장소, 어떤 종류의 고통 가운데서 나오는 기도도 들으신다.

2:1. 평소와 마찬가지로 요나서의 화자는 우리를 놀라게 한다. 요나는 기도했다. 1장에서 뱃사람들이 잠든 선지자로 하게 만들지 못했던 것을 2장에서 물고기가 해낸 것이다. 기도하다(히. 이트팔렐, yithpallel)에 해당하는 히브리어는 종종 다른 누군가를 위한 중보 기도를 가리킨다(민 11:2, 삼상 7:5). 그 낱말은 또한 하나님과의 대화와 탄원을 가리키는 말이다(왕하 19:20, 렘 29:12). 요나의 경우, 그 순간은 전혀 기도, 곧 하나님의 구원 행위를 돌아보고 감사 기도를 드리는 시간이라고 예상할 만한 때가 아니었다. 요나는 물고기가 물속에서 자기를 낚아챘을 때 일어난 일을 묘사했다. 그는 그 일을 하나님의 구원 행위로 해석했다.

그 기도는 그(그의, 개역개정) 하나님 여호와께 직접 드려졌다. 갑작스럽게 요나는 더 이상 하나님의 임재로부터 도망하지 않게 되었다. 그는 기도 가운데 하나님의 임재하심을 구하고 하나님을 다시 한 번 자기 주님으로 불렀다. 물고기는 배신한 선지자를 기도와 감사의 선지자로 회심시켰다. 요나가 물고기 뱃속에서, 문자적으로 '태 안에서 혹은 물고기 창자 안에서' 어떻게 살 수 있었는지 설명하기 위해 지금까지 엄청난 양의 잉크가 사용되었다. 그러나 성경은 자세한 것은 알려주지 않는다. 단지 그 물고기는 하나님이 보내신 것이므로 하나님이 그런 기적을 행하실 수 있다고 전제한다(욘 1:17).

2:2. 기도를 시작하는 이 말은 흥미있는 관점을 제공한다. 그것은 요나가 전에 무엇을 했으며, 하나님이 어떻게 응답하셨는지에 대한 보고이다. 요나는 자신의 고난을 토로했

다. 하나님은 대답하셨다. 그 순간 하나님이 대답하신 장소와 방식은 중요하지 않다. 요나는 오로지 하나님과 자신의 새로워진 관계에 초점을 맞추었다. 이것이 구원의 첫 번째 부분이다. 선지자와 전능하신 하나님이 다시 의사소통을 한 것이다.

그리고 요나는 조금 더 설명을 한다. "내가 스올의 배로부터 도움을 부르짖었다." 스올은 가장 깊은 곳, 즉 하늘 가장 높은 곳의 반대를 말한다(잠 9:18). '테홈(tehom, 깊음들)' 과 마찬가지로 그곳은 거주하는 곳, 즉 문을 통해 접근하고 모든 곳이 먼지로 덮인 곳이다(사 38:10). 그곳에서는 죽은 자들이 비록 그들을 '유령(히. 레파임, rephaim, 사 14:9)' 이라고 묘사함으로써 그들의 존재가 약하고 보람이 없는(사 14:10) 생명의 형태임을 분명히 보여준다 하더라도 어떤 형태로든 존재한다. 스올 혹은 무덤에서는 하나님이 직접 개입하시지 않는 한 어떠한 구원의 소망도 없다. 그리고 그 개입의 가능성은 이곳과 구약의 다른 곳에 암시되어 있다(시 56:13). 스올에 대한 승리의 완전한 확신은 신약 증거의 계시를 기다려야만 한다(고전 15:50-58, Eugene H. Merrill, *NIDOTTE*, IV, 6-7).

시편의 기도들은 종종 스올로부터의 구원 혹은 스올의 회피를 추구하거나(시 49:15, 141:7) 스올을 자기 대적들의 최종적인 운명이라고 여긴다(시 55:15). 그래서 요나는 죽은 자의 땅으로부터 하나님께 구원을 부르짖는 굳센 전통에 합류한다. 요나가 이 부르짖음을 외칠 때 그는 어디에 있었을까? 우리의 즉각적인 반응은 그가 고기 뱃속에 있다고 말하지만, 이어지는 구절들은 물고기가 그를 삼키기 전에 바다에 있었다고 말한다. 물고기는 분명 요나에게 안전한 피난처, 그를 스올로부터 호송하는 하나님이 주신 안전한 선박임이 분명했다. 요나는 고기 뱃속에서 구원이 일어나기 전에 자신의 괴로운 시절을 돌아볼 수 있었다. 그는 스올을 "자신의 죽음 직전의 경험에 대한 과장법" 으로 묘사한다(시 18:5, 30:3에서처럼, Barker, 「Breaking Old Testament Codes」, 229).

B. 기도는 구덩이보다 세다(2:3-6)

Supporting Idea	절망적인 상황은, 설령 하나님이 부추기신 것이라 해도 기도하고 또한 하나님의 구원을 증거할 기회를 제공한다.

2:3. 요나는 자신의 어려움을 매우 개인적인 용어로 서술한다. 그것은 우연히 일어난 사건이 아니었다. 그것은 일대일의 대면이었다. 그 상황이 주는 공포, 바다에 대한 두려움뿐만 아니라 그보다 하나님께서 깊음 속 바다 가운데 던지셨다는 것을 아는 데서 오는 두려움이었다. 만일 하나님이 그를 그곳에 두셨다면, 이제 하나님만이 그를 구하실 수 있으며, 요나는 자신이 하나님이 구하시기를 원치 않는 반역자가 되었음을 알고 있었다. 그 위협이 주의 파도와 큰 물결로부터 온 것인데 어찌 하나님이 그를 구원하시겠는가? 요나가 자신의 처지를 묘사한 것처럼 그는 죽은 것과 마찬가지였다. 그 어떤 구원도 하나님께로부터 와야 했다.

2:4. 그런 절망의 상황에서 요나는 기도하는 가운데 역사상 가장 위대한 믿음의 고백을 드렸다. 내가 주의 목전에서 쫓겨났을지라도 다시 주의 성전을 바라보겠다. 바다 한가운데서의 이 기도는 마치 정신 나간 몽상처럼 들렸다. 고기 뱃속에서의 반복된 기도조차도 선지자를 어리석게 보이게 만들었다. 그에게 어떤 구원의 소망이 있겠는가마는, 그는 다시 한 번 예루살렘에 있는 성전에서, 혹은 그가 북왕국의 여로보암과 관련이 있다면 그 성전이 벧엘이 되겠지만, 예배를 드릴 수 있을 것이라는 믿음을 갖고 있었다.

2:5. 둘렀다는 대부분의 요나의 기도에서 그런 것처럼 시편의 언어를 가리킨다(시 18:4, 116:3). 요나는 바다의 물이 '목구멍까지 들어간' (저자 번역) 것을 기억했다. 그는 깊음(히. 테홈, tehom)에 에워싸였다. 이 시어는 그가 죽음을 눈앞에서 바라보았다는 의미이다. 깊음은 "태초의 바다, 태초의 홍수, 창조 가운데 가장 두드러진 요소의 하나(창 1:2, 시 104:6)"를 의미했다(*HALOT*). 그것은 천지 창조 때 땅을 둘러싸고 있던 깊음의 물(창 1:2)이나 노아 홍수 때 분출된 지하수(창 7:11)를 가리킬 수 있다. '테홈(tehom)'은 종종 "존재를 위협하는 깊음이나 홍수라는 의미를 갖는다"(출 15:5, C. Westermann, *TLOT*, III, 1412-1413).

그 깊음이 겁먹은 인간에게 제아무리 두려울지라도 하나님은 그 흘러넘치는 물을 언제나 다스리신다(시 135:6). 그분은 이 물을 이용하여 자기 백성에게 승리와 축복을 가져다주신다(신 8:7). "테홈은 하나님이 창조하시고 또한 그 안에서 일하시는 세상의 한 구성물이다"(Westermann). 그것은 하나님이 원하시면 능히 멸망시킬 수 있는 구성품이다(암 7:4). 그 깊음 가운데 사로잡힌 요나는 그것을 하나님이 하늘과 땅으로 구성하시기까지 공허함의 일부로 존재했던 혼돈의 물로 보았다. 이 혼돈의 물은 요나에 대한 하나님의 사형 선고를 이행하는 하나님의 도구로 정해진 것이었다.

2:6. 요나는 그가 갈 수 있는 가장 깊은 곳, 즉 산의 **뿌리**(혹은 기반이나 주춧돌)까지 내려갔다. 1장에서 시작한 그의 하강은 끝이 났다. 그는 땅의 빗장에 도착했다. 그곳은 스올의 입구 혹은 지하 세계 그 자체였다. 그는 죽은 자들이 거하는 곳을 가리키는 또 다른 용어인 **구덩이** 안에 있었다(겔 28:8). 인간의 힘으로는 탈출이 불가능했다. 요나는 그곳에 오래도록 있었다. 죽은 자의 거처에 들어간 것도 영원하지 않은 것은 하나님이 죽은 자의 영역 안에서도 생명을 주관하시기 때문이다. 요나에게 이것은 믿음에 관한 신학적 명제 이상의 것을 입증했다. 그는 자신의 체험을 고백한 것이다. **주께서 내 생명을 건지셨나이다.**

C. 기도에 실패하면 은혜를 잃게 된다(2:7-8)

Supporting Idea	사람은 죽음과 가까워지더라도 기도하고 또한 그 기도를 들으시는 하나님을 발견할 수 있지만, 기도에 실패하면 하나님의 은혜를 받을 모든 소망을 잃게 된다.

2:7. 더욱 피곤해진 요나는 결코 실패하지 않는 도움의 근원을 기억했다. **내가 여호와를 생각하였삽더니.** 하나님과, 그분이 전에 행하신 것에 대한 기억은 새로운 소망, 곧 주님과 소통하여 그분과 연결되고 새로운 축복을 받을 수 있다는 새로운 시도가 된다. 그는 하나님이 자기 **성전**, 즉 기도의 집에 계신 것으로 묘사했고, 그곳에 자기 기도를 보냈다. 그러나 그 기도는 성전으로 가는 것이 아니다. 마치 그곳이 어떤 마법의 힘을 갖고 있기라도 한 것처럼 말이다. 오히려 그의 기도는 하나님께 가야 했다. 요나의 나/당신 대화는 결실을 맺었다.

2:8. 요나는 각자 자기가 믿는 신들에게 기도했지만 소용이 없었던 뱃사람들의 처지를 보았다. 요나는 여호와를 피하며 다른 곳에 도움을 청하는 세계에 들어갔다. 그는 이 모든 경험으로부터 강력한 증거를 얻었다. 거짓되고 헛된 것을 숭상하는 자는 "그 은혜를 저버린다"(저자 번역, 비교. 시 31:6). 이 구절은 몇 가지 방식으로 해석될 수 있다.

프랭크 페이지(Frank Page)는 이 문제를 간단하게 말한다. "이 구절의 가장 큰 어려움은 '하스담(chasdam)' 이라는 낱말과 관련된다. 그 말은 '그들의' 라는 의미의 대명사형 접미사와 '충성, 의무, 신실함, 친절, 은혜, 자비' 와 같은 여러 가지 의미를 가질 수 있는 '헤세드(chesed)' 라는 말로 구성되어 있다"(NAC 19b, 253). 문제는 이 경우에 어떤 의미가 가장 적합하며, 그 대명사가 '헤세드' 의 목적어를 가리키는지 아니면 주어를 가리키는지 정하는 것이다. 프랭크 페이지는 대명사가 은혜의 목적이 되어 그들이 하나님의 은혜를 받는 쪽을 선택했다. "이곳의 전반적인 사상은 구원이 여호와께로부터 온다는 것을 강조하는 것으로 보이기 때문이다."

레슬리 앨런은 이렇게 주장한다.

> 4장 2절이라는 확장된 병행 구절에서 사용된 '헤세드' 에 비추어볼 때, 접미사는 주격인 '그들의 충성심', '그들의 헌신' 이 아니라 목적격이다. 하나님의 '헤세드' 는 과거에 나타난 적이 있으며, 아직도 그들에게 유효하다. 그분의 은혜, 그들의 처음 부르짖음에 자기 백성을 도우러 급히 달려가는 충실한 사랑은 시편의 현재 맥락에서 볼 때, 요나의 구원을 살짝 언급할 뿐 아니라 자기 신들을 버리고 야훼를 의지한 뱃사람들의 구원을 암시한다(NICOT 219-219와 주 28번).

반면에 조이스 볼드윈(Joyce Baldwin)은 이렇게 말한다.

> '헤세드' 란 말은 하나님이 이스라엘과의 언약 관계 안에서 계시하신 그분의 특별한 속성을 묘사한다. 요나는 그런 하나님을 버린 어리석음으로 유죄를 선고받았으며, 그의 충고는 똑같은 죄를 짓고(호 4:12, 암 5:26), 또한 그 결과 도덕적으로 타락한 이스라엘 백성을 향하고 있다. 요나는 다른 헌신의 대상을 위하여 자기 언약의 주님을 버린 이들은 자신이 얼마나 어리석은지 인정할 필요가 있다고 확신을 가지고 말할 수 있다(「The Minor Prophets: An Exegetical and Expository Commentary」, vol. 2, p. 571-572).

더글러스 스튜어트는 이렇게 말한다.

> 그들을 섬기는 것은 야훼에 대한 믿음이 부족함을 보여준다. 어떤 이스라엘 백

> 성이라도 우상을 숭배하는 것은 언약의 위반이었다. 언약에 대한 충성(헤세드)은 그 언약의 주창자인 하나님과(출 20:6 등) 그 언약이 주어진 이스라엘 백성 모두에게 상호 간의 의무였다. 그 결과 다른 신들을 둠으로써 그 언약의 첫 번째 계명을 어기는 자는 야훼에 대한 자신의 충성을 '버린' 것이다(WBC 31, 478).

현재의 문맥은 먼저 헛되고 공허한 것이라는 부정적인 진술에 이어서 찬양과 예배와 제사라는 긍정적인 서원 가운데 표현된 하나님께 대한 찬양이다. 그 찬양의 내용은 하나님의 은혜, 하나님의 사랑, 하나님의 백성에 대한 그분의 언약의 신실함을 표현하는 것과 그들이 하나님을 버렸을 때 그 은혜를 버린 것의 위험성을 경고하는 것이다. 주님은 은혜를 몸으로 구현하시며, 자기 은혜로 인하여 물질의 축복을 베푸신다. 두 가지 모두 '그 은혜' 의 의미 가운데 연결되어 있다.

D. 구원은 제사를 요구한다(2:9-10)

Supporting Idea	하나님의 구원을 경험한 백성은 구원의 하나님께 제물과 예배를 드린다.

2:9. 여전히 고기 뱃속에 있으면서 바다 가운데 있는 자신의 절망을 되돌아보고 있는 요나는 성전 체험을 기대하고 있다. 그는 다시 한 번 성전을 볼 것이라고 믿는다. 일단 그곳에 가면 그는 하나님께 대한 자신의 의무를 이행할 것이다. 그는 특별한 감사의 의식에서 감사의 노래를 부를 것이다. 그는 감사 제사를 드리고 그것을 가족과, 친구와, 제사장들과 나눌 것이다. 그는 하나님이 자기를 구원하기 위해 행하신 모든 것을 자세히 말하고 자기를 향한 하나님의 선하심을 증거할 것이다. 이것이 하나님께 대한 요나의 약속이며, 그가 성전을 다시 보게 될 때 행할 바로 그것이다.

이 모든 것을 돌아본 요나는 고기 뱃속에서 이렇게 외칠 수밖에 없었다. 구원은 여호와께로서 말미암나이다. 이것 역시 믿음의 신학적 표현이 아니다. 이것은 개인의 고백이다. 하나님은 그를 구하셨다. 그는 죽음의 문턱에 서서 하나님의 도우심을 부르짖었고, 죽음의 문에서 하나님의 임재를 발견했다. 하나님은 진정으로 그 선지자를 구하셨고, 그는 모든 사람이 그 사실을 알기를 원했다. 아마도 그는 이 감사의 노래를 성전에서 드리는 감사 제사 때 반복해서 부르고 자기 친구들에게 그것을 자세히 들려줄 것이다.

2:10. 우리는 이 이야기의 나머지 부분을 듣기 위해 잠시 고기 뱃속에 있는 요나를 떠난다. 하나님은 요나에게 말씀하셨던 것처럼 분명하게 물고기에게 명하셨다. 물고기는 선지자가 하나님의 전령으로 이바지한 것과 마찬가지로 하나님의 전령으로서의 역할을 감당했다. 물고기는 항변하지 않았다. 그는 큰 복통을 일으키다가 요나를 육지에 토했다.

Main Idea 복습	사람의 처지가 아무리 절망스러워도 하나님은 기도를 들으시고 구원을 베푸실 수 있다.

결론

비상 시의 감사

우리는 아들의 열여덟 번째 생일에 오스트리아로 스키 여행을 갔다. 아들은 스위스에서 자랐고 알프스에서 스키 타는 것을 좋아했다. 어느 날 스키 순찰차가 우리 집 문을 두드렸다. "당신 아들이 산에서 스키를 타다 굴렀습니다. 바위에 부딪쳐 어깨를 다쳤구요. 그밖에 다친 곳이 없는지 살펴보고 있습니다."

나는 내가 할 수 있는 유일한 독일어로 '당케(Danke)'라고 말하고 케빈이 있는 곳을 향해 달려갔다. 나는 달려가면서도 기도했다. "감사합니다, 주님. 케빈이 아직 살아 있고 또한 잘 훈련받은 사람들이 그곳에서 그를 도울 수 있어서 감사합니다." 그렇다. 나는 케빈이 입은 부상의 정도와 결과를 알기도 전에 감사 기도를 드렸다. 우리는 살면서 위기의 순간에 하나님께 "감사합니다"라고 말하는 상황에 처하는 경우가 정말 많다.

요나는 분명 그런 일의 가장 우선되는 본보기이다. 그는 바다 속에서 하나님의 구원을 감사했다. 그는 고기 뱃속에서 그 기도를 반복했고, 나중에 성전에서 감사 예배를 드렸을 때 그 기도를 반복했음이 분명하다. 하나님께 감사하다고 말하는 것은 아무리 해도 지나치지 않다.

▣ 진리 알기

- 당신은 어느 장소, 어느 환경 가운데서 어떤 이유로든 하나님께 감사 기도를 드릴 수 있다.
- 당신이 비록 하나님을 배반하고 그분의 면전에서 도망하고 있더라도 절망 가운데서 기도하고 그분의 구원을 구할 수 있다.
- 하나님은 당신이 죽음의 문 앞에 있을 때에도 당신의 기도를 들으신다.
- 설령 우리가 하나님의 징계와 벌을 받아 고통받고 있더라도 그분께 기도할 수 있고, 그분이 그 기도를 들으신다는 것을 알 수 있다.
- 하나님께 기도한다는 것은 다른 신들과, 다른 헌신의 대상들과, 소망의 근거들을 버리는 것을 의미한다.
- 하나님이 기도를 들으실 때, 우리는 감사와 예배 가운데 응답하고 그분께 제사를 드려야 한다.
- 구원은 언제나 하나님 안에 그 궁극적인 근거가 있다.

▣ 적용하기

- 당신이 하나님께 감사해야 할 모든 이유를 목록으로 만들고, 그 목록에 있는 모든 항목에 대해 감사를 드려라.
- 인생이 아무리 어둡게 보여도 포기하지 말라. 하나님께 도와달라고 기도하라.
- 하나님이 최근에 당신의 기도를 들어주신 것에 관한 이야기나 노래를 만들어보고, 그것을 성경 공부 그룹에서 나누라.
- 당신의 삶 가운데 거짓 우상이 된 헌신의 대상을 찾아보고, 그것들을 제거하라.
- 교회 예배에 참석하는 일을 충실하게 하겠다고 스스로 다짐하라.
- 당신이 전에 하나님께 했던 약속을 기억하고, 아직 지키지 못한 것은 무엇이든 지켜라.

삶의 적용

오프사이드 반칙

로이 엔젤(Roy Angell)은 그의 저서 「금속 신발(Iron Shoes)」에서 워싱턴과 리(Washington and Lee)라는 미식축구 팀의 주장이었던 캐리 바커(Carey Barker)가 한 이야기를 들려준다. 어느 날 어두워지기 전에 버지니아 주 리치몬드 거리를 걷고 있던 바커는 한 어린 소년이 인도 끝에 앉아 팔꿈치를 무릎에 대고 두 손으로 얼굴을 감싼 채 한쪽 팔로 살짝 바람이 빠진 미식축구 공을 끼고 있는 것을 보았다. 그 소년이 너무 불쌍해 보여서 바커는 길을 건너 그 옆에 가 앉았다.

"무슨 일이니?" 그가 물었다. "왜 여기서 가장 친한 친구라도 잃은 것처럼 앉아 있어?"

그 소년은 몸을 비틀어 바커의 눈을 올려다보았다. "아저씨, 혹시 미식축구 해본 적 있으세요?"

"물론이지. 2년 동안 풀백을 했었단다."

"그러면요, 아저씨, 오프사이드가 뭔지 아시겠네요. 선수 한 사람만이 아니라 팀 전체가 벌칙을 받죠. 특별 관람석에 앉아서 그 팀을 응원하던 모든 사람들이 벌을 받아요. 라디오를 들으며 그 팀에 성원을 보내는 모든 사람이 벌을 받구요."

"네 말이 맞구나." 바커는 대답하면서 그 소년이 무엇을 했기에 오프사이드 판정을 받았는지 궁금해했다.

"그런데요, 아저씨, 우리 아버지가 오프사이드에요. 아버지가 오늘밤 술에 취해서 들어오셨어요. 엄마는 근사한 저녁을 준비하셨는데요. 엄마는 음식을 식탁에 놓으면서 노래도 부르고, 웃고, 행복해하셨어요.

그런데 아저씨, 아빠가 식탁을 뒤엎고 엄마 얼굴을 때렸어요. 나는 뒷문으로 빠져나와 여기 나와 있는 거예요. 오랫동안 공을 차며 놀았는데 혼자서 공을 차는 것은 더 이상 재미가 없네요. 다른 아이들은 모두 집으로 갔구요."

당신은 세상의 모든 부정적인 감정들이 당신의 영혼을 가득 채울 때, 그리고 당신이 그것과 관련해 아무것도 할 수 없을 때 어떻게 하는가? 그런 감정들에 대해 조금은 알았던 요나는 절망이 삶을 엄습할 때 우리가 가진 유일한 방편이 무엇인지 보여준다. 그는 하나님께 기도하면서 그분이 행하실 일을 미리 감사했다. 그는 모든 인간적인 신뢰의 대상들이 자기를 실망시켰을 때 하나님께 대한 믿음을 보였다.

기도

하나님 아버지, 우리는 가끔씩 우리 자신이 아무도 도와줄 사람 없는 바다에 빠져 허둥거리는 가운데 매일매일이 '요나의 날'과 같다고 생각할 때가 있습니다. 그곳에 우리와 함께 계시고, 우리의 기도를 들으시며, 우리를 절망에서 건져주시는 것을 감사드립니다. 우리는 주님을 의지합니다. 그리고 주님이 아닌 다른 것으로 주님의 자리를 대신하려고 했던 모든 것을 버립니다. 아멘.

심층 연구

구원(2:9)

구약의 구원은 대개 위험과 절망으로부터 구해내는 구체적이고 객관적인 행동을 가리킨다. 구원은 몇 가지 히브리어로 표현될 수 있는데, 그 가운데 많은 말이 '야사(yasha)' 라는 동사와 관련되어 있다. "일반적으로 야사라는 어근은 어려움 가운데 있는 사람을 그 어려움으로부터 건져내는 것이 아니라 그에게 도움을 제공하는 것을 가리킨다. 구원은 오직 야훼만을 주어로, 그분의 백성을 그 목적어로 삼는 거의 배타적이라고 할 수 있는 신학 용어이다" (Robert L. Hubbard Jr., *NIDOTTE*, II, 556). 이 말은 특히 출애굽에서 이스라엘을 위한 하나님의 승리를 가리키는 말로 사용되었다(출 14:13).

그러나 이 용어는 예배와 기도 가운데 가장 익숙하게 만나볼 수 있다. 절반에 가까운 시편이 이 어근의 일정한 형태를 사용하며, 그 용어가 등장한 전체의 40퍼센트가 시편에 나온다. "신학적으로 이스라엘의 예배와 가르침은 야훼와 구원을 최고도로 결합시키고 있다" (Hubbard, 559).

구약의 성도들은 하나님께 탄식이나 불평을 털어놓을 때 종종 '호시아(hoshi'ah)', '구원하소서' 라고 부르짖는다(시 12:1, 71:2). 그리고 하나님은 종종 구원하겠다는 약속과 함께 응답하신다(렘 15:20). 그래서 하나님은 '나의 구원' 혹은 '나의 도움' 으로 알려지신다(미 7:7).

요나처럼 자기 기도가 응답된 것을 본 사람은 그 경험을 되돌아보고 하나님이 자기에게 구원을 베푸셨다는 것을 증거한다(사 25:9). 그들은 사람의 도움은 헛된 것이기 때문에 오직 하나님만이 구원을 가져다주실 수 있음을 안다(호 14:3). 그러나 하나님은 구원받은 그 사람이 그분을 의지하고 자기 죄를 회개하기를 기대하신다(사 30:15).

요나는 성전에서 하나님을 찾고 탄식하며 구원을 구하는 자기 조상들의 긴 대열에 합류했다. 그는 또한 하나님의 구원을 체험하고, "구원은 여호와께로부터 온다" 라고 선포할 수 있는 사람들의 긴 대열에도 합류했다.

교안

A. 들어가는 글

1. '극적인 응답들' 이야기로 시작하라.
2. 배경 설명 : 주저하는 뱃사람들에 의해 배에서 내던져진 요나는 바닷속에 빠져들어가는 가운데 죽음의 문턱에 서 있는 자신을 발견했다. 도망하던 선지자는 열정적인 선지자가 되어 하나님께 자기를 구원해달라고 간구했다.
3. 적용 : 2장은 요나의 절망의 기도를 반복하지만 구원이라는 관점에서 그것을 되돌아본다. 그 관점은 하나님이 요나를 돕도록 보내신 물고기 뱃속이었다. 요나는 그 고기 뱃속에서 그분의 구원하심을 감사하고 오직 주님만이 구원하신다고 선포한다. 다른 모든 신들은 무력하다.

B. 본문 이해

1. 스올로부터의 구원(2:1-2)
2. 기도는 구덩이보다 세다(2:3-6)
3. 기도에 실패하면 은혜를 잃게 된다(2:7-8)
4. 구원은 제사를 요구한다(2:9-10)

C. 결론 : '비상 시의 감사' 를 읽어주라.

토의 질문

1. 감사 기도는 언제 적합한가?

2. 하나님을 위해 무언가를 하겠다는 약속은 언제나 감사 기도를 동반하는가?

3. 당신에게 구원이 여호와께로부터 온다는 고백은 어떤 의미인가?

4. 요나서에 기술된 죽은 자의 영역과 신약에 기술된 죽은 자의 영역 사이의 차이점을 말하라.

5. 예수님은 요나 이야기를 어떻게 사용하셨는가? (마 12:39-41, 16:4, 눅 11:29-32 참고)

요나 3:1-4:11

긍휼을 못마땅해하다

"하나님은 항상 긍휼이 많으시지만, 그 긍휼이 항상 받아들여지는 것은 아니다… 죽어가는 세상에 대한 하나님의 가장 영광스러운 긍휼의 확장은 자기 아들 예수 그리스도였다. 하나님은 인간의 비참함에 대한 자신의 긍휼의 대리자로 그리스도를 보내셨다. 궁극적으로 그분의 긍휼의 메시지는 그 긍휼이 가장 먼저 베풀어진 자들에 의해 거부되었고, 그리스도는 완전한 수치 가운데 십자가에 달리셨다."

- 베스 무어(Beth Moore)

하나님은 물고기를 보낼 이유가 있으셨다. 요나는 니느웨로 가야만 했다. 이번에는 하나님이 명하셨을 때, 요나가 갔다. 그러나 온 마음으로 간 것이 아니었다. 일단 그곳에 도착한 요나는 성으로 들어가 다섯 마디의 히브리어로 외쳤고, 뒤로 물러나 어떤 일이 일어나는지 지켜보았다. 예상하지 못했던 일이 발생했다. 부흥이 일어난 것이다. 왕은 모든 사람, 심지어 동물들에게까지 금식하고 애곡할 것을 명했다. 그는 모든 사람에게 회개하고 자기 악과 사악한 방식을 버리라고 명령했다. 하나님은 그런 사람들에게도 긍휼을 베푸셔서 자신의 행동을 바꾸시고, 그 성을 멸망시키지 않으셨다.

이 일은 요나를 분노하게 만들었다. 하나님의 성품을 잘 아는 그는 이와 비슷한 일이 일어날 수 있다고 예상했었다. 선지자가 초막을 짓고 하나님이 행동하시기를 기다리고 있을 때 하나님은 박 넝쿨로 그늘을 만들어주셨다. 다음날 하나님은 벌레를 보내어 그 박 넝쿨을 사라지게 하셨다. 요나는 폭발했고, 하나님께 죽여달라고 요청했다. 하나님은 요나의 태도와 자신의 태도를 비교하셨다. 요나는 박 넝쿨, 그늘 그리고 안락함이 사라지는 것을 걱정했다. 하나님은 자신의 구원이 필요한 거대하고 무지한 성읍을 걱정하셨다.

들어가는 글

안녕이라고 말하기

안녕이라고 말하기는 힘들다. 가끔씩 우리는 가장 어리석은 것에 안녕을 고하는 일을 싫어한다. 나는 대학에 진학하면서 야구 카드와 안녕을 고했다. 신학교에 가면서는 텍사스와 안녕을 고했다. 해외 선교 현장에 갈 때는 내가 사랑한 교회와 그동안 정성들여 모은 대부분의 장서와 이별을 고했다. 선교 현장에서 돌아올 때는 평생에 걸친 선교에 대한 꿈과 털이 많고 하얀 개와 작별했다. 라이프웨이(LifeWay) 사역에서 일하게 되면서는 가르치는 일에서 물러났다. 그리고 몇 년 뒤에는 30년 동안 함께해온 사랑하는 배우자와 이별을 고해야 했다.

하나님은 요나에게 이별을 고하셔야 했지만, 요나에게 이별을 고하기가 힘드셨다. 잘 있어, 물고기야. 반가워, 임무 부여. 잘 있어, 이스라엘. 반가워, 니느웨. 잘 있어, 유명하고 인기 많아지는 것. 반가워, 낯선 이방인 되는 것. 잘 있어, 박 넝쿨. 반가워, 햇빛과 열기. 잘 있어, 분노. 반가워, 기쁨. 잘 있어, 편견. 반가워, 헌신에 대한 다짐. 잘 있어, 미움. 반가워, 사랑.

이별을 고하기를 거부하던 요나는 분노와 편견으로 그의 삶을 허비하게 되었고, 죽음의 문턱까지 가게 되었다. 깊은 바다와 스올이 할 수 없던 것을 안녕을 고하기를 거부한 것이 해낸 것이다.

본문 이해

Main Idea	하나님은 세상을 너무나 사랑하셔서 그 안의 모든 사람들이 회개하고 순종의 삶에 헌신하게 함으로써 세상을 구원하려고 하신다.

A. 반복된 선교(3:1-3)

Supporting Idea	하나님은 자기 백성이, 하나님이 각자에게 부여하신 임무를 수행하기를 기대하신다.

3:1-2. "한번 더 해보아라, 요나야. 내가 정한 목적지는 다시스가 아니라 니느웨란다. 갈 거지?"

"니느웨라구요? 앗수르의 수도잖아요. 세상에서 가장 흉악한 나라고요. 우리의 가장 큰 적입니다. 그 이상한 언어는 어떻고요? 게다가 너무나 멀어요. 그 나라 사람은 한 사람도 알고 싶지 않습니다. 그 사람들이 제게 무슨 짓을 하겠습니까? 주님은 그들을 심판하고 멸망시킨다고 말씀하셨잖습니까? 그런데 왜 그들에게 전하라고 하시는 겁니까? 그냥 계획하신 일을 행하세요! 그들은 그래야 마땅합니다. 가셔서 그 성을 멸망시키세요. 저는 우리나라 사람들에게 말씀을 전하고 그들로 하여금 당신이 얼마나 위대한 분이신지 보게 하겠습니다. 주님의 이름이 분명히 높아지게 하겠습니다."

"나는 지금 니느웨에서 일하고 있다. 나는 네가 그곳에 가기를 원한다."

"간다구요, 주님. 주님이 저를 바다에서 구해주셨죠. 주님이 말씀하신 대로 주님의 메시지를 전하겠습니다."

3:3. "아, 주님, 마침내 이곳에 도착했습니다. 이곳에 오려고 낙타를 타고 800킬로미터를 여행했습니다. 보세요, 말씀하신 대로 니느웨에 왔습니다. 정말 큰 성이군요."

"그래, 요나야, 정말 큰 성이지. 내가 뭐라고 기록했는지 주목해라. 그곳은 '하나님 앞에 큰 성읍' 이다. 그리고 단지 크기만 한 것이 아니지. 내 계획 가운데 큰 부분을 차지하는 성이란다. 아무리 크더라도 내게 중요한 곳이지."

본문은 요나가 '삼 일' 에 걸쳐 니느웨를 횡단했다고 말한다. 이 말은 어떤 의미인가? 학자들은 이 의미를 놓고 광범위하게 논쟁을 벌였다. 레슬리 앨런은 고대의 자료를 연구하여 하룻길이 27킬로미터 정도 된다는 것을 알아냈는데, 그렇게 되면 그 성을 가로지르는 지름이 80킬로미터라는 의미이며, 이것은 고대 문헌이 증거하는 니느웨의 크기보다 훨씬 큰 것이다. 어떤 자료들은 그 성을 둘러싼 성벽의 길이가 80킬로미터였다고 말하지만, 산헤립 왕의 비문에 새겨진 기록에 의하면, 그는 그 성벽을 확장시켜서 그 둘레가 12킬로미터였다고 한다. 그렇다면 레슬리 앨런에게 있어서 본문의 화자는 훨씬 후대의 자료를 갖고 있으며, 그것으로 선지자의 임무를 강화시키고 있는 것이다 (NICOT, 221).

다른 학자들은 '걸음(walking)'이 어떤 의미인지 묻는 것으로 문제에 접근했다. '걸음'은 뻗은 길(*HALOT*)인가, 아니면 방문(Wiseman, 「Tyndale Bulletin」 30, 1979, 38)이나 여행(DCH)인가. 더글러스 스튜어트는 바이즈 만을 따라 사흘이 성의 관리들을 방문하기 위한 공식적인 관례를 모두 수행하는 데 소요되는 시간을 가리키는 것으로 본다. 더글러스 스튜어트는 이렇게 추정한다.

> 그의 첫째 날과 셋째 날은 모임과 설명, 그리고 어쩌면 공식적인 발언 기회가 포함된다…요나가 실제로 아무도 눈치채지 못하게 우연히 니느웨 안으로 들어와서 여행 중 아무 때나 갑자기 자기 메시지를 외치기 시작했다는 널리 알려진 개념은 이 일의 실제적인 모습과 거리가 멀다…오히려 이 사건에서 화자의 핵심은 니느웨가 '사흘 동안 방문한 성', 즉 고대 세계에서 중요한 외교의 중심지인 그곳은 공적인 방문객들이 공식적 관계를 준수하는 곳이었다는 점이다(WBC 31, 487-488).

레슬리 앨런은 이어서 다른 설명을 제시한다.

> 대도시에서 선지자는 여러 지역을 돌아다니면서 각기 다른 군중들에게 여러 번에 걸쳐 연설을 해야 했을 것이다…니느웨의 인구와 그 성이 차지하는 중요성은 요나가 하나님의 메시지를 대부분의 주민들이 확실히 들을 수 있도록 전하는 데 적어도 3일이란 시간이 필요하게 만들었다.

B. 선교의 결과(3:4-10)

Supporting Idea	하나님은 자유롭게 세상을 사랑하시고 한 백성이 회개하고 하나님께 순종할 때 그들을 멸망시키기로 결정한 것을 돌이키신다.

3:4. "주님, 저는 아직 이 일을 할 준비가 되지 않았습니다. 조금 더 검토를 해야겠습니다. 그런 다음 선포하겠습니다." 그래서 요나는 하룻동안 그 성을 걸어다녔는데, 이

것은 레슬리 앨런이 제시한 삼 일 길에 대한 해석의 마지막 주장을 뒷받침하는 것으로 보인다. 마침내 그는 선포했다. "40일이 지나면, 니느웨가 무너지리라." 만일 화자가 이 간결한 문체 가운데 우리에게 들려주는 것이 선지자의 설교 전부라는 의미라면, 그것은 요나의 태도에 대해 많은 것을 이야기해준다. 그는 선포하기에 앞서 최대한 많은 곳을 돌아다녔고, 그런 다음 겨우 다섯 마디의 말만 선포했다. 그의 마음은 니느웨에 부흥을 불러일으키려는 것이 아니라 그저 하나님이 요구하신 최소한의 것만 충족시키려는 것으로 보였다.

3:5. 니느웨 백성이 하나님을 믿었다. 요나 이야기 가운데 등장하는 모든 예상치 못한 우여곡절(twists) 가운데 이것이야말로 우리의 허를 찌르는 것이 분명했다. '믿다'는 히브리어 어근 '아만(aman)'에서 나온 동사를 번역한 것이다. 그 기본적인 의미는 '견고하다, 믿을 만하다', 혹은 '안전하다' 등이다(*HALOT*). 따라서 그 말은 '믿고 있는 사람을 의지할 만하다고 여기다, 그 사람이나 물건을 신뢰하다' 등을 의미한다. 그 말은 종종 하나님을 하나님과 같은 업적을 행하실 수 있는 분으로 신뢰하는 것을 가리키는 데 사용되었다. 니느웨는 많은 신들에게 바쳐진 신전을 가진 성으로 알려져 있었지만, 이 사건에서 니느웨 사람들은 국가적으로 섬기는 신들과 개인적으로 섬기는 신들로부터 돌아서서 하늘과 땅을 창조하신 이스라엘의 하나님께 돌아왔다. 그들은 하나님의 능력을 인정하고 그분이 요나를 통해 하신 경고를 능히 이행하실 것이라고 믿었다.

니느웨 백성들은 자신의 믿음을 구체적인 방식으로 입증해보였다. 그들은 금식을 명하고 음식을 전혀 먹지 않았다. 그리고 전통적으로 상을 당했을 때 입는 굵은 베옷을 입었다. 이런 행동은 가장 크고 중요한 인물에서부터 가장 작고 보잘것없는 사람에 이르기까지 주민 모두에 의해 실행되었다.

3:6. 왕의 정보 기관은 자기 일을 잘 수행하여 마을에서 일어난 최신 정보를 확보하여 즉시 왕에게 전달하였다. 왕은 상복을 입는 '가장 위대한' 일에 동참하였다. 니느웨의 왕은 전체 앗수르 제국의 왕으로 지상에서 가장 강력한 사람이기도 했다. 이것이 역사상 가장 위대한 영적 부흥이 아니었을까?

더글러스 스튜어트는 주전 773년에서 756년까지 통치한 아쉬슈르단 3세(Ashshur-dan III)의 재위 기간 동안 큰 지진과 개기일식 그리고 영토 상실이 일어났을 가능성을 보여줌으로써 그 왕이 선지자의 말을 받아들일 준비가 되었음을 지적한다. 그러나 그는 다음과 같이 결론을 내린다. "물론 그 왕이 요나서 3장 6절에서 말하는 왕과 같은 인물이라고 확신할 증거는 전혀 없다(WBC 31, 490-493). 그러면서도 스튜어트는 이런 가설을 세우려 한다.

> 재위 기간 동안 온갖 징조와 재앙들〔일식, 지진(?), 기근, 반란〕이 일어나 고통을 받고, 수도(혹은 적어도 평소의 거주지)가, 증명할 수는 없지만, 니느웨였으며, 우라르투(Urartu)에 대한 계속되는 군사적 실패를 포함하여 국제적인 문제로 곤경에 처한 아쉬슈르단 3세와 같은 왕이야말로 요나의 메시지를 자신이 처한 곤경에서 한숨을 돌리게 해줄 기회로 진지하게 받아들일 경향이 다분한 사람임이 분명했다.

그러나 성경은 백성들과 왕 자신에게 들린 하나님의 메시지에 담긴 능력 외에는 요나의 말을 들을 만한 아무런 근거를 제시하고 있지 않다.

3:7-8. 왕은 조서를 내렸다. 이것은 문자적으로 '밖으로 나가 도와달라고 부르짖게 만들다' 의 의미이다. 그래서 왕은 모든 백성으로 하여금 자기와 함께 거국적인 도움을 바라는 부르짖음에 동참하도록 명령을 내렸다. 왕의 귀족 혹은 왕의 자문위원회(문자적으로 '그의 위대한 자들')는 그 조서를 내리는 일에 동참했다. 그 조서는 국토 안의 모든 생물들에게 효력을 미쳤다. 인간과 짐승 모두 하나님께 부르짖는 가운데 먹거나 마시는 일을 거부했다. 베옷을 걸치고 애곡하는 소와 양의 우스꽝스러운 모습은 그 위기의 심각함과 왕궁이 국가의 비극을 막는 일에 단호하게 대처하고 있음을 강조한다.

왕의 조서에는 수동적으로 베옷을 입고 음식을 먹지 않는 일이 포함되었다. 그리고 그 조서는 적극적인 행동을 요구하고 있다. 모든 사람은 힘써 여호와께 부르짖어야 했다. 재미있게도 여기서 하나님의 개인적인 호칭인 야훼가 아니라, '신', '하나님' 혹은 '신들' 을 가리키는 통칭인 '엘로힘('elohim)' 이 사용되고 있다. 안녕을 위해 간절히 기도하는 것으로는 충분하지 않았다. 모든 백성은 또한 '자신의 악한 길에서 돌아서야 했다' (저자 번역). 이것은 회개를 가리키는 히브리식 표현이다. 이 악한 길은 구체적으로 '그 손 안에 있는 폭력' (저자 번역)으로 나타났다. 성경의 선지자들은 가난하고 재물이 적은 자, 사회적 무능력자들에 대한 이스라엘의 폭력을 종종 고발했다. 요나는 여기서 그런 내부적인 폭력과 사회적 불의를 지적하는 것일 수 있다. 그는 또한 정복당한 나라와 포로로 잡힌 죄수들을 잔인하게 다루는 그들의 전쟁 관습을 가리키는 것일 수도 있다.

3:9. 이 조서에서 앗수르 왕은 그런 극단적인 행동을 요구하는 자신의 목적이 무엇인지 설명하였다. "누가 알고 있는가? 하나님이 유감으로 생각하고 후회하셔서 불타는 분노를 돌이키사 우리가 멸망당하지 않을 줄"(저자 번역). 앗수르 왕은 지상에서 앗수르 신들의 대변자라는 자신의 지위에도 불구하고 아무런 약속도 하지 않았다. 그는 백성들의 행동이 신의 반응을 불러올 것이라는 희망 사항을 표현했다. 이와 관련해 4장 2절에서 요나가 보인 반응을 주목하라.

왕은 하나님이 사물을 변화시키는 능력을 가지신 분으로 인정한다. 만일 여호와가 그 길을 돌이키지 않으신다면, 앗수르는 아무 희망이 없게 된다. 이제 '하나님'이란 표현이 자신의 운명을 주관하는 지존하고 전능하신 한 분 하나님을 가리키고 있음을 주목하라. 앗수르 왕이 이방인 선원들과 마찬가지로 이스라엘의 하나님에 의해 만들어진 배타적인 신성을 인정하게 된 것인가?

3:10. 이제 어떤 일이 일어날 것이라고 예상하는가? 사람들은 뉘우쳤고, 하나님도 뜻을 돌이키셨다. 그분은 마음을 누그러뜨리셨다. 사람들이 그 길을 바꾸자 하나님은 자기 계획을 바꾸셨다. 더 이상 니느웨는 심판을 받지도, 멸망당하지도 않게 되었다.

여기에 하나님이 자유롭게 변하신다는 성경의 가르침의 완벽한 모형이 존재한다. 하나님은 범죄한 백성에 대한 판결문을 선언하셨고, 그들이 자기 죄로 인하여 반드시 벌을 받을 것이라고 선포하셨다. 그러나 하나님의 말씀은 우리가 다니엘서에서 볼 수 있는 메대와 바사의 유명한 율법과 다르다. 하나님의 말씀은 사명이 담긴 메시지이다. 그 말씀이 그 사명을 완성하여 백성들이 하나님이 원하시는 방식으로 그 말씀에 응답하면, 하나님은 자신을 자기 말씀에 매여 있는 분으로 간주하지 않으신다. 하나님은 뜻을 돌이키고 마음을 누그러뜨릴 자유를 갖고 계신다. 그들이 "자기 악한 길에서 돌아서자 하나님은 그들에게 행하시기로 약속하신(문자적으로, 말씀하신) 악을 돌이키셨다."

여기서 히브리어 '라아(raah, 악)'는 사람들의 관점에서 사람들을 멸망시키거나 고통스럽게 하는 행동을 가리킨다. 여기서 중요한 낱말은 히브리어의 마지막 두 낱말인 '내리지 않으셨다'이다. 기도, 회개, 마음가짐과 행동의 변화는 하나님께 영향을 미친다. 그분은 인격적인 관계 안에서 반응하는 분이며, 사람들이 자기 행위를 변화시키는 것에 맞추어 자기 계획을 바꾸신다.

C. 선교사의 고통(4:1-4)

Supporting Idea	편견과 증오는 사람들로 하나님의 사랑의 계획에서 벗어나 복수와 멸망을 요구하게끔 인도한다.

4:1. 사람들이 악을 행하지 않아 하나님으로 하여금 악을 행하시지 않게 만든 일은 "요나에게 매우 악한 일이 되어 그를 분노하게 만들었다"(저자 번역).

4:2-3. 그래서 요나는 분노 가운데 무슨 일을 했는가? 그는 물론 기도했다. 이 말은 요나 2장 1절에서 사용한 것과 같은 말이다. 그 말은 모든 탄식과 불평의 시편이 우리의 분노로 무엇을 행할지 가르쳐주는 것이다. 그러나 요나는 특별한 방식으로 기도했다. 그는 여호와의 하나님 되심에 고함을 질렀다. 심지어 그는 자신이 좋아하지 않는 하나님의 속성과 관련해 성경을 인용하기까지 했다(출 34:6). "요나는 기적적인 상황에서 하나님의 도구로서 자신의 특권을 인식하는 데 실패했다. 그는 하나님의 주권적인 계획을 인식하지 못함으로써 그 상황이 주는 즐거움을 놓쳤다. 엘리야와 마찬가지로(왕상 19:3-18) 요나는 이기적인 마음의 상태로 빠져들었다"(Frank Page, NAC, 276).

이번에도 이렇게 말하는 요나의 음성이 들리지 않는가. "내 이럴 줄 알았습니다, 하나님. 내가 이런 일이 일어날 거라고 말씀드렸었죠. 내가 주님이 그러실 거라고 말씀드린 것처럼 주님의 말씀을 돌이키셨습니다. 내가 니느웨에 오지 않으려 한 것이 바로 이 때문입니다. 그렇지 않으면 주님은 이 성을 무너뜨리셨을 겁니다. 그러나 그렇게 하지 않으셨죠. 그 백성이 회개하게 하셨습니다. 주님은 이 성을 심판하지 않으셨습니다. 나는 바보였습니다. 내가 선포한 일들은 일어나지 않았습니다. 사람들이 집에 돌아가 뭐라고 생각하겠습니까? 나는 당신이 사랑의 하나님이심을 알고 있지만, 사랑에는 한계가 있습니다. 어떤 사람은 당신이 사랑해서는 안 되는 것입니다. 앞으로 이런 식으로 하시려면 저를 그냥 죽여주십시오."

더글러스 스튜어트의 표현처럼 "그는 하나님이 가능한 모든 곳에 자비를 베푸시는 자신의 본능적인 성향을 억제하시기를 진심으로 기대했다. 문제는 요나가 니느웨를 인정할 수 없었다는 것이 아니다. 오히려 그는 충격적일 정도로 하나님을 용납할 수 없었다”(p. 503). 니느웨를 구하는 것은 악한 것이다. 그리고 요나를 죽이는 것은 선한 것이다. 참으로 상반된 가치관과 태도가 아닐 수 없다!

4:4. 하나님은 자신을 죽여달라는 탄원에 응답하셨다. “네가 가진 분노가 선한 무언가를 일어나게 하느냐?”(저자 번역). 요나는 그 질문에 ‘예’라고 대답할 길이 없었다. 그는 분명 그 답을 알고 있어야 했다. 그러나 그는 그러지 못했다.

D. 관심사에 대한 선택(4:5-11)

Supporting Idea	사랑과 자비는 도와주고 구하는 일에 헌신하게 하는 반면, 편견과 증오는 자기만 신경 쓰게 만든다.

4:5. 화가 잔뜩 난 선지자는 아무 대답도 없이 짜증을 내면서 하룻길을 걸어 그 성을 벗어났다. 그는 그 성의 동편에 자리를 잡고, 작은 오두막을 하나 짓고 그 그늘에 앉아 “그 성에 무슨 일이 일어날지 지켜보았다.”

4:6. 하나님은 전에 물고기를 예비하셨던 것처럼 이제 피마자나무로 보이는 박 넝쿨을 예비하셨다. 이 박 넝쿨은 요나의 머리에 그늘을 만들어주어 ‘그의 괴로움’(NIV 성경은 불편으로 번역했음)을 면하게 하였다. 2장의 분위기로 돌아가보자! ‘요나는 박 넝쿨로 인하여 큰 즐거움을 누렸다.’ 이것은 예배하는 회중이 하나님의 구원을 기뻐하는 시편을 부르는 것과 같다. 요나는 쉽게 만족했다. 물고기와 박 넝쿨은 그가 성전에 있을 때와 동일하게 예배를 드릴 장소와 기회를 제공했다.

4:7. 하나님은 또다시 무언가를 준비하셨다. 이번에는 훌륭한 벌레를 준비하셨다. 이것은 분명히 “포도를 갉아먹는 ‘과일-벌레’임이 분명하다”(*HALOT*). 하나님이 준비하셔서 보내신 이 특별한 과일 벌레는 “박 넝쿨을 갉아먹었고, 박 넝쿨은 시들어 말라버렸다”(저자 번역).

4:8. 또 다른 하나님의 준비하심! 이번은 ‘뜨거운’ 동풍이었다. 이것은 하나님이 자신의 피조물 가운데 모든 것들을 주관하시며, 그 목적을 위해 그 가운데 어떤 것도 사용하실 수 있다는 성경의 확인이다. 만일 하나님의 선지자를 징계하고, 그에게 교훈을 주기 위해 뜨거운 바람이 필요하다면 하나님은 뜨거운 바람을 준비하신다. 작열하는 태양과 만난 뜨거운 바람이 요나를 에워쌌다. 그는 기력을 잃고 ‘죽기를 구했다.’

4:9. 하나님은 4절 이후에 처음으로 그곳에서 제기한 동일한 질문으로 말씀하신다. "네가 가진 분노가 선한 무언가를 일어나게 하느냐?"(저자 번역). 이번에는 분노의 구체적인 원인인 박넝쿨로 인하여에 초점이 맞추어져 있다. 믿을 수 없게도, 요나는 수사적 질문으로 잘못된 대답을 한다. "내가 가진 분노가 선한 무언가를 심지어 죽기까지 일어나게 합니다." 선지자는 하나님과 자신이 처한 불편한 상황에 너무 화가 나서 자기화를 포기하기보다는 차라리 죽는 것이 나을 지경이었다. 그의 분노는 그의 눈을 가려 자신의 감정과 진술이 얼마나 어리석은지 보지 못하게 만들었다.

4:10. 하나님은 간결한 논리 한마디로 선지자를 달래려 하셨다. 네 입장과 내 입장을 비교해보자. 너는 벌레가 박 넝쿨을 먹는 것을 보고 그 박 넝쿨에 온갖 관심과 자비를 보냈다. 그런데 이 박 넝쿨은 우연히 네게 생겨난 것이다. "너는 그것이 생겨나도록 하기 위해 일을 하지도 않았고, 네가 그것을 자라게 한 것도 아니다. 그것은 하룻밤 사이에 생겨났고, 또 하룻밤 사이에 시들어버렸다"(문자적으로 '그것은 밤의 아들이며, 밤의 아들을 멸망시켰다'). 이 박 넝쿨의 진정한 가치를 생각해보아라. "내 선지자가 하룻동안의 깜짝 박 넝쿨을 나의 영원한 사명보다 더 사랑하느냐?"

4:11. "그것은 요나 네 입장이다. 이제 내 입장을 생각해봐라. 만일 네가 그 박 넝쿨을 그만큼 사랑한다면, 나는 니느웨를 최소한 그만큼 사랑할 수 있지 않겠느냐? 불쌍하고, 무죄하고, 무지한 그 백성들을 보라! 나와 함께 그들을 사랑해라. 아니면 네 편견을 사랑해라. 어느 것을 사랑하겠느냐?"

Main Idea 복습	하나님은 세상을 너무나 사랑하셔서 그 안의 모든 사람들이 회개하고 순종의 삶에 헌신하게 함으로써 세상을 구원하려고 하신다.

결론

자기 중심인가, 하나님 중심인가?

앤 그레이엄 로츠(Anne Graham Lotz)는 그녀의 저서 「하나님의 이야기의 영광스러운 새벽(The Glorious Dawn of God' s Story)」에서 지상에서 가장 억압받는 나라 가운데 하나에서 온 왕(Wang)이란 청년을 소개한다. 왕이 네 살 때, 그의 형이 그에게 주기도문을 가르쳐주었다. 그의 어머니는 많은 노력을 기울였지만 그가 그리스도를 믿도록 인도하지는 못했다. 그래서 왕은 매일 그를 위해 기도하겠다는 어머니의 마지막 말이 귓가에 맴도는 가운데 군에 입대했다.

군 생활은 아무 보람이 없었지만, 왕은 레슬링 팀에 들어가 전국대회 우승자가 되고 운동선수 분량의 음식을 받게 되었다. 그러던 어느 날 하나님께 대한 강한 열망이 그의 영혼을 가득 채웠고, 그는 주기도문으로 기도했다. 그는 시합을 할 때마다 그 기도를 드리기 시작했다. 그리고 만일 하나님이 진정한 하나님이시면 '어머니를 다시 볼 때까지 안전하게 지켜주시기를' 기도했다. 그리고 그는 정말로 어머니가 계신 집에 돌아가 어머니와 함께 교회에 갔다. 그는 목사의 영접 초대에 응답하여 자신의 삶을 그리스도께 드렸다.

이어서 왕은 성공한 기계 설비사가 되었고, 마침내 부자가 되었다. 그런데 어느 날 하나님이 그에게 말씀을 선포하라고 명령하셨다. 그는 돈벌이가 잘되는 자기 직업을 버리고 종교에 적대적인 시골의 한 교회에서 목회자가 되었다. 그리고 몇 년이 지난 어느 날, 왕은 정부의 허가를 받고 미국에 올 수 있게 되었다.

앤 그레이엄 로츠는 왕을 존경하는 많은 그리스도인 가운데 한 사람이다. 그녀는 그의 이야기를 듣고 감동을 받았으며, 그가 미국에서의 삶을 영위하는 데 도움이 되기 위해 할 수 있는 모든 일을 했다. 로츠 가족은 그에게 필요한 모든 것을 제공해주었다. 그러던 어느 날, 왕은 로츠 가족에게 혹시 텔레비전을 한 대 빌려줄 수 있느냐고 물었다. 앤은 이렇게 말한다. "남편과 나는 서로 눈짓을 교환한 다음 즉시 기쁜 마음으로 우리 집에 있던 TV를 그가 사용할 수 있도록 그에게 주었다. 그는 그 TV를 받아들고는 우리를 보고 이렇게 말했다. "더 큰 것은 없나요?"

"그 일은 왕의 태도에 전환점이 되었을 수도 있고, 혹은 우리의 눈이 열려서 그의 삶 가운데 무슨 일이 일어나고 있는지를 볼 수 있게 된 것일 수도 있다"라고 로츠는 말한다.

> 왕은 친구들로부터 동정심을 유발해 자기가 전에 받은 것보다 더 신형의 자동차, 최신판 브리태니커 백과사전 한 질, 유명 브랜드 의류, 그리고 자기가 원하는 다른 물건들을 얻어내기 시작했다. 그는 정말 위대한 사람이 자유의 유혹에 굴복하여 물질주의의 제단에 무릎을 꿇고, 자기가 원하지만 얻을 수 없는 것을 가진 이들을 향한 탐욕과 분노에 사로잡혀가는 모습을 슬픈 눈으로 지켜보았다(p. 195).

왕은 몇 가지 점에서 요나가 걸었던 길을 따랐다. 그 길은 보잘것없는 사람에서 유명한 사람이 되는 길, 겸손한 순종과 기쁨에서 벗어나 편견에 사로잡힌 분노와 좌절에 빠져드는 길이었다. 무엇이 사람을 그런 길에 서게 만드는가? 요나서는 이런 일이 우리가 다른 사람들을 향한 하나님의 사랑을 잃어버리고, 우리 자신의 욕망과 편견에 사로잡힐 때 일어나는 것임을 가르쳐준다. 그때 우리는 하나님 중심이 아니라 자기 중심이 되어 간다.

■ 진리 알기

- 하나님의 세계는 우리의 세계보다 크다.
- 하나님의 사랑은 그분의 진노보다 크다.
- 하나님은 우리의 편견과 탐욕을 치료하기 원하신다.
- 하나님은 우리가, 하나님이 사람들을 사랑하신 것처럼 사람들을 사랑한다면 우리를 그분의 사명 가운데 사용하기 원하신다.
- 하나님은 가장 악한 죄인이 행한 회개와 순종도 용납하신다.

■ 적용하기

- 오늘 당신의 증오 목록을 살펴보고 그 가운데 얼마나 많은 사람을 제거해야 하는지 생각

해보라.

- 오늘 하나님의 사랑의 목록을 살펴보고 얼마나 많은 사람을 위하여 하나님이 사랑하신 것처럼 사랑하는 법을 배워야 할지 생각해보라.
- 당신의 삶을 향한 하나님의 사명이 무엇인지 찾아보고, 어떤 희생이 있더라도 그 일을 성취하기 위해 매진하라.
- 당신의 죄를 회개하고 하나님이 요구하시는 모든 것에서 그분께 순종하겠다고 약속하라.
- 하나님이 당신의 분노와 좌절을 사람들을 향한 그분의 사랑으로 바꾸시게 하라.

삶의 적용

하나님이 쓰시는 도구

마크 로리(Mark Lowry)는 자신만의 독특한 방식으로 자신이 어렸을 때 옆집에 살았던 이웃에 관한 이야기를 들려준다. 그 이웃의 이름은 헬렌 핸프트(Helen Hanft)로, 그에게는 프리츠라는 이름의 아들이 있었다. 마크는 이렇게 말한다.

> 나는 그 아이를 자주 때려주곤 했다. 씨름을 시작했다가도 결국 그가 울면서 집에 달려가는 적이 많았다.
>
> 나는 헬렌 아줌마를 절대 잊지 못할 것이다. 아줌마는 키가 작고 내가 본 여자들 가운데 발가락에 털이 가장 많은 분이었다. 아줌마는 내가 알고 있는 사람들 가운데 유일하게 자기 털로 슬리퍼를 만들 수 있는 분이었다. 그리고 아줌마는 털 끝이 상할까봐 맨발로 절대 외출하지 않으셨다.
>
> 헬렌 아줌마는 나를 좋아하지 않으셨다. 나는 그 이유를 알지 못했다. 그러나

> 엄마가 내 여동생을 임신한 지 3개월 정도 되었을 때 헬렌 아줌마가 엄마에게 다가와 엄마의 배를 가리키며 이렇게 말했다. "이 아이는 마크처럼 되지 않았으면 좋겠어요."
>
> 엄마는 보통의 임신한 여성들이 하는 것처럼 겨우 몸을 돌리면서 이렇게 말했다. "헬렌, 들어보세요. 언젠가 하나님이 마크를 들어서 사용하실 거예요."
>
> 내가 어려서 한참 말썽을 피우고 학교에서 선생님이 붙여주신 쪽지들을 옷깃에 달고 집에 돌아오면 엄마는 그 쪽지들을 읽어보시고는 나를 침대에 눕히고 이렇게 말씀하시곤 했다. "마크, 언젠가 하나님이 너를 사용하실 거란다"(마크 로리, 「Out of Control」, pp. 20-21).

요나도 자신의 가슴을 매일 울리는 동일한 메시지를 가지고 살았다. '하나님이 너를 사용하실 거야.' 요나는 하나님이 자기를 놀랍게 사용하셔서 자기 나라와 백성이 승리하게 하시는 것을 경험했다. 그러던 어느 날, 요나는 하나님이 이 모든 것을 뒤집어 위험하고, 두렵고, 변화된 방식으로 자신을 사용하려 하시는 것을 발견했다. 하나님은 요나가 좋아하지 않는 백성, 아니 증오하는 백성에게 하나님의 메시지를 증거하기를 원하셨다. 요나는 자신이 하나님이 사용하시는 방법대로 사용되기를 원하는지 확신이 서지 않았다.

우리는 매일 그와 똑같은 선택에 직면한다. 우리는 하나님이 우리를 사용하기 원하신다는 것을 안다. 그분은 우리를 구하심으로 우리가 그분을 섬길 수 있게 하셨다. 우리는 안전하고 인기 있는 방법으로만 그분을 섬기려고 하는가? 혹은 그분이 원하시는 곳이면 어디든 가고 우리와 함께 일하도록 그분이 택하신 사람들과 함께 그분이 원하시는 것이면 무엇이든 하려고 하는가? 우리가 할 일이 무엇인지 정하는 것은 우리인가, 아니면 하나님이신가?

나는 이 책을 쓰면서 계속 이 선택과 씨름해왔다. 왜냐하면 하나님은 우리에게 인도로 가서 그곳의 집시 부족에게 증거하도록 부르셨기 때문이다. 나는 가기를 자원했지만, 무언가가 나를 뒤로 잡아끌었다. 나는 핵무기들이 앞뒤로 왔다 갔다 하고 있는 지역에 기꺼이 들어가고자 하는가? 나는 빈곤과 질병 외에는 내가 전혀 아는 곳이 없는 나라에 기꺼이 들어갈 마음이 있는가? 나는 소를 숭배하고, 수많은 신들을 섬기는 이들에게 기꺼이 복음을 전하려고 하는가?

결국 나는 '예' 라고 대답했지만, 하나님이 주저함, 두려움, 그리고 의심과 같은 나의 마지막 감정들을 없애주셔야 했다. 당신은 하나님께 당신의 모든 두려움, 분노, 좌절, 의심, 주저함, 편견 등 당신으로 하여금 하나님의 사역에 동참하고 그분이 당신을 원하시는 대로 사용하게 하는 것을 방해하는 모든 것을 제거해달라고 구하겠는가? 하나님은 온 세상과 그 안에 있는 모든 사람을 사랑하신다. 요나는 자기 자신과, 자기를 좋아하는 사람들과, 자기 박 넝쿨만 사랑했다. 당신은 누구를 사랑하는가?

기도

사랑이 많으신 하나님 아버지, 당신은 너무도 크신 사랑을 갖고 계십니다. 주님은 그 사랑을 온 세상에 펼치십니다. 그리고 우리를 불러 그 사랑을 받게 하시고 그것을 우리가 알지 못하는 사람, 우리가 좋아하지 않는 사람, 우리가 편견을 갖고 있는 사람들에게 전하도록 명하십니다. 우리 마음의 분노와 주저함과 편견 등 주님이 택하신 방법으로 우리를 사용하게 하는 것을 가로막는 모든 것들을 깨끗하게 해주십시오. 우리가 여기에 있습니다! 주님이 일하고 계시며, 우리가 함께하기를 원하시는 곳이면 어디든 우리를 보내주십시오. 아멘.

심층 연구

A. 하나님의 세계 선교

요나는 여러 면에서 구약의 선교 사역의 정점을 대변한다. 성경의 관점에서 선교의 궁극적인 근원은 하나님이시다. 그분은 온 세상을 창조하시고, 세상이 자신과 사랑의 관계를 경험하기를 원하신다. 그분은 온 땅의 하나님이시다(사 54:5). 하나님은 성경 그 어디에도 한 부족의 신이나 특정한 지역에 한정된 신으로 제시된 적이 없다. 그분은 지상의 모든 백성이 그분을 알도록 행하시는 온 땅의 하나님이시다.

선교는 사람이 범죄함으로(창 3장), 특히 사람의 교만과 죄가 하나님으로 하여금 인간을 온 땅에 흩으시게 하였을 때(창 6-11장) 필요하게 되었다. 인간의 죄는 땅 위의 모든 사람을 하나님과 분리시켰고, 오직 그분만이 죄 문제에 대한 해결 방법을 제공할 수 있음을 보여주었다. 죄는 또한 열방 모두를 주님께로부터 분리시키고 그들에 대한 심판을 가져왔다.

선교는 하나님이 아브라함을 부르시면서 시작되었다. 그 부르심은 세상 모든 민족에게 복을 주시기 위함이었다(창 12장). 하나님이 세상 모든 백성에게 복을 주시고자 하심은 구약에 낱낱이 새겨져 있다(사 42:6-10). 그분의 축복은 아브라함과 그의 후손인 요셉 그리고 모세가 이방인들을 만나고 이방 나라에 들어가면서 시작되었다. 주님의 축복은 다른 나라들의 역사와 영토도 주관하시는 것에서 엿볼 수 있다(신 32:8). 열방의 성공은 하나님이 불순종한 자기 백성을 심판하시고 징계하시기 위한 도구를 육성하시는 방식으로 설명된다.

요나는 성경에서 선교가 인간의 자연적인 사상이나 행동이 아님을 보여주는 가장 분명한 본보기이다. 선교는 죄인을 구속하시려는 하나님의 계획이다. 그분은 이스라엘이 세상의 다른 모든 나라 앞에서 그분을 드러내는 제사장 나라와 거룩한 백성이 되도록 사명을 부여하셨다(출 19:5-6). 하나님의 본성과, 보살핌과, 사랑을 잘 알던 이스라엘은 다른 나라에 선교하는 나라가 되어야 했다. 하나님의 선교 전략은 인간이 고안해낸 것과 전혀 다르다. 그분은 전능하신 능력을 사용하여 열방이 강제로 그분을 인정하고 섬기게 만들지 않으신다. 그 대신 인격적인 수단을 사용하신다. 그분은 이스라엘을 특별하고 귀한 백성으로 부르셨다. 그들은 하나님과 다른 모든 민족들 사이에서 중재자가 되어 모든 백성이 하나님께 순종하고, 그분의 언약을 지키고, 그분의 백성이 되는 길을 찾아야 했다.

요나는 또한 하나님의 백성인 이스라엘이 어떻게 하나님의 선교의 메시지와 명령을 무시했는지 보여주고 있다. 그들은 자신의 예배 습관에 친숙해지고, 자기 민족의 힘과 영향력을 자랑하게 되었다. 그들은 열방을 변화시키는 것이 아니라 정복하기로 선택했다. 그러나 선교 사역은 처음부터 하나님의 백성이 자기를 희생하고 순종하는 백성이 될 것을 명했다. 아브라함은 자기 아들을 기꺼이 제물로 바치려 했다. 그 아들은 하나님이 열방에게 복 주시려는 자신의 선교 목적을 이행하기로 약속하신 대리인이었다. 아브라함의 순종은 하나님으로 하여금 그에게 복을 주시고, 지상의 모든 나라에게 복을 주는 일에 그 후손들을 사용하시게 했다(창 22:16-18).

하나님은 요나, 모세(출 3장) 그리고 이사야(사 6장)와 같은 사람들을 부르심으로써 세상을 향한 자신의 선교 사역을 실행하셨다. 하나님은 어떤 사람을 특별한 세계 선교 사역에 부르셨다. 하나님이 부르신 그 사람들은 '열방의 선지자' (렘 1:5)가 되었다. 요나와 마찬가지로 사람들은 하나님의 명령에 반항하고 변명을 늘어놓지만, 하나님은 자기가 부르신 사람들의 변명을 용납하지 않으신다. 하나님은 그들이 임무를 수행할 때 그들과 함께하시겠다고 약속하신다(렘 1:7-8).

요나는 이방 나라에서 사역해야 하는 것을 좋아하지 않았지만, 그렇게 해야 했던 첫 번째 사람은 아니었다. 모세는 자신이 지명 수배자 목록에 올라가 있던 애굽으로 돌아가야 했다. 그곳에서 하나님은 이미 자신이 이방 나라에서 일하고 계시다고 약속하셨다. 그분이 이방인 통치자를 '세우신' 것은 그에게 한 가지 목적이 있으시기 때문이다. "나의 능력을 네게 보이고 내 이름이 온 천하에 전파되게 하려 하였음이니라" (출 9:16). 하나님이 자기 이름이 온 세상에 알려지기를 원하신다는 사실을 아는 것은 선교에 권위를 제공한다.

예수님은 구약에서 선교하라는 명령을 택하여 그것을 자신에게 적용시키셨다. 그분은 그 부르심이 이사야 61장에 요약되어 있음을 발견하셨다(눅 4:16-20 참고). 우리는 이 장에서 구약의 선교 메시지의 요약을 보게 된다. 선교는 주권자이신 하나님의 거룩한 행동이다. 성령은 사람들을 선교에 대한 사명으로 부르신다. 성령은 그 임무를 위해 사람들에게 기름을 부으신다. 선교는 자연스럽게 사회적 빈자들에게 복음을 선포하는 일이 포함된다. 선교는 사랑의 행동을 선포하는 것 이상이다. 선교를 통해 이루어지는 선포와 행위는 두려움, 죄, 미신 그리고 압제받는 상황으로부터 자유를 가져다준다.

B. 하나님이 뜻을 돌이키시다 혹은 누그러뜨리시다(3:9-10, 4:2)

두 개의 히브리어 '슈브(shub, 돌아서다)', '니함(nicham, 후회하다)'은 인간의 기도와 인간의 변화에 대응하시는 하나님의 자유를 나타낸다. '슈브'는 회개, 즉 일련의 행동에서 다른 것으로, 한 가지 삶의 방식에서 다른 방식으로 돌아서는 것을 표현하는 대표적인 히브리어이다. 성경의 메시지는 죄인들에게 우선 하나님께 돌아오라고 혹은 자기 악한 행위로부터 돌아오라고 명한다(겔 14:6). 이것이 바로 신학자들이 말하는 '회개'이다. 회개에는 새로운 시작을 위하여 원래의 출발점인 하나님께 돌아가는 것이 포함된다.

사람들의 회개가 가능한 단 한 가지 이유는 하나님이 행하시는 돌이키심이다. 그분은 용서와 화해를 구하는 사람에게 돌아가시겠다고 약속하신다(말 3:7 참고). 회복을 바라는 사람의 탄원에 대한 그분의 응답은 분노를 돌이키시는 것이다(호 14:4). 그런 하나님 편에서의 돌아섬과 방향의 전환이 가능한 것은 오직 여호와가 느낌과 감정을 갖고 계신 하나님이시기 때문이다. 그분은 자기 백성을 긍휼히 여기신다(렘 31:20).

하나님의 돌이키심은 그분과 자기 백성과의 관계에 기초한다. 하나님은 그들에게 하나님이 그들에게 돌아갈 수 있도록 하나님께 돌아오라고 명하신다(슥 1:3). 그분은 분노를 돌이켜달라는 모세의 기도에 응답하셨다(출 32:12). 하나님은 자기들을 징계한 뒤에 돌아와달라는 이스라엘의 기도를 들어주셨다(시 80:14). 이스라엘은 자기들이 하나님의 언약의 신실함과 사랑을 의지하므로 하나님께 돌아오시라고 기도했다(시 6:4). 히스기야는 언약을 새롭게 하고 하나님께 순종을 맹세하면서 그분께 이스라엘을 향한 분노를 돌이켜달라고 기도했다(대하 29:10).

선지자들은 이스라엘에게 하나님께 돌아오라고 명령했다. 그러면 하나님은 "그들이 떠난 것을 고치시고…그들을 향한 내 분노가 돌이켜졌으므로 그들을 마음껏 사랑하실" 것이다(호 14:4, 저자 번역). 예레미야는 이스라엘에게 하나님의 분노가 불타오르지 않도록 올바른 예배와 올바른 제사 의식을 명했지만, 이어서 하나님의 분노가 돌이켜지지 않았음을 인해 심판을 선고하고 애곡 의식을 명했다(렘 4:1-8). 하나님이 예레미야가 처한 역사적 순간에 내리신 결론은 분명했다. "내가 이미 말했고, 이미 계획했으므로 후회를 보이지 않을 것이다. 내가 결코 그 일(멸망시키려는 계획)에서 돌이키지 않을 것이다(렘 4:28, 저자 번역).

그럼에도 선지자들은 이스라엘이 그 긍휼로 인하여 분노를 돌이키신 하나님께 다시 한 번 승리의 찬송을 부를 수 있게 될 날을 바라보았다(사 12:1). 선지자들은 하나님이 이스라엘을 뿌리째 뽑으신 뒤에 다시 돌아오셔서 그들에게 긍휼을 보이실 것임을 약속했다(렘 12:15). 무엇이 선지자로 하여금 "내가 결단코 에브라임을 멸망시키기 위해 돌아서지 않을 것이다"(호 11:9, HCSB 성경)라고 예언하게끔 확신을 주는 것일까? 그 답은 간단하다. "이는 내가 사람이 아니요 하나님임이라"(호 11:9).

그래서 하나님은 이스라엘을 향한 넘치는 사랑으로 인하여 그들에 대한 분노를 돌이키셨다. 그분이 그렇게 하신 것은 인간이 아니고 하나님이시기 때문이다. 그분이 그렇게 하신 것은 성취하고자 하시는 약속과 역사적으로 실현시키실 계획을 세우셨기 때문이다. 그분이 그렇게 하신 것은 자기 언약에 신실하시며, 출애굽기 19장에 밝히신 것처럼 그것을 성취하시려 계획하시기 때문이다.

하나님의 돌이키심을 표현하는 두 번째 용어인 '니함(nicham)'은 기본적으로 '뉘우치다, 아쉬워하다(출 13:17), 혼자 삭이다(삼하 13:39), 양심의 가책을 받다(렘 8:6)'를 의미한다. 그 말은 심지어 스스로 복수한다는 의미를 갖기도 한다(에 9:16). 대개의 경우 이 동사에는 고통을 느끼는 것이 포함되며, 그 주어는 보통 하나님이시다. 많은 경우에 하나님의 후회하심 혹은 돌이키심의 목적어는 그분이 선포하셨거나 계획하셨던(삼하 24:16) 구체적인 재앙(히. 라아, ra'ah, 문자적으로 '악'으로 표현됨)이다. 그런 돌이키심은 하나님의 신실한 언약의 사랑과 연결이 된다(히. 헤세드, 시 106:45).

드물기는 하지만 하나님의 돌이키심이 무언가 선한 일을 행하기를 거부하시는 것을 포함할 때가 있다(렘 18:10). 따라서 하나님의 돌이키심은 "결코 후회스러운 단념이 아니라 언제나 구체적인 결과를 갖고 있다"(*TLOT*). 여호와의 돌이키심의 대상이 개인일 경우(시 90:13), 그 동사는 종종 '자비를 베풀다' 로 번역되지만 "그보다 '유감을 갖다, 공감하다' 가 더 정확한 번역이다"(*TLOT*). 때로는 그 동사가 '무언가를 더 이상 참지 못하다' 의 의미를 가질 때도 있다(창 6:6-7).

이 모든 경우에 성경은 하나님이 일관되시며 결코 후회하지 않으실 것이라고 주장한다(민 23:19). 그러나 여호와께서 아쉬움과 자비 가운데, 그리고 하나님은 "뜻을 돌이켜 재앙을 내리지 아니하시는"(욜 2:13 참고) 분이라는 반복된 믿음의 고백 가운데 뜻을 돌이키실 것이라는 소망은 계속 유지되어왔다. 스토베(H. J. Stoebe)는 이렇게 결론을 내린다.

> 거듭된 주장에도 불구하고 하나님이 후회하신다는 신인동형론적 진술과 영적인 깨달음 사이에 근본적인 모순이 존재하지는 않는다. 이 공존은 하나님 체험의 양극성에 기반을 두고 있다. 야훼는 한편으로 '질투하시는 하나님' 이셔서 선택을 후회하거나 그것에 매일 필요가 없는 분이시지만(창 6:6, 삼상 15:11, 35), 다른 한편으로 그분은 '은혜로우시고 자비하셔서' 재앙을 내리겠다는 계획이 반드시 그분의 최후 통첩이어야 할 필요는 없다(*TLOT*).

마이크 버터워스(Mike Butterworth)는 이렇게 설명한다.

> 이 설명은 하나님이 변덕스럽게 자신의 의도나 행동 방식을 변경하지 않으신다는 말로 보인다. 이런 후회의 표현을 이끌어낸 것은 사울의 변화였다. 이 표현은 하나님이 후회하시거나 혹은 선한 의도를 가지신 어떤 것에 대한 생각을 바꾸신(비교. 창 6:6) 드문 경우 가운데 하나이다(*NIDOTTE*).

하나님이 후회하신다는 것은 사랑이시며 언약을 맺으시는 하나님의 속성 가운데 일부이다. 그것은 항상 동일한 방식으로 반응하도록 프로그램화 된 로봇이 아니라 자기 백성의 필요와 부르짖음에 응답하실 수 있는 그분의 자유 가운데 일부분이다. 그러나 하나님의 후회하심은 언제나 하나님의 계획과 하나님의 선택에 의해 좌우되는 것으로,

인간이 통제할 수 없는 것이다. 그것은 하나님이 자기 백성과 자신의 목적과의 관계 안에서 자유롭게 행동하시는 것이다. 그것은 인간의 어떤 반응이나 응답에 의해 자동적으로 일어나는 것이 아니다.

교안

A. 들어가는 글

1. '안녕이라고 말하기' 이야기로 시작하라.
2. 배경 설명 : 요나서의 마지막 두 장은 이 이야기의 절정을 이룬다. 억지로 니느웨에 가야 했던 요나는 그곳에 도착한 다음에 무엇을 할지 선택해야 했다. 또한 니느웨는 요나가 말한 것에 어떻게 반응할지 선택해야 했다. 하나님은 두 가지 선택에 직면하셨다. 그것은 니느웨에 어떻게 응답하실 것인가와 요나에게 어떻게 응답하실 것인가이다.
3. 적용 : 요나, 니느웨, 그리고 하나님의 선택에 관한 이야기는 처음 두 장에서의 역설적이고 풍자적인 문체를 계속 이어간다. 우리는 행간에 놓인 비웃음과 경악을 귀 기울여 들어야 한다. 우리는 선지자의 엉뚱함과 불순종에 웃음을 터뜨리지만, 곧이어 그 웃음을 질문으로 바꾸어야 한다. 저자는 요나와 이스라엘에 대해 이야기하고 있는가, 아니면 나와 우리 교회에 대해 이야기하고 있는가? 나의 마음 자세는 요나의 마음과 얼마나 닮아 있는가?

B. 본문 이해

1. 반복된 선교(3:1-3)
2. 선교의 결과(3:4-10)
3. 선교사의 고통(4:1-4)
4. 관심사에 대한 선택(4:5-11)

C. 결론 : '자기 중심인가, 하나님 중심인가?' 를 읽어주라.

토의 질문

1. 당신의 지역 사회에서 어떤 장소 혹은 사람들이 요나에게 있어서 니느웨와 가장 닮았는가? 당신의 교회는 그들에게 다가가기 위해 무슨 일을 하고 있는가?

2. 당신이 하나님에 대해 알고 있는 것들 가운데 혹시 바꾸고 싶은 것이 있는가?

3. 당신은 하나님께 나아가려고 하는 장소에 어떤 제한을 두고 있는가?

4. 당신이 즐기는 삶의 안락함은 당신이, 하나님이 원하시는 사람이 되는 것과 하나님이 원하시는 일을 하는 것에 어떤 방식으로 방해가 되는가?

5. 세상의 잃어버린 사람들보다 당신의 삶에 더 많은 사랑과 긍휼을 가져오는 것은 무엇인가?

미가 서문

개요

- 법정 언어를 사용하여 유다와 이스라엘에게 그들의 죄를 추궁하고, 그들의 포로 됨과 멸망을 선고한다.
- 이사야 2장과 함께 구원에 관한 예언의 신탁을 사용한다.
- 공의를 행하고, 언약의 신실함을 사랑하고, 지혜롭고 조심스럽게 행하라는 하나님의 요구 목록이 나온다.
- 거짓된 종교와, 불공정한 경제와 정치 제도를 행하는 사람들을 정죄한다.
- 불행한 상황을 보여주기 위해 애곡의 언어를 사용한다.
- 하나님은 그 민족을 위해 가능한 모든 선한 일을 하셨다고 변호한다.
- 거짓 선지자를 공격한다.
- 이스라엘의 남은 자들에게 희망을 준다.
- 베들레헴에서 새로 태어난 아기들을 소망 가운데 바라본다.

- 마태복음 2장 5-6절, 10장 35-36절, 누가복음 12장 53절, 요한복음 7장 42절에서 인용된다.

저자 소개 : 선지자 미가

- 예루살렘 남서쪽 모레셋 출신의 남왕국 사람.
- 북왕국과 남왕국 모두에게 선포함.
- 미가라는 이름의 의미는 '야(Yah 혹은 야훼, Yahweh)와 같은 이가 누구인가?' 이다.
- 자신의 선포에는 하나님의 능력과 정의가 담겨 있지만, 자기 대적인 거짓 선지자들의 선포는 그렇지 않다고 주장한다.
- 하나님의 백성의 죄를 드러내기 위하여 부르심을 받았음을 밝힌다.
- 그의 예언은 나중에 예레미야를 구하는 데 도움이 되었다(렘 26:17-18).
- 청중들의 주목을 끌고 깊은 인상을 남기기 위해 다양한 문학 형태를 사용하였다.

독자 소개 : 위협받고 있는 왕국

- 요담(주전 750-731년), 아하스(주전 735-715년), 히스기야(주전 729-686년) 치하에서 예언함.
- 대략 주전 735-700년 사이에 사역함.
- 이스라엘과 수리아는 동맹을 맺었지만, 앗수르의 공격을 막지 못하고 결국 경제적 번영과 교만으로부터 주전 722/721년에 남왕국이 무너지는 극한 재앙을 겪었다.
- 사람들은 재앙이 예측되는 상황에서도 가난한 자들에 대하여 불공정한 경제적 관행을 계속했다.
- 유다는 앗수르에 조공을 바치는 나라로 전락했다가 반역하고, 그 결과에 대한 대가를 치르고, 마지막 순간 침입해 들어온 앗수르 군대로부터 하나님의 기적

을 통해 구함을 받았다.

- 종교, 경제, 정치 지도자들은 가난한 자들을 억압하고, 그들의 재물, 특히 그들 지파가 물려받은 땅을 빼앗기 위해 음모를 꾸몄다.
- 종교는 언약에 순종하지 않은 채 하나님의 축복을 기대하는 이교 관행과 결합하여 공허한 제사 의식이 되었다.

미가 1:1-2:13

불치병에 걸린 이스라엘

"그[미가]의 전체 메시지는 대부분이 하나의 문장으로 요약할 수 있다. 이기적이고 호화스러운 삶을 사는 사람들은 비록 값비싼 제물을 드릴지라도 하나님 보시기에 가난한 자들의 생피를 빠는 흡혈귀이다. 그의 말은 감정이 실려 매우 격정적이다."

- G. L. 로빈슨(G. L. Robinson)

하나님은 자기 백성을 법정으로 부르셔서 그들에 대한 기소를 듣게 하신다. 그들의 죄는 사마리아와 예루살렘이라는 수도를 중심으로 거짓된 정치, 종교 지도자들이 제사 제도의 오용과 거짓 예언, 그리고 가난한 자들의 재물을 빼앗는 경제 정책을 통하여 하나님의 백성에게 상처를 준 것이다. 그래서 한 대적이 하나님의 백성을 정복할 것이다. 그러나 하나님은 결국 그들을 본국으로 다시 인도하실 것이다.

들어가는 글

영어 교사의 예언

"제리, 네가 나중에 무엇을 하게 될지는 아무도 모르는 거야." 이렇게 해서 호프 컬리지(Hope College)의 영어 교수인 낸시 밀러(Nancy Miller)는 제럴드 싯처(Gerald L. Sittser)의 삶을 변화시켰다. 의사가 되겠다던 그의 어린 시절의 꿈은 대학에 가서 한 영어 교수가 작문 수업을 마칠 수 있도록 격려해주기 전까지 계속되었다. 그 순간 그의 인생 방향은 의학에서 사역으로, 그리고 결국 대학에서 가르치는 일로 바뀌었다. 싯처는 이렇게 말한다.

> 나는 결국 내 삶을 향한 하나님의 뜻이라고 여기던 것과 전혀 다른 일을 하게 되었다…내 작문 교수는 선지자임이 입증되었다. 밝혀진 것처럼 수강 내용과 교사 모두 그 당시 내가 하게 되리라고 상상하지도 못했던 직업을 준비할 수 있도록 도와주었다〔「하나님의 뜻: 오늘 여기서 그분을 위해(The Will of God as a Way of Life, 성서유니온선교회)」〕.

미가도 그런 감정을 가졌다고 말할 수 있을 것이다. 유다 시골 출신의 순수한 청년인 그는 자신이 왕과 선지자와 제사장들과 어깨를 나란히 할 것이라고 상상조차 하지 못했다. 그는 분명 자신이 하나님의 종이 되어 자기 나라의 역사에 영향을 끼치게 될 것이라고 예상하지 못했을 것이다. 그러나 하나님은 그를 보내어 선포하게 하셨고, 그는 순종했다.

이스라엘과 유다 역시 미가가 선포하는 말을 듣게 되리라고 전혀 예상치 못했다. 그들은 자신들이 병에 걸리거나 죄를 범했다고 생각하지 않았다. 미가는 죄가 그들의 치유할 수 없는 질병이라고 말했다. 이스라엘과 유다는 하나님이 자신들을 인도하실 것이라고 생각하던 그곳에서 멀리 떨어져 방황하게 될 것이다.

우리는 하나님의 메시지, 그리고 미가와 밀러 교수와 같은 경건한 사람들의 말을 주의

깊게 들어야 한다. 하나님은 우리가 그분의 뜻이라고 생각한 모든 것을 전적으로 바꾸시고 우리를 전혀 다른 길로 인도하실 수도 있다. 하나님은 또한 우리가 잘못된 길을 갈 때 우리를 경고하시기 위해 사람들을 사용하실 수도 있다. 들으라! 하나님이 말씀하신다!

본문 이해

불치병에 걸린 이스라엘

Main Idea	하나님은 자기 백성이 계속 죄를 지을 때 그 죄의 결과에 대해 경고하시고, 그들의 생활 방식을 바꿀 기회를 주시며, 그 죄를 벌하시고, 자기 백성에 대한 약속을 지키지 않으신 채 내버려두지 않으신다.

A. 역사적 배경(1:1)

Supporting Idea	하나님은 중요한 역사적 순간에 하나님이 부르신 사람들을 사용하셔서 자기 백성을 인도하시고, 그들을 하나님께 되돌아오게 하시며, 그들의 죄에 대한 처벌을 경고하신다.

1:1. 성경은 모든 선지자들로 역사 가운데 확실히 닻을 내리게 한다. 그들의 메시지는 구체적인 역사적 상황 가운데서 하나님의 백성을 향한 구체적인 의미를 갖고 있었다. 미가는 하나님의 백성의 역사 가운데 혼란스럽고 결정적인 시기에 등장했다. 서두에 나오는 저자 소개는 그의 사역을 북왕국의 수도인 사마리아와 남왕국의 수도인 예루살렘과 연결시켜 말하고 있다. 그러나 북왕국의 왕들에 대해선 아무 언급이 없다.

유다의 웃시야 왕(주전 792-740년)은 죽었다. 그의 아들 요담(주전 750-731년)은 문둥병에 걸린 부친과 함께 나라를 다스린 뒤에 북왕국의 통치권을 전적으로 물려받았다. 요담은 자기 부친과 함께 열왕기하의 저자로부터 칭찬을 받았다(왕하 15:34, 비교. 대하 27:2, 6). 그는 여러 건축 계획 가운데(대하 27:3-4) 성전 문 하나를 재건했고(왕하 15:35),

암몬 족속을 정벌했다(대하 27:5). 그러나 유다 백성은 요담의 종교적 지도력을 본받지 않았다(대하 27:2).

아하스(주전 735-715년)는 요담의 뒤를 이어 유다 왕이 되었다. 그는 이사야 7장에 기록된 것처럼 어려운 상황을 맞이했다. 수리아의 르신과 이스라엘의 베가는 아하스와 동맹을 맺어 앗수르와 싸우도록 압력을 가했다. 그러나 아하스가 앗수르에 조공을 바쳤기 때문에 앗수르는 그 동맹을 물리쳤다(대하 28장). 아하스는 어느 면에서 이스라엘의 선례를 따랐다. 그는 그들의 예배 관행을 받아들였고(왕하 16:2-4), 심지어 수리아의 제단도 모방했다(왕하 16:10-16). 하나님은 그런 죄악을 벌하지 않은 채 버려두지 아니하셨다(대하 28장). 아하스는 북왕국의 마지막을 보고 죽었다.

히스기야는 유다의 가장 위대하고 독실한 왕 가운데 한 사람이었다. 그는 유다의 종교를 개혁하고 성전을 정결하게 했다(왕하 18-20장). 그러나 그는 또한 앗수르의 산헤립과 대적해야 했는데, 산헤립은 유다의 대부분의 지역을 무너뜨리고 예루살렘의 동쪽과 남쪽 성읍을 점령하고, 하나님이 앗수르 군대에 전염병을 보내실 때까지 거룩한 성을 포위하였다(역사적 기간의 개략에 관해서는 '심층 연구' 참고).

B. 하나님의 무서운 증언(1:2-7)

Supporting Idea	하나님은 자기 백성의 죄를 아시며, 그들에 대한 판결을 선고하신다.

1:2. 미가서는 법적 소환으로 시작하는데, 이것은 구약에서 자주 발견되는 형식이다(삿 5:3, 렘 10:1, 미 3:1). 비록 **백성들과 땅**이라는 표현을 한 지역에 국한된 땅의 시민으로 이해하도록 제한할 수도 있지만, 이 책의 서두에 나타난 배경은 보편적인 표현을 가리키는 것으로 보인다. 미가의 메시지는 한 민족에게만 국한된 것이 아니다. 그것은 온 우주에 영향을 미친다. 여기서도 **너희에게 대하여**는 '너희 가운데서' 로 읽힐 수 있지만, 문맥은 분명히 백성들을 비극적인 결말로 인도하는 그들의 죄에 대한 고발을 가리킨다.

2절은 단지 이어지는 구절뿐 아니라 이 책 전체의 서문 역할을 한다. 2절은 선지자의 메시지에 담긴 의미를 강조하고, 청중들에게 그들은 소송에 참여하는 배심원일 뿐 아니라 범죄로 고발당한 피고인임을 환기시킨다. 이렇게 이해하면, 온 우주의 주님이 우주의 죄를 설명하시기 위해 증인석에 앉아 계시게 된다. 이 법정 장면은 그분의 **성전**에서 진행되는데, 그곳은 하나님이 계시는 하늘에 있는 보편적인 성전뿐 아니라 예루살렘에 있는 지상의 장소를 가리키기도 한다.

1:3. 우리는 여호와의 증언을 들을 것을 기대한다. 그러나 우리를 불러 여호와의 증언을 듣게 한 법정의 관원은 자기 말투를 바꾼다. 그는 전통적인 신의 현현(theophany, 신 33:2, 시 68:8-9, 암 1:2) 언어를 사용하여 하나님의 오심을 선언한다. 하나님은 자기 백성에게 불리한 증언을 하시기 위하여 하늘에 있는 자신의 **처소**에 머물러 계시지 않는다. 그분은 그들이 살고 있는 땅에 내려와 걸으신다. 그분은 오직 **높은 곳**만을 밟으신다. 그 직접적인 대상은 산들이다. 하나님은 너무도 초자연적인 분이셔서 한 걸음에 이 산에서 저 산으로 옮기신다. 그러나 높은 곳은 또한 이스라엘이 사랑한 불법적인 예배 장소를 가리키기도 한다. 이곳은 하나님이 땅을 지나가실 때 짓밟으실 장소이다.

1:4. 하나님의 오심은 놀라운 결과를 가져온다. 묘사적이고 시적인 언어는 땅의 덧없음과 하나님의 비할 자 없고 상상을 초월하는 능력을 보여준다. 지상에서 가장 장엄한 광경인 큰 산들이 하나님의 임재 앞에 녹아내린다.

1:5. 왜 하나님은 증언하기 위해 법정에 들어가셨는가? 왜 그분은 자기 백성에게 오기 위하여 땅을 밟으셨는가? 그것은 그들의 **죄** 때문이다. 이 죄는 **야곱**과 **이스라엘 족속**의 것이다. 이것은 북왕국을 가리키는 말이지만, 미가는 남왕국 사람이었다. 그의 대부분의 선포는 이스라엘이 아니라 유다에 영향을 미쳤다. 이것은 주전 722년 이스라엘의 수도인 사마리아의 멸망 이전에 선지자의 사역의 초기 단계를 가리키는 것으로 볼 수 있다. 이 구절의 마지막 어구는 미가가 유다를 떠나지 않았음을 보여준다. 죄는 북왕국과 남왕국 모두를 전염시켰다. 두 나라 모두에서 죄가 그 수도의 중심을 차지했다. 그리고 두 나라 모두 그 죄로 인하여 심판에 직면했다.

1:6-7. 범죄한 유다와 이스라엘은 그 죄의 대가를 치러야 했다. 사마리아는 그 훌륭한 건물들과, 백성들이 자기들을 지켜줄 것이라고 믿었던 무기력한 **우상들**이 모두 완전히 파괴되었다. 구절 마지막 부분의 **음행의 값**으로 번역된 히브리어 단어(겔 16:31, 34, 41)는 **성전 선물**(NIV 성경)로 번역되기도 한다. 이스라엘의 예배는 음행을 포함하는 이교도의 다산 의식으로 변질되었다(호 1-2장 논의 참고). 재판장이 와서 백성에 대한 소송

건을 청취하고, 검사의 논고와 판결이 선고되었다.

C. 시온의 비참함을 애곡하다(1:8-16)

Supporting Idea	하나님의 판결에 대한 올바른 응답은 범죄한 하나님의 백성을 위한 애곡이다.

1:8. 선지자는 이스라엘에 대한 하나님의 판결문 선고에 감정적으로 대응하였다. 선지자들은 그 나라와 운명을 함께하는 충성스러운 시민이었다. 선지자는 민족에게 애곡하라는 명령을 내리기 전에 그 자신이 전통적인 애곡의 관행에 들어갔다. 애통은 히브리어 '사파드(sapad)'를 가리키는데, '애도의 노래를 부르다' 혹은 '통곡하다'를 의미한다(창 23:2, 슥 7:5). 애곡은 크게 소리지르는 것이나 탄식 가운데 외치는 것을 말한다(렘 47:2, 욜 1:5, 11, 13). 맨발로 다니는 것(바른성경, 새번역, 쉬운성경, 현대인의 성경)은 비록 이 히브리어가 구약의 이곳에서만 나타나지만, 애곡의 표시이다(삼하 15:30). 벌거벗고 다니는 것은 분명 이스라엘 남성의 속옷인 허리에 두르는 옷만 걸치고 나머지 옷을 다 벗은 것을 가리킨다(욥 22:6). 그런 슬픔이 선지자를 감싸고 있었기에 그는 선지자로서 말을 전하는 은사를 잃어버리고 짐승처럼 신음 소리를 냈다.

1:9. 선지자는 더 이상 그 민족이 심판에 대한 예언을 듣지 않게 될 것임을 깨달았다. 그들은 이미 심판을 경험하였다. 북왕국 이스라엘은 재앙을 경험할 것이다. 사마리아는 죽은 것과 마찬가지였다. 그러나 이것은 미가의 고국에도 동일한 결과를 끼쳤다. 예루살렘은 사마리아가 당한 것과 같은 고발을 당했다. 예루살렘의 마지막 커튼콜은 한참 뒤로 물러날 수 있을까? 자기 백성을 대신해서 아픔을 겪은 선지자는 자신의 속마음을 드러냈는데, 그것은 그들이 보여줄 유일한 응답을 상징하는 것이었다.

1:10-12. 미가는 아름다운 히브리 시와 언어 유희 가운데 자기 백성을 향한 애도의 노래를 시작한다. 그는 사울에 대한 다윗의 애도를 흉내낸다. 사울의 왕국이 무너진 것처럼 다윗의 왕국도 마찬가지일 것이다. 그러나 유다는 그 소식을 가드에 있는 블레셋 이웃들에게 알리지 않으려 했다. 적이 더 기뻐하게 만들거나 블레셋 성읍들이 앗수르의 정복자들과 동맹하도록 자극할 이유가 없었다. 그럴 가능성도 있지만, 가드가 이 시점에 거의 유명무실한 존재가 되었다면 이것은 훨씬 더 역설적이 되었을 것이다.

미가는 이어서 자기 고향 모레셋 가드에서 반경 16킬로미터 이내에 있는 유다 성읍들에게 일련의 언어 유희를 전달했다. 이 성읍들은 전통적으로 침입한 군사들이 택한 경로였고, 주전 701년 산헤립이 공격한 길이 분명했다. 그러나 산헤립이 그들을 공격했다고 해서 그 예언이 산헤립 시기에 일어난 것을 의미하지는 않는다. 분명 그는 이 자연적인 침입로를 따른 첫 번째 정복자가 아니었을 것이다. 시대적 배경은 마지막 일격이 사마리아에 가해지기 전이 분명하다. 미가가 남서부 유다와 그 성읍들의 절망적인 상황을 묘사할 수 있었던 것은 그가 하나님이 선포하신 판결문을 이미 들었기 때문이다.

1:13. 라기스는 예루살렘에서 남서쪽으로 50킬로미터 떨어진 중요한 군사적, 경제적 중심지이다. 남쪽에서 예루살렘을 공격하려면 누구든 라기스를 통과해야 했다(왕하 18:17). 라기스를 지키고 있는 군대는 마지막 명령을 받았다. 말을 병거에 매라는 것이다. 이번에는 공격이나 성을 지키는 것이 아니라 자기 목숨을 구하기 위해 도망해야 했다.

이 구절의 두 번째 부분은 해석하는 사람들을 애먹게 한다. 라기스가 어떻게 죄의 시작이 될 수 있는가? 분명 예루살렘이 죄의 중심이었다(미 1:5). 라기스는 거짓 예배의 중심지였는가? 아니면 유다가 하나님이 아니라 자신의 군사력을 믿고 있음을 반영하는 군사 전초 기지인가? 아니면 라기스는 우리가 정확히 알지 못하는 몇 가지 범죄 행위를 주도한 역사적 순간을 갖고 있는가? 이스라엘의 죄에 비교하는 것은 라기스가 이방 신들을 유다에 도입하고 있다고 말하는 것으로 보인다. 어쩌면 그들은 옛날의 제사 관습을 유지하고 있었거나 아니면 가까운 블레셋에서부터 거짓 신들을 들여왔을 수도 있다. 그 정확한 의미가 무엇이든 그 죄는 유다에게 재앙을 가져다준 것이 분명했다.

1:14. 미가는 혼인식 비유를 사용하여 자기 고향이 마주쳐야 하는 슬픔을 묘사하고 있다(미 1:1). 유다와 그 정치, 군사 지도자들은 자기 딸이 가정을 떠나 남편의 거처로 이사하는 것을 지켜봐야 하는 아버지처럼 마을을 잃었다. 여기서 역설적인 것은 딸을 잃은 사람이 딸을 받은 사람에게 지참금을 지불해야 한다는 것이다(왕상 9:16). 이스라엘은 앗수르에 조공을 바치고 또한 귀한 농경지에 대한 지배를 상실해야 했다.

악십은 '기만' 을 의미하며, 이 성은 그 이름에 걸맞는 일을 할 것이다. 그렇다면 그 성이 싸우지도 않고 정복자에게 항복할 것임을 암시하는 것일까? 분명 이스라엘의 통치자들은 자신이 악십에 심어놓은 군사력에 의지하려는 유혹에 빠졌을 것이다. 그러나 왜 하필 이스라엘 왕인가? 이것은 분명 남왕국의 왕을 가리킬 수 없는 말이다! 선지자는 북왕국이 멸망함으로써 남왕국이 옛 언약 백성인 이스라엘을 대표하여 홀로 남을 것이라고 생각한다.

1:15. 하나님이 1인칭으로 말씀하시는 언어 유희가 계속된다. 유다의 방어를 위한 또 다른 전초 기지가 얻을 자에 의해 멸망당하게 된다. 문제는 그 정복자의 힘이 아니다. 문제는 그 정복자를 오게 만드는 하나님의 능력이다. 그 누구도 하나님이 보내신 정복자에게 저항할 수 없다. 아둘람에 이르는 것은 다윗이 사울을 피하여 도망한 일을 떠올리게 한다(삼하 23:13). 이것은 이스라엘의 영광이신 하나님이 멸망시키러 오신다는 유다 성읍들에 대한 계속적인 위협인가? 아니면 앗수르 정복자가 이스라엘의 영광을 취한 것인가? 아니면 다윗처럼 몸을 피하여 아둘람 굴에 숨어야 했던 유다 왕이 그 영광인가? 혹은 피한 사람은 단지 유다 법정이나 군부의 귀족들인가?

아마도 그 답은 게리 스미스가 다음과 같이 결론을 내리는 것처럼 위의 모든 것이 포함될 것이다. "하나님의 구체적인 인물이 누구인지 밝히는 것보다는 이스라엘의 영광은 그 나라에 영광이 되는 모든 것을 가리킨다고 보는 것이 나을 것이다. 그것은 모두를 숨을 곳을 찾아 동굴로 들어가게 만들 것이다" (NIV Application, 454).

1:16. 만일 당신이 그런 끔찍한 미래에 직면한다면 당신은 어떻게 반응하겠는가? 미가가 유다에게 지시할 해결 방법은 단 한 가지였다. 그것은 그의 본보기를 따르는 것이다. 미가는 "너는 내가 애곡(새번역, NIV 성경, 개역한글에는 번역되지 않음 - 역주)하는 것을 보았다" 라고 선포한다. 너도 나를 본받아라. 머리털을 깎는 것은 분명히 이교도 의식의 일부분(레 21:5)이지만, 또한 애곡 의식의 일부분이기도 하다(겔 27:31). 유다는 자기 자녀들을 위해 애곡해야 했다. 그러나 그들은 그 자녀를 묻을 수 없었다. 왜냐하면 그들은 죽은 것과 다름없는 살아 있는 자들 가운데 속했기 때문이다. 앗수르인들이 그들을 포로로 붙잡아간 것이다.

미가는 회개하라는 명령을 내리지 않는다. 그는 미래에 대한 어떤 희망도 제공하지 않는다. 다만 피할 수 없는 멸망과 형벌만을 그려보인다. 그는 탄식 외에 그 어떤 반응도 명하지 않는다. 이것은 그가 일어날 수 있다고 묘사한 다른 어떤 것보다 먼저 일어날 것이다. 미가서에 어떤 희망이 있다면 그것은 재앙 뒤의 희망이다.

D. 침상에서 악을 꾀하는 자에게 미칠 화(2:1-5)

Supporting Idea	경제적 죄악은 반드시 영원한 상실을 가져온다.

2:1. 미가는 자신의 애곡과 이스라엘에게 애곡하라는 명령을 따라서 장례식장에서의 애곡을 모방한 재앙의 신탁을 전한다. 여기서 '죽은 자들' 은 이스라엘의 경제적 지도자들이다. 낮 동안의 일과 시간은 그들이 악을 행하는 데 충분하지 않았다. 그들은 집에서 사악한 계획을 세우고 자려고 누워서도 그것들을 생각한다. 그런 계획은 기만적이며 폭력적이다. 행악자들은 그런 계획을 실행에 옮기려고 새벽에 일어난다. 이것은 그 희생자들의 기대를 저버리는데, 왜냐하면 아침은 소망과 정의의 새날을 상징하기 때문이며, 왕이 아침에 정의를 실현했다는 것도 어느 정도 이유가 된다(삼하 15:2, 습 3:5).

그 대가는 무엇인가? 그들이 계획한 것을 성취했다는 교만, 자기 능력에 대한 교만이다. 여기서 힘은 문자적으로 '엘(El)에게 그들의 손이 있다' 로 해석된다. 엘은 가나안의 신, 전능하신 하나님, 혹은 예외적으로 신 같은 능력을 가리킬 수 있다. 이 막후 실력자는 자신의 무력한 희생자들에게 권력을 행사함으로써 하나님을 농락했다.

2:2. 그들은 하나님이 이스라엘에게 설정하신 기본적인 언약의 기대치를 깨뜨렸다(출 20:17). 그들은 넘치는 힘과 권세에도 불구하고 더 많은 것을 원했다. 그들은 보이는 모든 것을 자기 것이라고 주장했다. 그렇게 함으로써 가난한 희생자들을 착취 혹은 탐하여 취했다. 여기서 사용된 동사는 법적 계약에서 약한 자의 이익을 가로채는 잔인한 행동을 가리킨다(레 19:13, 암 4:1). 그리고 심지어 공갈 행위도 포함한다(겔 18:18).

이 이스라엘 지도자들은 빚진 자들을 불러모아 가난한 자들로 하여금 집을 내놓아 가족들이 집을 잃고 더 큰 빚을 져서 힘 있는 자들의 소작인으로 전락하게 만든다. 이것은 이스라엘의 종교적, 정치적 기본 방침에 위배되는 것이다. 집은 가난한 자들이 하나님이 이스라엘에게 기업으로 주신 땅을 차지하고 있음을 상징했다. 착취는 가난하고 힘없는 이스라엘 백성의 땅과 집을 빼앗는 일이 포함되었다. 그 땅은 하나님이 그 가문에 영원히 나누어주신 것이다(민 27:1-11). 이런 행동의 가장 좋은 예는 열왕기상 21장에서 아합이 나봇의 포도원을 가로챈 일이다.

2:3. 간담을 서늘하게 만드는 하나님의 그러므로라는 말씀이 울려퍼진다. 이 말은 전

령이 공식처럼 사용하는 '여호와께서 이같이 말씀하시기를'과 함께 범죄한 이스라엘에 대한 하나님의 판결을 선포한다. 이스라엘의 경제를 주관하는 자들은 온 세상을 주관하시는 이를 만나게 되었다. 이 실세들은 무기력한 상황에 처하게 될 것이다. 너희의 목이 이에서 벗어나지 못할 것이요는 문자적으로 '그곳에서 당신의 목을 제거할 수 없는 악'이라는 말이다. 이 사람들은 그 목이 곤란한 지경에 처했거나 혹은 곤경에 빠져서 함께 멍에를 맸으며, 그 멍에를 벗을 수 없게 되었다. 그들은 악하게 창조되었다. 하나님은 그들의 목에 악을 갚아주실 것이다.

2:4. 죄인들은 자기에게 마땅한 것을 받게 될 것이다. 사람들은 '마샬(mashal)', 곧 잠언이나 전해오는 경구를 의미하는 히브리어를 말하기 시작할 것이다. 백성들은 애가를 불러 탄식할(조롱할, NIV 성경)것이다. 빼앗긴 밭과 들판은 그 주인이 바뀔 것이다. 이제 내 백성의 산업마저도 나눠어질 것이라고 하나님은 선언하셨다. 그것은 하나님이 자기 백성에게 주신 기업이며 나라 전체 혹은 탈취자의 가족에게 맡겨진 특정 부분을 가리킬 수 있다. 그들은 자신이 빼앗은 것과 함께 원래 자신에게 속했던 것도 잃게 될 것이다.

2:5. 그렇지만 징계를 받은 실세들에게는 희망이 남아 있었다. 주기적으로 새로운 가문의 조건은 여호수아 13-21장에서 여호수아가 했던 것처럼 지파의 부족 사이에서 지파의 땅을 다시 나누는 것을 필요로 했다. 이 시기가 되면, 이들은 자신의 땅을 돌려받기 위해 자신의 지식과 영향력을 사용할 수 있었을까? 그렇지 않다고 미가는 선언했다. 그 시기가 오면, 너희들은 그곳에 있지 않을 것이며, 너희들을 대신할 어떤 대리인도 그곳에 있지 않을 것이다. 너희는 포로로 잡혀갈 것이다.

E. 백성의 번영에 대한 완전한 예언(2:6-11)

Supporting Idea	사람들은 하나님이 보내신 선지자의 입을 다물게 하고, 자신의 번영을 약속할 선지자를 택할 수 없다.

2:6. 미가는 이스라엘의 다른 예언적 인물들과 적어도 문자적인 방식으로 논쟁에 빠졌다. 성경은 거짓 선지자들에 대해 종종 말한다. 우리는 어떻게 거짓 선지자를 따르고 미가와 같은 참된 선지자를 무시하거나 박해할 수 있는가라고 놀라워한다. 그러나 이

스라엘의 사전에는 거짓 선지자를 가리키는 용어가 들어 있지 않을 뿐 아니라 참 선지자를 구분하는 기준도 존재하지 않았다. 왜냐하면 참된 선지자는 그의 말이 성취되었을 때에만 비로소 알 수 있기 때문이다(신 18:21-22). 미가처럼 예언하지 말라는 말을 들은 선지자들도 있다(사 30:10).

6절의 정확한 의미가 무엇인지 정의하기 어렵다. 마지막 어구는 여러 성경 번역가에 의해 각기 다르게 번역되고 있다. NIV 성경은 전체 구절을 거짓 선지자의 입에서 나오는 말로 본다. 히브리어 본문은 분명 처음 행만 거짓 선지자의 입에 올려놓는다. 그래서 스미스는 이렇게 해석한다. "그들은 '침을 튀기며 예언하지 말라' 고 침을 튀기며 말한다. 그들은 이런 것들에 관하여 침을 튀기며 예언하지 않는다. 수치는 제거되지 않을 것이다." 이와 비슷하게 브루스 월키(Bruce Waltke)는 이렇게 번역한다. "그들은 '예언을 그치라' 고 예언한다. 그들은 그런 일들에 관해 예언하지 않는다. 그래서 그들의 부끄러움은 사라지지 않을 것이다"(MP, 642). 레슬리 앨런은 두 번째 행만 선지자의 입에 올려놓는다. "그들은 선포한다. '네 선포하기를 그치라.' 그들은 이런 방식으로 예언하는 것을 멈춰야 한다. '부끄러움이 우리를 집어삼키지 못할 것이다' "(NICOT, 292).

이 구절의 구문과 화자는 밝혀내기가 쉽지 않지만, 그 목적은 분명하다. 미가와 그의 지지자들은 한 무리의 선지자들과 마주쳤는데, 그들은 어쩌면 성전에 고용된 자들로 미가가 전한 어두운 미래를 부정했을 것이다. 그들은 계속해서 번영을 약속했지만, 미가는 새로운 삶의 모습이 없이는 멸망이 올 것이라고 말했다.

2:7. 논쟁은 계속된다. 미가는 번영을 예언하는 선지자들을 조롱하는 가운데 자신에 대한 질문을 인용하는 것이 분명하다. 여호와의 신이 조급하시게 되었느냐? 혹은 이런 것들이 그분이 하신 일이냐? 이 선지자들은 분명 하나님의 인내심이 한계에 이르러 그분이 심판을 행하신다고 말하는 것은 어리석다고 생각할 것이다. 미가는 그들에게 강력한 말로 대답한다. 하나님의 말씀은 옳은 일을 행하는 자에게 유익하다. 이제 대적들은 자기 스스로를 분류해야 한다. 그들은 옳은 일을 행하고 있는가, 그렇지 않은가?

2:8. 이 구절은 여러 번 교정되고 바뀌었다. 이 구절을 문자 그대로 읽으면 "그리고 어제 내 백성이 대적에게(혹은 대적같이) 일어났다. 겉옷 앞부분으로부터 네 광채가 벗겨진다. 그 지나가는 행인들로부터 안전함이 벗겨지는데, 그것은 전쟁에서 돌아오는 이들이다."

분명 선지자는 가난한 농민들을 전쟁터로 보내고 이어서 그들이 전쟁터에서 돌아오면 그들의 적이 되는, 돈을 움켜쥔 지주들을 비난하고 있다. 그들이 전쟁에서 얻은 모든 노획물은 부자들이 가져갔으며, 그들이 자기 집에 돌아와서 누려야 할 안전함마저도 이 땅을 움켜쥔 자들이 가져갔다. 가난한 이들은 멀리 전쟁터에 있는 동안 곡식을 기르거나 돈을 벌 수 없었기에 이제 부자는 그들의 고향의 안전함을 제거한 것이다(미 2:2 참고).

2:9. 귀환한 전사들뿐 아니라 그들의 아내들도 탐욕스러운 자들의 횡포를 당해야 했다. 그들은 자기들의 즐거운 집에서 쫓겨났다. 자기 만족에 빠진 부자들은 부녀들의 어린 자녀에게서 하나님의 축복(문자적으로 그분의 영광)을 가로챘다. 이 일은 하나님이 그들에게 주셔서 그들이 그 땅을 영원히 누리고 또한 세상에 하나님의 영광을 대변하는 백성이 되게 하신 유업을 가리킨다. 이제 하나님의 모든 계획은 수포로 돌아갔다. 이는 부자들이 가난한 자들로 하여금 하나님이 주신 땅에 거하면서 하나님이 주신 사명을 성취하지 못하게 할 것이기 때문이다.

2:10. 선지자는 행군하라는 명령을 내린다. 만일 자기만 생각하고 탐욕스럽고 부도덕한 지주들이 이런 식으로 행한다면, 그들은 자신들이 베푸는 것과 동일한 비극을 반드시 겪게 될 것이다. 그들은 자기 땅을 떠나게 될 것이다. 그곳은 더 이상 하나님이 주신 약속된 쉴 곳이 아니었다(왕상 8:56). 하나님의 백성은 거룩한 백성으로 부름을 받았다. 그들은 더러워진 부정한 땅에서는 살 수 없다. 이스라엘이 그런 땅이 된 것은 이 불공정한 사람들이 그렇게 만들었기 때문이다.

2:11. 미가는 선지자들과의 원래의 논쟁으로 돌아가 그에 대해 언급함으로써 논쟁을 마무리한다. 그들은 이 무자비한 이스라엘 백성에게 경고하지 않는 중대한 범죄를 저질렀다. 더구나 선지자들은 그런 부정을 통하여 이익을 챙겼다. 그들은 고향을 떠나 포로로 끌려간 이들과 함께 행진하라는 명령을 받았다. 이들은 하나님의 영으로 충만한 선지자를 원하지 않았다. 그들은 자신의 목마름을 채워주고, 자신의 걱정을 날려버릴 선지자를 원했다. 부자들이 가난한 자들에게 사기 행각을 벌일 때 그 도구는 거짓과 기만이었다. 그들은 자신과 같은 선지자를 얻어야 했다. 그들은 하나님의 말씀을 거부했다. 이제 그들은 그들로 하여금 하나님의 말씀을 깨달을 수 없는 혼수상태로 인도할 선지자를 얻게 될 것이다. 그들은 더 많은 독주를 얻기 위해 선지자를 이용했을 뿐이다.

F. 여호와가 남은 자들을 인도하시다(2:12-13)

Supporting Idea	하나님은 자신을 위해 남은 자들을 보존하시며, 목자가 양 떼를 인도하듯이 그들을 인도하신다.

2:12. 놀랍다! 하나님은 다시 예상치 못한 일들을 행하셔서 자기 백성 가운데 남은 자들을 구하시겠다는 약속으로 이 부분을 마치신다. 그분은 범죄하고 무정한 부자들에 대한 심판의 선언을 뒤집겠다고 약속하지 않으신다. 그분은 가난한 남은 자들이 존재한다는 것을 깨달으신다. 그들은 어려운 때에도 그분께 충성한 사람들이었다. 그들은 부자들로부터 불공정한 대우를 받았다. 그들은 포로 시대에 그 땅에 머물면서 이방 통치자의 치하에서 근근이 살아가면서 민족과 함께 고통을 당했다.

구약은 언제나 하나님을 목자라고 불렀다(시 23:1, 겔 34:12, 계 7:17). 하나님은 마치 목자가 자기 양들에게 안전한 우리를 제공하듯이, 자기 백성을 보호하시고, 그들이 살 만한 곳을 제공하실 것이다. 이 마지막 행은 양과 백성에 대한 비교를 계속한다. "그들은 사람들로부터 큰 소란을 만들 것이다." 양 떼가 양 우리 안에서 함께 시끄러운 소리를 내는 것처럼 남은 자들도 하나님의 우리 안에 가득 모여서 서로 부딪치며 기쁨의 소리를 낼 것이다.

2:13. 장면은 사람들을 안전하게 모으는 것에서 반전되어 우리 안에 모인, 즉 포위를 당한 것이 분명한 그들이 성문을 통하여 밀려나는 모습으로 전환된다. 이것은 주전 701년 하나님이 앗수르의 포위망을 허무시고 산헤립이 죽이지 않은 사람들을 풀어주신 모습과 들어맞는다. 이스라엘은 다시 한 번 하나님을 왕이요, 구원자로 기념할 것이다. 하나님은 신실하셔서 악인을 심판하시고, 그들을 포로로 데려가셨다. 그리고 경건한 남은 자들을 보호하시고, 그들의 적을 물리치셨다.

Main Idea 복습	하나님은 자기 백성이 계속 죄를 지을 때 그 죄의 결과에 대해 경고하시고, 그들의 생활 방식을 바꿀 기회를 주시며, 그 죄를 벌하시고, 자기 백성에 대한 약속을 지키지 않으신 채 내버려두지 않으신다.

결론

하나님의 신실하심

하나님은 언제나 신실하시다. 이스라엘은 치료할 수 없는 죄의 병을 앓기도 한다. 하나님은 하나님이 행하신 멸망과 재앙에 직면한 애곡과 탄식을 가져오게 하실 것이다. 그분은 물질의 소유에 스스로 빠져든 범죄한 백성에게 장송곡을 부를 것을 말씀하신다. 하나님은 자기 백성이 하나님과 그분의 언약의 기대를 무시할 때 그들을 무시하지 않으신다. 다만 그들의 기쁜 잔치의 노래를 슬픈 한숨으로 바꾸실 것이다.

종교 지도자들은 죄의 질병에서 면제되지 않으며, 하나님의 심판에서 벗어나지 못할 것이다. 그들은 자신의 거짓된 번영 신학을 가지고 하나님의 참된 선지자의 목소리를 잠잠하게 만들지 못한다. 자기 백성을 향한 하나님의 계획에 주의를 기울이지 않은 이들은 자신을 포로로 잡아가시려는 하나님의 행진 명령에 귀를 기울여야 함을 깨닫게 될 것이다. 그러나 하나님은 심판하실 때만 신실하신 분이 아니시다. 그분은 곤경에 처한 남은 자들에게 신실하셔서 구원과, 소망과, 새로운 날을 그들에게 약속하신다.

■ **진리 알기**

- 하나님은 자기 백성이 불순종할 때 그들에게 경고하신다.
- 하나님은 자기 백성의 죄를 아신다.
- 죄는 결국 심판을 가져온다.
- 하나님의 기본적인 도덕 기준은 절대적으로 참되다.
- 하나님은 가난한 자들을 보호하시고, 그들을 학대한 자들을 벌하신다.
- 하나님은 때때로 자신의 목적을 이루시기 위해 재앙을 사용하신다.
- 하나님은 사역자들이 청중을 만족시키는 내용이 아니라 진리를 선포하기를 기대하신다.
- 왕이신 하나님은 결국 신실한 백성에게 구원을 베푸실 것이다.

■ 적용하기

- 너무 늦지 않게 당신의 죄를 하나님께 고백하라.
- 당신이 얼마나 많은 재물을 가졌는가가 아니라 가난한 사람들을 어떻게 대하는가로 자기 자신을 평가하라.
- 당신이 하나님의 심판에서 면제되었다고 생각하지 말라.
- 하나님의 계명 가운데 행하라.
- 하나님의 절대적 신뢰를 자기 자신과 다른 이들에게 가르쳐라.
- 하나님이 그분의 때에 구원의 약속을 이루실 것을 신뢰하라.

삶의 적용

내 인생은 나의 것

이블린 크리스텐슨(Evelyn Christenson)은 그녀의 저서「어둠의 왕자와 겨루기(Battling the Prince of Darkness)」에서 한 신학교 커피숍에서 들은 대화로 우리를 깜짝 놀라게 한다. 그녀의 남편의 제자 한 사람이 박사 과정을 마무리하고 있었다. 그는 신학교에서 휴식 시간에 주된 대화에 관하여 보고를 했다. "사람들은 진리를 선포하는 것으로 충분한가 아니면 그것을 실천해야 하는가를 놓고 토론하고 있습니다. 장래의 한 목회자가 단호하게 말했습니다. '나는 진리를 선포할 것입니다. 그렇지만 나 개인의 삶은 나 자신의 것입니다'"(p. 66).

호세아는 평신도와 선지자들이 동일한 태도를 갖고 있음을 발견했다. 하나님이 구별하신 날에 예배드리는 것은 좋지만, 십계명은 시대에 뒤떨어진 것이다. 그들의 일상은 개인적인 경건과 하나님의 은혜에 대한 부채 의식에 의해서가 아니라 탐욕과 욕망에 의해 주도되었다. 그와 동일한 태도가 오늘날 널리 퍼져 있다. 하나님은 이스라엘에게 자신의 종말을 애도하라고 명하셨다. 그분은 우리에게 그보다 약하게 말씀하실까? 우리는 너무 늦기 전에 그분의 경고에 귀 기울일 것인가?

기도

하나님 아버지, 우리를 용서하시고, 우리를 용서하시고, 우리를 용서해주십시오! 우리의 교만을 제거하시고, 우리의 탐욕을 없애주십시오. 우리의 눈이 우리가 아닌 당신만을 향하게 해주십시오. 우리가 부도덕한 다수가 아닌 신실한 남은 자의 편이 되도록 가르쳐주십시오. 아멘.

심층 연구

역사적 배경(1:1)

우리의 연대 계산과 역사적 서술은 다음에 나타난 개략적인 이스라엘 역사에 기반을 두고 있다. 학자들은 많은 왕들이 자기 부친 사후에 온전한 통치권을 물려받기 전에 부친과 함께 다스렸기 때문에 여러 왕과 사건에 대해 각기 다른 연대를 산정한다.

앗수르 시대

A. 디글랏빌레셋 3세(주전 745-727년)

1. 이스라엘의 므나헴(주전 742년)과 다메섹의 르신(주전 738년)으로부터 조공을 거두다.
2. 이스라엘과 다메섹이 폭동을 일으키기로 약조하고 수리아-에브라임 전쟁에서 예루살렘을 포위함으로써 유다도 동참하게 강요하다(주전 734년).
3. 유다의 아하스(주전 735-715년) 왕이 디글랏빌레셋에게 도움을 청하여 다메섹을 멸망시키고 이스라엘이 새로운 왕 호세아가 다스리는 사마리아를 중심으로 하는 작은 도시 국가로 전락하게 만든다(주전 731-723년, 왕하 16:5-17:1).

B. 살만에셀 5세(주전 727-722년)

1. 사마리아를 포위하다(주전 724-722년).
2. 사마리아는 그때 그에 의하여 혹은 사르곤 2세에 의하여 포로로 잡혀가다.

C. 사르곤 2세(주전 722-705년)

1. 바벨론, 하맛, 가사 그리고 사마리아의 반역을 진압하고, 유다로부터 조공을 받

다(주전 720년). 애굽을 처음으로 패퇴시키다.

2. 히스기야(주전 715-687년)가 유다 왕이 되어 종교와 정치 개혁을 단행하다(왕하 18장).
3. 아스돗의 폭동이 진압되다(주전 712년).
4. 바벨론의 폭동이 실패하다(주전 710년).

D. 산헤립(주전 705-681년)

1. 앗수르와 바벨론의 폭동을 진압하다.
2. 페니키아, 블레셋, 애굽을 물리치다(주전 701년).
3. 대부분의 유다 성읍을 무너뜨리고 예루살렘을 포위하지만(주전 701년) 니느웨로 물러나야 했다(왕하 18:13-19:37, 사 36-37장).

교안

A. 들어가는 글

1. '영어 교사의 예언' 이야기로 시작하라.
2. 배경 설명 : 교만한 나라가 선지자의 말을 들으려는 열심을 상실했기 때문에 그 힘과, 재물과, 결국 그 주민마저 잃게 되었다.
3. 적용 : 미가는 하나님의 백성에 대한 하나님의 심판의 말씀을 가지고 무대에 등장한다. 기쁨이 슬픔으로 변할 것이다. 하나님의 백성은 번영에 대한 하나님의 말씀을 들을 때와 마찬가지로 심판에 관한 하나님의 말씀을 들을 것인가?

B. 본문 이해

1. 역사적 배경(1:1)
2. 하나님의 무서운 증언(1:2-7)

3. 시온의 비참함을 애곡하다(1:8-16)
4. 침상에서 악을 꾀하는 자에게 미칠 화(2:1-5)
5. 백성의 번영에 대한 완전한 예언(2:6-11)
6. 여호와가 남은 자들을 인도하시다(2:12-13)

C. 결론 : '하나님의 신실하심' 을 읽어주라.

토의 질문

1. 하나님의 현현을 언어로 표현하는 목적은 무엇인가? 그 목적은 언제나 동일한가?

2. 당신은 하나님 앞에서 당신의 죄에 대한 아픔을 무엇으로 상징할 수 있는가?

3. 십계명 가운데 당신이 습관적으로 무시하거나 어기는 것은 무엇인가?

4. 재물에 대한 당신의 태도는 하나님이 기대하신 것에 어느 정도 미치는가?

5. 당신은 성경이 남은 자에 대해 어떻게 가르친다고 이해하는가? 그들은 누구인가? 당신은 그들을 어떻게 인식하는가? 그들은 항상 고난을 받아야 하는가? 그들은 어떤 약속을 대변하는가?

미가 3:1-5:15

주님의 침묵을 깨라

"나는 언젠가 패배할 명분 가운데 승리하기보다는 승리할 명분 가운데 지겠다."

- 우드로 윌슨(Woodrow Wilson)

하나님은 자기 백성의 불의한 지도자들에게 하나님의 침묵을 선언하는 일에 주의를 기울이라고 명하신다. 그분은 그들의 기도나 그 선지자들 모두에게 응답하지 않으실 것이다. 그분은 오직 성령 충만한 미가를 통해서 말씀하시며, 범죄한 나라에 대한 심판을 선언하신다. 그러나 그것이 하나님의 마지막 말씀이 아니다. 마지막 날에 하나님은 남은 자들과 함께 예루살렘에 있는 자기 성전 안에서 통치하시며 열방에 평화를 세우실 것이다. 이 새롭게 하심의 도구는 베들레헴에서 태어날 아기로, 그는 하나님의 백성의 목자가 될 것이다.

들어가는 글

그에 관한 소식을 듣다

그녀의 눈물로 반짝이는 눈망울은 내 기억 속에 선명하게 남아 있다. 그녀는 우리 성경 공부 시간에 가진 기도회 때 평소의 침묵을 깼다. "우리는 이번 주에 그의 소식을 들었어요. 우리는 15년 만에 처음으로 우리 아들의 소식을 들었어요. 그 아이와 우리를 위해 기도해주세요."

당신은 15년 동안의 침묵으로 인한 분노가 어떨지 상상할 수 있는가? 그 아들의 침묵은 그 부모를 침묵으로 몰아갔다. 나는 그들에게 아들이 있었는지도 몰랐다. 이제 조심스러운 기쁨이 방에 가득했다. 이 일이 화해와 회복의 시작이 될 수 있을까?

미가는 이스라엘에 그와 정반대의 분위기를 조성해야 했다. 그는 하나님의 침묵을 그분의 백성에게 선포했다. 그분은 그들의 기도에 응답하시거나 그들의 예언자들에게 말씀을 주지 않으실 것이다. 그 시간에는 심판만이 하나님의 유일한 메시지였다. 그러나 그것은 곧 변했다. 미가는 하나님이 주신 새로운 말씀을 선언할 수 있었다. 그것은 하나님이 침묵을 깨뜨리시겠다는 약속이었다.

당신은 하나님의 침묵에 어떻게 반응하는가? 당신은 그분이 그 침묵을 깨신다는 어떤 기대감을 갖고 있는가? 당신은 하나님의 침묵을 영원히 깨뜨리고, 하나님이 우리 편이 되어주실 것이라는 확신을 준 베들레헴에서 태어난 아기를 만나보았는가?

본문 이해

주님의 침묵을 깨라

Main Idea	하나님은 자기 백성에게 말씀할 의무가 없으시다. 그분은 범죄한 백성에 대하여 심판의 때를 늦추시고, 또한 자기 백성에게 다시 한 번 평화를 말하려고 결정하시기까지 침묵 가운데 물러날 자유가 있으시다.

A. 죄는 침묵을 가져온다(3:1-12)

Supporting Idea	하나님의 침묵은, 그분이 응답이 없고 범죄한 백성을 심판하셔야 할 때 찾아온다.

3:1-4. 이 구절의 배경은 북왕국이 역사 가운데 분명히 사라졌을 때이다. 남왕국인 유다는 여로보암 1세 때부터 북왕국이 차지하던 옛 이름을 넘겨받았다. 미가는 그 백성을 부르기 위해 옛 민족의 호칭만을 사용하지는 않았다. 그는 공식적인 호칭을 위해 역사를 거슬러 올라가기도 했다. 두령들(히. 로쉬, ro'she)은 문자적으로 머리를 가리킨다.

> 이런 '직위'는 원래 부족 사회의 구조 가운데 뿌리를 내리고 있는 것으로, 이 말은 군사적, 사법적 권위를 행사하는 사람을 가리키는 것으로 보인다. 그러나 가장 중요한 것은 그 통합적인 기능이다. 두령은 공동체의 안녕과 일상생활을 책임졌다…부족 사회의 틀이 사라지면서 그 지위는 그 기능들 - 군사적인 기능보다는 사법적인 기능 - 과 함께 점차 다른 사회 조직으로 파고들었다.

왕조 시대 초기에 왕은 민족의 우두머리로 간주되었다(삼상 15:17, W. A. M. Beuken, *TDOT*, XIII, 248-259 참고).

치리자들(히. 케치네, qetsine)은 구약에서 겨우 12회만 나타난다(수 10:24, 삿 11:6, 11, 잠 6:7, 사 1:10, 3:6-7, 22:3, 단 11:18, 미 3:1, 9). 이스라엘 역사 초기에 '카친(qatsin)'

은 군사 지도자였다. 이사야는 왕과 판사와 같은 근대적인 호칭을 사용하기를 거부함으로써 당대의 지도자들을 거의 조롱하다시피 했다. 미가도 그와 비슷한 일을 했을 것이다. 그는 지도자들이 과거의 존경할 만한 조상들이 그 땅에서 나라를 세우고 연약한 많은 구성원들을 보호하였던 방식으로 그 역할을 받아들이기를 원했다. 그러나 그들은 자기 중심적이고 나라를 무너뜨리는 임무만 행했다. 미가는 사법과 행정부의 지도자들을 가리키기 위해 '로쉬(rosh)'를, 그리고 군사 지도자를 가리키기 위해 '카친'을 사용했을 수도 있다. 적어도 그는 현재의 지도자들에게, 이웃 나라로부터 더 많은 최신 직함을 차용하고, 이웃 나라 왕들이 행하는 것처럼 행동하지 말고 역사와 하나님이 세우신 지도자로서의 기능을 기억하라고 촉구하고 있다.

미가는 하나님이 자기 백성의 지도자들에게 갖고 계신 기대를 분명히 밝혔다. 그것은 정의를 세우는 것이다. 그러나 그의 역설적인 질문은 법정에서의 고발이 되었다. 그는 그들이 정의가 무엇인지 알고 있는지 물어보았고, 이어서 그들이 어떻게 행동하는지 묘사했다. 그들은 선을 미워하고 악을 좋아했는데, 이것은 하나님의 길과 반대되는 것이다. 그들은 자기들이 보호해야 하는 동족, 특히 가난하고 도움받지 못하는 이들을 잡아먹었다.

그래서 이제는 하나님이 이 무정하고 마음이 비뚤어진 지도자들에 대해 판결을 내리실 때이다. 그 판결은 불길한 의미를 갖는 **그때에**란 말을 통하여 특정되지 않은 미래에 놓여진다. 이 경우 심판은 하나님의 행동보다는 하나님의 침묵이라는 예상하지 못한 형식으로 온다. 거룩하신 하나님은 지도자들의 악이 존재하는 곳에 그 얼굴을 숨기실 것이다. 하나님의 임재가 없이는 그들이 번영할 수 없다. 그래서 그들은 마지막으로 하나님께 간절히 도움을 구했으나 어떤 도움도 다가오지 않을 것이다. 하나님이 침묵을 선언하실 때는 어떤 기도도 응답받지 못한다.

3:5-7. 권위 있는 전령의 공식인 '여호와께서 이렇게 말씀하셨다' 혹은 **여호와께서 이 같이 말씀하셨다**(쉬운성경, 우리말 성경, 현대인의 성경)는 하나님의 메시지를 듣고 그것을 지도자들에게 전달할 책임이 있는 이들에 대한 미가의 심판에 힘을 실어준다. 하나님의 침묵은 왕을 지지하기 위해 왕궁에 모여든 선지자들마저도 에워싼다. 그들의 말은 그 민족에게 하나님의 길을 계시해야 했다. 그러나 그들은 **내 백성을 유혹했다**. 왜 선지자들이 하나님의 메시지를 선포하기를 그쳤을까? 그들은 돈을 바라고 선포했다.

그리고 왕은 심판보다는 평강을 듣기를 원했다.

미가에게는 그 죄에 맞는 판결문이 있었다. 그는 이어지는 말에 나쁜 전조를 덧붙이는 예언의 말인 그러므로로 그 판결문을 소개하였다. 그들이 하나님의 뜻을 분별하기 위해 사용한 모든 방법은 사라지게 될 것이다('심층 연구' 참고). 그들은 하나님이 응답지 아니하심으로 인해 다 입술을('얼굴을', 쉬운성경, 현대인의 성경, NIV 성경) 가리울 것이다.

3:8-12. 침묵하지 않은 한 선지자가 있어 하나님의 말씀을 전하려 한다. 어떻게 미가는 자신에 대해 그런 담대한 주장을 할 수 있었을까? 그것은 그가 여호와의 신을 경험했기 때문이다. 그의 청중은 이 주장을 여러 가지 방식으로 받아들일 수 있었다. 이 일은 단지 선지자를 황홀한 입신 상태로 만든 것인가(민 11:17, 25)? 아니면 미가는 하나님의 말씀을 선포하도록 하나님께 능력을 받았는가(느 9:20, 30)? 백성들은 속임수가 포함되었다고 생각할 수도 있었다(겔 14:9).

미가는 자신의 예언이 옳다는 긍정적인 증거로 여호와의 신이 임하신 것을 보았다. 그의 청중은 반드시 동의할 필요가 없었다. 미가는 자신의 말이 권능과 공의와 재능으로 채워짐을 보았다. 청중들은 무아지경에 빠져 정신이 나간 자아도취증 환자로 간주했을 수도 있다. 그럼에도 불구하고 선지자는 자신의 사명을 유지했다. 그는 이스라엘에게 그들의 죄를 고하고(미 1:5), 하나님의 백성들 가운데 그분의 정의를 세워야 했다(미 2:2).

미가는 1절에서와 마찬가지로 여기서도(9절) 동일한 이스라엘 지도자들에게 말했다. 정의를 세워야 했던 이스라엘의 지도자들은 오히려 그것을 미워했다. 그들은 모든 정직한 것을 굽게 하는 자들이었다. 그들은 하나님이 그들에게 명하신 직무를 거꾸로 행했다. 그들은 가난한 이들을 위해 기도하는 것이 아니라 그들을 집어삼켰다. 그들은 불의를 정당하다고 말하고, 잘못된 것을 바르다고 말했다.

미가는 정치인들의 가장 큰 업적에 대해 갖는 교만을 하나님 앞에서 그들의 죄를 가리키는 가장 중요한 본보기로 삼은 것이 분명하다. 히스기야 왕은 예루살렘 성읍을 재건하여 그곳이 다시 하나님이 거하시기에 충분한 하나님의 도성 시온을 닮게 만들었다. 역대하 32장은 새로운 벽으로 만들어진 건물과 실로암 터널이라는 놀라운 솜씨의 건축물을 보여준다.

미가는 묻는다. "그 대가는 얼마인가?" 가난에 시달린 노동자들은 수천 시간 동안 땀 흘려 노동했다. 그들은 예루살렘의 대지주 가운데 한 사람이 빚을 독촉하고 자신의 집을 몰수하기 전에 자기 텃밭으로 돌아가 그곳을 경작하기 원했다. 그 노동은 그들의 마음에서 우러난 것이 아니었다. 그것은 살인 행위였다. 왜냐하면 그런 거대한 돌을 자르고 제자리에 놓기 위해 수백 명의 사람이 사고로 목숨을 잃는 희생이 따랐기 때문이다. 그래서 그것을 자랑하던 이스라엘의 지도자들은 사망 선고를 받아 마땅했다(민 35:33, 왕상 2:32).

미가 3장 1, 9절에 나오는 두령들은 유죄였다. 제사장과 선지자 같은 종교 지도자들도 마찬가지였다. 모두 한 가지를 욕심냈다. 그들의 가장 중요한 목표는 자기 호주머니에 돈을 채우는 일이었다. 뇌물, 거짓말 그리고 사악한 행동도 그들에게 돈을 안겨주면 얼마든지 용인되었다. 동시에 이런 부패한 지도자들은 선지자의 심판의 예언에 항의하기 위해 신학을 사용했다. 그들의 번영, 그들이 여호와의 도성에 세운 업적은 하나님이 그들 가운데 계심을 보여주었다. 그래서 그분의 임재는 그들을 보호했다. 그들은 재앙(문자적으로 '악')이 자기들에게 미치지 않을 것이라고 생각했다. 그들은 하나님의 백성이었다.

"그렇지 않다!" 선지자는 위협적인 **그러므로**라는 말과 함께 큰 소리를 질렀다. 그들이 하나님이 지키신다고 주장하는 시온, 그들이 그토록 많은 목숨을 희생하며 공들여 세운 그 성 시온은 밀밭이 되어 씨를 뿌리기 위해 갈아엎어질 것이다. 예루살렘은 자갈 무더기가 될 것이다. 심지어 성전도 예외가 아니었다. 아무 건물도 남아 있지 않기 때문에 성전 대지는 숲으로 덮였다.

1세기 뒤에 미가의 예언은 종교 지도자들이 예레미야에게 사형 선고를 내리기 원했을 때 그의 변론으로 사용되었다(렘 26:7-19). 미가의 시대이든 예레미야의 시대이든 어떤 예언도 백성들을 하나님께 돌아오게 하고 예루살렘 성을 파괴와 멸망에서 건지지 못했다(왕하 25:9).

B. 성전이 다시 토라를 가르치다(4:1-8)

Supporting Idea	하나님의 침묵은 영원한 것이 아니다. 자기 백성을 향한 그분의 영원한 계획은 성전 성읍의 능력을 새롭게 하고, 열방을 이끌어 그곳에서 그분을 섬기게 하는 것이다.

4:1-2. 이 환상의 첫 번째 부분은 이사야 2장 2-4절에도 등장한다. 이사야의 결론은 이사야 2장 5절을 소개함으로써 구원의 선언을 예배 명령으로 변환시킨다. 그러나 미가가 취한 형식은 미가 4장 5절에서 보이는 것 같은 믿음의 고백이나 하나님께 대한 공적인 다짐이다. 분명, 이사야와 그보다 젊은 동시대 사람 미가는 모두 예루살렘에 있는 하나님의 전으로부터 하나님의 백성들에게 전하기 위한 동일한 구원의 선언을 사용했을 것이다. 이것은 하나님이 성전 의식을 자신의 영감된 말씀의 근거로 사용하셨음을 의미한다. 미가는 조금 전에 예루살렘의 멸망을 묘사했다. 그 거룩한 성은 이 부분에서 갑자기 세상을 구원하는 중심으로 기능했다. 말일은 각기 활동하는 나라들을 포함하는 세계 역사 안에 아직 자리하고 있다.

이스라엘은 근동의 주변 국가들이 국립 사원을 신들이 자기 백성을 위해 싸우는 지상에서 가장 높은 산이라고 이야기할 때 사용하는 것과 동일한 언어를 사용했다(비교. 시 46, 48편). 미가는 비록 예루살렘이, 이스라엘에서 볼 수 있는 가장 높은 산은 아니지만 이 언어를 예루살렘에 있는 성전에 적용시켰다. 예루살렘이 높이 들어 올려질 것은 하나님이 그곳에서 일하시는 가운데 세상을 향한 자신의 목적을 이루실 것이기 때문이다. 여기서의 강조점은 한 번도 들어보지 못한 내용, 즉 이방 나라가 예배하러 예루살렘에 온다는 사실에 있다. 하나님의 소망은 한 작은 나라가 아니라 온 세상을 포함한다(창 12:1-4).

선지자는 백성들이 부르는 찬송가에 담긴 유명한 신학 이론을 취하여 그 강조점을 변화시켜 모든 것이 미래를 지목하게 했다. 오직 마지막 날에만 시온은 그 높여진 지위를 차지하게 될 것이다. 하나님은 더 이상 열방과 싸우지 않으실 것이다. 예루살렘은 더 이상 열방이 그 승리하신 왕께 드릴 큰 선물과 조공을 들고 자기에게 나아올 것이라는 희망 가운데 자랑하지 못할 것이다.

선지자가 바라는 것은 하나님의 말씀이 세상의 무기가 되는 것이다. 사관학교들과 무기는 폐기될 것이다. 사람들은 하나님의 방식을 따라 사는 법을 배울 것이다. 그들은 그분의 가르침에 순종할 것이다. 열방은 승리한 왕이 그들을 강제해서가 아니라 예루살렘에 거하시는 하나님과 그분이 펼치시는 가르침에 의해 예루살렘에 이끌려서 그곳을 찾게 될 것이다.

4:3. 열방은 그 차이점을 해결하기 위해 더 이상 전쟁을 일으키지 않을 것이다. 하나님은 예루살렘에서 위대한 중재자가 되어 모든 인간의 분쟁을 싸움 없이 해소시키실 것이다. 전쟁 무기는 폐기될 것이다. 세상에 남아 있는 유일한 전쟁은 빈곤과 굶주림과의 싸움일 것이다. 미가는 이방 나라들이 예루살렘으로 온다는 기적을 이사야보다 훨씬 더 강조하기 위하여 이사야가 말한 '많은 백성'을 먼 곳 강한 이방으로 확장시키고 있다.

4:4-5. 하나님의 마지막 날은 국제 관계의 모습을 변화시킨다. 그날은 또한 개인적인 차원에서의 관계도 변화시킨다. 변덕스럽고 탐욕스러운 지도자들은 더 이상 시골에까지 뇌물을 주고, 도둑질하고 살인하면서 재물을 쌓지 않는다. 이제 모든 부족과 가문들은 자기 포도나무와 무화과나무 아래에서 안전하게 정착한다. 포도나무와 무화과나무는 이스라엘에서 가장 많은 소득을 가져다주는 나무이다. 두려움은 국제적, 개인적 차원에서 모두 사라진다. 의심 역시 사라질 것이다. 구원의 선언 뒤에는 만군의 여호와, 혹은 능력으로 하늘의 군대를 지휘하셔서 모든 지상의 반역을 진압하시는 전능하신 여호와라는 말이 자리한다.

이번에는 이스라엘이 하나님의 메시지를 듣고, 믿고, 믿음의 고백과 헌신으로 응답한다. 그들은 더 이상 열방의 신들을 따르지 않을 것이다. 그들은 더 이상 국제 정치의 음모 속에 들어가지 않을 것이다. 다른 나라들은 자기들이 원하는 대로 하겠지만, 이스라엘은 우리 하나님 여호와의 이름을 빙자하여 영원히 행할 것이다. 이 다짐은 하나님의 백성을 다른 민족들의 신으로부터 구별시켜준다. 그러나 이 일은 마지막 날에만 올 것이다. 우선은 하나님의 심판이 반드시 임해야 한다. 포도나무와 무화과나무 아래에서 살아가기 전에 포로 생활이 먼저 찾아오는 것이다.

4:6-8. 그러나 이방 땅으로 끌려간 포로들에게는 어떤 일이 일어나는가? 그들은 미가가 전한 희망을 함께 누릴 수 있는가? 그들도 약속의 땅에서 자신의 무화과나무를 기대할 수 있는가? 혹은 그들은 영원히 포로 생활을 견뎌야 하는가? 하나님은 자기 백성 가

운데 그 누구도 자신의 약속에서 배제시키지 않으신다. 그분은 주도권을 장악하실 것이다. 그분은 저는 자와 쫓겨난 자, 즉 혼자서는 도움이 되지 못하며 그 땅으로 돌아갈 수 없는 자들을 찾으실 것이다. 이들은 자기 죄로 인하여 고난을 받는 자들이다. 그들은 하나님이 환난받게 한 자들이다. 그러나 환난은 하나님의 마지막 말씀이 아니다.

하나님은 변화시키는 능력을 갖고 계신다. 그분은 자기 백성을 위하여 그것을 사용하신다. 그분의 남은 자 신학은 유효하다. 그분이 백성을 벌하시는 것은 그들 가운데 남은 자를 모아 하나님의 복을 받는 신실한 남은 자로 만드시기 위함이다. 그들은 고향에 돌아와 자신들을 열방으로부터 보호해줄 강력한 지도자를 찾기 위해 스스로 지방 정계에 진출할 필요가 없게 될 것이다. 하나님은 항상 의도하셨던 대로 그들의 왕이 되실 것이다(삿 8:23, 삼상 8:6-9 참고). 이번에는 그 어떤 것도 방해하지 못할 것이다. 인간의 두려움과 인간의 질투는 그 길을 가로막지 못할 것이다. 하나님은 이제부터 영원까지 이스라엘의 왕이 되실 것이다.

하나님은 미가 4장 8절에서 예루살렘 성을 그 강함과 영광의 모습을 나타내는 말로 직접 언급하신다. 양 떼의 망대는 창세기 35장 21절에서처럼 '에델 망대' 로 번역될 수 있다. 여기서 양 떼의 망대는 하나님이 흩어진 양 떼를 자기의 남은 자들로 모으시는 것처럼 예루살렘을, 그들을 보호할 수 있는 군사적 요새로 그리고 있다. 산(요새, NIV 성경, 바른성경)은 히브리어 '오펠('ophel)' 로 옛 여부스 족속의 성(삼하 5:6-10)과 성전 지역과 솔로몬 궁을 연결시키는 예루살렘의 한 지역을 가리킨다. 이 이름은 점차 확장되어 성전 전 지역을 가리키게 된다. 예루살렘은 법을 만들고 결정을 내리시는 군주로 하나님을 모시는 가운데 그가 원래 다스리던 것을 다시 다스리게 될 것이다.

미가는 딸 예루살렘의 나라가 네게로 돌아오리라(왕권이 딸 예루살렘에게 돌아올 것이다, 우리말 성경, 바른성경, NIV 성경)는 구절로 8절을 마무리한다. 그는 이 문맥의 다른 곳에서와 마찬가지로 하나님의 왕 되심을 가리키고 있는가? 그는 나중에 나타날 메시아 신학을 준비하고 있는가? 아니면 이번에는 하나님께 순종하는 가운데 다윗의 통치의 회복을 가리키고 있는가?

C. 하나님의 계획에 참여할 준비(4:9-5:4)

Supporting Idea	포로 생활 가운데 하나님의 침묵을 견디는 일은 그분의 백성으로 하여금 갱신과 회복을 위한 그분의 계획에 참여할 수 있도록 준비시켜 준다.

4:9. 선지자는 도움받지 못하고, 고통당하며 애곡하는 백성들을 보고 그들에게 즉시 수사법적 질문을 던진다. 이제 이런 상황 속에서 그들은 왜 그들이 고난당하고 있는지 설명해야 한다. 어떻게 대적의 왕이 그들의 성을 에워싸고 그들을 아사시키는 일이 일어날 수 있는가? 그들은 자신의 왕이 도와줄 것이라고 너무 속히 믿었다. 그들이 왕을 필요로 할 때 그는 어디에 있는가? 그들은 하늘에 계신 임금 대신에 지상의 왕을 부르는가? 솔로몬 시대 이후로 지혜와 조언으로 유명한 이스라엘이 이제 아무런 조언자도 없게 되었다. 어떻게 이렇게 될 수 있는가? 그들은 하나님께 찾아가 조언을 구하지 않았는가?

4:10. 미가는 직접적인 위로의 말을 하지 않는다. 그들은 잠시나마 포위된 성에서 피할 수 있지만, 집도 없이 겨우 시골 들판에서 거하게 될 것이다. 그렇지만 포로는 유다가 처한 운명이었다. 전혀 희망의 조짐이 보이지 않았다. 여기서 선지자는 산헤립과 앗수르를 지나 바벨론의 더 큰 위협으로 이어졌던 역사적 사건들을 대단하지 않은 것으로 바라보았다. 유다의 문제는 주전 701년의 피신으로 해결된 것이 아니다. 유다는 그 죄로 인하여 징계를 받을 것이지만, 징계는 바벨론 사람들이 예루살렘과 성전을 폐허로 만들 주전 586년까지 연기될 것이다. 이 주전 701년의 집행 유예는 구원이 아니라 연기된 재앙일 뿐이다.

더 큰 그림에는 미래의 희망이라는 최후의 틀이 포함된다. 이것은 구원과 속량이라는 두 개의 낱말로 묘사된다. 구원(히. 나찰, natsal)은 야곱이 낯선 신적 존재와 씨름했을 때와 마찬가지로 어려운 상황으로부터의 구출을 가리킨다(창 32:30). 속량하다는 과거에 법적으로 자기 소유였던 것을 다시 사들이는 것이다(룻 3:13). 이 용어는 피의 복수(민 35:12, 19-27, 왕상 16:11)에 적용될 수 있지만, 대부분은 하나님이 자기 백성을 값 주고 되사신 것을 가리킨다(출 6:6, 욥 19:25, 애 3:58). 바벨론에서 길을 잃고 도움받지 못하고 있던 이스라엘은 하나님이 자기들을 애굽에서 구해내셨던 것처럼 자기 백성을 새로 이끄시는 것을 보게 될 것이다.

4:11. 미가 4장 9절을 도입한 동일한 낱말인 이제가 이 부분과 미가 5장 1절을 시작한다. 선지자는 백성들에게 자신들이 하나님을 무시함으로써 일어난 현재의 상황을 바라보라고 거듭 명한다. 승리를 거둔 나라들은 예루살렘에 들어가 그곳을 무너뜨림으로써 그곳을 더럽히려 한다. 그들은 거룩한 성전을 수치스러운 공연 장소로 만들 것이다.

4:12. 미가는 강력한 히브리어 구조를 사용하여 세계 강국이 만든 계획과 하나님이 만드신 계획을 비교하고 있다. 여호와의 계획은 그분의 지혜로운 조언 혹은 충고이다(시 33:11, 렘 32:19). 열방이 예루살렘을 무너뜨리고 계획을 세우듯, 하나님은 열방에서 자신의 열매를 추수하시기 위해 계획을 세우신다.

4:13. 마지막으로 선지자는 자기 백성에게 행동을 명한다. 그들은 여호와와 함께 추수에 동참해야 한다. 그분은 그들을 사용하여 세계의 열강들을 물리치게 하신다. 여호수아의 정복시대와 마찬가지로 그들은 대적들을 거룩한 경계선 밖으로 몰아낼 것이다. 그들은 대적이 불법적인 수단을 통해 모은 부와 재물을 하나님께 드릴 것이다. 이것이 거룩한 전쟁이다. 그 전쟁은 하나님이 온 땅의 대주재이심을 입증할 것이다. 그 호칭은 여호수아의 거룩한 전쟁 정복과 연결된다(수 3:11, 13).

5:1. 이 구절은 히브리어 본문에서 미가 4장 14절이다. 선지자는 그 정확한 의미가 분명하지 않은 언어 유희를 하고 있다. 이 히브리 동사의 가장 일반적인 의미는 이교도의 애도 의식에서 한 사람의 몸을 베는 것이다(신 14:1). 여기서 이 용어는 군대처럼 모여서 무리를 만드는 것으로 보인다(렘 5:7). 그런 다음, 예루살렘은 벽이나 군대(시 18:29) 혹은 고랑(시 65:10) 혹은 베인 상처를 의미하는 명사인 '게두드(gedud)' 의 성(문자적으로 딸)으로 불린다. 오늘날 번역가들은 이 구절을 각기 다르게 해석한다.

이 구절의 두 번째 부분이 기본적인 의미를 전달한다. 이스라엘은 위험에 처해 있다. 적은 그들의 통치자를 위협한다. 이스라엘은 반응해야 한다. 여기서 언어는 다시 이스라엘을 그 시작으로 돌아가게 한다. 여기서 재판자를 가리키는 히브리어는 '소펫(sophet)' 으로, 이 용어는 사사기에서 사사들이나 이스라엘의 첫 번째 구원자들을 가리킨다. 뺨을 맞는 것은 수치(시 3:7)와 패배를 상징한다. 이스라엘은 마지막 한 번의 전쟁을 위해 군대를 소집하거나 종말을 기다리는 슬픔 가운데 그 벽 안에 모여야 한다.

5:2. 미가는 4장 12절에서처럼 차이점을 보여주기 위해 그곳과 동일한 강력한 히브리

어 구문을 사용하여 예상하지 못했던 곳에서 오는 한 줄기 희망을 보여준다. 베들레헴 에브라다라는 작은 마을이 무대 중앙을 차지한다. 예루살렘 남서쪽으로 8킬로미터 떨어진 이곳은 남쪽인 네게브로 향하는 주요 고속도로 바로 옆에 위치한다. 베들레헴 출신의 가장 유명한 인물은 다윗이다(삼상 16:1-13). 미가는 현재의 다윗의 뒤를 잇는 통치자들이 역사적 의미를 상실했기 때문에 새로운 다윗을 얻기 위해 베들레헴으로 돌아가야 한다는 것을 지적하기 위해 다윗과의 연결을 밝히고 있다. 이것은 이사야가 '이새의 줄기' (사 11:1)에서, 즉 상고에 태초에 한 다스릴 자가 나올 것이라고 말한 것과 비슷하다. 이것은 영원 전으로 돌아가는 것은 아니라 하더라도 이스라엘 왕조의 시작으로 돌아가는 것이 분명하다.

현재의 희망은 상실되었으나 하나님의 계획은 현재를 넘어서 이어진다. 그분은 이스라엘을 위한 새로운 통치자에 대한 희망을 갖고 계신다. 이 통치자는 여호와를 위해 올 것이다. 그는 현재의 이스라엘 통치자들과 달라서 하나님의 계획을 성취하고 하나님께 순종할 것이다. 이 새 통치자는 섭리 가운데 그 가문의 조상의 고향에서 태어나신 나사렛 예수라는 사람 가운데 나타나셨다(눅 2:1-7). '통치하다' 를 나타내는 히브리 용어(모셸, moshel)은 이스라엘이 열방을 다스릴 것이라는 신명기 15장 6절의 약속을 생각나게 하고, 하나님이 이스라엘을 다스리실 것이기 때문에 자기와 자기 아들은 그들을 다스리지 않겠다는 기드온의 역설적인 주장(삿 8:22-23)을 넌지시 암시한다.

5:3. 선지자는 자신의 위협/ 약속이라는 주제를 완결짓기 위해 수수께끼 같은 언어를 빌려온다. 그는 하나님이 범죄한 백성에게 내리시는 선언을 소개하는 데 자주 사용되는 예언의 말인 '그러므로' 로 시작한다. 그 벌은 하나님이 이스라엘을 포기 혹은 버리시는 모습으로 묘사되는데, 이것은 포로와 이스라엘의 멸망에 따른 모습이다. 그런 포로 생활은 다만 일시적인 것이다. 한 진통 중인 여인이 아기를 낳을 것이다.

이 구절은 많은 해석을 낳는다. (1) 메시아이신 통치자의 어머니, (2) 더 정확하게 예수의 어머니 마리아, (3) 약속된 통치자의 고향인 베들레헴, 성읍은 종종 여성으로 취급되므로, (4) 메시아가 성장할 못자리인 이스라엘 혹은 예루살렘, (5) 포로 시대의 왕자나 여왕. 이 언어는 이사야 7장과 새로 태어난 아기의 약속과 긴밀하게 연결되어 있다. 심지어 고레스의 탄생과 페르시아가 바벨론 포로들을 유다로 귀환시키는 것 혹은 그 포로 귀환의 어머니격인 페르시아를 가리키기도 한다.

그 형제 남은 자는 하나님의 백성 전체를 향한 미가의 관심을 보여준다. 그 남은 자들의 정체성은 새로 태어난 아기의 관점에 달려 있다. 그 남은 자는 예루살렘에서 포로들의 귀환을 기다리던 자들, 북왕국 열 지파의 회복을 기다리는 남왕국, 혹은 바벨론에 포로로 잡혀갔다 돌아와 예루살렘에서 베들레헴의 아기가 태어나는 것을 기다리던 사람들과 합류한 이들일 수 있다.

미가 시대에 그 정확한 역사적 의미가 무엇이든, 여기서 동시대의 중요성은 조금도 경시되어서는 안 된다. 하나님은 이스라엘 백성으로 하여금 예수가 이스라엘에 대한 약속을 성취하는 메시아임을 깨닫게 하기 위해 수세기 전에 미리 예비하셨다. 하나님은 회복과 통일의 주님이시다. 그분은 자기 백성을 없애기 위해 징계하시는 것이 아니라 그들의 갱신과 하나 됨을 준비시키기 위해 징계하신다. 하나님의 계획은 땅 위의 모든 나라에 흩어진 자기 백성에게 초점이 맞추어져 있다. 왜냐하면 그분은 온 땅의 주님이시기 때문이다.

5:4. 미가는 메시아의 직무 규정을 가지고 이 복잡한 구원의 약속을 완성한다. 메시아는 자기 양 떼를 먹이는 선한 목자일 것이다. 그는 다윗의 원래의 통치(삼하 5:2)는 물론이고, 다윗 이전의 부족 지도자들의 통치까지도(삼하 7:7) 이어받을 것이다. 목자의 비유는 계속해서 학대받는 자기 백성을 대하시는 하나님을 가리킨다(사 40:11, 겔 34:13-23). 약속된 목자는 하나님의 능력과 위엄을 가지고 자기 백성을 보호할 것이다. 온 세상은 새로운 통치자의 위대함을 듣게 될 것이다.

D. 남은 자들을 새롭게 하심(5:5-9)

Supporting Idea	하나님은 남은 자들을 사용하셔서 그분의 백성이 자기 죄로 인한 고난을 받은 뒤에 평화와 안정을 가져오신다.

5:5. NIV 성경은 불필요하게 이 구절의 처음 행을 선행하는 설교의 결론으로 4절과 함께 자리매김하고 있다. 그러나 여기서 히브리어 형식은 7절 도입과 10절을 나란히 병행시키고 있다. 미가 5장 5절부터 5장 15절까지 전체는 하나님의 평강을 이루시는 방식을 서술한다. 그 서문은 문자적으로 "그리고 이것은 '샬롬', 평화, 온전함, 완전함, 안전이 될 것이다"로 읽힌다. 이 말은 대부분 '이 한 사람 - 메시아'로 해석된다. 히브리어

본문은 "그는 (그들의, 우리의) 평화이다"라고 기록되었을 수 있으나 여기서는 그렇게 나타나지 않는다. 5-6절은 평화를 기술하며, 7-8절은 남은 자들을, 그리고 10-15절은 그 날을 서술한다.

'샬롬' 다음에 나오는 강력한 말은 앗수르이다. 이것은 앗수르가 평화의 근원임을 의미하는가? 적어도 미가는 청중들의 이목을 집중시켰다. 그들이 들은 것은 평화로 들리지 않았다. 앗수르는 우리 땅에 들어와 우리 왕이 사는 우리 요새와 같은 왕궁을 짓밟았다. 이것은 재앙의 모습처럼 들린다. 그러나 선지자는 그것을 뒤집는다. **우리가 그를 치리니**. 어떤 해석가들은 이것을 미가 편에서의 현실적인 희망으로 보지 못하고, 그가 이 말들을 자기 청중들의 입에서 나온 역설적인 거짓 희망으로 제시하고 있는 것으로 본다. 문맥상 그런 억지 해석을 강요하는 것은 전혀 없다. 미가는 어떤 대가를 치르더라도 '왕'이라는 용어를 피하려고 한 것으로 보인다. **목자**는 앞부분에서 나온 모습을 떠올리며, 반면에 '네시케이(nesikey)', 즉 **군왕**은 다른 곳에서 이방인을 가리키는 데 사용되는 말을 사용한다(겔 32:30). 이스라엘이 그들을 인정할 수 없는 가운데 지도자들은 하나님의 부르심을 기다리고 있는 것이다.

5:6. 황무하게 하다(바른성경, 우리말 성경, 현대인의 성경은 '다스리다'로 번역함 - 역주)는 '목자에게'에 해당하는 말이다. 역설적으로 이 목자들은 통제하기 힘든 양 떼에게 칼을 사용한다. **니므롯**은 바벨론의 고대 영웅으로 그 영토를 앗수르까지 확장시켰다(창 10:9-12). 미가는 앗수르를 가리키는 병행 용어를 찾기 위하여 고대 전승을 끄집어낸다. 여기서의 바벨론이 그 바벨론을 의미한다는 주장이 가능성은 있지만 그렇게 크지 않다. **뺀 칼**(새번역, 쉬운성경, 우리말 성경)은 초기 번역에 나타난 어려움과 불가타 역본과 초기 랍비들의 독법에 기초하여 히브리어 본문에 가해진 작은 변화를 보여준다.

NASB 성경은 히브리어 본문을 유지한다. "그 니므롯 땅의 입구." 히브리어에서 병행 어구는 반드시 똑같을 필요가 없으므로 여기서는 NASB 성경의 독해가 더 타당하게 여겨진다. 미가는 4장 10절에서처럼 다시 구원을 하나님이 적들로부터 구출해내시는 것으로 기술하는데, 여기서는 그 주체가 복수에서 단수로 변환되어 있다. 미가는 5절에서 사용한 동일한 동사를 사용하여 앗수르가 그 땅에 들어가 국경을 넘어갔으므로 하나님이 자기 백성을 구하실 것이라고 약속하였다. 여기서 하나님의 행동이 강조되고 있음에 주목하라. 지도자들은 하나님께 쓰임받아야 한다. 2절의 약속된 메시아 통치자와 함께 그들은 자기 스스로 나서는 것이 아니라 하나님께로부터 나와야 한다.

5:7. 미가는 잠시 뒤로 물러나 이 약속은 즉각 이루어지는 것이 아님을 백성들에게 상기시킨다. 이 약속은 남은 자들을 위한 희망을 대변하는 것이지 민족 전체를 위한 것이 아니다. 형벌은 그들을 잘라내버려서 하나님의 구원이 있기 전에 소수의 남은 자만 남게 될 것이다. 침입한 앗수르인들은 합당한 하나님의 벌을 받을 것이다. 앗수르와 바벨론 유수에서 살아남은 포로들은 땅에 물을 주는 신선한 이슬과 풀에 물을 주는 갑작스러운 소나기가 될 것이다. 그러나 이슬과 소나기는 인간의 소원에 대한 응답으로 오는 것이 아니라 하나님의 명령으로 오는 것임을 기억해야 한다. 역사 기록은 많은 이스라엘 백성이 바벨론 포로들의 번성함에 정체성을 잃고 혼합되었음을 보여준다. 그들은 자신들이 통치자들에게 문제를 일으킨다고 믿을 아무런 이유가 없었다.

5:8-9. 미가는 다르게 알았다. 비나 소나기처럼 하나님의 남은 자들은 오직 하나님의 때를 기다렸다. 그리고 그들은 자신의 외모를 변화시켰다. 앗수르 그리고/ 혹은 바벨론의 모든 힘은 하나님의 남은 자들의 맹공을 견디지 못할 것이다. 그들은 그들의 대적이 실패와 멸망을 맛볼 때 승리를 거둘 것이다. 9절의 '네' 는 단수형으로 하나님 혹은 남은 자를 하나의 집합 명사로 가리키는 것으로 볼 수 있다. 따라서 9절은 마지막 승리의 약속이나 찬양의 마무리 노래로 보일 수 있다.

E. 하나님의 멸망의 날(5:10-15)

Supporting Idea	하나님은 하나님께 순종하는 것을 가로막는 모든 사람과 모든 물건을 멸망시키실 것이다.

5:10. 이 전체 예언의 의미는 다양한 해석이 가능하다. 여기서 '나' 는 하나님이 1인칭으로 직접 말씀하시는 것을 가리킨다. 그러나 '너' 는 누구인가? 비록 앞부분에서는 앗수르를 말하고 있지만, 가장 분명한 답은 이스라엘이다. 이 전체 부분은 이스라엘을 정죄하는 예언으로 보인다. 그런 다음, 마지막 구절에서 열방에 대한 진노를 읽게 된다. 이것은 하나님께 순종해야 하는 유다와 이스라엘 두 나라를 가리키는 것인가? 아니면 히브리어 '고임(goyim)' 이 일반적으로 가리키는 것처럼 이교도 나라들을 가리키는가? 이교도 나라는 어떤 방법으로 여호와께 순종하거나 그분의 말씀에 귀 기울여야 하는가? 마지막 구절은 단

지 열방이 고난을 당하기 때문에 전체 부분을 이스라엘을 향한 구원을 간접적으로 예언하는 것으로 만드는가? 이 단락의 어조는 밝지 않고 어둡다. 이 단락이 묘사하는 어떤 구원도 기껏해야 흐릿할 뿐이다. 이 커다란 단락에서 하나님의 마지막 진술은 구원을 베푸시는 약속이 아니라 하나님의 처벌하시는 능력을 감지할 여지를 남겨둔다.

멸망의 일제 공격 개시는 이스라엘의 군사력을 공격하는 것이었다. 앗수르가 예루살렘 성벽을 에워싸고 있는 가운데 하나님은 이스라엘의 모든 군사력을 무력화시키겠다고 위협하신다.

5:11-14. 다음 줄은 군사 요새화한 이스라엘의 성읍과 마을들이다. 하나님은 이스라엘이 승리할 모든 물리적 희망을 제거하신 뒤 그들의 영적 세력을 공격하신다. 그 첫 대상은 복술이다. 이것은 이방 종교가 숭배하는 신의 뜻을 분별하는 방법을 가리키는데, 이스라엘 백성에게는 금지된 것이다(출 7:11, 22:18). 마술(마법 혹은 점술)은 고대 근동에서 흔한 것이었으며, 이방 종교 관행에서 따로 떼어놓을 수 없는 것이었다.

점쟁이가 없게 된다는 말은 징조를 해석할 수 있는 점쟁이의 사역을 없애는 것을 말한다(레 19:26, 렘 27:9). 우리는 이방 종교와 정치 대변자들인 이들이 정확히 어떻게 사역을 했는지는 알지 못하지만, 그들이 이스라엘에 미친 유혹은 대단했다. 아세라는 가나안 족속의 다산을 주관하는 여신이었다. 나무 혹은 특별히 조각된 장대가 그 숭배의 핵심적인 부분이었다. 그 상징적인 막대 혹은 나뭇가지 역시 아세라라 불렸다(신 7:5, 사 17:8). 그런 이교적인 방식으로 예배하는 이들을 향한 하나님의 응답은 간단했다. 그분은 그들을 그 고향과 그들이 좋아하는 예배 장소에서 뿌리째 뽑으시고, 그 마을을 멸망시키실 것이다.

5:15. 미가는 수수께끼 같은 언급으로 이 부분을 마무리한다. 그 언급은 기쁜 것처럼 들리지 않았다. 왜냐하면 온통 진노와 분한 그리고 갚는다는 말로 가득하였기 때문이다. 귀 기울이지 않은 민족에게 종말이 가까웠다. 이것은 전체 부분인 3장 1절부터 5장 15절까지의 결론처럼 들린다. 하나님의 대적들은 그분께 순종하지 않은 결과를 몸소 겪을 것이다. 그러나 거기에는 누가 포함되는가? 분명 앗수르와 바벨론이다! 어쩌면 질투심 많고 탐욕스러운 이스라엘의 몇몇 이웃들도 있을 것이다. 그리고 아마 약속된 남은 자들을 제외한 대부분의 이스라엘과 유다 백성이 포함되어 있을 것이다. 다른 선지자들이 이방 나라에 대한 예언으로 보여준 것처럼(예를 들면, 사 13-23장, 암 1-2장) 유

다와 이스라엘은 자신도 이방 나라에 대한 하나님의 예언 가운데 포함되어 있음을 알 수 있다. 들으려고 하는 이들은 하나님이 심판을 통하여 자신의 침묵을 깨시는 것을 발견한다.

Main Idea 복습	하나님은 자기 백성에게 말씀할 의무가 없으시다. 그분은 범죄한 백성에 대하여 심판의 때를 늦추시고, 또한 자기 백성에게 다시 한 번 평화를 말하려고 결정하시기까지 침묵 가운데 물러날 자유가 있으시다.

결론

하나님이 아무 말씀도 하지 않으실 때

침묵은 우리와 하나님 사이를 나타내는 표시일 수 있다. 우리는 그분의 음성을 듣고 그분의 길과 그분의 계획을 이해하고자 하지만, 아무것도 듣지 못한 채 어둠만 바라본다. 그럴 때 우리는 우리 집을 바로 정리하고, 세상의 어떤 일도 우리를 하나님으로부터 분리하여 그분의 분노가 그분의 음성을 감싸지 않도록 해야 한다. 우리는 결국 하나님이 자기 백성을 위하신다는 것을 알게 되지만, 잠깐 동안은 하나님이 그분의 계획에 따라 하나님의 때에 하나님 자신을 드러내실 때까지 인내가 필요할 수도 있다.

▣ 진리 알기

- 모든 사람은 옳고 그름, 선과 악의 기본 원리를 알고 있다.
- 인간의 죄는 하나님으로 하여금 계시의 통로를 닫고, 침묵을 통하여 자기 백성과 의사소통하게 만든다.

- 하나님의 사역자들이 하나님의 백성으로 하여금 죄를 짓게 만들 수 있다.
- 때로 하나님의 유일한 메시지는 자기 백성의 죄에 주의를 기울이라는 것이다.
- 하나님의 영원한 계획은 모든 나라가 그분을 섬기는 구원의 날을 바라본다.
- 하나님의 구원은 베들레헴에서 태어날 메시아를 통하여 자기 백성 가운데 남은 자들에게 임한다.

▣ 적용하기

- 지금 당장 당신의 죄를 하나님께 고백하라.
- 예수 그리스도께 충성을 맹세하라.
- 하나님의 침묵에 안달하지 말라.
- 하나님이 그분의 시간에 승리하실 것을 신뢰하라.
- 세상 지도자들이 당신의 길을 안내하게 하지 말고, 하나님이 목자가 되어 당신을 양처럼 인도하시게 하라.
- 이 세상에서 전쟁이 아닌 평화의 세력을 대변하라.
- 하나님이 이 세대의 남은 자들을 위해 구원 계획을 드러내시도록 기도하라.

삶의 적용

신음하며 침묵 속으로

8년이 지났는데도 내 기억 속에 하나님이 깊은 침묵 가운데 계셨을 때의 일이 생생하게 남아 있다. 하나님이 내게 새로운 시작, 새로운 가족 그리고 새로운 직업을 주셨음에도 불구하고 말이다. 나는 넉 달 동안 아내 메리가 죽어가는 것을 지켜보았다. 그리고 나는 아홉 달 동안 어둠 속에서 울부짖으며 하나님께 그 이유를 물었지만 아무 대답도 듣지 못했다. 하나님의 침묵은 오늘날 세상에도 실재로 존재한다. 우리가 오늘날 누리고 있는 통신 기술은 결코 하늘에 닿지도, 하나님의 음성을 증폭시키지도 못한다. 그분은 그분 스스로 택하실 때에만 말씀하시며, 그분의 말씀은 빛보다는 어둠과 멸망을 가져올 수도 있다.

우리는 반드시 부도덕한 다수가 아니라 약속된 남은 자 가운데 속해야 한다. 우리는 어두운 침묵 가운데서도 하나님과 그분의 영원한 계획을 신뢰하는 법을 배워야 한다. 우리는 그분이 자기 아들 예수의 탄생을 통하여 우리의 어둠을 완전히 밝히셨음을 알고 있다. 예수님이 겟세마네 동산에서 하나님이 침묵하시는 것처럼 보일 때(막 14:32-42), 그리고 십자가에서 버림받았을 때(막 15:34) 신음하셨던 것처럼 우리도 고통의 시간에 신음할 수 있다. 그러나 그런 침묵에 들어가는 신음조차도 언젠가 하나님의 대답이 올 것이라는 믿음을 나타낸다.

기도

하나님 아버지, 주님의 침묵을 깨뜨려주십시오! 우리 기도를 들어주십시오. 이 어두운 시간을 뚫고 나갈 주님의 길을 우리에게 보여주십시오. 우리가 당신이 말씀하시기를 기다리는 동안에도 우리의 걸음을 악하고 잘못된 길이 아니라 선하고 바른 길로 인도해주십시오. 우리로 주님의 신실한 남은 자들 가운데 있게 해주십시오. 우리는 주님을 신뢰합니다. 아멘.

심층 연구

예언의 계시(3:6-7)

하나님은 선지자들을 침묵시키셨다. 그들은 더 이상 그분의 말씀을 전달하는 전령 노릇을 할 수 없었다. 침묵은 선지자의 입을 닫게 함으로써 오는 것이 아니다. 그것은 그들이 계시와 연결된 통로를 막는 것으로부터 온다. 미가는 예언의 계시에서 몇 가지 핵심 용어를 제시한다.

환상(히. 하존, chazon)은 예언 계시의 기본 양식을 보여주기 위해 예언서의 제목 가운데 자주 사용되었다(옵 1:1). 사람들은 선지자로부터 환상을 추구했다(겔 7:26). 그런 환상에 대한 기사 혹은 내용은 글로 기록할 수 있거나(대하 32:23) 혹은 미래의 계시를 위해 비밀로 간직되었다(단 9:24). 환상은 하나님의 메시지와 하나님의 뜻을 전달하기 위해 하나님께로부터 온다(시 89:19). 그러나 선지자들은 그런 비전을 요구할 수 없었다. 환상은 하나님의 주도권으로부터 오며 드물거나 존재하지 않을 수도 있었다(삼상 3:1). 환상은 일반적으로 꿈과 구별되는데, 때로는 꿈과 매우 비슷하다(단 7:1). 선지자들은 환상을 받은 척하고 백성들에게 거짓을 말할 수 있었다(렘 14:14).

이스라엘의 많은 이웃 나라들은 다양한 형태의 점(히. 코셈, qosem)을 시행했다. 그 안에는 죽은 자들에게 묻기(삼상 28:8)와 화살 조작하기 혹은 동물의 간 살펴보기(겔 21:21-23) 등이 있었다. 이런 것들은 계시의 거짓되고 죄 된 수단으로 간주되어(왕하 17::17, 슥 10:2) 이스라엘 백성에게 금지되었다(신 18:10-14). 그러나 점은 자기 백성을 향한 하나님의 신탁이나 하나님의 계시를 찾는 하나의 방법으로 볼 수도 있었다(사 3:2). 미가는 점을 거짓된 계시의 수단으로 명확하게 정죄하지 않는다. 그는 다만 하나님은 점쟁이가 하나님이나 다른 어떤 신의 뜻을 판단하는 능력을 모두 제하여버리실 것이라고 선언하였다. 그는 어떤 선지자들은 대가를 받고 점술을 행한다고 말하였다(미 3:11).

이스라엘에는 거짓 선지자에 해당하는 용어가 없으므로 '네비임(nebi' im)' 이 참된 선지자와 거짓 선지자 모두를 가리키는 말로 사용되었다. 미가는 밤에 환상과 징조를 찾으며, 사람들에게 그들이 듣고 싶어하고 기꺼이 대가를 지불할 만한 것들을 말하는 여러 가지 거짓을 언급한다(미 3:6). 그러나 선지자들이 빛을 보는 시대는 끝났다. 밤과 어둠이 그들을 둘러쌀 것이며, 그들은 자신이 가진 어떤 환상도 계시할 수 없을 것이다.

선견자(히. 호제, chozeh)는 환상(히. 하존, chazon)을 받는다. 이스라엘의 많은 선지자들이 이 호칭을 받았다(대상 21:9). 제사장 아마샤는 아모스를 선견자로 보았다(암 7:12). 하나님은 선지자와 선견자들을 통하여 자기 백성에게 경고하셨지만(왕하 17:13), 그분은 또한 백성들이 듣고 싶어하는 것들을 말해주는(사 30:10) 선지자와 선견자들을 침묵시키실 수 있다(사 29:10).

고안

A. 들어가는 글

1. '그에 관한 소식을 듣다' 이야기로 시작하라.
2. 배경 설명 : 3-5장은 하나님의 백성을 형벌과 멸망에 관한 그분의 말과 행동으로부터 하나님의 침묵에 비쳐진 희망이 한데 뒤섞인 낯선 감정으로 인도한다. 하나님의 백성은 경건한 기도, 의식에 맞추어 드리는 예배, 혹은 이방 세상에서 오는 힘을 가지고 하나님을 조정할 수 없음을 배워야 한다. 그분은 그분이 원하시는 때에, 그분이 원하시는 장소에서 그분의 방법으로 말씀하신다.
3. 적용 : 하나님이 침묵하실 때 우리는 어떻게 반응해야 하는가? 우리는 우리의 종교 행위를 증가시킬 수 있다. 모든 것을 포기하고 세상의 방식을 따라갈 수도 있다. 우리가 가진 자원과 지혜를 의지할 수도 있다. 혹은 인내로 하나님의 메시지에 귀를 기울이며, 우리가 알고 있는 모든 것에 순종하고, 그분의 침묵이 끝났을 때 우리에게 들리는 모든 것에 응답할 준비를 할 수도 있다.

B. 본문 이해

1. 죄는 침묵을 가져온다(3:1-12)
2. 성전이 다시 토라를 가르치다(4:1-8)
3. 하나님의 계획에 참여할 준비(4:9-5:4)
4. 남은 자들을 새롭게 하심(5:5-9)
5. 하나님의 멸망의 날(5:10-15)

C. 결론 : '하나님이 아무 말씀도 하지 않으실 때' 를 읽어주라.

토의 질문

1. 하나님이 침묵하신다고 말하는 것은 어떤 의미인가?

2. 인간의 행동이나 행동하지 않음이 하나님의 침묵을 불러일으킬 수 있는가?

3. 우리는 하나님의 침묵에 어떻게 응답해야 하는가?

4. 우리는 하나님이 오늘날 예수 그리스도의 오심과 관련해서 침묵하고 계시다고 말할 수 있는가?

5. 그 침묵 가운데서 우리는 어떻게 우리가 하나님이 승리하게 하시는 남은 자 편에 있는지 확인할 수 있는가?

미가 6:1-7:20

의인에게 요구되는 것들

"중요한 원칙은 융통성 없이 완고할 수 있고 또한 반드시 그래야 한다."

- 에이브러햄 링컨(Abraham Lincoln)

하나님은 이스라엘을 법정으로 불러내어 역사가 자기 편임을, 정의와 자비와 겸손이 자신이 기대하시는 것임을, 경제적 학대는 자신의 심판을 일으킨다는 것을, 하나님은 속이는 세대에게 유일한 희망의 근원이심을, 그리고 하나님은 궁극적으로 자기 백성을 구원하심으로써 비교할 수 없는 자신의 성품을 나타내실 것임을 보여주신다.

들어가는 글

무엇이 기대되는가?

나는 대학에 들어가 처음(이자 마지막)으로 들어간 수학 수업을 절대 잊지 못할 것이다. 강사는 로스 알라모스 국립 연구소(Los Alamos National Laboratory)에서 박사 학위를 받고 막 부임한 사람이었다. 그는 분명히 그때까지 한 번도 남을 가르쳐본 적이 없었을 것이다. 30여 명의 학생은 얼굴에 긴장과 두려움을 잔뜩 내비친 채 첫날 수업 시간에 들어갔다. "교수님은 어떤 사람일까?" "무슨 소식 들은 거 없어?" "무엇을 기대해야 하지?" 온갖 질문들이 교실을 맴돌았다. 첫날 우리는 그가 우리에게 기대하는 것이 무엇인지 알고 충격을 받았다! 누구도 첫 수업을 그런 식으로 구성하지 않았다. 우리는 대학에서 가르치는 교양 과목으로서의 수학 학점을 원했지, 고등 수학 연구에 하루 24시간을 바치는 것을 원하지 않았다.

마찬가지 방식으로 이스라엘 백성은 자기 머리를 설레설레 흔들었다. 우리가 하나님을 기쁘시게 할 수 있는 방법은 없는가? 선지자는 도대체 우리에게서 무엇을 기대하는가? 하나님은 전에 애굽에서 우리의 주님이 되시기 위해 언약을 세우셨다. 하나님은 무엇이 더 필요한가?

미가는 미가서를 마치면서 하나님의 백성들을 향한 하나님의 기대를 천둥처럼 울려 퍼지게 했다. 그 기대는 대부분의 백성들이 감당할 준비가 되지 않은 것이었다. 하나님의 백성들을 향한 하나님의 기대치는 여전히 동일하게 남아 있다. 당신은 그것에 귀 기울이고, 그것을 채울 준비가 되었는가?

본문 이해

의인에게 요구되는 것들

Main Idea	하나님의 구원은 자동으로 오는 것이 아니다. 왜냐하면 그분에게는 자기 백성에게 기대하시는 것이 있기 때문이다. 그 기대를 충족시키기를 거부하는 백성은 하나님의 자비와 용서와 긍휼을 맛보기 전에 벌과 징계를 당할 것이다.

A. 의인을 고발하시는 하나님(6:1-8)

Supporting Idea	자기 백성을 구원하신 하나님은 의식이 아닌 공의를 기대하신다.

6:1-2. 하나님은 이스라엘을 법정에 부르셔서 그들의 주장을 변론하게 하신다. 하나님과 그분의 백성 사이에서 그 소송을 청문할 유일한 중재자는 자연 세계의 구성 요소들이다. 그래서 이스라엘은 산과 작은 산들 앞에서 증언해야 했다. 하나님은 이 소송을 주도하시면서 자기 백성의 심각한 죄를 고발하신다.

6:3-5. 하나님은 이스라엘과 친밀한 관계를 유지하시면서 그들을 내 백성이라고 부르신다. 하나님은 그들이 하나님이 그들에게 어떤 나쁜 짓을 했다는 것인지 입증해보임으로써 자신들의 행동을 정당화하기를 원하셨다. 하나님이 너무 많은 것을 기대하시는 것인가? 하나님은 자기 백성에 대해 요구할 권리가 있음을 보이신다. 그분이 그들에게 행하신 것들을 살펴보라. 그분은 그들을 종노릇하는 집에서 구해내어 그들을 자유하게 하셨다(출 20:2). 그분은 모세와 그의 형 아론과 누이 미리암이라는 인물을 통하여 그들에게 지도력을 행사하셨다. 하나님은 자기 백성에게 필요한 모든 것, 즉 그들이 자기 힘으로 할 수 없는 것들을 행하셨다('심층 연구' 참고).

하나님은 이스라엘을 애굽에서 구원하셨을 뿐 아니라, 그들을 약속의 땅으로 인도하셨고, 싯딤에서 길갈까지를 그 여정의 마지막 구간이 되게 하셨다(민 25:1). 이 모든 일은 이스라엘에게 한 가지, 곧 하나님은 의로우시다는 것을 나타낸다. 의롭게 행한 것은

'의' 라는 용어의 복수 형태이다.

6:6-7. 이곳이 미가서의 핵심이다. 이스라엘을 대변하는 한 증인이 증언대에 선다. 그 증인은 증언을 하는 대신 마치 변호사처럼 질문을 던지기 시작한다. 그는 하나님의 성전을 향해 여행을 떠나는 순례자의 언어를 사용한다. 그 순례자는 존경과 경배 가운데 절을 하러 가면서 예배 처소의 대표자에게 선물로 줄 무언가를 손에 들고 있기를 기대했다. 그 순례자는 요구 사항이 무엇인지 알았다. 그는 전통적인 제사 관행을 따라야 했다. 그런 제물은 노아(창 8:20), 아브라함(창 22:2), 그리고 애굽에서의 모세(출 10:25)까지 거슬러 올라간다. 번제물은 하나님이 자기 백성에게 첫 번째로 요구하신 것들 가운데 하나였다(레 1:3-17).

그 증인은 이 제물로는 하나님이 행하신 모든 것과 그분이 기대하신 모든 것을 인정하기가 충분하지 않다고 판단했다. 그래서 그는 과장법을 사용한다. 천천의 수양이면 하나님이 기뻐하실까? 만일 거기에 사람들이 다른 제물과 함께 사용하는 만만의 강수 같은 기름을 기뻐하실까? 혹은 도랑이 더해지면 어떨까?

만일 그것으로도 충분하지 않으면, 예배자는 더 나아가 특별한 속죄물, 곧 자기 맏아들을 드려야 하는 것일까? 그 증인은 하나님이 요구하시는 것이면 무엇이든 심지어 이교도의 관행을 따라 자기 아들이라도 드릴(왕상 11:5) 준비가 되어 있는 것처럼 보인다. 극단적인 상황은 이스라엘 백성을 이런 극단적인 해결책으로 이끌었다(대하 28:3). 이스라엘의 율법은 자녀를 하나님께 제물로 드린다는 어떤 생각도 정죄하였다(신 18:10). 하나님의 의로우신 행동은 이스라엘에 대한 그분의 신의를 입증하며, 그 어떤 법정도 그분을 정죄할 수 없음을 보여준다. 그러나 이스라엘의 증인은 이스라엘이 하나님이 명하신 것은 무엇이든 하나님께 기꺼이 드릴 것임을 보여준다. 이 법정이 어떻게 이스라엘을 정죄할 수 있겠는가?

6:8. 이스라엘의 증인은 하나님의 메시지를 중재하는 선지자와 함께 직접적인 대답을 받는다. 하나님은 이미 무엇이 선한지 계시하셨다. 선한 것은 여호와가 요구하시는 것이다. 선한 것은 하나님의 언약 조항이 요구하는 것, 그 조항은 시내 산에서 모세를 통하여 주어진 것이다. 레위기 19장 18절은 신약에서 다시 반복되지만(마 19:19, 롬 13:9), 그 조항을 "네 이웃을 네 몸과 같이 사랑하라" 고 요약한다. 아모스는 이렇게 요약한다. "너희는 살기 위하여 선을 구하고 악을 구하지 말지어다 만군의 하나님 여호와께

서 너희의 말과 같이 너희와 함께하시리라 너희는 악을 미워하고 선을 사랑하며 성문에서 공의를 세울지어다 만군의 하나님 여호와께서 혹시 요셉의 남은 자를 긍휼히 여기시리라" (암 5:14-15). 그리고 이렇게 덧붙인다. "오직 공법을 물같이, 정의를 하수같이 흘릴지로다" (암 5:24).

이 요구 조건을 이사야 식으로 말하면,

> 너희는 스스로 씻으며 스스로 깨끗케 하여 내 목전에서 너희 악업을 버리며 악행을 그치고 선행을 배우며 공의를 구하며 학대받는 자를 도와주며 고아를 위하여 신원하며 과부를 위하여 변호하라 하셨느니라 여호와께서 말씀하시되 오라 우리가 서로 변론하자 너희 죄가 주홍 같을지라도 눈과 같이 희어질 것이요 진홍같이 붉을지라도 양털같이 되리라 너희가 즐겨 순종하면 땅의 아름다운 소산을 먹을 것이요 너희가 거절하여 배반하면 칼에 삼키우리라(사 1:16-20).

하나님은 여러 차례에 걸쳐 각기 다른 내용으로 이스라엘에게 언약 백성에 대한 하나님의 기대가 무엇인지 보여주셨다. 그러나 이스라엘은 그 말씀에 귀 기울이기를 계속해서 거부했다.

미가가 들려주는 하나님의 요구 조건은 간단하면서도 핵심을 찌른다. 선지자가 만난 사람들은 선을 미워하고 악을 사랑했다(미 3:2). 그들의 "손은 악을 행하는 데 익숙하다" (미 7:3, 현대인의 성경). 그들은 새로운 생활 방식을 배워야 했다. 그들은 **공의**를 행해야 했다. 히브리어 본문은 '미쉬파트(mishpat)' 를 행해야 한다고 말한다. 이스라엘의 지도자들은 이 일에 전문가여야 했지만(미 3:1), 오직 선지자만 그러했다(미 3:8). 지도자들은 '공의를 미워했다' (미 3:9). 그들의 감정적인 헌신은 **인자**(mercy, NIV 성경, 히. 헤세드)에 집중되어야 했다. 즉, 언약을 신실히 지키는 일에 집중되고 다른 사람을 보살피는 일에 전념해야 했다. 그러나 이스라엘은 자기에 대한 인자만 원했다. 하나님은 자기 백성에게 인자를 보이는 것을 기뻐하셨지만, 이스라엘 백성들은 다른 사람을 대하는 일에 그 인자를 반영하는 것을 거부했다(미 7:18, 20).

겸손히에 해당하는 히브리어는 구약에서 이곳에서만 나타나며, 그 의미가 명확하지 않다. 최근의 논의는 '신중을 기하여' 와 '조심스럽게' 에 집중되어 있다. 게리 스미스는 이렇게 멋지게 요약한다. "미가는 하나님의 뜻을 행하는 일에 주의를 기울이는 대신 자기 마음대로 혹은 주제넘게 행동하는 것에 대해 경고한다. 본문이 말하는 하나님과의 동행은 개인의 뜻을 부차적인 것에 두고 하나님의 뜻을 행하는 일에 빈틈없는 주의를 기울인다는 점에서 겸손하다"(NIV Application, 554).

이것은 종교의 뿌리, 언약의 핵심, 경건의 급소 그리고 기독교 헌신의 진수이다. 하나님은 정례화된 종교 행위를 기대하지 않으신다. 하나님은 다른 사람과 하나님과의 인격적인 관계를 원하신다. 그 관계는 다른 사람을 우리의 관심의 중심에 두는 것이다. 행동은 법적 문서에 의해서가 아니라 진정한 헌신에 의해 좌우된다.

B. 거짓말에 주어지는 황량함(6:9-16)

Supporting Idea	하나님의 요구 조건을 충족시키지 못한 개인과 민족은 그분의 심판을 당한다.

6:9. 이 구절에서 번역상의 문제가 나타난다. 히브리어 본문은 이렇게 읽힌다. "야훼의 목소리가 성벽을 향하고, 지혜롭고 성공한 그는 네 이름을 본다. 너희 모두는 들으라. 오, 부족(혹은 막대기)과 그것을 지명한 이여." 모든 번역은 이런저런 식으로 본문을 변경한다. 아마 선지자는 자기 백성, 즉 그 민족 전체를 대표하는 예루살렘 성에 대해 경고하시는 하나님을 묘사하고 있는 것 같다. 하나님의 이름에 존경을 표하는 사람은 지혜롭고 성공을 거둔 사람으로, 히브리어 용어는 이 두 가지 의미를 모두 내포하고 있다. 이는 많은 사람들이 하나님의 이름을 잘못 사용하고 있다는 것과 그들이 심각한 결과를 맞이할 것을 암시한다.

하나님의 부르심은 단순하다. 내 손에 들린 매에 주목하라, 그 매는 형벌과 군사적 패배의 도구를 가리킨다(사 9:4, 10:5, 15, 24). 또한 그것을 지명한 이, 곧 자신이 원하는 누구에게나 형벌의 매를 주시는 여호와를 주목하라. 이 구절의 정확한 의미가 무엇이든 상관없이 하나님은 자기 백성을 심판하러 오실 것이다.

6:10. 이 구절의 본문은 다시 번역자들을 어려움에 처하게 한다. 히브리어 본문은 분명 이렇게 읽힌다. "분량이 줄어든 에바가 저주받고 있는데, 그럼에도 여전히 악의 보물(과 함께) 악한 집이(혹은 집을 가진 이가) 있느냐?" 대부분의 번역자들은 히브리어

본문에 어느 정도 변경을 가한다. 하나님은 자기 백성에게 직접 말씀하신다. 그분은 그들을 사악하고 불의한 수단을 통하여 얻은 재물을 잔뜩 쌓아둔 악한 가족으로 보신다. 이들 가운데 하나는 곡식을 사고 팔 때 불공정한 저울을 이용했다. 그것은 하나님이 저주하신 행위이다. 하나님의 백성은 더 잘 알지만, 더 잘 행동하지 않는다. 그들은 차버리지 못하는 죄의 습관, 깨뜨리지 못하는 탐욕의 습관을 갖고 있다.

6:11-12. 하나님은 계속되는 비슷한 논조로, 범죄한 백성에게 재판관이신 하나님의 입장을 생각해보라고 명하신다. 피고들은 정해진 대로 바른 눈금을 가리키지 못하는 저울이 가득 담긴 가방을 가지고 서 있다. 피고들은 또한 잘못된 무게를 가리키는 저울추를 가지고 있다. 그래서 피고들이 무언가를 팔 때는 정해진 눈금보다 항상 더 높이 올라갔다. 그리고 무언가를 살 때는 정해진 눈금보다 더 적게 올라갔다. 이런 일은 부자 계층과 가난한 계층을 만들어냈다. 부자들은 자기 부를 얻기 위해 기만과 거짓말을 사용했다. 이런 관행은 가난한 이들에 대한 폭력으로 이어졌다. 부자들은 그들의 돈과 집과 물려받은 땅을 훔쳤는데, 이는 그들을 천천히 죽음으로 몰고 가는 길이었다.

6:13-15. 영어 번역 **그러므로**는 대부분의 예언의 선포에서 죄를 소개하는 치명적인 '그러므로' 와 다른 히브리어 구조를 보인다. 히브리어 본문의 가장 바른 해석은 다음과 같다. "그리고 심지어 나 자신마저도 너를 때리기 시작했고, 네 죄로 인하여 황폐함을 일으켰다." 하나님은 그 사랑 넘치는 신실함으로 인해 더 오래 기다리실 수 없으셨다. 그분은 범죄한 백성들에게 행동을 하셔야 했다. 그분은 그들을 모든 생명의 근원으로부터 분리시키실 것이다. 그들은 자신이 처한 상황에 넋을 잃고 서 있게 될 것이다. 그들에게는 먹을 음식이 있지만, 부족하다. 14절의 나머지는 모호한 낱말들로 인하여 번역하기 힘들다. 올바른 독해는 다음과 같은 것이다. "네 이질이 네 내부에 있을 때라도. 너는 도망가겠지만 안전하지 못하며, 만일 네가 탈출하더라도 내가 (그것을) 칼에게 넘겨줄 것이다."

15절은 농사의 모습으로 변환된다. 곡식의 추수나 포도 수확 그 어느 것도 쓸모 있는 것을 만들어내지 못한다. 그래서 모든 것이 무익하다. 음식은 이 백성을 병들게 한다. 만일 그들이 자기 자신이나 다른 이들을 그 상황에서 벗어나게 하려고 애쓰더라도 그들은 성공하지 못한다. 설령 그들이 성공한 것처럼 보인다면 하나님이 죽음을 내리실 것이다. 14절의 정확한 의미가 무엇이든 그 의도는 분명하다. 하나님은 그 땅에 헛된 것들을 가져오셔서 심지어 먹고 마시는 기본적인 행동까지 모두 실패하게 만드신다. 죽음이야말로 하나님의 백성을 향한 하나님의 최후 통첩이다.

6:16. 백성들은 하나님과 그분의 정의의 길에 순종하지 않았다. 그들은 어느 길을 따라갔는가? 이스라엘을 다스린 사악한 오므리 왕조의 길이었다! 유다는 여호와가 시내산에서 도입하신 완전한 예배를 따르지 않고 이스라엘에 들어온 이교도 예배를 본받았다. 오므리(주전 885-874년)는 물질적으로 큰 성공을 거두었지만, 열왕기상은 그를 이렇게 정죄한다. "오므리가 여호와 보시기에 악을 행하되 그 전의 모든 사람보다 더욱 악하게 행하여"(왕상 16:25).

오므리의 아들 아합은 그보다 더 악했다.

> 오므리의 아들 아합이 그 전의 모든 사람보다 여호와 보시기에 악을 더욱 행하여 느밧의 아들 여로보암의 죄를 따라 행하는 것을 오히려 가볍게 여기며 시돈 사람의 왕 엣바알의 딸 이세벨로 아내를 삼고 가서 바알을 섬겨 숭배하고 사마리아에 건축한 바알의 사당 속에 바알을 위하여 단을 쌓으며 또 아세라 목상을 만들었으니 저는 그 전의 모든 이스라엘 왕보다 심히 이스라엘 하나님 여호와의 노를 격발하였더라(왕상 16:30-33).

월터 카이저는 이렇게 주장한다. 북왕국 역사상 가장 악명 높은 두 사람의 이름은 아마 아합 왕과 이세벨 왕비일 것이다(「이스라엘의 역사(A History of Israel, 크리스찬출판사)」, 326).

그래서 하나님은 이스라엘에 **그러므로**를 시작으로, 그들이 오므리와 아합에게서 배운 불의와 종교적 불신에 대해 판결을 선언하신다. 하나님의 백성은 무서운 흉악함과 마주쳤다. 대적들은 그들에게 비웃음과 조소를 보낼 것이다. 부끄러운 조롱이 그들을 짓누를 것이다. 하나님이 그들을 '내' 백성의 **수욕**이라 부르시는 가운데 그분의 아픈 마음을 느낄 수 있다〔NIV 성경의 **열방**(the nations)은 히브리어 원문이 아니라 70인역을 따르고 있다〕.

C. 땅에 대한 애곡(7:1-7)

Supporting Idea	죄 많은 백성은 하나님의 사역자로 하여금 하나님의 구원을 기다리면서 분노 가운데 애곡하게 만든다.

7:1. 일반적인 예언의 선포나 법정 언어로 자기 백성을 설득하지 못한 미가는 장례식에서 사용하는 말투로 전환한다. 그는 자신의 고통과 고뇌를 묘사하면서 장례식에서의 추도사를 흉내낸다. 그는 정의로 가득했기 때문에, 그의 고뇌는 그의 죄와 벌로부터 온 것이 아니다(미 3:8). 그 아픔은 선지자가 자기 백성을 향한 하나님의 신실한 사랑과 자비를 함께했기 때문에 온 것이다. 그는 재앙 혹은 화를 의미하고 다른 곳에서는 욥기 10장 15절에서만 등장하는 이례적인 말로 시작한다. 미가의 사역은 하나님의 저주를 받은 농경지처럼 열매를 맺지 못한 것처럼 보인다.

7:2. 이 생생한 묘사는 선지자를 애곡하게 만든 것이 무엇인지 보여준다. 하나님께 신실하게 충성하는 선인(개역개정은 경건한 자, 히. 하시드, chasid)은 땅에서 사라졌다. 정직한 자가 인간에 없도다. 그들은 어디에 있는가? 그들은 피를 찾아 숲 속에 엎드려 있다. 이스라엘의 모든 사람은 자기 가족을 붙잡기 위해 그물을 들고 기다리고 있다.

7:3. 하나님은 백성에게 무엇이 선한 것인지 알기를 요구하신다(미 6:8). 이스라엘은 두 손으로 악을 부지런히 행하였다(비교. 미 3:1). 왕을 섬기는 정부 관료와 정의를 유지할 책임이 있는 재판관들 모두 자신이 행하는 모든 호의에 대가를 요구했다. 만일 그런 대가를 지불할 수 있으면 원하는 것을 얻을 수 있다. 가난하다면 당신이 가진 것을 나라가 가져갈 것이다. "큰 사람은 자기 영혼의 원하는 것을 말하며, 그들은 그것을 함께 왜곡시킨다." 여기서 '그들'의 선행사는 무엇인지 언급되고 있지 않다. 큰 사람 혹은 군장은 왕을 암시하는 것일 수 있으며, 그렇다면 부패는 최상층까지 만연되었다. 왕만이 대가를 지불할 필요가 없었다. 그 체제에서 나머지 모든 사람은 자기만 생각하고 있다.

7:4. 정부 관료의 목록을 바라보는 미가는 그들의 가장 선한 자라도 사람의 살을 찌르는 가시와 같다고 결론을 내린다. 정직한 자는 하나님의 도움을 받아야 하지만(미 2:7), 이스라엘 정부는 올바른 모든 것을 왜곡시켰다(미 3:9). 그래서 정직한 자는 하나도 남지 않았다(미 7:2). 스스로 정직하다고 주장하는 자는 사람의 옆구리를 찌르는 가시덤

불과 같다. 정부가 혼란에 빠지면 결과는 오직 하나밖에 없다. 파수꾼은 백성들을 향한 하나님의 전령 노릇을 하며 그들에게 심판을 선언한 선지자를 가리키는 것으로 보인다. 그들이 선언한 여호와의 날이 가까이에 있다. 그들은 손님을 기대하지만, 그 손님은 원하지 않는 손님이다. 그 방문은 한 가지 결과, 곧 소란을 가져올 것이다(사 22:5).

7:5-6. 그 소란은 이미 분명히 나타나서 자기와 가장 가까운 사이에까지 확장되었다. 그래서 선지자는 충고를 한다. 이웃, 친구, 애인, 가족 구성원 등 그 누구도 신뢰하지 말라. 아들은 그 아버지를 속이고, 딸은 자기 어머니를 대적한다. 가정은 전쟁터가 된다. 이러니 선지자가 애곡하는 것이 전혀 이상한 일이 아니다.

7:7. 마지막으로, 선지자는 가까운 상황에서 밖으로 눈을 돌린다. 그는 하늘을 향해 눈을 들어 하나님께 대한 믿음을 고백했다. 그 누구도 신뢰할 수 없던 그는 하나님을 신뢰할 수 있었다. **나는…보다**는 4절에서 파수꾼을 떠올리게 하는 말이다. 미가는 사람들이 들으려 하지 않을 때에도 선지자의 역할을 수행했다. 파수꾼의 날이 원하지 않는 방문을 가져오는 반면에, 미가는 희망 가운데 기다렸다. 그 역시 하나님의 방문을 기다렸지만, 이 방문은 소란을 가져오는 방문이 아니다. 이 방문은 구원을 가져오는 방문이다. 자기 백성에게 그와 정반대의 발언을 했던 선지자가 어떻게 이런 확신을 가질 수 있는가? 그의 확신은 기도를 통해 온다. 그는 하나님께 구원을 간구했고, **나의 하나님이 나를 들으시리라**는 확신을 갖고 안도했다.

D. 하나님의 법정에서 확실한 사건(7:8-13)

Supporting Idea	하나님의 백성에 대한 선지자의 심판 선언은 그 대적에게 자랑하고 교만해질 기회를 제공하지 않는다. 왜냐하면 하나님은 그들을 잠시 이용해 자기 백성을 벌하실 것이지만, 결국 그 대적들도 벌하실 것이기 때문이다.

7:8-10. 애곡은 찬양과 확신으로 이어지는 경우가 많다. 그래서 선지자는 희망의 진술로 자기 애곡을 마친다. 이제 그는 그 애곡을 확장하여 자기 백성을 구원하시는 하나님의 구원에 대한 확신을 표현한다. 미가는 무너지고 멸망당한 예루살렘이 자기 적들에게 경고하게 한다. 기뻐하지 말라. 너희가 지금은 전쟁에서 이겼을지 모르지만 조심

해라. 예루살렘은 다시 일어설 것이다. 어떻게 멸망당한 성이 그런 담대한 주장을 할 수 있는가? 하나님은 어둠을 빛으로 바꾸시는 주님이시다. 마지막으로, 예루살렘은 그들을 향한 하나님의 법적 소환에 응답하라는 하나님의 부르심에 대답한다(미 6:1-3). 예루살렘은 이렇게 고백한다. 내가 범죄하였으니. 백성들은 하나님의 진노가 정당하며, 그들의 벌이 합당하다는 것을 인정해야 한다.

뜻밖에도 예루살렘은 죄의 고백에서 믿음의 고백으로 어조를 변화시킨다. 예루살렘에 대하여 소송을 제기하신 하나님은 예루살렘이 당한 소송을 맡으신다. 그분은 판결문의 삭감을 위하여 주장하는 변호사가 되신다. 그리고 그분은 공의를 행하실 것이다. 예루살렘은 어둠을 떠나 하나님의 빛에 들어갈 것이다. 그들은 그곳에서 하나님의 '체데크(히. tsedeq)', 하나님의 의를 발견할 것이다. 하나님은 예루살렘의 죄로 인하여 세상에 만드신 혼돈과 소란으로부터 세상의 질서를 다시 세우실 것이다. 이것이 죄인을 의롭다 하시고 그들을 의롭다고 선언하시는 신약 개념의 출발점이다(롬 1:16-17).

기뻐하는 대적은 갑자기 기쁨을 그칠 것이다. 네 하나님 여호와가 어디 있느냐는 쓰라린 조롱의 말은 더 이상 예루살렘 거리에서 들리지 않을 것이다. 그 성은 예루살렘이 멸망당할 때처럼 적군이 짓밟히는 것을 볼 것이다. 이제 부끄러움이 그 적을 덮을 것이다.

7:11-13. 대적의 패배는 이 모습의 한쪽 면에 불과하다. 예루살렘은 회복되고, 그 경계는 현재의 경계를 넘어 확장될 것이다. 이 미래의 때에는 국제적인 권력 구조의 변화를 보게 될 것이다. 온 세상에서 사람들이 예루살렘으로 물밀듯 돌아올 것이다. 이들은 포로로 잡혀간 유대인인가, 아니면 선지자가 예루살렘에 조공을 바치고 예루살렘의 하나님을 섬기기 위해 오는 열방을 가리키는가? 예배하러 오는 이방 나라들의 대표들을 (시 2:8-12, 사 60:11-12) 가리키는 병행 구조를 가진 예언 단락으로 보고 있다는 점에서 케네스 바커(Kenneth Barker, NAC 20, 129)가 옳다. 예루살렘으로 들어온 외국인들은 재앙을 피해 고향으로 돌아간다. 왜냐하면 그 땅이 황무해질 것이기 때문이다.

어떻게 온 땅이 폐허가 될 수 있는가? 오직 하나님의 행동을 통해서이다! 왜 하나님이 행동하시는가? 악한 민족들의 행위를 벌하시기 위해서이다. 하나님의 법정에서, 그분의 백성은 언약에 신실하신 하나님을 발견하게 된다. 그분은 자기 백성을 벌하시고, 이어서 그들을 벌하기 위해 사용하신 열방의 악함을 정죄하면서 자기 백성을 변호하여 의롭다고 선언하신다.

E. 우리 죄를 바다에 버리자(7:14-20)

Supporting Idea	하나님은 사랑의 속성으로 인한 구원의 약속으로 기도에 응답하신다.

7:14. 미가서는 선지자와 하나님의 대화로 결론에 도달한다. 선지자는 하나님이 다시 자기 백성의 선한 목자가 되어주시기를 기도한다(시 23:1-6, 렘 13:17).

미가와 그의 백성은 하나님의 지도력이 필요했다. 그들은 적들이 그들을 고립시켜 이웃 나라나 다른 나라와의 교역을 금지시켰기 때문에 혼자 격리되어 살았다. 그들은 문명의 보호에서 벗어나 숲으로 들어가야 했다.

> 성경 시대의 숲은 거대한 나무만 가리키는 것이 아니라 짐승들이 돌아다니는 관목, 약초 그리고 더 작은 식물들을 가리켰다. 성경 시대에 동부 지중해인 레반트의 풍경은 현재보다 훨씬 더 울창한 숲을 이루었을 것이다. 이런 이유에서 숲은 위험(특히 사람을 위협하는 야생 동물)을 가리키는 비유로 사용되었다. 고대인들은 숲이 너무 자라 문명을 지배할까 걱정했다(L. Cornelius, *NIDOTTE*, 3623).

이 무서운 숲은 과수원(NIV 성경의 초장보다는) 가운데 존재했다. 사람들은 어두운 숲의 외로움과 두려움을 견뎌야 했을 뿐 아니라, 그 외로운 숲 바로 너머에 그들이 다가갈 수 없는 사랑스러운 과수원이 있다는 것을 알았다.

미가는 운명이 역전되기를 기도했다. 선한 목자가 자기 양 떼인 이스라엘을 바산의 훌륭한 초장(겔 27:6)과 요단강 동편의 길르앗으로 인도하시기를 원했다. 하나님은 이 기도에 응답하시기 위해 그 지역에 대한 이스라엘의 지배를 회복시키실 것이다. 그 지역은 오랫동안 수리아와 앗수르에게 잃어버렸었다.

7:15. 하나님은 선지자의 기도에 놀라운 방식으로 응답하신다. 출애굽의 기적과 비교할 수 있는 승리가 하나님의 백성에게 멀지 않았다. 하나님은 다시 한 번 자기 백성을 적들로부터 승리하게 하시는 목자 왕이 되실 것이다.

7:16-17. 이스라엘을 위협하고 지배하는 강대국들은 새로운 출애굽의 기적을 보고 숨이 막힐 것이다. 자기의 세력을 부끄려서는 문자적으로 '그 모든 힘으로부터' 인데 명

확하지 않은 구절이다. 이 부분은 '그 능력 때문에', 혹은 '심지어 그 모든 능력에도 불구하고'를 의미할 수 있는데, 이는 백성들의 모든 힘이 하나님의 기적과 맞설 수 없다는 부끄러움을 가리킨다. 선지자는 열방들로부터 기대되는 것과 그들이 하나님을 직면했을 때 나타날 수 있는 것을 대조하고 있다.

열방은 말하거나 들을 수 없게 될 것이다. 그래서 군대에 필요한 의사소통 수단이 존재하지 않게 된다. 이 모습은 말문이 막혀서 그들을 구원할 수도 있는 하나님의 명령 듣기를 거부한다는 의미와, 우월한 존재 앞에서 침묵하게 된다는 의미를 포함할 수 있다.

교만한 군대는 더 센 능력 앞에 엎드려 땅바닥을 기게 될 것이다. 그래서 그들은 하나님 앞에서 부정하고 더럽힐 만한 것으로 묘사되었다(레 22:5). 그것은 창세기 3장 14절의 저주받은 뱀과 같은 족속이다. 그들은 숨어야 하며, 그런 다음 은신처에서 밖으로 나와 항복해야 했다. 그들은 하나님과 이스라엘(혹은 '너'를 단수로 받으면 선지자) 모두를 두려워할 것이다. 그런 두려움은 지혜의 시작이 아니라 파멸의 시작이다.

7:18-20. 하나님의 약속은 선지자에게 황홀한 기쁨을 주어 비교 불가능하신 하나님을 찬양하게 만든다. 여호와의 유일함은 그분의 죄 용서와 사하심 가운데 나타난다. 그러나 그 용서는 보편적인 것이 아니다. 그것은 심지어 이스라엘 모두에게 미치지도 않는다. 용서는 이스라엘의 남은 자에게만 제한된다. 분노 가운데 벌을 내리신 하나님은 항상 노를 품지 아니하실 것이다. 인애 혹은 신실한 언약에 대한 사랑이 마침내 승리하게 된다. 하나님의 속성인 사랑은 분노로부터 그분의 참된 기쁨, 즉 자기 백성에게 자비를 베푸는 일로 변한다. 분노는 신실한 사랑과 긍휼(히. 라함, racham), 다시 말해 어머니가 자식에 대해 그리고 하나님이 자기 백성에게 갖는 깊은 사랑으로 변한다.

창세기의 뱀에 대한 승리의 약속은 하나님이 이스라엘의 죄를 자신의 발로 짓밟으신다는 새로운 표현으로 나타난다. 바꾸어 말하면, 그분은 우리의 모든 죄를 깊은 바다에 던지실 것이다. 이것이 용서이다. 그 무엇도 하나님의 발로부터, 혹은 깊은 바다로부터 도망할 수 없다. 용서는 추궁이나 반복이 없는 것이다. 하나님은 우리의 죄를 해결하시고 우리를 의롭다고, 즉 그분이 보시기에 무죄라고 선언하신다. 이것이 대적으로부터, 그리고 죄로부터의 구원이다.

미가서는 이스라엘의 역사가 시작된 곳, 즉 아브라함에게 주어진 약속과 함께 끝이 난다(창 12장). 아브라함과 미가 사이에는 1천 년의 시차가 있지만, 하나님은 아직도 그 약속을 기억하시고 지키셨다. 현재의 상황은 비록 흐릿하고, 어둡고, 하나님의 심판으로 덮여 있는 것처럼 보일 수 있다. 그러나 하나님은 자기 백성이 기도할 때 들으시고 애굽에서 행하셨던 것처럼 그들을 구속하신다. 미가 이후 거의 1천 년 만에 하나님은 자기 아들 예수 그리스도의 인격 안에 오셔서 언약의 약속을 신실히 지키심을 완전히 입증하셨다.

Main Idea 복 습	하나님의 구원은 자동으로 오는 것이 아니다. 왜냐하면 그분에게는 자기 백성에게 기대하시는 것이 있기 때문이다. 그 기대를 충족시키기를 거부하는 백성은 하나님의 자비와 용서와 긍휼을 맛보기 전에 벌과 징계를 당할 것이다.

결론

하나님께 내세울 것이 없다

미가 6-7장은 성경 안에서 예언에 관한 가장 위대한 몇 가지 가르침을 제시한다. 본문은 우리를 하나님의 의의 법정으로 소환하여 우리의 입장을 진술할 것을 명령한다. 우리는 무기력하게 우리의 입장을 이야기하지만, 하나님은 그림 전체를 보고 계시다는 것을 발견하게 될 뿐이다. 하나님은 우리가 그분께 요구할 수 있는 모든 일을 행하셨다. 우리는 뇌물을 주고서 생명과 천국 법정을 통과하려고 시도한다. 그러나 우리가 하나님께 가져가는 그 어떤 것도 그분의 선택에 영향을 끼치지 못한다. 우리는 죄인이다. 우리는 죄악된 행동에서 돌이켜 하나님이 요구하시는 것으로 나아가야 한다. 그럴 때 하나님의 자비와 용서와 소망을 경험할 수 있게 된다.

■ 진리 알기

- 모든 사람은 하나님의 심판을 받아야 한다.
- 하나님은 우리가 하나님과 다른 사람과의 관계에서 정의와 신실함과 지혜로 행동할 것을 요구하신다.
- 인간의 능력을 좇는 것은 우리의 연약함을 드러내고 우리를 하나님의 심판으로 인도한다.
- 하나님의 심판은 우리의 모든 자원을 제거하고 우리를 오로지 그분 앞에만 서게 한다.
- 우리의 구원의 소망은 하나님의 자비와 긍휼에 근거한다.

■ 적용하기

- 오늘 당신의 죄를 하나님께 고백하라.
- 세상의 어떤 능력이 당신의 삶을 주관하는지 살펴보고 그 능력을 하나님께 굴복시켜라.
- 당신의 삶 가운데 당신이 자주 불의하고, 불공정하며, 사랑하지 못하는 분야의 목록을 적어 보라.
- 당신이 공평하게 대하지 못한 사람에게 용서를 구하고, 하나님께 용서를 구하라.
- 하나님만이 당신의 유일한 구원의 소망이 되시게 하라.

삶의 적용

재판관 앞에 서기

법정에 서는 것을 좋아하는 사람은 아무도 없다. 일단 대기인석에 앉으면 그 무엇도 앞으로 진행될 일을 변경시킬 수 없다는 것을 알게 된다. 당신이 할 수 있는 일이라고는 재판관이 자비로워서 당신에 대한 판결이 너무 심하지 않기를 바라는 것이다.

성경은 이 모습에서 한 걸음 더 나아간다. 당신은 대기인석에 앉아 재판장을 바라보고, 자신이 하나님과 마주하고 있음을 발견한다. 그분은 당신을 기소하셨다. 당신은 무엇을 할 수 있는가? 이스라엘은 모든 변명과 알리바이를 내세우려 했다. 그들은 하나님을 위해 기꺼이 하려고 하는 모든 것들을 내세웠다. 그분은 그들의 계획을 거절하시고 한 가지만을 요구하셨다. 그것은 공의를 사랑하고, 신실함 가운데 행하며, 하나님의 인도하심을 따라 사는 것이다.

재판장이신 하나님을 만났을 때 당신이 드릴 탄원은 무엇인가? 당신은 이렇게 말할 수 없다. "마귀가 나로 하여금 이것을 하게 만들었어요." 혹은 "내가 가진 모든 것을 당신께 드리겠습니다." 심지어 당신이 개인적으로 받은 고난과 자기 희생도 내세울 수 없다. 그러므로 지금 당신의 죄를 고백하라. 그리고 하나님이 당신이 무죄하고, 의롭다고 선언하시게 하라. 하나님의 기대를 채우는 일을 시작하라. 그때 비로소 당신은 이렇게 말할 수 있게 된다. "오직 나는 여호와를 우러러보며 나를 구원하시는 하나님을 바라보나니 나의 하나님이 나를 들으시리로다" (미 7:7).

기도

위대한 재판장이신 하나님 아버지, 우리는 너무 오랫동안 세상의 방법을 따랐습니다. 우리가 실제로는 전혀 다른 존재인데도 마치 무언가 되는 것처럼 보이려고 노력했습니다. 우리는 강하고 부유한 자만이 결국 승리한다고 생각하면서 세상의 일들이 서로 간에 너무나 자주 연결되어 있다고 당신께 고합니다. 이 시간 우리의 죄를 고백합니다. 우리를 용서해주십시오. 우리 죄를 바다 깊은 곳에 던지시고 당신이 우리의 구세주 하나님이심을 분명히 알게 해주십시오. 아멘.

심층 연구

A. 출애굽

역사적으로나 신학적으로 출애굽은 구약에서 가장 중요한 사건이다. 구약에서 지혜문서를 제외하고 1백 번 이상에 걸쳐 하나님은 자신을 이스라엘 백성을 "애굽 땅에서 종 되었던 집에서 인도하여 낸"(신 5:6) 분이라고 주장하신다. 이스라엘은 출애굽을 하나님의 강력한 구원 행위로 기억했다. 그는 그 사건을 신앙 고백 가운데 기념했다(신 26:5-9). 그리고 예배 가운데 그 사건을 노래했다(시 106, 135편).

선지자들은 항상 이스라엘에게 선택과 언약이 출애굽과 밀접한 관계가 있다는 것을 상기시켰다(사 11:16, 학 2:5). 이스라엘에게 구약의 출애굽은 신약의 그리스도인들에게 그리스도의 죽음과 부활에 해당했다. 이스라엘이 유월절에 애굽의 포로 생활에서 구원받은 것을 기념하는 것처럼, 그리스도인들은 성만찬을 지키는 가운데 죄로부터의 구속을 기념한다(눅 22:1-20, 고전 11:23-26).

B. 발람(6:5)

발람은 이스라엘 사람이 아닌 선지자로, 모압 왕 발락으로부터 공격해 들어오는 이스라엘을 저주할 수 있으면 상응하는 대가를 지불하겠다는 약속을 받은 선지자이다. 발람은 그 땅의 모든 신들을 섬기던 동방 종교의 여러 선지자들 가운데 한 사람이었다. 거짓 교사들 가운데 많은 이들이 엄청난 능력과 영향력을 갖고 있었다. 그들이 축복이나 저주를 선포하면 그것은 참된 예언으로 간주되었다. 모세가 자기 백성을 이끌고 광야로 갔을 때 하나님은 그에게 에돔이나 모압을 치지 말라고 명령하셨다(시 2:4-9). 그래서 그는 그렇게 하지 않았다. 그리고 에돔이 공격해오자, "이스라엘이 그들에게서 돌이켰다"(민 20:21). 이 큰 민족이 요단 강 북쪽에서 동쪽 편으로 이동해오자 모압 왕 발락은 이스라엘이 공격해올 것이라는 위협을 느꼈다. 발락은 모세와 전쟁을 벌여 그를 멈추게 하는 것이 아닌 다른 전략을 짰다. 그래서 이스라엘에 저주를 내릴 선지자를 사용하기로 결정했고, 발람이 선택되었다.

발락은 발람의 제사를 확보하기 위하여 전령을 통해 사례금을 보냈다. 발람은 이스라엘을 저주할 수 있도록 하나님의 허락하심을 구했다. 허락은 거절되었지만, 발람은 발락과 상의하기 위해 여행을 계속했다. 이 여행 도중에 발람이 좁은 길을 가고 있을 때 그의 나귀가 그에게 말을 했다(민 22:21-30, 벧후 2:16). 여기서 발람은 천사가 칼을 뽑아 자신이 하나님의 메시지만을 발락에게 말하게 한다는 것을 분명히 깨달았다. 나중에 발람은 네 개의 생생한 메시지를 통하여 하나님이 이스라엘을 축복하실 것이라고 주장했다(민 23-24장). 하나님은 발람을 사용하셔서 진리를 전하게 하셨다. 그는 심지어 미래의 한 별과 홀을 말했는데(민 24:17), 이는 궁극적으로 메시아이신 예수의 오심으로 성취된 예언이다.

발락의 행동은 모압을 향한 하나님의 분노를 샀다(신 23:3-6). 발람은 미디안과의 전쟁에서 죽었다(민 31:8, 수 13:22). 발람은 이스라엘을 저주할 수 없었으나, 모압인들은 이스라엘 사람들을 부도덕한 바알 숭배로 끌어들이는 법을 가르쳤다. 이 일로 인해 하나님은 이스라엘을 벌하실 것이다. 발람은 자신이 저주를 통해 이루지 못한 것을 유혹이라는 수단을 통해 이루었다.

교안

A. 들어가는 글

1. '무엇이 기대되는가' 이야기로 시작하라.
2. 배경 설명 : 미가는 자신의 책을 완성하면서 하나님의 법정이라는 상황을 설정한다. 하나님은 모든 백성을 그 법정으로 부르셔서 그들이 하나님을 기쁘시게 하기 위해 무엇을 해야 하는지 확인하게 하셨다.

3. 적용 : 하나님은 자기 백성을 위해 친히 행하신 모든 것들을 증명하실 수 있으시다. 그분의 백성은 다만 이렇게 응답할 수밖에 없다. "제가 당신을 기쁘시게 하기 위해 무엇을 할 수 있겠습니까? 제가 드리는 것은 무엇이든 부족할 뿐입니다." 하나님은 당신에게서 어떤 대답을 기대하시는가?

B. 본문 이해

1. 의인을 고발하시는 하나님(6:1-8)
2. 거짓말에 주어지는 황량함(6:9-16)
3. 땅에 대한 애곡(7:1-7)
4. 하나님의 법정에서 확실한 사건(7:8-13)
5. 우리 죄를 바다에 버리자(7:14-20)

C. 결론 : '하나님께 내세울 것이 없다' 를 읽어주라.

토의 질문

1. 당신은 언젠가 하나님의 심판에 직면할 것을 진심으로 믿는가?

2. 당신은 하나님 앞에서 당신이 무죄라고 선언받아 마땅하다는 것을 보여드리기 위해 교회에서 행한 어떤 업적들을 내세우겠는가?

3. 오늘날 정의와 불법과 관련된 어떤 영역에 교회가 가장 큰 관심을 가져야 하는가?

4. 하나님을 바란다는 것은 어떤 의미인가?

5. 당신은 하나님이 하나님의 약속에 신실하시다는 것에 대해 어떤 표적과 증거를 제시할 수 있는가?

■ 용어 해설

1. **아골 골짜기**(Achor, Valley of) - '근심', '고통' 혹은 '금기시'를 의미하는 지역 이름. 이 골짜기는 아간과 그의 가족이 돌에 맞아 죽은 곳이다(수 7:24-26). 후에 그곳은 유다의 국경 일부가 되었다. 그것은 이사야 65장 10절과 호세아 2장 15절에 담긴 예언의 약속의 주제이다.
2. **간음**(adultery) - 결혼 생활에서 한쪽 배우자가 자발적으로 자기 배우자가 아닌 다른 사람과 성적 관계를 맺을 때 발생하는 신실하지 못한 행동. 호세아를 포함하여 구약의 몇몇 선지자들은 간음을 하나님께 성실하지 못함을 묘사하는 비유로 사용했다. 특히 그 성실하지 못함에는 가나안 족속의 다산 의식이 포함되었다.
3. **바알**(Baal) - 가나안의 수많은 신들의 우두머리로, 풍요로움을 가져다주는 근원으로 숭배되었다.
4. **브에리**(Beeri) - 선지자 호세아의 부친이라는 사실 외에는 알려진 것이 없음.
5. **신부 지참금**(bride price) - 혼인 서약을 체결할 때 신랑이나 신랑의 부모가 신부 가족에게 주는 선물.
6. **언약**(covenant) - 자기 백성을 향한 하나님의 은혜의 약속과 그 결과로 일어난 그분과의 관계를 표현하는 계약 혹은 조약(출 19-24장, 수 24장 참고).
7. **여호와의 날**(Day of the Lord) - 하나님이 자기 백성을 구원하거나 심판하시기 위해 역사 가운데 개입하시는 결정적인 순간. 종말에 있을 최후의 심판의 날.
8. **에브라임**(Ephraim) - 북왕국에서 가장 대표적인 지파의 이름. 주전 931년 이후 북쪽의 열 지파인 이스라엘 모두를 가리키는 이름으로 그렇게 자주 사용되지 않았다.
9. **다산 의식**(fertility cults) - 이교의 제사 의식으로 신들의 세계를 흉내내고 곡식을 생산하는 땅의 비옥함을 확인하기 위한 성행위가 포함된다.
10. **절기**(festival) - 중앙의 예배처에서 국가적 차원의 예배와 축하가 펼쳐지는 시기. 이스라엘은 가을의 초막절, 봄의 유월절, 그리고 여름의 칠칠절이라는 세 가지 연례 행사를 기념했다.
11. **고멜**(Gomer) - 호세아의 신실하지 못한 아내로 전에 창녀였다.
12. **산당**(high place) - 대개 언덕이나 산 정상에 자리잡은 이교도의 제사 장소로 신성시되

는 기둥, 우상 그리고 나무들을 갖추고 있다.

13. **이스라엘**(Israel) - 야곱에게 주어진 이름으로, 주전 931년 솔로몬이 죽은 뒤 연합 왕국이 분리되었을 때 북쪽의 열 지파에 붙여졌다.

14. **여호사밧 골짜기**(Jehoshaphat, Valley of) - '야훼께서 심판하시는 골짜기' 라는 의미를 가진 지명. 여호와께서 열방을 심판하시기 위해 소환하는 장소(욜 3:2).

15. **예후**(Jehu) - 난폭한 살인자 아합, 아하시야, 이세벨 그리고 아합의 일흔 명의 아들로 이어지는 북왕국의 강력한 왕조의 창시자. 주전 841-814년까지 이스라엘을 통치함.

16. **여로보암 2세**(Jeroboam II) - 이스라엘(북왕국)에서 가장 강력했던 왕. 주전 793-753년경 이스라엘을 통치함.

17. **이스르엘**(Jezreel) - 호세아의 아들 가운데 하나로, 그 이름은 이스르엘 골짜기에서 많은 피를 흘리고 시작된 예후 왕조의 악한 특성을 상징한다. 이 이름은 또한 하나님이 그들을 멸망시킨 뒤에 번영의 씨앗을 심으실 것을 상징한다(호 1:4-5, 10-2:1).

18. **이스르엘**(Jezreel) - 비옥한 이스르엘 골짜기의 동쪽 끝에 위치한 성. 북왕국(이스라엘)의 겨울 수도이자 예후가 잔인한 행동을 했던 지역이다.

19. **유다**(Judah) - 야곱의 열두 아들 가운데 하나의 이름. 이 이름은 열두 지파 가운데 가장 큰 지파의 이름이기도 했다. 마지막으로, 이 이름은 주전 931년 연합 왕국이 분리되었을 때 남쪽의 두 지파를 가리키는 이름이 되었다.

20. **공의**(justice) - 구약에서 중심이 되는 윤리적 속성으로 하나님의 속성과 이스라엘이 모든 시민들에게 공평한 기회를 제공하는 사회적 질서를 만들어내기를 바라는 하나님의 기대로부터 파생되었다(암 5:6-7, 15, 미 6:8). 이것은 하나님이 자기 백성을 벌하시고 축복하시는 기준이 된다(암 7:7-9).

21. **로암미**(Lo-Ammi) - '내 백성이 아니다' 라는 의미를 갖는 상징적인 개인의 이름. 선지자 호세아의 아들의 이름으로 이스라엘이 죄와 언약의 파기로 인하여 하나님과의 관계를 잃어버린 것을 상징하기 위해 하나님이 붙이셨다.

22. **메뚜기**(locust) - 곤충의 한 종류로 주기적으로 그 숫자가 천문학적으로 늘어나 한 지역의 모든 곡식을 먹어치운다. 메뚜기 재앙은 하나님의 심판이 어떠한 모습일지를 가리키는 상징으로 사용되었다(욜 2:1, 11, 25, 계 9:3, 7, 비교. 출 10:3-20, 신 28:38).

23. **만군의 여호와**(Lord of Hosts) - Yahweh Sabbaoth. 이스라엘의 하나님을 가리키는 옛

이름으로, 그분이 하늘과 땅의 모든 군대를 통솔하는 사령관임을 가리킴. NIV 성경은 전능하신 주님(Lord Almighty)으로 번역함.

24. **로루하마**(Lo-Ruhamah) - '사랑이 없다' 를 의미하는 상징적인 개인의 이름. 이스라엘이 하나님께 대적하고, 이방 신을 섬김으로써 하나님의 사랑을 잃은 것을 상징하기 위해 하나님이 호세아의 딸에게 주신 이름(호 1:6).
25. **남방**(Negeb) - 브엘세바 남쪽의 건조하고 식물이 자라지 않는 바위 지역.
26. **월삭**(New Moon) - 이스라엘의 제사 가운데 매달 드리는 절기이면서 또한 이교도의 제사를 섬기는 시기이도 하다.
27. **안식일**(Sabbath) - 금요일 해가 진 뒤부터 토요일 해가 질 때까지의 일곱째 날로 이스라엘이 하나님이 창조 후에 안식하신 것과 그들이 애굽의 종 되었던 것에서 해방된 것을 기념하는 날. 이스라엘은 안식일에 일을 하지 않고 안식하기 위해 엄격한 규례들을 만들어냈다.
28. **굵은 베옷**(sackcloth) - 염소나 낙타의 털로 된 거친 재료로 만든 옷으로 애도나 분노의 표시로 입는다.
29. **사마리아**(Samaria) - 이스라엘(북왕국)에 세워진 유일한 대규모 성. 오므리 이후 이스라엘 왕들이 거하는 왕궁이 있는 곳.
30. **산헤립**(Sennacherib) - 주전 705-681년까지 재위한 앗수르의 왕. 그는 예루살렘의 남쪽과 서쪽의 거의 모든 성을 정복했으며, 주전 701년에 예루살렘을 포위했다.
31. **70인역**(Septuagint) - 헬라어로 번역된 구약 성경. 히브리어 성경이 다른 언어로 번역된 것 중 가장 오래된 번역본. 구약의 본문을 보존하는 가운데 발생한 약간의 변경이 보인다.
32. **뽕나무**(sycamore-fig tree) - 요단 골짜기에 자라는 나무로, 그 열매는 무화과 열매보다 작다. 이 열매를 먹기 위해서는 구멍을 뚫어야 했으며, 가난한 자들의 음식으로 사용되었다. 아모스는 자신을 소개할 때 이 나무를 가꾸는 자라고 말했다(암 7:14).
33. **현현**(theophany) - 하나님이 사람의 모습으로 나타나심. 보통 폭풍과 지진으로 묘사된다.
34. **야훼**(Yahweh) - 이스라엘의 하나님을 가리키는 이름으로 영어 성경에서는 'LORD' 로 번역하고 있다.
35. **시온**(Zion) - 원래 예루살렘의 일부분을 가리키는 말로 나중에 지상에서 하나님이 거하시는 곳으로서의 도시 전체를 가리키는 이름이 되었다.

■ 참고 도서

약어표

AB	Anchor Bible
ABD	*Anchor Bible Dictionary*
BBC	Broadman Bible Commentary
BKAT	Biblischer Kommentar—Altes Testament
CBC	Cambridge Bible Commentary
DCH	*The Dictionary of Classical Hebrew*
EEC	An Exegetical and Expository Commentary: The Minor Prophets. Ed. Thomas Edward McComiskey.
FOTL	The Forms of the Old Testament Literature
HALOT	*The Hebrew and Aramaic Lexicon of the Old Testament*
KAT	Kommentar zum Alten Testament
MP	*The Minor Prophets: An Exegetical and Expository Commentary.* Ed. Thomas Edward McComiskey.
NAC	New American Commentary
NICOT	The New International Commentary on the Old Testament
NIDOTTE	*New International Dictionary of Old Testament Theology and Exegesis*
NIV Application	The NIV Application Commentary
OTL	Old Testament Library
TDOT	*Theological Dictionary of the Old Testament*
TLOT	*Theological Lexicon of the Old Testament*
TWOT	*Theological Wordbook of the Old Testament*
WBC	Word Biblical Commentary
WEC	The Wycliffe Exegetical Commentary

주석류

Allen, Leslie C. *The Books of Joel, Obadiah, Jonah, and Micah.* NICOT. Eerdmans, 1976.

Andersen, Francis I., and David Noel Freedman. *Hosea.* AB 24A. Doubleday, 2000.

Andersen, Francis I., and David Noel Freedman. *Micah.* AB 24E. Doubleday, 1980.

Baldwin, Joyce. *Jonah.* MP. Baker, 1993.

Barker, Kenneth L. *Micah.* NAC 20. Broadman & Holman, 1999.

Boice, James Montgomery. *The Minor Prophets*. 2 vols. Zondervan, 1983, 1986.
Butler, Trent C. *Joshua*. WBC 7. Word, 1981.
Ferreiro, Alberto. *The Twelve Prophets*. Ancient Christian Commentary on Scripture. XIV. Ed. Thomas C. Oden. InterVarsity, 2003.
Finley, Thomas J. *Joel, Amos, Obadiah*. Moody, 1990.
Garrett, Duane. *Hosea, Joel*. NAC 19A. Broadman & Holman, 1997.
Honeycutt, Roy L., Jr. *Hosea*. BBC 7 Broadman Press, 1972.
Jeremias, Jörg. *The Book of Amos*. OTL. Westminster John Knox, 1995.
Limburg, James. *Jonah*. OTL. Westminster/John Knox Press, 1993.
Magonet, Jonathan. *Form and Meaning: Studies in Literary Techniques in the Book of Jonah*. The Almond Press, 1983.
Mays, James L. *Amos*. OTL. London: SCM Press, 1969.
Mays, James L. *Hosea*. OTL. London: SCM Press, 1969.
Mays, James L. *Micah*. OTL. London: SCM Press, 1976.
McKeating, Henry. *Amos, Hosea, Micah*. CBC. Cambridge, 1971.
Niehaus, Jeffrey. *Obadiah*. MP. Baker, 1993.
Page, Frank. *Jonah*. NAC 19B. Broadman & Holman, 1995.
Robinson, G. L. *The Twelve Minor Prophets*, 1926. Reprint. Baker, 1967
Rudolph, Wilhelm. *Hosea*. KAT XIII 2. Gütersloher, 1966.
Rudolph, Wilhelm. *Joel, Amos, Obadja, Jona*. KAT XIII 2. Gütersloher, 1971.
Rudolph, Wilhelm. *Micha, Nahum, Habakuk, Zephanja*. KAT XIII 2. Gütersloher, 1975.
Smith, Billy K. *Amos, Obadiah*. NAC 19B. Broadman & Holman, 1995.
Smith, Gary. *Hosea, Amos, Micah*. NIV Application. Zondervan, 2001.
Smith, Gary V. *Amos*. Zondervan, 1989.
Smith, Ralph L. *Micah-Malachi*. WBC 32. Word, 1984
Stuart, Douglas. *Hosea-Jonah*. WBC 31. Word, 1987
Waltke, Bruce. *Micah*. MP. Baker, 1993.
Watts, John D. W. *The Books of Joel, Obadiah, Jonah, Nahum, Habakkuk and Zephaniah*. CBC. Cambridge, 1975.
Wolff, Hans Walter. *Hosea*. BK XIV 1 1965. Neukirchener, 1969.
Wolff, Hans Walter. *Joel, Amos*. BK XIV 2. Neukirchener, 1969.
Wolff, Hans Walter. *Micha*. BK XIV 4. Neukirchener, 1982.
Wolff, Hans Walter. *Obadja, Jona*. BK XIV 3. Neukirchener, 1977
Zvi, Ehud Ben. *Micah*. FOTL XXIB. Eerdmans, 2000.

참고 문헌

Botterweck, G. Johannes, Helmer Ringgren, and Heinz-Josef Fabry, eds. *TDOT*. Vols. I–XIII. Grand Rapids: Eerdmans, 1974–.

Brand, Chad, et. al. *Holman Illustrated Bible Dictionary.* Nashville: Broadman & Holman, 2003.
Brisco, Thomas. *Holman Bible Atlas.* Nashville: Broadman & Holman, 1998.
Bullock, C. Hassell. *An Introduction to the Old Testament Prophetic Books.* Chicago: Moody Press, 1986.
Clines, David J. A., ed. *DCH.* Sheffield, 1993–
Freedman, David Noel. *ABD.* 6 vols. Doubleday, 1992.
Gerstenberger, Erhard S. *Psalms, Part I,* FOTL XIV. Eds. Rolf Knierim and Gene M. Tucker. Grand Rapids: Eerdmans, 1988.
Hallo, William H., and K. Lawson Younger Jr., eds. *The Context of Scripture.* 3 vols. Brill, 1997–2003.
Harris, R. Laird, Gleason L. Archer Jr., and Bruce K. Waltke, eds. *TWOT.* 2 vols. Chicago: Moody Press, 1980.
Jenni, Ernst, and Claus Westermann. *TLOT.* Trans. Mark E. Biddle. 3 vols. Hendrickson, 1997.
Kaiser, Walter. *A History of Israel.* Nashville: Broadman & Holman, 1998.
Koehler, Ludwig, Walter Baumgartner, and Johann Jakob Stamm. *HALOT.* Trans. M. E. J. Richardson. Brill, 1994.
Redditt, Paul L., and Aaron Schart. *Thematic Threads in the Book of the Twelve.* Beihefte zur Zeitschrift für die alttestamentlich Wissenschaft 325. Ed. Otto Kaiser. Walter de Gruyter, 2003.
Sandy, D. Brent, and Ronald L. Giese Jr., eds. *Cracking Old Testament Codes.* Nashville: Broadman & Holman, 1995.
Smith, Gary V. *The Prophets as Preachers: An Introduction to the Hebrew Prophets.* Nashville: Broadman & Holman, 1994.
Smith, Ralph L. *Old Testament Theology.* Nashville: Broadman & Holman, 1993.
VanGemeren, Willem A. *NIDOTTE.* 5 vols. Grand Rapids: Zondervan. 1997.
Von Rad, Gerhard. *Theology of the Old Testament.* 2 vols. Trans. D. M. G. Stalker. New York: Harper & Row, Publishers. 1965.
Vriezen, Th. C. *An Outline of Old Testament Theology.* 2nd ed. Oxford: Basil Blackwell, 1970.
Zimmerli, W. *Hermeneia: Ezekiel.* Augsberg Fortress, 1979.

그 밖에 인용된 책

Ahlström, G. W. *Joel and the Temple Cult of Jerusalem.* Brill, 1971.
Angell, C. Roy. *Iron Shoes.* Nashville: Broadman Press, 1953.
Angell, C. Roy. *Shields of Brass.* Nashville: Broadman Press, 1965.
Arthur, Kay. *Lord, Is It Warfare?* Portland: Multnomah, 1991.

Blackaby, Henry T., and Claude V. King. *Experiencing God*. Nashville: Broadman & Holman, 1994.

Brown, H. Jackson Jr., and Robyn Spizman. *A Hero in Every Heart*. Nashville: Thomas Nelson, 1996.

Browning, Robert. "Bishop Blougram's Apology."

Cartledge, Tony. *Intrigued, How I Love to Proclaim It: Adventures in Thinking Theologically*. Macon, Ga.. Smyth & Helwys, 2003.

Chekhov, Anton Pavlovich. *The Selected Letters of Anton Chekhov*.

Christenson, Evelyn. *Battling the Prince of Darkness*. Wheaton Ill.. Victor Books, 1990.

Crabb, Larry. *Inside Out*. Colorado Springs, NavPress, 1988.

Cymbala, Jim. *Fresh Faith*. Grand Rapids: Zondervan, 1999.

Dobson, James. *When God Doesn't Make Sense*. Wheaton, Ill.. Tyndale House, 1993.

Graham, Billy. *Hope for the Troubled Heart*. Dallas: Word, 1991.

Krueger, Lois. *Chicken Soup for the Woman's Soul*. Deerfield Beach, Fl.. Health Communications, 1996.

Lewis, C. S. *Mere Christianity*. The Barbour Christian Library. New York: Macmillan, 1943, 1945, 1952.

Long, Michael G. *Martin Luther King, Jr. on Creative Living*. St. Louis: Chalice Press, 2004.

Lotz, Anne Graham. *The Glorious Dawn of God's Story*. Dallas: Word, 1997

Lowery, Mark. *Out of Control*. Dallas: Word, 1996.

Lucado, Max. *The Great House of God*. Dallas: Word, 1997

Lucado, Max. *When Christ Comes*. Nashville: Word, 1999.

Moore, Beth. *A Heart like His*. Nashville: Broadman & Holman, 1999.

Patterson, Dorothy Kelley. *BeAttitudes for Women*. Nashville: Broadman & Holman, 2000.

Shanahan, John M. *The Most Brilliant Thoughts of All Time*. Cliff Street Books, HarperCollins, 1999

Sittser, Gerald L. *The Will of God as a Way of Life*. Grand Rapids: Zondervan, 2000.

Stanley, Charles. *The Wonderful Spirit-Filled Life*. Nashville: Thomas Nelson, 1992.

Stewart, Tracey, with Ken Abraham. *Payne Stewart*. Nashville: Broadman & Holman, 2000.

Sweet, Leonard, with Denise Marie Siino. *A Cup of Coffee at the Soul Café*. Nashville: Broadman & Holman, 1998.

Yancey, Philip. *What's So Amazing About Grace?* Grand Rapids: Zondervan, 1997
Zacharias, Ravi. *Cries of the Heart*. Nashville: Word, 1998.

Main Idea 로 푸는

호세아, 요엘, 아모스, 오바댜, 요나, 미가

1쇄 인쇄 | 2011년 4월 6일

1쇄 발행 | 2011년 4월 15일

책임 편집 | 맥스 앤더스(Max Anders)

지은이 | 트렌트 C. 버틀러

옮긴이 | 김창동

펴낸곳 | 주)도서출판 디모데 〈파이디온 선교회 출판 사역 기관〉

등록 | 2005년 6월 16일 제319-2005-24호

주소 | 서울 강남구 개포동 1164-21

전화 | 마케팅실 070)4018-4141

팩스 | 마케팅실 02)6919-2384

홈페이지 | www.timothybook.com

값 25,000원

ISBN 978-89-388-1522-4